U0094531

文景

Horizon

巨变中的世界

汪晖 著

汪晖

对话集

上海人民出版社

目 录

第二部分　文明及其跨体系性

第三部分　探索东北亚和平

第四部分 平等的多重面向

第五部分 艺术作为反媒体的媒体

序言　作为时空体的区域

　　2009 年，北京大学出版社出版了我的第一本对话集《别求新声》，距今已经十多年。从那时至今，我陆陆续续在这儿或那儿，用不同的语言，与不同的对话者，发表过若干对话。数年前，《别求新声》的编辑，也是我多年的朋友丁超建议我重新收集这些对话，并帮我编选出一个初步的选目，但时移世易，终于未能完成。若无编辑章颖莹和文景的鼓励与支持，这部书稿中的大量篇章恐怕依旧散落在不同的角落，连我自己也未必记得了。

　　对话集不同于著作和论文集，论题随着情境和对话者而发生变化，很难形成严整的系统。但重读这些对话，还是可以发现贯穿于我自己的思考和研究中的线索。这部选集的上集《巨变中的世界》收录了不同类型的对话，视角则是我长期关注的区域和"跨体系社会"，其中既包括亚非拉等不同地区的位置和变迁，也涉及国内的民族区域。如今区域国别研究方兴未艾，民族区域问题也成为人们关注的焦点话题，应该如何看待这些话题及其涌现？ 2021 年年底之前，我先后参加了多场有关区域问题的讨论，既涉及区域国别研究，又涉及国内民族区域，这里不妨将我参与讨论时的一些思考记录下来，作为序言，为读者提供一些思想线索。

对区域研究的反思和批判

30 年前，冷战刚刚结束，那时整个美国学术界的一场重要讨论是反思 "area studies"，即我们所说的区域研究。这场反思的背景是冷战的落幕：战后美国的区域国别研究服从于冷战时代的战略需要，伴随苏联解体，冷战的构架不再有效，出现了新的结构、新的问题，这也就是此后大行其道的全球化及其相关研究。美国区域研究是在冷战中应运而生和发展的，现在该怎么走？

当年的反思主要有两个出发点。首先是一些新理论的出现。这些理论家，如萨义德（Edward W. Said）、斯皮瓦克（Gayatri C. Spivak）等等类型略近的学者，其知识背景都受到 20 世纪六七十年代以后形成的法国理论尤其是结构主义、后结构主义、解构理论的影响。他们的工作领域多半不是区域研究，而是人文学科不同领域如比较文学、英美文学或某种后哲学思潮影响下的理论领域，但他们的研究与一些源自非西方世界的研究如印度的庶民研究相互呼应、激发，迅速波及历史学、人类学等领域，最终对区域研究本身产生了重要影响；与此平行发展的，是 70 年代以后兴起的世界体系理论，这一学派的理论家综合马克思（Karl Marx）、布罗代尔（Fernand Braudel）等社会科学的思考，提出更为全面的针对旧区域研究的批判。这些人文社会科学领域的学者虽然未必是区域研究学者，但大都有某些非西方区域的背景。萨义德是巴勒斯坦人，后殖民研究源于印度的庶民研究，沃勒斯坦（Immanuel Wallerstein）的早期背景是非洲研究，阿明（Samir Amin）来自埃及，直接参与过万隆会议的筹备工作，等等。沃勒斯坦的非洲研究做得很好，但产生影响的研究工作是世界体系理论，严格地说，并不能称为区域研究。依附理论涉及第三世界等区域，但方法论也不是一般的区域研究，相反，是世界体系。沃勒斯坦后来发表了一系列他称之为"反思社会科学"和"否思社会科学"的理论论述，他受结构主义理论（布罗代尔）影响更大，但在美国的潮流中，其实与法国后结构主义理论对于人文学科和社会科学的冲击相互呼应。在文学、人类学等领域，俄国文学理论家巴赫金（Mikhail Bakhtin）也非常流行，复调和对话理论所内涵的多元性有助于摆脱对西方中心论的依赖。这些在人文领域或社会科学领域产生的新思考逐渐波及区域研究，引发了新一波讨论，又反过来对人文社会科学等主流领域产生冲击。

虽然区域研究人员规模不小，但在美国人文社会科学界并不居于主流地位。真正居于主流地位的是社会科学的正统学科如政治学、社会学和经济学，人文学科的正统学科当然是以欧洲为中心的文史哲相关领域。因此，区域研究虽然规模庞大，但没有提供新的理论范式，不能够介入对新条件的追问。它们是不断吸纳一些主流学科的理论而产生出来的。当时一个很重要的话题，比如说区域研究和人文学科的关系，反映出区域研究的学者力图利用自己的优势介入主流论述的要求。在这一背景下，围绕区域问题的讨论伴随着文化研究等新领域的出现，后者为新一代区域研究学者介入主流话题讨论提供了新的空间。

文化研究源自英国伯明翰学派，起初其代表人物雷蒙·威廉斯（Raymond Williams）对战后英国社会的研究带有文化唯物主义的倾向，但对美国文化研究影响更大的是斯图亚特·霍尔（Stuart Hall），他综合结构主义、符号学和葛兰西（Antonio Gramsci）的文化霸权理论，发展出一套编码和解码的理论。他出身于牙买加，对于殖民主义和文化身份等更为敏感，在对美国的媒介研究发生影响的同时，也通过文化研究的扩张而对区域研究发生影响。很多区域研究的学者不满意西方的区域研究，特别是美国的区域研究，而美国人文学术领域对于人文学科，尤其是社会科学的基本范式的质疑逐渐成为潮流，这两种思潮相互渗透、激荡和影响。对于人文学科而言，中心问题是东方主义或后殖民性的问题，对于社会科学而言，中心问题是现代化理论的框架，后者也同样是西方中心论的。这些讨论与后冷战条件的出现有呼应关系。

区域研究的可能性及其限度

我当时就有一个感觉，即区域研究虽然不满意自己的边缘地位，力图挤入人文社会科学的主流之中，但实际上，伴随着全球化的新格局，区域研究有一定的优势，就是它的先天的跨学科性。人文社会科学谈论跨学科、科际整合已经很多年了，但似乎忘记了区域研究从来都是跨学科的。它的综合性的知识在不同的领域之间徘徊，早已越出了主流的人文学科和社会科学设定的边界。由于区域研究缺乏其清晰界定的学科性，多半以对象国或地区为中心形成学科，故而研究中国文学和历史的学者多半只能在东亚系工作，而难以进入文学系、比较文学系和历史学系等人文学科的主流院系，即便能够双聘，也处于相对边缘的位置。社会科学领域也同样如此。这个格局现在已经很大程度地改变了。区域研究一旦发生理论化的导向，就可能产生出新的知识框架。

过去几十年中，比较深刻地批判了主流学科范式的这些人，也多半与区域研究有关。比如说受到布罗代尔《地中海与菲利普二世时代的地中海世界》(*La Méditerranée et le monde méditerranéen à l'époque de Philippe Ⅱ*)影响所产生的世界体系理论，更多受马克思主义影响的依附理论，或者是由此衍生出的一些其他的理论，多半产生于研究非洲、拉美及亚洲的学者的成果之中。这些理论家后来又都发表了对于社会科学范式的质疑。布罗代尔研究地中海，沃勒斯坦研究非洲，阿明综合亚非拉，阿里吉（Giovanni Arrighi）转向东亚。本尼迪克特·安德森（Benedict Anderson）是人类学家，同时也可以说是历史学家和政治学家，他研究东南亚，学术脉络与世界体系论等学者不同，但同样是受到民族解放运动、解殖民运动和万隆精神影响的一代人。安德森的案例不是孤立的，人类学从其诞生开始，其触角就伴随殖民主义而伸向所谓"边缘"地区，因此人类学与区域研究之间存在着紧密的历史联系。中国研究中的地方史取向及对费正清模式的挑战，也属于这一潮流。区域研究的学者试图进入主流话语，在人文学科和社会科学领域"造反"，造成了对社会科学和人文领域的主导范式的攻击，影响深远。此后，这些思路也慢慢蔓延至全球史的范畴中，不断地把南亚、阿拉伯地区和东南亚、东亚等纳入全球史框架，这也是区域研究的学者进入全球史领域，成为全球史学者的一个开端或契机。这是一个新的、尚未完成的过程。

今天重新出发在中国发展区域国别研究也需要考虑这一旧领域在过去数十年中发生的新变化，需要汲取这一轮反思过程当中的经验和教训。比如说当时冲击区域研究的文化研究，在西方人文领域产生出了一些重要的成果，但问题也很多。当文化研究蔓延至非西方地区时，也改变了人文研究的许多主题，在展开新领域的同时，又遮蔽了一些基础性的课题，例如在将性别、族群问题置于中心位置的同时，相对忽略，甚至遮蔽经济、政治、生产方式和文化传统等等其他问题。以近年关于新清史的争论为例，大多研究和讨论较少关注经济结构、政治传统、生产方式（以及相关的社会形态）、多重文化和统治方式的阐释，而仅仅聚焦于族群、宗教和认同政治上。族群问题是重要的、不可忽略的课题，但绝非孤立的问题，脱离经济、政治和其他条件是不可能充分地回答"何为中国"这一问题的。19 世纪以降的全球和区域关系的巨变、20 世纪中国发生的漫长革命如此深刻地改变了中国的社会构造、生产方式和内外关系，今天的中国更不可能仅仅从族群认同的角度加以分析。族群、性别的视角打开了一些观察历史的缺口，但若遮蔽了其他历史条件，在基础性的研究范式上又会产生问题。这是一个值得思考的问题。

区域国别研究诞生于英国、美国的学科领域，区别于早期的欧洲东方学——虽然相互之间存在渗透和影响。实际上，从 19 世纪的英国，到 20 世纪的美国，区域国别研究是在殖民主义和帝国主义驱动下形成的帝国知识的一部分，区域与地缘政治密切相关，国别与全球战略关系密切。这并不是说所有的区域国别研究都可以视同为殖民主义或帝国主义知识，也不能否定这一领域产生了许多杰出的学术成果，而是说这一领域是在这个大前提下发展起来的。第二次世界大战结束后，美国国防部和中央情报局直接提供支持，设立中心、资助项目，许多区域研究的学者直接或间接地服务于美国的国家机器，这些今天听起来有些奇怪的现象在当时并不奇怪。

作为时空体的区域

在这层意义上，我们确实应该问一问：今天在中国开展区域国别研究，与从英美发端，而后蔓延至欧洲、日本等地区的区域研究，根本性的区别到底是什么？如果不思考这些问题，除了知识范围扩大之外，似乎只是又一轮模仿的过程开始了。在这一点上，我认为过去30多年在不同地域产生出来的反思和批判是重要的。此外，在非西方地区，例如19和20世纪的中国，出现过几代为改变中国命运、改造中国社会、反对帝国主义而展开的学术研究，从方法上来说，这部分研究所蕴含的意义在哪里呢？我认为最为重要的就是他们的立场和在全球关系中所居于的位置：他们的研究是为各自社会的生存和改造服务的，其政治取向是与当时帝国主义知识对立的，是与通过政治经济或文化的研究而确立新的政治和新的行动密切关系的——这一点非常清晰——我将这种特征概括为有关某一区域和国家的研究中的时间性问题。他们并没有将自己的研究界定为区域或国别研究，但从另一个方向提出了区域国别研究的意义和方法问题。

时空体源自巴赫金的概念，稍后我会说明为什么这一在文学理论中诞生的概念在历史学领域里也具有意义，尤其是对区域国别研究具有独特的启发性。过去的区域研究或者地区研究，广义来说形成于19世纪到20世纪，它带有一个主要特征，呈现为两个方面：一个方面是空间时间化，另一个方面是时间空间化。"空间时间化"在19世纪的历史哲学中是很清楚的，比如黑格尔（G. W. F. Hegel）的《历史哲学》（*Vorlesungen über die Philosophie der Weltgeschichte*）提到了东方、希腊、罗马、日耳曼，这些都是空间性的概念，但在目的论的时间性框架下，"区域"这一空间概念被时间化了，不同的区域从属于欧洲中心的或者日耳曼中心的历史叙述。这不仅是欧洲中心的历史，其实就是欧洲自我陈述的一部分，其形态是普遍主义的。19世纪的历史哲学并未忽略各种各样的经验知识、人类学问题，例如历史语言学高度重视不同语言和语系的辨别，并以此作为全球历史的相互关联的基础线索；各种各样的考古学和其他学术研究都发展起来，并日益形成了一个世界体系。空间时间化就是这个世界体系的语法，也是萨义德所批判的东方主义的历史哲学基础。空间时间化的一个最主要的特点，是区域或空间的从属性，从而这些区域和空间中的人也是从属性的，不可能与叙述者形成平等对话性的关系。

区域在时间链条上的客体化也意味着它无法构成一个活的、当代性的主体，而只是一个被叙述的对象，服从于自我（西方）的目的，也只能在与西方的关系中获得其变化的意义。在这样的框架下，由于服从于战后美国的全球势力，也可以追溯至早期英帝国的全球霸权，最主要的框架就是现代化理论。现代化理论的突出特点是时间空间化，即在单线的时间框架下，按照发展中国家、发达国家等等一系列区划在空间上规划南北关系，在地缘政治框架下规划东西关系，让这一空间划分服从于现代化的基础性的叙述。这一套知识事实上也有一套相应的政治经济的组织结构与之配套，如世界银行等等。后冷战时期占据主流的市场化、民主化以及一系列与之相应的政治经济范式均与此有关。

这两个范式之间有区别，但也有共同点。1993年，我先后与沟口雄三（Mizoguchi Yuzo）、艾尔曼（Benjamin A. Elman）和李欧梵等几位教授做过对话，分别以《没有中国的中国学》《谁的思想史？》和《文化研究与地区研究》（上、下）为题发表在《读书》杂志上。这些对话涉及区域研究的方法论及可能的新取向等问题，后来全部收录于《别求新声》一书中。那一年，我从哈佛转到加州大学洛杉矶分校做研究，恰好沟口先生在那儿担任客座教授。早在1991—1992年间，我们曾在东京和北京做过对话，现在有更多的时间在一起聊天了，但话题有变化，其中之一是美国区域研究的限度和变迁。在这几篇对话中，与沟口雄三教授的那篇对话影响比较大，也可能是标题中"没有中国的中国学"的提法比较醒目之故。这个提法后来常被人提及。

沟口认为，对于日本学者来说，中国是区域研究的一个对象，方法论上其实是西方中心的。他所说的"没有中国的中国学"与柯文（Paul A. Cohen）等人所说的"在中国发现历史"有重叠之处，但也有很大不同，因为"没有中国的中国学"其实也是"没有日本的中国学"，或者说，没有构成真正的对话关系的中国学，即缺乏同时代性的中国学。这种对话关系与如今在历史学领域流行的"同情之理解"并不一样，前者强调主体介入，后者强调客位化理解。在这个意义上，客位化也意味着对叙述者的主体地位的弱化或悬置。沟口受竹内好（Takeuchi Yoshimi）的影响，对中国革命有同情，但不同于竹内好，他对中国传统有某种原理性的关切，并试图从中国的经验出发反观日本本身。他的基本判断是：奈良时代、镰仓时代的日本吸纳同时代中国的文化，但性质是从高的文明向低的文明传播，而江户时代之后，情况发生变化，朱子学、阳明学传入日本，日本人不关心同时代的中国，而只关心宋、明时代或更古典的中国。近代以后，受到中国革命的影响，又否定清代以前的中国，认为都是皇权的、腐朽的文化，以一种颠倒的形式又回到了镰仓时代之前，即向先进的（革命的）文明学习，在方法论上其实是对江户时代的重复，即"没有中国的中国学"。他认为这两者都没有"客观性"。"客观性"这个概念在沟口这儿有同时代性、对话性的含义在里面。这篇文章在《读书》发表后，岛田虔次（Shimada Kenji）教授给我写了一封信，表示不能认同沟口先生的说法，并辩护说，他的研究是"有中国的中国研究"。我在回复岛田虔次先生的同时，也将他的意见转达给沟口先生。沟口先生回信表示承担责任，说由他直接与岛田先生解释，并半开玩笑地说，他在美国谈话时忘记了日本的规矩，晚辈是不能这样对前辈说话的——岛田先生比沟口先生长半辈。我不知道此后他们之间是如何沟通的。

"没有中国的中国学"这句话的意思到底是什么？至少在某个层面说，所谓"没有中国"的意思就是前文提及的"空间时间化""时间空间化"两个主导范式下形成的基本框架。今天中国发展区域研究时，如何界定"一带一路沿线国家"？是在一带一路的框架下观察这些国家，还是同时把它发展成一个带有能动性的时空体？是仅仅在经贸和地缘政治关系中理解这些国家和地区，还是将这些地区理解为有着各自独特的文化和历史脉络的社会主体？我认为这是需要在重新发展区域国别研究时提出的问题，并由此展开区域研究的方法论思考。

将巴赫金的时空体转换到历史研究当中来并不是我的发明。在我之前，哈若图宁（Harry Harootunian）使用过这个术语，他将历史研究中的地方史转向称之为"空间转向"，即"将空间面向置于时间面向之上，将一个国家或文化置入一个地理位置之中，但甚少考虑到这个国家或文化与世界、与时间的关系。事实上，地区与区域被视为只有空间、没有时间的实体，存在于这个世界上却不被认为属于这个世界。这种不受时间影响的区域概念也常被历史学家所强化，他们执着于传统或延续性的概念，以致这也如同另一种将空间置于时间之上的做法"。[1] 他进而批评与这一空间转向相关的主要

---

1 哈若图宁："对可比较性与空间—时间问题的一些思考"，见《哈若图宁选集》（*A Selection of Harry Harootunian's*），新竹：台湾交通大学出版社，2017 年，第 139 页。说明：这段话中的"不受时间影响的区域概念"原直译为"无时间感"（timeless）。考虑到上下文的关系，我做了上述改动，特此说明。

范畴，如文化、文明、现代性、中心与边陲、全球与帝国，以及第三世界等等，"最后都落实于一种以整体概念处理一个区域（area）或地区（region）的研究方法"。[1]

这些说法对我有很多启发，但我并不完全赞同其判断，因为他把前面提及的概念当作纯粹的概念，而忽略这些概念得以提出的时间性，即它的政治性。如同巴赫金将作者与文学作品的主人公作为"审美事件"的参与者，从而具有不可分割的联系一样，前述概念与其提出者、应用者之间也构成了一种"事件性的关系"。[2]在这一事件性关系中，这些概念获得自身内涵并开始诉诸行动的过程，与提出这些概念、试图用这些概念概括或掌握对象的作者之间，构成了一个运动中的整体。我在尚未出版的《世纪的多重时间》的序言中曾经对此做过如下评论：由于他的批评聚焦于区域研究的空间转向，并没有展开讨论他所说的空间范畴的时间性，也因此放弃了对这些范畴的历史生成和政治性运用所包含的潜能的阐释。柯泽勒克（Reinhard Kosellek）说过："历史运动总是发生在由多个活跃的介入者相互界定的地带，就这些地带而言，所有介入者同时作用于其概念环节。但无论是社会史还是政治史都不会认同其概念的自我表述。历史只能在那些被概念所解释的材料与实际的素材（从方法论的角度说，这些素材是从前者衍生出来的）相互一致时才能被写出。"[3]如果这些变动中的事物都有自己的时间尺度，任何空间的运动状态或任何事件发生的时刻都势必包含了多重的时间。"我们总

---

1 哈若图宁："对可比较性与空间—时间问题的一些思考"，见《哈若图宁选集》，第139页。
2 M. 巴赫金：《审美活动中的作者和主人公》，见《巴赫金文论选》，佟景韩译，北京：中国社会科学出版社，1996年，第342页。
3 Reinhard Kosellek, *Futures Past*, trans. Keith Tribe (New York: Columbia University Press, 2004), p.180.

是使用那些原先从空间范畴中构想出来的概念，但无论怎样，这些概念都具有时间的意义。因此，我们可以讨论那些作用于事件链条上的持久因素的折射、摩擦和碎裂，我们也可以参考那些事件对于各种长久预设的回溯性的作用。"[1] 如果历史运动总是发生在有多个活跃的介入者相互界定的地方，那么无论是社会史还是政治史，都不应沦落为学者熟练运用的概念在对象身上的自我运转或自我表述。

历史只能在那些被概念所解释的材料与实际的素材相符或一致的时候才能被写出来，这就是我们需要将历史中的行动者当作行动者来对待的原因。同时，这也带来了用什么概念去描述国家和区域，它的历史运动及其自我表述之间关系的问题。这在过去的区域史研究，特别是在社会科学的那些基础范式的框架下很少涉及，只有具备广阔的知识视野和反思能力的学者才能提出这些问题。过去这些年不断有人用"作为方法"作为地域概念的定语，如"作为方法的亚洲""作为方法的非洲""作为方法的拉丁美洲"等等，或多或少是因为这些命题透露出一种对既往研究的方法论上的质疑，但如何由此产生将研究对象作为一个能动的主体的研究，不是提几句口号就可以做到的，也不是在书斋中玄想就可能做到的。

在哈若图宁的描述中，时间是一个能动者，而空间仅仅从属于结构，他在巴赫金诗学的启发下所阐述的重新结合时间与空间而达成的"时空体"概念或许就是为了超越时间的空间化或空间的时间化。我曾建议使用"时势"这一范畴。时势不但综合了时间和空间，而且将其解释为一种不同力量之间相互角逐的、持续变动的进程，一切都是能动的，但一切的命运又都在时势内部。例如，许多

1　Reinhard Kosellek, *The Practice of Conceptual History*, trans. Todd Samuel Presner et.al. (Stanford, CA: Stanford University Press, 2002), pp.6–7.

学者批评将"西方"总体化，并将这一概念归结为一种纯粹的虚构，却忽略"西方"这一范畴所体现的时势内涵，丝毫不愿花精力分析那些运用这一范畴的人在"时间"的展开中力图改变这一时势格局的努力。从不平衡到薄弱环节，从薄弱环节到中间地带，从中间地带到第三世界，这些空间概念的序列正是时势的产物，每一个命题的提出都包含了对于相应整体局势的判断以及能动地改变这一局势的动机。从这个角度说，哈若图宁所批评的第三世界范畴不是一个空间概念，而是从资本主义发展不平衡的范畴中产生的政治概念，只是在第三世界政治逐渐蜕化并导致概念本身的去政治化的进程中，第三世界才会沦为一种单纯的空间概念，先是被组织在全球区域研究的结构范畴内部，最后经历被抛弃的命运。但是，在本书收录的若干对话中，这个旧范畴所蕴含的政治性已经以新的方式进入了新的实践性话语之中。

"跨体系社会"与"跨社会体系"

区域不是一个固定不变的空间范畴，而是变化、融合、并存、介入、斗争、妥协的空间，危机得以发生和转化的空间，也是持续生产并推动自身变化的时空体。在这层意义上，我们到底怎么去讨论区域的变化？在历史研究，特别是社会史研究当中，一般来说可以区分出区域和区域化的概念，因为区域概念与历史地理有更接近的关系，但区域化更多是动态的关系。事实上，无论是"跨体系社会"或是"跨社会体系"都是在持续的历史变动中形成的。在2021年12月清华大学人文与社会科学高等研究所举办的"流动的边疆"会议的主旨发言中，唐晓峰教授强调应该把区域和空间区分出来，空间包含更多的变动性，区域包含更多的稳定性，在一定程度上，这也与区域和区域化这两者之间的互动有着密切的关系。

我参与过一些非洲、拉美或者欧美区域研究的学者倡导的一项工作。他们试图重新总结每一个地区在日常生活和运动中发生的各种叙述及其概念，尤其涉及宇宙论方面的语汇。这些语词多半没有经过概念化，但活跃于日常生活世界。这些学者通过对这些概念的重新诠释，试图摆脱欧洲宇宙论和认识论的概念框架。这一努力类同于如何摆脱"没有中国的中国学"这样的区域研究范式的尝试。如果历史真的只能在那些对概念所解释的材料和实际的素材相互一致的时候，才能够写出，或多或少也揭示了这个尝试的意义——虽然迄今为止的绝大部分历史书写并非如此。

广义地说，区域国别研究不可避免地是一项国家工程。这一现象本身提醒我们：我们身处的时代不再仅仅是一个后殖民（post-colonial）时代，而且也是一个后中心（post-metropolitan）时代。我这里用了一个与都市研究中提出的"后都市主义"（post-metropolis）相似的英文词，但这是两个含义并不相同的概念，这里的"metropolitan"指的是以伦敦、纽约等都会为象征的西方宗主国及其连带的与殖民地、半殖民地、后殖民地的主从关系，故我将之译为与"后殖民"相对应的"后中心"。伴随着中国和东亚地区的经济崛起和世界格局的变化，"后（西方）中心"时代开始了，传统的边缘区域对于中心区域的影响日渐增大，以致西方社会必须面对自己的"后中心状况"。我将这一变迁理解为"跨社会体系"持续变化、渗透、冲突和裂变所产生的新格局。无论对于中国，还是对于其他地区，这个变化是巨大的，尚无系统性的知识框架与之相匹配。

后殖民与后中心相互交织的时代是剧烈冲突、蕴含着高度不确定性的时代。正因为如此，从事区域国别研究的学者，在进入这一领域时就具备相应的反思能力。学科建设与反思性需要同步进行。如果没有这个过程，我们会随即陷入一种循环——不是要否定欧美的区域国别研究，我们已经从中学了很多，还将继续学习，而是需要在大规模推进的过程中重新设问：何为区域国别研究？谁的区域国别研究？当今时代中国的区域国别研究如何区别于发端于19世纪英国、壮大于20世纪中期之后的美国，并在六七十年代遍布世界各地的区域国别研究？如何确立每一项研究背后的动力和目标？

大约十年前，我应马哈茂德·马姆达尼（Mahmood Mamdani）教授的邀请，在乌干达马卡尔雷大学做过几次演讲。马姆达尼教授对我说：他们对中国有强烈的兴趣和需求，但所有关于中国的阅读都需要经由美国的中国研究来完成。反过来说，在绝大多数情况下，我们对于大部分地区的研究不是同样如此吗？在这个意义上，对于西方区域国别研究的反思其实也是对我们自身知识框架的反思。在知识和思想的意义上，我们并不会因为我们的国别身份，也不会因为我们假设的或真实存在的框架和位置而获得豁免权。这只要看一看今天中国历史学研究和博士论文选题所受美国中国学研究的影响有多深就可以略见一斑。

那么，中国的民族区域研究又如何呢？大约十多年前，也就在编选《别求新声》一书前后，我开始酝酿关于区域作为方法的论题，后来由于新的条件刺激，逐渐集中在两个相互关联的命题之上，即"跨体系社会"和"跨社会体系"，前者侧重一个社会体的跨体系性质，后者侧重全球、区域或其他世界体系的跨社会性质。一般而言，民族区域概念是在民族国家框架下产生的，但几乎所有民族区域都具有跨体系性：沿边界地区的民族区域往往在族群、文化和地理方面与其他国家的相连区域形成某种区域性联系，即便是内地的民族区域也不可避免地包含着族群和文化的跨体系性。这两个概念构成了我思考民族区域和跨国性区域的两个方法论的视角。伴随着当代中国面临的新矛盾，有关民族区域的讨论逐渐集中到国家、区域和族群的复杂关系之中，尤其是民族认同和国家建设问题上。在欧洲语境中，如何解释国家建设有着不同的维度。马克思的角度主要是从经济和生产方式变化出发谈生产的集中导致政治的集中。但政治的集中在中国这样一个远离欧洲中心又没有完全殖民化的地区，条件和形成的因素非常之多。每一次政治集中都有地方性原因。以新疆为例，诸多复杂的内外关系，从不同的方向和角度促成了这一地区国家建设的进程。每一次都有地方性的原因，每一次都有变化。马克思从资本主义发展角度论述政治集中，在19世纪晚期尤其是20世纪之后的历史中呈现得比较清晰。但是之前的政治集中到底归纳在哪些范畴内？

除了马克思的解释之外，卡尔·施米特（Carl Schmitt）的解释也值得关注。施米特的解释基本上是对欧洲三十年战争前后形成的主权学说的回溯。这套学说的核心在于如何理解19世纪西方的主权和民族国家体制的普遍化，追溯的脉络是文化根源而不是经济根源。在欧洲三十年战争中，核心问题是新教和天主教之间的斗争，是新教集团与哈布斯堡王朝及其背后的天主教势力的竞争。这一解释看起来与中国或东亚毫无关系，但仔细想来并非如此。在全球范围内，主权关系的普遍化是在17世纪之后，尤其是19世纪和20世纪。荷兰与西班牙势力的斗争涉及新的概念，即主权之争。郑成功与荷兰势力的斗争、清朝收复台湾的战争，也被卷入了这一时代的主权问题之中，尽管其时人们未必使用这样的概念。在此之前，葡萄牙、西班牙进入这一区域，其依托的合法性知识与荷兰、英国有所不同。例如澳门在明代即由葡萄牙租用，其时有保教权问

　　　　　　　　　　　　巨变中的世界

题，但没有 17 世纪之后的主权问题。澳门的殖民化问题是在第二次鸦片战争后才确立的。换句话说，17 世纪主权原本只是欧洲教派内战的内容，但在殖民主义扩张中，这一特殊的欧洲问题被普遍化了。在中国语境中也可能使用这类欧洲知识，但能否用主权概念加以界定，还可以再斟酌。举一个简单的例子，1689 年的《尼布楚条约》常被视为具有主权条约的性质。1689 年时，三十年战争才过去 40 年，格劳秀斯（Hugo Grotius）的《战争与和平法》（*De Jure Belli ac Pacis Libri Tres*）发表的时间还很短。在欧洲，这一套知识还没有为人们所熟练运用，但已经渗入清朝和俄国之间的划界条约。康熙皇帝邀请的两位传教士——一位法国传教士，一位葡萄牙传教士——发挥了很大的作用。

但是，清朝与俄罗斯之间的这个具有主权条约性质的条约并不是民族国家建设工程的具体设施，而是在帝国或王朝间斗争中形成的政治集中趋势的体现。无论在西藏，还是在新疆，政治集中过程不仅与欧洲教派冲突没有直接联系，而且每一次政治集中的动力和形态也各有差异，不能用普遍化的主权知识给予解释——即政治集中的过程并不需要应用欧洲的这套知识，改土归流或噶厦制度都涉及不同的传统知识及其在独特条件下的创新和运用。1870 年代，围绕琉球问题的争执，也包含着两种知识体系的斗争：日本人套用西方的主权知识，清朝使用传统的内外概念，互相角逐。但这并不等同于说，中国直到此时才知道这套西方知识，1689 年《尼布楚条约》所用的正是这一套知识。今天要讨论政治集中和主权，也意味着我们需要找到更新的、多重的视角才能建构起一个相对连贯的历史解释。我们经常在单一历史脉络下讨论中国的统一，例如清如何在继承元、明基础上，通过大一统学说的框架，确立自身的统治范围。但大一统学说与主权学说不是一回事，这两种知识在历史中的分合关系需要我们深入解释。

　　提出"跨体系社会"与"跨社会体系"这两个范畴在一定程度上是为了处理文明与国家的关系。不论我们讨论民族问题、区域问题还是空间问题，对于其背后的知识解释可能需要更加连贯的理论性阐释，不然我们依旧处于矛盾当中。比如有人说中国人的观念是天下、是文明，但当年一些西方学者说中国是"文明"（或"不文明"）的意思，就是说中国还没资格称为"国家"，不可能产生现代政治和民主。中国当然是一个文明，但文明并不能用边界或主权概念加以限定，否则我们就不能解释朝鲜、越南乃至日本作为中国文明或儒教文明的延伸，也不能解释中国文明的多重构成与其他文明之间的复杂关联了。因此，将中国界定为文明而否定其国家性质，是需要重新审视的命题。如今，如何超越这套观念重新展开思考，不仅是中国历史研究的课题，而且也是观察不同区域政治进程所必须考虑的问题，这也是为什么我试图从不同的维度展开对于区域、国家及其跨体系性质的阐释。现在将这些尚未完成的片段对话呈现于读者的面前，也正是为了相互激发，一同面对这个前所未有的新格局。

汪　晖

2022 年 2 月 16 日

第一部分　运动中的视角

01　在 21 世纪之初进行全球性的思考
——答让-马克·夸克问

本文为联合国大学（United Nations University）2011 年对汪晖教授的采访，系联合国大学"全球正义"系列访谈（Interview Series: Global Justice）之一。提问者是让-马克·夸克（Jean-Marc Coicaud），时任纽约联合国总部、联合国大学办公室主任。

《读书》十年的编辑路线

夸克：让我们从您做《读书》杂志的主编一事开始聊起吧。您从 1996 至 2007 年做了十余年的《读书》杂志的主编，彼时《读书》杂志是无可争议的中国最具影响力的人文期刊。我们就聊一下《读书》杂志的缘起吧，《读书》杂志在创刊时，最初的理念是什么？

汪晖：《读书》杂志于 1979 年出版第一期，那时"文化大革命"刚刚结束，第一届编辑是陈翰伯、陈原、范用等老前辈。在80 年代，这本杂志在公共讨论和政治讨论中发挥了一些作用，是非常重要的杂志。80 年代中期，一群年轻学人通过《读书》组织了一些关于西方哲学、西方经济学和社会问题的讨论。我于1996年任主编，直到2007年，这是大致的背景。

夸克：从专业训练的角度来说，您是文学研究专家，学术上以鲁迅研究为起点，您同样对哲学领域有非常大的兴趣，《读书》一开始更加关注社会科学，是什么驱使您有兴趣成为《读书》杂志的主编的？

汪晖：是的，概括地说，在20世纪80年代，《读书》杂志上的绝大多数文章来自人文学和文学方面的作者，那时《读书》杂志大致上被认为是人文学/文学类的刊物，在80年代，我作为一名年轻学人为《读书》撰稿。但自我当主编以后，非常重要的是当时中国发生了大转型，让更多的出身于社会科学的知识分子与研究人文学的学者和知识分子参与公共讨论，共议中国正在面临的严峻的问题，这非常有必要。

夸克：当初您开始做编辑的时候，您可否有一些希望杂志关注的问题？

汪晖：概括地说，我们有不同的话题，它几乎囊括了所有的问题——从人类历史、文学、世界史、中国史和其他的一些社会的、政治的问题。例如，我们组织了关于历史问题、新意识形态的发现和解读地理、历史的讨论，所有这些问题都反映了学术研究的最新进展。与此同时，我们还关注农业、农村和农民的危机，讨论金融危机、反恐战争、民族主义和全球化及其他我们正在面对的迫切问题。我们为公共讨论和思想讨论及一些更具体的讨论提出问题，涵盖了不同的题目。

夸克：在较早的20世纪二三十年代，中国有文学活动、期刊活动的很长的传统。当您担任《读书》主编的时候，可曾有过一些有助于您确立《读书》编辑路线的来自其他刊物的观念上的启发，比如中国先前的一些期刊，或者来自世界其他地方的期刊，比如美国的、欧洲的？

汪晖：实际上《读书》有一个自身的传统，在 20 世纪 80 年代，有中国知识分子写的关于西方思想的很多书评，到了 90 年代，中国与西方知识分子的交流更密切了，大量的西方书籍被译介到中国来，我们关于西方的知识要比以前更加丰富，所以我要做的就是去开创一个公共空间，一方面追踪当下中国面临的挑战，另一方面使这份刊物变得更加国际化，我们邀请来自美国、欧洲、日本、韩国、印度的知识分子参与我们的讨论。我们在编辑室里组织了一系列关于我们经常面对的话题的辩论和面对面的讨论，通过这份期刊，这种空间成了跨界的公共空间。

夸克：我在中国的时候有机会通过朋友看了过往的《读书》杂志，浏览后，感到非常震撼，它是跨越学科边界的、沟通中西学界的，融合了科学和文化研究上的方法。

汪晖：是的，实际上我们邀请了许多西方学者及来自其他国家的学者加入我们的讨论，经常性地组织讨论和辩论我们正面临的问题——金融危机、民族主义、战争，这是我们的策略，这些问题不仅是中国问题，也是全球性的问题，这就是我们之所以尝试着一起努力去倾听不同声音的原因——不仅是中国知识界的不同的声音，更是全世界知识分子的不同的声音。

夸克：您认为让中国知识分子的辩论和公共讨论与国际学界的观点交流非常重要，您为什么认为这种交流是如此的重要呢？

汪晖：第一，从知识的角度来说，我们应该面对任何知识传统，并从中学习；第二，现在所有的问题都不能仅仅被界定为中国问题，还应该从一个全球的角度去理解，其中也包括中国的问题，我们通过这种方式来组织辩论。例如，亚洲的区域经济一体化问题,我们邀请来自韩国、日本以及其他不同国家和地区的学者,来一起参与这种讨论。与此同时,区域经济一体化是在全球化时代的现象,所以我们也试着组织来自中国、欧盟类似的关于区域经济一体化的比较研究。我们邀请到了一些学者,并发表了他们的文章。我们试图通过这种方式邀请他们参与到我们的讨论中。

夸克:《读书》的另一个特征是跨学科,您将历史学、社会学、经济学、哲学、文学整合起来。事实上,您知道,在西方几乎很少有跨越学科如此之大的期刊,在美国、欧洲,期刊有学术规范。您为什么认为将这些学科整合起来是非常重要的,为什么认为让历史学家、哲学家、经济学家、文学批评家、人类学家坐在一起讨论是非常重要的?

汪晖:有很多原因。首先,许多中国知识分子关心西方正在发生的事情及西方知识分子的回应是什么。其次,从《读书》杂志的风格亦可以看到现代中国知识分子的传统,从五四运动,甚至更早的梁启超、陈独秀、胡适、鲁迅,他们都参与到期刊的出版编辑工作中来,大多数期刊和杂志是非常综合性的,你可以发现各种不同的议题。来自不同学科的不同学者参与到讨论中,这是现代中国知识分子的传统。与此同时,在 20 世纪 80 年代,这些期刊或多或少都是人文学 / 文学类的期刊。但即使是早期现代中国历史上的文人学士,他们也有非常综合性的视野,并未局限于某一个或某几个方面。与此同时,我们面临的这些极具紧迫性的问题非常有必要让专家参与进来,我们需要对话——综合性的辩论。

夸克:实际上,在西方,比如在欧洲,你会发现很少有杂志像《读书》汇聚了这么多的学科。我们那里各自领域的学人互不往来,《读书》是社会批评、科学研究的综合。您在编辑《读书》所体现的方法中,科学的维度十分重要。您可否再一次解释一下为什么科学的、社会的、政治的方法特别重要？

汪晖：是的，这就是我们真正的策略，我们试图突破专家和公共知识分子的界限。现在许多所谓"公知"并不是真正的公共知识分子，他们仅仅扮演着专业媒体知识分子的角色，并没有真知，他们不就他们谈论的具体问题做实证研究，这恰恰是我们要避免的问题。与此同时，许多学者只关心他们自己的研究，局限在具体的专业领域中。因此，在这些问题上进行高质量的讨论很有必要。我们邀请具体领域的学者，提供机会，让他们与其他领域的学者一起加入公共讨论，从他们自己的学术角度切入问题，这样话题就会更加广泛而且具有公共性。所以绝大多数的《读书》供稿者是专业领域的学者，然而他们为《读书》撰稿的时候，我们建议他们用一种可读的、与学术期刊不同的、能够引发其他领域学者兴趣的文体；我们也刊发那些高质量的学术论文，但文风并不学院派，而是可读的。

夸克：所以您想要学术界最好的知识、学术水平、思维方式，使之传播得越来越广，我可否认为您试图塑造思想界的辩论、超越大学院墙的公共辩论？

汪晖：是的。因为我们想传达给更多的受众。你知道，西方学术期刊，例如美国的，大多数只有同一领域的同事之间传阅，影响非常有限。我们想做的是请这些学者处理重要问题，面向更广大的大众，我们甚至发表了一些针对那些专家文章的来信或篇幅较短的文章——为了促进真正的互动和我们之间真正的辩论。

夸克：在我看来，从《读书》的策略来看，它有两个目标，一是知识分子／学人意义上的追求，另外一个是社会的、政治的目标。这样说可以吗？

汪晖：可以的。

夸克：将二者结合起来的目的是对社会正义、经济正义，甚至笼统地说，是对正义的关怀？

汪晖：是的，例如，20世纪末，就是在《读书》杂志开始了关于农业、农村、农民危机的讨论，"三农危机"作为问题浮现出来，引发了大众媒体的公共讨论。政府此后迅速地做出回应，改变政策。基本上，我们在谈论社会分化，城乡之间、城市居民与农民之间不断扩大的差距，这是其中的一个问题。我们也谈论从20世纪晚期到21世纪初中国面临的严峻挑战，如福利制度的瓦解，尤其是医保制度。在2003年，我们有"非典危机"，当时在农村，农民几乎没有任何医疗保障制度。所以，我们便凸出社会中的不正义、不平等问题。我们邀请与社会福利或医疗保障制度相关的学者进行讨论，正如我们邀请农业研究方面的学者来讨论城乡差距、农业危机一样。这种讨论最终吸引了许多参与者，他们未必是这些领域的专家，这些讨论有很大的影响，提高了公众对这类问题的警觉。

夸克：《读书》杂志的精确的发行量是多少？每期能卖多少本？

汪晖：我当主编的时候，大体上说来，大约每期10万本，最高13万本。

夸克：发行量非常大。《读书》杂志在学术圈和政策圈是如何被定位的？作为体制的批评者，《读书》被看成是一个有用的贡献者吗？《读书》的影响怎样？

汪晖：大致可以这样讲，《读书》被广泛地界定为知识性的公共平台，作为一份知识性的期刊，而不是作为一份直接的政治期刊，我们触及政治的、经济的、社会的问题，但或多或少是从知识性的角度切入，而不是作为政府的智库提出政策建议。一方面，它是符合学术要求的；另一方面，它又是具有政治性的，所以我们从科学的或知识性的角度创造一个更独立的、为了展开公共知识讨论的空间。正因为如此,《读书》杂志有了对学术方向的很大的影响,因为我们提出一些问题,它们成了话题,在某些方面引导了人文社会科学的新方向,许多学者在他们自己的研究中紧跟这些辩论和讨论。我们触及一些非常重要的社会的、政治的问题,有时大众媒体接了过来,展开更广泛的讨论和辩论。有时一些问题还会被政府官员接受,但我们的讨论并不是为了给他们直接建议,我们致力于公共辩论和讨论,政治的结果随之而来,但这并不是直接的动机。在中国社会,对我们来说,有这种独立的知识性公共空间非常重要,因为可以接触到很多迫切的问题。但与此同时,我们将其定位为一个反思的空间,包括知识性的反思。

夸克:对您而言,最重要的事情是创造一种辩论空间的可能性,并使之越来越开放?

汪晖:没错。尽可能地开放,越具有反思性越好,我们有非常强的知识性的兴趣。同时,通过这种努力,试图去创造公共讨论的空间,触碰到一些峻急的社会性、政治性问题,包括经济问题。

夸克:辩论存在的可能性是凸显并尽可能去显现和培育真正的价值。

汪晖:没错。

夸克:这些年来,您吸收了一些来自西方的关键性观点,并将之带入中国公共辩论。您认为哪些是有重要意义的观点?

汪晖:例如,我们需要反思全球化。我们组织讨论和公共辩论,比如国际法领域、战争、民族国家问题、主权问题,还着手引领和探讨地区融合问题、文明问题、地方性知识问题、公共领域等各种潮流问题。我们介绍并参与了这种讨论。最重要的是,我们试图向西方学界介绍并评论这些话题,完成中国知识与西方知识之间的沟通,还有来自非西方地区的知识沟通,我们试图去做这些工作。

如何构建知识性的反思空间？

夸克：现在您已离开《读书》杂志三年有余了，您会怎样回顾／反思知识性的生活？您认为中国的知识性的生活有些微的改变吗？

汪晖：大体上来说，变化是持续的，但也有迹可循。当我做《读书》主编的时候，我们面临着两重挑战。一重是专业主义，因为大学、学术机构、大部分学者将自己限制在各自的领域，现在的学术机构鼓励这么做，并提供金钱等等，人们没有了参与更广阔的公共问题的激情；另一重挑战是来自大众文化的，尤其是大众媒体，大众文化和大众媒体使人们的阅读趣味改变得太多，因为人们或多或少对于有些难度的问题不再感兴趣，对理论思考的兴趣降低。但如果没有学术研究和理论思考，对这些问题保持反思是很困难的。《读书》杂志试着去创造或承续一种知识的传统，现在这种传统在某种程度上正处在危机当中。现在依然有交流、辩论，许多发生在网络上。但就那种讨论的持续性和质量来看是不同的。我们更需要一种独立的思想空间。这就是为什么《读书》需要再一次尝试去创造这种空间，当然也有一些其他的期刊，但是很难和《读书》做对比。

夸克：您认为建立一个网上的《读书》阅览版来作为中国知识分子和西方知识分子的论坛可否一定程度上解决这一问题？比如，世界知识分子论坛的想法可否算作一个好的想法呢？

汪晖：是的，但很难操作，因为有语言的问题。我当编辑的时候，我们尝试着向西方的读者介绍一些东西，但这十分不易。其一，因为翻译的问题。其二，有不同的知识分子传统。从 19 世纪晚期到 20 世纪，中国的知识分子有向西方学习的悠久传统，我们对西方世界发生的事情有着广泛的兴趣，尤其是对于知识分子来说，一些理论发展，像经济学、社会学、人类学、人文学等诸学科是经由受过西方学术训练的学者建立起来的。很长时期里，非西方世界的知识分子一直在学习西方的知识、方法和学科规范，只有极少数人试图在智性上追求与西方平行发展，但现在我却看到越来越多这方面的努力。我们需要发展我们的公共空间，以便更广阔地进行讨论。实际上，几年以前，在我作为《读书》主编的时候，我们和一些来自其他社会的知识分子共同努力去创造我们的多语期刊。我们出版了中文、韩语、日语和英语的文章，但这些被证明非常难，因为翻译的问题，而且必须要有正确的编辑方针来吸引来自不同社会的读者。但我认为这十分必要。

夸克：我认为您说得对。我们谈论世界的全球化，这个社会变得越来越互相依存、纠缠在一起。政治话语、知识话语在人文社科领域依然是非常国家化的，我们没有全球性空间来展开辩论，也没有那种知识性的工具，去谈论这个全球化了的世界。

汪晖：是的，非常有必要。显然有很多这样的空间，比如世界社会论坛，他们侧重于第三世界国家、南方国家的问题，比如非洲、拉丁美洲、亚洲，那些很峻急的经济的、社会的问题。但是我们不仅仅需要这些全球性的和地方性的问题，我们还需要从思想性的角度来切入，理解、解读这些问题。所以进行一场真正的对话非常有必要，即"跨语际对话"，或来自不同知识背景的知识分子间的对话。一方面我们显然有共同的利益——我们面对共同的问题，我们也需要一种在智识层面上的协商、沟通来加强、提高理解的深度，这是一个巨大的挑战，一个真正的思想性的挑战。

夸克：当您在哲学领域进行历史性的思考，正义的概念正如在国家语境中追求和设想的，许多西哲也思考正义。但今天我们不能仅仅在国家的层面讨论经济正义、社会正义、文化正义。我们的哲学工具常常不够全球化，并不是基于知识、文化传统间的对话，所以让这些传统互相取经，互相学习很有必要。

汪晖：是的，非常准确。我们有了一些从不同知识背景出发的对全球正义、经济正义的讨论，不仅争论特殊性的问题，我们同时试图从某个角度涉及普遍性问题，参与讨论并且扩大、深化这些问题的讨论。或许这联系着全球性的正义。最近，我也写了一篇长文来探讨"什么的平等"，你知道阿马蒂亚·森（Amartya Sen）写过非常著名的文章《什么的平等》。我试图从中国思想史的角度来切入问题，提出一些哲学性的观念来理解平等的意义。例如，我们可以将机会的平等性与平等的机会分割开来；又如在分配正义问题上，罗尔斯（John Rawls）和一些社会民主主义者，他们提出了某种社会民主或某种带有社会主义色彩的平等方案。而阿马蒂亚·森发展了能力平等的观点，他强调能力的平等问题的必要性。

就中国思想史来说，清末民初的著名思想家、哲学家章太炎——你或许知道章炳麟，他是鲁迅的老师，鲁迅向他学了不少东西——在 1911 年辛亥革命之前，出版了他的哲学著作，这部著作融合道家、佛家思想来生发他对庄子的解读，例如，他谈论了庄子的《齐物论》，他发展了"齐物平等"这个观点，并以此来着手探讨差异性与平等问题，思考怎样保证不仅仅是形式上的平等，同时也对社会上的差异有一种尊重，即尊重差异性的平等问题。这种观点很重要，因为不同的人，例如少数民族，他们面临着不平等处境的问题，他们承受着城乡之间、沿海和内地之间、贫富之间的巨大差异，也忍受着种种困难和对他们的生活方式的挑战。如何让他们

　　　　　　　　　　　　　　　　巨变中的世界

的生活方式获得尊重，同时还要有分配和机会的平等，如何结合这两者，同样联系着全球性的正义和不同的问题。中国思维可以为这些问题的公正方面的全球讨论贡献一点点，或者贡献得更多。

夸克：我在联合国，这里有六种官方语言，中文、法文、英文、俄文、阿拉伯文、西班牙文，如果我们在《读书》网页上邀请来自欧洲、美国、中东、非洲、亚洲的学人和读者，一点点地重新发现不同的思想传统、互相了解并进行对话，这是否是个不错的构想呢？

汪晖：是的，但这非常难，现在的问题依然是翻译的问题，即使是对中国学者而言。尤其是年轻一代，他们能说英文，当他们从中国思想史中发现许多有趣的想法的时候，非常容易将之翻译成西方的词汇，然而，这样的翻译过程中，一些微妙之处便被丢掉了，所以非常有必要就那些特殊的、在它自己语境中产生的想法、观念、词汇进行一场真正的对话。我们怎样向有着不同背景的不同读者群传递这些观念的微妙之处连同它的思想背景？这是真正的跨语际实践，非常有趣又非常具有挑战性。

夸克：当您思考人文学领域、社会科学的时候，所有这些知识都是仅限于国家内部的，在法国，当我们研究历史、文学的时候，我们首先研习法国历史、法国文学，在美国，就是美国历史、美国文学。我们如何使我们的大脑进行全球化的思考？将我们的知识全球化的同时，保持着一份国族认同？

汪晖：当然有不同的方法。首先，人们需要向他人学习。即使是在中国，你造访任何一家书店，都会发现大量的翻译书籍。倘若你去造访欧洲国家，很难发现类似的现象，即将中国或许多非西方国家的著作翻译为西方语言，这是一个不平等的思想处境。但是另一方面，我们需要为创造一种新的理解历史的范式寻找方法，必须超越民族的历史、民族的文学、民族的思想史，乃至任何历史，而大多数关于 19 世纪、20 世纪的历史叙述都是民族的历史，这就是我们需要超越的范式。

重新理解现代中国思想的兴起

夸克：当您担任《读书》杂志主编的时候，您持续地写了一些与当代问题相关的文章，我手里有您的两本英文著作 *China's New Order: Society, Politics, and Economy in Transition*（《中国的新秩序：转型期的社会政治与经济》）、*The End of the Revolution: China and the Limits of Modernity*（《革命终结之后：中国与现代性的限制》），对我来说，您对世界与中国所做的那种批判性的分析在很大程度上基于您做的中国思想史研究，您为什么认为花费十年时间来写这四卷本《现代中国思想的兴起》是很有必要的？在您研究中国思想史的时候，什么是您试图要解决的非常重要的看法或关键性问题？

汪晖：当我们谈论当代问题的时候，比如新自由主义，或者说不平等、社会分化，所有这些问题不仅仅是中国的现象，也是全球性的现象，你需要在中国语境中去处理它，为了突破困难去找寻一个广阔、真实性的理解，你需要把它放置到一个全球化的语境中，否则所有的理解都是很局限的。我要做的是从一个更广阔的视角，地域的、中国的、地方的、全球的视野，将这些整合起来，这就是着手于当代问题的方法。我试图从一个更加历史化的角度来切入，通过这种方式在历史研究与当代问题的介入上达到一种互动。

大致上讲，要概括我的四卷本《现代中国思想的兴起》非常难，但要简略地说，我想要去重塑或者说创造一种新的模式或范式来研究中国思想史。当我们谈论《现代中国思想的兴起》，显然要谈论中国思想，不仅要谈论中国的思想方式、西方的思想方式、印度的思想方式或其他思想传统之间的互动，还谈论这些因素如何从外部融合进中国的思维方式。中国的思想方式不仅是中国的，还是不同成分的复杂构成。

与此同时，我试图突破或摆脱狭义的民族框架，尝试去研究一些帝国的经验或清代的早期历史、蒙古帝国的历史、奥斯曼或欧洲早期的历史，即某种比较历史研究，但这种比较不是传统的比较文学的框架，那仍旧基于国家的文学和历史。首先，我重新思考帝国 / 民族—国家的二元对立。我也谈论早期的历史来重新检视 20 世纪的诸多思想遗产，例如在 20 世纪，日本的京都学派学者详尽阐释中国历史，他们认为中国的近世，或早期现代开始于公元 10 世纪的宋代，他们讨论东亚的早期现代性，谈论宋代历史（起于公元 10 世纪）、14 世纪朝鲜半岛的李氏王朝、17 世纪的日本，触碰到了许多问题，涉及社会状态的样式、多民族历史、高度中央集权的结构、国家考试制度等等。他们试图在自己的框架内解释这些因素在这个地区是怎么出现的。当然，他们的叙述是深受西方目的论叙述影响的，我们对此应有一个反思性的视角，通过考察历史来建构比较的视野。

此前我在柏林参加了一个小组讨论，参与者有弗雷德里克·库珀（Frederick Cooper）——他是非洲殖民历史方面的专家，还有简·伯班克（Jane Burbank）——一位俄国历史专家。他们共同出版了一部叫作《世界帝国史：权力与差异政治》（*Empires in World History: Power and the Politics of Difference*）的书。他们并非从民族国家出发，而是试着研究早期帝国经验来重新理解世界历史。这种讨论实际上是从我个人十多年前参与讨论的问题开始的。我在 20世纪 90 年代的写作很大程度上是关于早期历史的经验，但我试图在超越帝国—国家二元论的视野中处理这些问题。2000 年、2001年的时候，我在柏林高等研究院做研究员，当时还有许多来自不同背景的历史学家，有研究蒙古帝国的专家，有研究葡萄牙和西班牙在亚洲殖民史的史学家，还有一些研究奥斯曼帝国、俄国、德意志帝国的专家，因此我们有一个关于世界历史中的帝国的讨论。我很高兴看到这种思想课题不仅在中国和其他非西方国家的历史学家中被讨论，更有许多西方学者也参与辩论，部分原因是因为这种历史研究也受到现实经验的启发，如欧盟项目，就像帝国的建构，不能完全从国家的历史出发。我们谈论区域（经济）一体化和世界史，需要重新叩访历史经验，并不能将历史研究直接运用于当代，然而我们可以从历史研究中吸取经验来更好地理解我们面临的新的形势，这就是我在学术思想上的考虑。

夸克：当您在研究思想史的时候，您对不同的观念以及产生这些观念的政治经济的语境之间的关系、互动非常感兴趣，它们是如何塑造这些语境的？

汪晖：这些都源自对我们的知识状态和思想状态的反思。我们现在都是在大学里面特定的学科内部接受训练，我们把学科的划分看成天经地义的事情，然而在中文世界里"历史"这个术语，并不仅仅指涉一些史实、历史传记，它同时承载着一种政治的、仪式性的价值，它是一个非常特殊的门类，当我们谈论历史的时候，它意味着一些政治的、伦理的和思想的变迁。所以不能仅仅把"history"这个术语变为历史研究的方法，要同时发掘在我们的历史的和思想的话语中的"历史"这个范畴的深厚意味；另一个现在变得非常著名的、吸引学人都参与讨论的范畴就是中文世界里的

　　　　　　　　　　　　　　　　巨变中的世界

"天下"，当西方谈论全球史、全球化的时候，中国这儿则谈论"天下"，它并不是当下的全球化的意思，而是包含着对我们今天的生存状态的反思，包含了一些独特的哲学思考。所以，一方面，我们不能简单地将这些观念普遍化，而应放到具体的历史语境中读解，同时尝试在特定语境中，从对历史的历史化中学习其普遍意义。这就是我如何在历史语境中解读这些观点的方法，不是将观念简化为抽象的哲学概念，也不只是在功能性的意义上解释它们的意义，这些观念是建设性的因素，它不仅仅是观念，它同样是历史的、政治的、思想的力量，参与创造某种社会现实。通过与某种对观念的读解互动，参与到政治的、社会的、文化的多方面的实践，这是思想史研究的意义所在。

夸克：是否可以如此理解，您在思考思想史的时候，认为如果不了解它们处于如何被生产和组织的语境，我们就不能将其从一种文化简单转译为另一种文化，因为我们很可能不知道我们是在谈论什么。

汪晖：是的，我就是这么认为的的，因为在某种程度上，我们需要避免简化法。

从现代性反思到如何解释 20 世纪中国

夸克：让我们回到当代问题吧，非常有趣的是，例如您关于当下中国的一些论述，在这本英文版的《中国的新秩序》中，您对中国改革开放的发展有一种批判的态度。西方的绝大多数出版物则强调 1978 年以后，中国的发展政策让数以百万计的人脱离了贫困，但在您的著作中，您也分析了这种发展政策的负面，连带着您对全球化的批判。

汪晖：是的，实际上我的阐释可以从两个层面来总结。首先，我对这些问题的批判并不是对发展的完全否定，因为这些发展，特别是经济增长的一些成就要归根于历史遗产，这些遗产包括毛泽东时代的遗产、20世纪以前的遗产，以及20世纪的遗产，还有一些应该归功于在改革时代非常重要的政策。我的论述是批判性的，但并不是对改革进程的彻底批判。在20世纪90年代，我察觉到发展过程中的新自由主义方向，批评的是基本的危机，主要集中体现在社会分化、贫富分化、城乡差距、沿海与内地之间的差距和一些非常严峻的环境危机。这些问题都值得反思。我的批评针对的是发展中的新自由主义模式。

夸克：有一个概念在您的著作中非常重要，就是现代性的概念。您是从鲁迅研究展开您的工作的，它是您当代中国研究的一部分，为什么现代性的概念和中国现代性的不同方面在您的思想中处于中心的位置？

汪晖：现代性问题是个非常广泛的问题，现在许多知识分子和学者争论很难给这个概念做出清晰的定义。然而在20世纪90年代的语境中，我对现代性范畴的观点基本是一个反思的视角，并不是将现代性作为目的，而是努力去反思现代性，批判其目的论的意识形态。一方面，经济的增长给予我们很多，但同时又带来很危险的挑战，将增长等同于发展，现代化成了全社会的某种目的论，所以反思它很有必要；另一方面，我们也需要思考20世纪与现代性的问题。如果陷入对现代化的幻觉之中，我们就不能理解现代历史的性质、社会主义的历史、革命的目标。其实早期的辛亥革命甚至共产主义革命都是现代性方案的一部分。1980年代，当我们在现代化意识形态下追寻目标，认为现代化是我们的目的之时，却拒绝将

20世纪历史看作现代历史，而将之归为封建的、传统的等等。

所以，我试图强调自20世纪直到现在不同阶段的断裂之间的连续性——一定存在某种连续性。一方面，需要强调对现代性的批判性反思的必要性；另一方面，需要深入理解我们的历史，而不是简单地从传统／现代的二元对立的立场出发。20世纪80年代，我们甚至认为所有的历史都是传统的，那时我们处于一种思想启蒙的氛围中，认为社会主义和20世纪中国革命仅仅是所谓封建的一部分，却拒绝反思现代性自身。当我使用"现代性"一词的时候，我并不是从目的论的角度将现代性当作我们的目的来谈论，而是试图对它有更多的历史性的理解。

夸克：您知道，现在中国是一个真正的世界大国了，主要是由于经济的影响力，中国将成为全球政治的参与者。在您看来，中国将成为何样的政治参与者？您认为出于政治正义、国际法等原因，在中国哲学中是否有些价值、信念将会成为国际公共话语的一部分？

汪晖：中国现在显然是全球性的政治力量。甚至不是从现在才开始的，而应该从一个长的历史及历史背景来看待。在我看来，处在冷战时期的新中国实际上是一个改变冷战格局的非常重要的力量。新中国成立以后，中国与美国及其盟友在朝鲜半岛开战。20世纪60年代，中国则与苏联进行公开辩论。在这个过程中，冷战的两极格局逐渐改变，例如在万隆会议上，中国关于第三世界政治的承诺，与印度、埃及、印尼和其他亚非国家一道，成为改变世界历史的力量。中国在解构冷战的两极格局上扮演着非常重要的角色。这些互动说明中国在世界图景中一直是一个全球性的力量。

然而现在的中国变化太大了，比如对非洲，除去欧洲和美国，中国、印度和其他的一些新兴经济体都对非洲发挥着越来越大的作用。对非洲来说，积极的一面是非洲出现了其他的选择或可能性；另一方面，人们很关心中国、印度、巴西等新兴经济体能否避免美国和欧洲殖民主义的覆辙，这对展开真正的讨论非常重要，因为这是新的全球性问题。例如，2010 年 1 月，我参加世界社会论坛，世界社会论坛的建立是基于对万隆会议精神的怀念，万隆会议原来是亚非国家之间的论坛，但现在亚非国家的关系发生了巨变，现在人们经常谈论亚洲在非洲的行为，所以全球的正义遇到这些新问题就要重新看待。作为中国的知识分子，我们需要思考我们自己的遗产。例如 20 世纪中国的国际主义，我们如何从国际主义遗产中吸取有价值的东西来为全球正义做出贡献，同时不仅仅是 20 世纪的遗产，还有更早期的遗产，像我刚刚提过的对待差异的平等性、尊重差异，同时建立更加平等的关系，这是一个巨大的挑战，我们要向历史学习，但历史并不能解决所有问题。最重要的是，我们向历史学习是为了创造新的思想、新的模式。尽管中国思想、中国传统会为这些再思考提供很多资源，但是与全世界知识分子的对话同样重要——不仅仅是与西方的知识分子，尤其重要的是与来自非洲的、拉丁美洲的、亚洲其他区域的知识分子进行真正的对话。

夸克：汪晖教授，我们之间的谈话就要收尾了，您可否谈谈您现在正在关注的问题是什么？

汪晖：我实际上在做不同课题的研究。其中一个问题就是平等问题，怎么阐释平等的观念；另外，我也在重新思考民主的社会形式及其危机。我认为传统的民主形态发生了真正的危机，例如政治制度。谈论中国的民主，它的形式是什么？政党政治陷入了危机，还有公共空间也危机重重。一方面，作为公共空间的媒体，对于民主来说是至关重要的，另一方面，媒体本身却很成问题，媒体问题发生在世界各地，形式不同，中国、美国、英国等等。我在意大利也探讨过媒体的危机。还有法治的条件问题，法治亟待提高，但法治生效需要什么样的政治文化？这些问题还依旧在中国思想界内回响。我试图在两个层面理解这些问题，一个是社会政治的理论性思考，另一个是系列的个案研究。与此同时，我还在历史研究上下力，现在我集中关注 20 世纪中国历史的重新评价问题，大致来说，我早期的作品《现代中国思想的兴起》四卷本论述的范围终结于 20 世纪早期，即从中国思想史的早期到民国初年，现在我认为回顾 / 反思 / 解读 20 世纪历史的位置已经变得十分紧迫，因为 20 世纪历史是一个革命的世纪，充满了混乱和问题，但同时在这一时期也涌现了许多创新和发现，如何来重新评价这段历史？泛泛地说，人们认为改革只是和这段历史发生了断裂，但延续性何在？今天的改革与 20 世纪历史之间发生了什么样的断裂，又有哪些继承和发展？这是非常重要的问题。

（郑文棋 / 译）

02 历史的见证者
——对话施密特

2013 年 1 月 31 日，在德国前总理赫尔穆特·施密特（Helmut Schmidt）位于汉堡的家中，汪晖教授与施密特就有关中国与世界的诸多问题进行对谈。谈话用英文进行，个别地方施密特用德语说明，再翻译为英文。本文根据此次对谈的部分内容翻译整理而成。《南风窗》2014 年第 6 期曾刊载节选。施密特是当代德国的重要政治家，1974—1982 年间曾任联邦德国总理，与毛泽东、周恩来、邓小平等中国领导人有过会晤，长期关注中国及其历史文明。

汪晖：几年前，我在《时代周报》（*Die Zeit*）的论坛上见过您，但没有机会谈话。谢谢您安排了今天的会见。来见您之前，我心里也有些问题，但我们还是先随意谈话，看能够讨论哪些问题。可以吗？

施密特：这样好。

中华文化的自我更新与重构

施密特：中国有一件事让我没法儿彻底理解。中华文明，包括她的语言文字等等，至今已有 3000 多年历史了。3000 多年前的古文明不止中国一个，我们有埃及、伊朗、希腊、罗马。但那些古文明都已经消逝了。今天的伊朗已经不是古代的伊朗，今天的希腊也不是古代的希腊，印加帝国则更是不复存在了。可是中国依然存在。而且历尽 4000 年沧桑，中国又突然复兴了。这是怎么做到的？

汪晖：我的看法是，中华文明有一种构造和重构自身连续性的倾向。虽遭多次打断，但这种内在倾向一次次令其不绝如缕。因此，我认为儒学是一种政治文化，而不仅仅是一种哲学文化。

施密特：儒学文明是公元元年左右兴起的，差不多是孔子逝世 500 年后。也就是说，中国的 4000 年文明，儒学顶多只覆盖了一半。

汪晖：确实是这样，中华文明是由各种力量重构的。我读过您的一些书，您关于中国历史的渊博知识令人惊叹。

施密特：而且，儒学后来一度衰落。到公元 900 年左右才重新崛起。

汪晖：儒学衰落时期的几个朝代，统治者和学者多多少少也在试图重构儒家意识形态。

施密特：如今它又回来了。

汪晖：是的。他们总是在试图重构它。最难理解之处在于，中华文明曾被契丹、蒙古和女真等游牧民族打断，但那些游牧民族统治者也试图遵循中国历代王朝的传统来重建它。他们往往会尊崇儒学，但同时以不同方式保留自己的文化和多样性的认同。

施密特：中国的政治文明有一个方面不同于其他文明：中国历代儒学王朝并没有独尊一种国教。儒学是哲学，是伦理，但不是宗教。你们中国人信仰的不是神。作为儒者，您或者您的先辈信仰的是什么？

汪晖：孔子自己说过"敬鬼神而远之"。

施密特：您的理论是说，经过那么多朝代，那么长的岁月，中华文明生生不息的原因是不断自我更生（reinvention）？

汪晖：在某个范围内，是的。

施密特：那在别的范围内是什么情况？

汪晖：在别的范围内，例如，在农村，有好些遗产一直传承下来。直到20世纪，中国都是一个农业文明。"耕读传家"一直是中国人的主流生活方式。但如今有了大变化。另一种大转型正在上演。

施密特：农民总是比较保守的。他们固守祖辈、父辈教给他们的东西。全世界的农民都是这样的。这不是什么中国特色。

汪晖：这当然不是。但在保守的同时也有激进的一面。毛泽东本人就是一个矛盾性格。一方面他非常激进，另一方面对传统有独特的见解。我在中学的时候，就在毛泽东的影响下学习中国古代经典了。

施密特：毛泽东号召你们学？

汪晖：也算也不算，是批判地学。毛泽东号召"评法批儒"——批判儒家、支持法家。那是1974年开始的一场政治运动。就连我们中学生也被要求阅读儒家和法家著作，然后加以批判。我们就这样读了不少古代典籍。

施密特：可我的印象好像是，毛泽东甚至不允许人们公开引用孔子言论啊。

汪晖：是这样。但是在1974年"批林批孔"以后。因为据说林彪图谋复兴儒学，所以毛泽东发动了一场运动批判儒学，开始了大规模的"评法批儒"运动。不但学者们参与，而且学生们也参与。

施密特：大约和孔子同时有另一位大哲学家老子。毛泽东批不批老子？

汪晖：毛泽东对老子及其辩证法是有很深见解的。老子多多少少被看作与法家有点联系，且充满了一种中国式辩证法的智慧。毛泽东读过老子的书，他把《老子》当作兵书来读。《老子》也确实可以从兵法的角度来读。

城市化带来的改变

施密特：我想中国已经发生的重大变迁之一就是你们不再需要那么多农民了。他们正在移居到城市。城市则越来越大。北京已经有 1900 万人了，上海则接近 3000 万。这意味着农民从父辈继承下来的保守性格会有所削弱。

汪晖：有道理。

施密特：如今，中国人不再信仰父辈和祖辈。中国人信仰的是赚钱。

汪晖：是啊，这是个严峻挑战，但也存在传统文化的复兴。按照一些西方学者的估计，到 2035 年，全球"75 大"城市中，有"25 大"将是中国城市，如果是这样，则意味着中国的社会结构将发生彻底改变。

施密特：城市化意味着人口聚集为群众。而群众心理学迥异于家族心理学或市场心理学。群众是可以诱导的。前所未有的城市化也许意味着，全体中国人历史上第一次成为可诱导的群众。这至少是与北京和上海的雾霾一样严重的问题。

汪晖：目前中国领导人和知识精英在争论一个问题：未来改革的路径问题，城市化之类的趋势，等等。基本上人家同意，由于全球化的大背景，城市化趋势不可阻挡，这是讨论的前提条件，但中国的土地所有权是公有和集体所有的。问题是如何处理城市与乡村的关系。

施密特：我不敢肯定我理解了您的意思。

汪晖：关于土地私有化问题存在争论，且分歧很大。有些人认为，中国的土地所有权是公有和集体的，需要推进土地私有化。另外一些学者则不同意。他们主张乡土重建，也就是说，在城市化进程的同时，重建乡土社会，也有人提出新的集体经济。因为即使未来50年，中国的农业人口急剧减少，我们仍会有5亿农民。

施密特：我猜，中国今日一个村的平均规模是1000人吧。几百年前是几百人。甚至在孙中山时代也只有几百人。1911年时中国的总人口有多大规模？

汪晖：大约4亿。村的规模大小不等，也分自然村和行政村，行政村的规模可以是很大的。

施密特：现在有13亿了，而且13亿人大多数住在城里。这个进程一定会持续，无论你是否乐意。

汪晖：可是在中心大城市的生活并不舒适。中国政府并不一味鼓励巨型城市化，它目前更希望看到城镇化。

施密特：那问题就更复杂了。城市尤其是大城市的生活水平远远高于小城镇——其实就是大村子。据我估计，上海的人均生活水平是一些小城镇的十倍。在这方面，计划生育政策的影响也很显著。由于大部分中国家庭受制于一胎政策，中国将逐渐变成一个老龄化社会。这将是21世纪中叶中国面临的一个严峻问题。

汪晖：太对了。儒学的一个教诲就是"老吾老以及人之老"[1]，

1　朱熹撰：《四书章句集注·孟子集注》卷一《梁惠王章句上》，北京：中华书局，1983年，第209页。

讲的是尊老，讲的是同情心。但随着城市化进程，这些情感都受到了挑战。就规模而言，中国的有些城镇比欧洲的许多城市还大。

施密特：我可以设想未来美国和中国之间会开展一场竞赛。两国都不得不同时加大在社会保障领域的投入力度。美国人略略领先了，因为他们已经有了一个基本的社会保障网络，而中国的还不健全，部分城市有了，但更多的城市并没有。

汪晖：的确。过去十年，中国正努力重建社会保障体系，尤其是医保体系。尽管保障标准还很低，但已经实现了全覆盖。这是历史上第一次中国拥有了可以覆盖全民的基本医疗体系。昨天报纸上说，国务院召开会议，讨论提高社保标准，但另一方面财政的负担似乎太重了。

施密特：医学的昌明可以缓解压力。我们的子孙比我们活得长，至少可以长 5 年。我今年 95 岁了还活着，要感谢现代医学。中国既有现代医学，又有中医——一部分有价值，一部分是胡诌——可以把它们结合起来。中国的人均寿命有 50 多岁了吧？

汪晖：已经达到 70 多岁了。

施密特：真惊人。我还以为是 58、59 岁呢。将来会达到 80 岁的。

汪晖：是啊，中国人的平均寿命远高于印度，和俄罗斯相当。当然还比不过日本，但也没那么低。

施密特：这个指标还会提升。而且，与此同时，政府行动的自由度会大大降低。

汪晖：对。社会对政府行动的压力增大了。首先，时代变了。全球化对中国影响深远。与其他国家，特别是一些西方国家比起来，中国的独立性依然较高。城市居民的意愿非常强烈。以前，抗议活动主要发生在农村，如今，市民则充当起先锋。

施密特：但与此同时这些抗议不是针对中央政府的。在很多情况下，这些事件甚至加强了中央权威的合法性。

汪晖：是的，那是另一个现象。很多抗议的诉求是社会公平。

东亚危机与孤独的大国

汪晖：东亚局势正在恶化。从晚清以来日本是这个地区最强的国家，它对中国的复兴没有准备。我经常去日本，发现日本人被某种迷茫情绪缠绕。他们觉得，虽然中国有种种问题，但她在经济和军事上都在崛起。

施密特：日本只有 1.2 亿人口，中国可有 13 亿。

汪晖：我的许多日本友人认为，日本最好的出路是融入亚洲。但也有一些日本朋友觉得，今日的局势越来越像明清时代的东亚形势。

施密特：日本处境的基本事实是，日本在这一地区根本没有朋友，菲律宾、韩国、俄罗斯、中国、印尼，一个都不是。那些国家都被日本入侵过。所有的邻居都恨日本，即使今天的日本并没有犯任何罪行。日本从未真正理解过这一点。德国犯过的战争罪行绝对比世界上任何一个民族都要多。但我们比日本人幸运得多，有邻居愿意帮助我们。我们的父辈所犯下的罪行，是我们必须反省的。靠着这种反省，德国重新被欧洲接纳这种奇迹才可能发生。如今的欧盟虽然运行得很糟，但它毕竟使得任何两个欧洲民族之间爆发战争变得不再可能。但日本与周边国家发生战争的可能性并没有完全排除。如果我是中国领导人，我会静待时机，采取古代帝王"羁縻外夷"的策略。到了 21 世纪中叶，中国将有 15 亿人口，而日本将仍然只有 1.2 亿，甚至更少。

汪晖：因为日本的生育率非常低。在东京，我看到好多中小学都关门了。

施密特：我去过日本 50 多次，有很多日本朋友。如果我是中国人，我就等着看，他们要过多久才会提着礼物来见我，而且我相信他们会再三登门的。姑且给他们点时间。

汪晖：这是一大难题。比较战后德国和日本的不同境遇，在中国，我们经常说为什么德国与日本如此不同。原因当然有很多，但其中一个是，美国在东亚和西欧采取了不同政策。

日本的一些进步人士认为，当今的天皇制度并非日本固有天皇统系的延续，而是麦克阿瑟（Douglas MacArthur）占领时期的产物，这是当前日本民族主义的重要背景。

民主危机与政治体制改革

施密特：我们本来是打算进行一个私人会谈的，现在已经谈了三个小时了。您还愿意再谈一会儿吗？

汪晖：您的谈话很有启发性。我还有一个问题。中国有一些人在政治改革方面希望更彻底地效仿西方制度，例如多党制，等等。但也有一些人说，我们需要民主，例如基层选举和顶层的一些机制，但并不一定是投票式的民主。对此您有什么建议？

施密特：民主不是人类的终局。在未来的若干世纪里，可能会在不同方向上有好几种发展。现代民主问世只不过 200 来年。美国人从法国人、荷兰人和英国人那里借来一些理念，并在《独立宣言》（*The Declaration of Independence*）里宣告了现代民主的诞生。民主有一些严重的问题。比如说，四年一选，政治家就只能拣好听的说给民众听。多党制并不是政治进步的最高点，而只是我们现有的最好制度。我会为了维系这套制度而奋斗，但我不会向中国推销它。英国人把它强卖给印度人和巴基斯坦人，荷兰人也曾试图把它兜售给印尼人。印度的民主其实并不奏效。我不会建议埃及、马来西亚、伊朗和巴基斯坦去盲目地引进民主。民主是西方产物，孔子没有发明它。发明它的是孟德斯鸠（Montesquieu）、约翰·洛克（John Locke）和一些荷兰思想家。

汪晖：很少有西方领袖会公开发表这样的言论。

施密特：这并不代表我一定是错的。

汪晖：目前中国是世界第二大经济体，很多经济学家认为到2030年中国就会成为第一大经济体。

施密特：讨论这会发生在 2030 年还是 2040 年，是有意义的。

汪晖：这是 19 世纪以来全球历史的一大变局，不仅对中国而言是如此，对亚洲也是如此。如何评估这一变局呢？在这个变局下，我们如何讨论政治制度的变迁？

施密特：人们对西式民主感兴趣的一个原因是无须流血就能实现政府更替。这是个很大的优势不假，但这改变不了民主是西方产物的事实。它在古希腊的雅典运作了不到 200 年，在古罗马从未真正运作过，然后就没有在任何一个国家运作过，直到美国独立为止。英国算是个先驱，但他们贩卖奴隶。甚至伯里克利时代的雅典也是蓄奴的，只有雅典公民才有投票权。有一个雅典公民，就有三个没有投票权的居民，其中一个就是奴隶。美国甚至到了 19 世纪中叶还公开实行奴隶制呢，美国南北战争也是为了奴隶制的存废。到了 21 世纪中叶，你瞧着吧，墨西哥人和非洲裔美国人及其子女将构成美国选民的一半。到时候不论谁是总统，都得顺着那些选民的心意。美国会从一个世界大国变成另外一副样子。中国也会变。

是不是会变成民主国家，还有待观察。我觉得是不会。

在中国过去 2000 年的历史上，已经发生了许多巨变。

汪晖：在中国，不仅是在知识分子圈子里，在党内也一样，长期以来一直有一个争论——政治体制改革。所有人都知道，政治体制要改革。但应该怎么改？您对中国政治体制改革有何建议？

施密特：你们是受了国际舆论的影响，欧洲的、北美的、伊斯兰世界的。中国一般不怎么关注伊斯兰世界的舆论，这倒没关系。你们的问题是太在意西方的舆论。西方、欧洲，本来大多数只是巴掌大的国家，相互还不怎么友好，可是它们就有本事搞出一套宣传来影响你们的思维。我想，邓小平当初说要搞有中国特色的民主国家也就够了。可这个说法的含义并不清楚。什么叫"中国特色"？我认为中国必须找到自己的方式。不论她是否愿意，中国已经是世界经济的重要力量。中国停不下来，停下来就会有数千万人失业。但在这方面，德国人比中国人更不平衡，德国的就业对外贸的依存度是全世界最高的。德国人还在说中国人破坏了世界经济平衡，简直搞笑。德国人、日本人、中国人都对世界经济失衡负有责任。

民族问题

施密特：印尼有 2.5 亿人。大多数是穆斯林。他们并不极端，所以虽然排华但并不严重。海外中国人差不多有 5000 万，有一半生活在印尼。这不会对中国政府构成一个问题。

汪晖：印尼华人社会与新加坡或马来西亚的华人社会非常不同。他们连名字都改了。曾有一段时间华人被禁止使用中国姓名。所以他们很多人丧失了身份。马来西亚不一样，马来西亚华人社会很强大。

施密特：马来西亚比印尼小多了。巴基斯坦重要得多，它差不多是马来西亚的 10 倍那么大，约有 2 亿人口。

汪晖：一位著名日本学者曾建议说，亚洲的区域一体化可以完全不同于欧洲的一体化。一个原因是欧洲一体化依托于国家间关系逐渐形成一种超大型国家的体制。亚洲一体化不可避免也涉及国家间关系，但是其类型却是网络式的，不会以形成超大型的统一政治体为目标。我明天要去参加柏林洪堡大学举办的国际法全球史大会，会谈到这样一些问题。

施密特：国际法是 400 年前的一项发明。与孔子学说比起来，与中国历史和中国文明比起来，年轻多了。中国人有一个优势，那就是你们有统一的书写文字。你们甚至可以看懂一些日文报纸。你可以不懂日本哲学，但你能读他们的报纸。

汪晖：尤其是学者，我们可以查阅大部分日本古籍，因为很多是汉文典籍。

施密特：相比欧洲来说，这是一个大优势。5 亿欧洲人，一国有一国的语言文字。这个困难不容低估。

汪晖：拉丁文呢？

施密特：欧洲人相互之间说英语。拉丁文太难了，那是教授的语言。

汪晖：那么文化认同的理念呢？

施密特：历史上它没起过什么作用。最后一次扮演角色是 12 世纪的意识形态。后来就式微了。

汪晖：中国的语言是个大问题。如果拿中国与印度相比……

施密特：印度有 1000 种语言。

汪晖：有 1000 种，所以不得不相互说英语……

施密特：上层是说英语。孟买街头的百姓可不说。而且印度的人口密度比中国更大，土地更有限，这个矛盾还在加剧。

互联网时代的阅读与政治

汪晖：我这次来的时候，遇到瑞典一个基金会的朋友，我说我是来见您的。他说："您很幸运，能会见德国唯一的智者。"

施密特：实际上您错了。

汪晖：但很多中国人都认同这一点。我读了您被翻译成中文的几本书，真正吃惊。您能把中国历史娓娓道来，太不可思议了。

施密特：那是因为我三十几年前就退休了。30 年来我做的主要是阅读，看看别人写的新东西。如果您活到我这么老，您也会是一个阅读者。也许您会写上一两本书。但主要是得当个阅读者。

汪晖：您对媒体的前景怎么看？

施密特：目前，它们还是太有势力了，至少在代议制民主国家里是这样。我认为在议会民主制国家，媒体在挖这种制度的根基。特别是互联网时代的到来，媒体的影响发生了巨大的变化。纸质媒体日益边缘化。如果人们随时能谷歌一下，谁还会去读老子、孔子？

汪晖：是啊。我们可以谷歌他们，同时不用去思考他们。

施密特：其中不包括我。

汪晖：智者是不同的！（笑）如果比一比您从政的时候。那时候媒体还不是现在这样，很不同。

施密特：是不同，但如今未必更容易对付。

汪晖：有时反而更难对付了。如今，互联网分分钟在对您的所作所为做出回应。这也是让中国官员头疼的事情。一方面似乎爱理不理，但另一方面它们有时候又轻易妥协，那往往是为了取悦网络民意，结果未必都是好的。

施密特：即使在中国，政府也需要取悦民众。

汪晖：如今格外明显。

（三脚马／译）

巨变中的世界

03　寻找理解中国和世界的新角度

——"人民政协网"访谈

2013 年 2 月，两会即将召开之际，《人民政协报》记者王小宁采访了汪晖教授。本文是访谈的全文，原刊于《人民政协报》，2013 年 2 月 25 日。

学术足迹遍布中西

《人民政协报》：两会很快就要召开了。不久前与您联系时，您还在瑞典。能否简单介绍一下您近年来的工作经历？

汪晖：上个学期教学工作结束后，我利用寒假的时间来到位于乌普萨拉的瑞典高等研究院做研究。瑞典高等研究院是欧洲最好的高等研究院之一。乌普萨拉大学也是著名汉学家高本汉（Bernhard Karlgren）、著名考古学家安特生（J. G. Andersson）工作过的地方。清华大学的老一代学者赵元任先生、北京大学的罗常培先生及早年毕业于清华的李方桂先生曾经与高本汉合作，翻译出版他的名著《中国音韵学研究》。安特生是北京猿人和仰韶文化的发掘者和发现者，对中国考古学的影响很大。瑞典高等研究院聘请我担任高本汉研究员（Bernhard Karlgren Fellow），我也因此得以利用去年暑假和今年寒假去那里做研究。

我大部分时间在清华大学从事教学和研究工作，同时担任一个不大的研究机构清华人文与社会科学高等研究所的所长。"高等研究"始于著名的普林斯顿高等研究院，此后斯坦福行为科学高等研究中心、柏林高等研究院、瑞典高等研究院、美国的国家人文中心等高等研究机构相继成立。这类研究机构邀请不同学科、不同背景的学者，在同一个空间中进行研究和交流，产生了许多影响深远的成果。清华大学是国内第一所建立高等研究机构的大学，这就是杨振宁先生创建的清华大学高等研究院（原名高等研究中心），但以理科为主。我们的研究所规模较小，以文科为主。过去几年，我们邀请欧美和亚洲地区的学者来清华进行访问研究和教学，虽然规模很小，但效果却很好。

中国学者不应在国际交流中缺席

《人民政协报》：近年中西学术文化交流非常频繁，形式多种多样，您个人如何看待这种学术交流的态势？

汪晖：学术研究以研究者个人为主体，但也离不开学术共同体的交流、切磋和检验。中国近代的语言学、考古学、历史学和文学研究，没有一个人文学科不是在多种文化经验的互动中发展和成长的。但这种文化经验也产生了许多限制，比如许多学者批评的欧洲中心主义，以及许多研究工作中的削足适履的状况。在一个互动日益紧密的时代，中国学者如何阐述自己的历史经验，如何分析其他社会的历史和变迁，成为一个绕不开的问题。

举个例子，接到您的采访短信时，我正从柏林赶回乌普萨拉的途中。在柏林，我应邀参加在洪堡大学举办的一个关于国际法的全球史讨论会，就牛津大学出版社新近出版的长达1200多页的《牛津国际法史手册》（*The Oxford Handbook of The History of International Law*）做一些评论。我在《现代中国思想的兴起》第二卷中曾经从思想史的角度涉及相关的问题。现代国际法是欧洲人的发明，中国古代是否存在国际法？近代中国和亚洲历史中，欧洲国际法扮演什么样的角色？如果欧洲国际法曾经在近代殖民主义历史中扮演角色，那么，在今天如何讨论和修订国际法？这些问题需要不同国家、不同背景的学者参加辩论，才有可能改变这一领域中长期占据支配地位的西方中心论的视野。但是，这部著作中有关亚洲，甚至中国的章节也是由日本学者完成的。我并不是说其他国家的学者就没有资格或能力描述中国的历史，但这类研究不但涉及史料的选取，而且也涉及角度和方法的选择。中国学者的缺席是令人遗憾的。在这方面，首先是要拿出真正有分量的研究成果，其次是通过自己的研究，参与到对于世界历史和中国历史的重新叙述之中。

在国外做研究，发现新问题

《人民政协报》：您的学术研究，在中国思想和当代文化研究上独树一帜。您是从中国现当代文学的研究而进入学术界的。但过去很多年，您除了在国内工作外，也经常在国外的大学和研究机构从事教学和研究，这对您现在的学术工作具有哪些影响？

汪晖：我的研究工作是以中国思想和文学为中心而展开的，但随着研究的深入，也自然地与其他的思想资源和历史经验发生关系。在研究中国的对象时，也不得不去研究与之相关的文化。例如，近代思想家，从康有为、章太炎、梁启超、严复到胡适、鲁迅，哪一个思想家没有复杂的、多重的思想来源呢？我最初去国外做研究，也是沿着这样的线索展开的。但随着在国外研究的深入，也产生了许多先前未曾想到的新问题，形成了重新理解中国和世界的新角度。结果是阅读范围、对话范围的扩大，不但关注欧美和亚洲，甚至也开始涉足拉美和非洲。我的著作主要是以中文形式发表的，但随着时间推移，也被翻译为其他多种语言，这在无形中增加了我的潜在的对话范围。其实，研究和对话的关键，在于找到什么人共同探索，又发现了什么样的对手进行辩论。这个过程对我的思考当然有很大的影响。

解决现实问题，更要对知识领域有贡献

《人民政协报》：以全球化视野关照今天的中国社会，您可否从一位学者的角度，联系您的学术思考，谈谈您的关注、您的忧思和期盼？

汪晖：19 世纪中期之后，中国曾经长期处于被动挨打和动荡的局面，经过好几代人的奋斗，中国所处的位置已经发生了根本性的变化。中国是一个世界性的大国，也是最大的经济体之一，中国的每一步发展和变化都将对周边地区和整个世界产生影响。这就是围绕中国的变迁，无论在国内，还是在国际，有这么多的话题、这么多的兴奋、这么多的焦虑的原因。

围绕中国的发展问题，人们最关心的是这一发展的可持续性。贫富分化、区域差别、城乡矛盾、民族问题和环境危机等一系列问

题尤其引起关注。关于中国的政治变革，究竟应该走什么样的道路，也是人们关心的问题。过去这些年，我一直追踪这些问题，发表过有关民族问题、平等问题及区域问题的研究成果，也从代表性断裂的角度分析过包括中国在内的当代政治制度所面临的挑战。这些问题不是一朝一夕就可以解决的，我会围绕这些问题继续进行研究和思考。

作为一名人文领域的学者，我的工作主要是历史性的和理论性的。我认为现在尤其需要新的理论视野来解释这些问题。事实上，关于中国的历史经验和当代挑战的分析，都涉及如何认识当代世界的问题。就此而言，我觉得一方面需要紧密地追踪和观察当代世界正在发生的深刻变化，另一方面又需要形成和创造理解与分析这些新变化的理论视野、思想方法和新的概念。我期望思想的讨论不仅能够对现实问题的解决产生积极的作用，也期望这些通过传承和创新而展开的工作能够在知识领域有所贡献。

04 如今没人再提社会民主
——对话奥伯毛尔、戈泽帕特

2011 年，汪晖教授与德国联邦议会政治顾问、哲学学者、自由记者拉尔夫·奥伯毛尔（Ralph Obermauer）、德国伦理学家斯特凡·戈泽帕特（Stefan Gosepath）进行了对谈。本文根据英语译出，首发于中德文化网。

取消笼子之后，肆意妄为的野兽

奥伯毛尔：最近有很多关于批判资本主义的话题，不仅是在危机席卷之下的西方国家，在推行以市场为导向的改革的中国也是如此。资本主义这个概念本身就极为含混，有几个词先后成为关注的焦点，如收入分配、生产资料的私有化、自由的市场或者是一个具有支配地位的金融行业。汪晖教授，您觉得最大的问题是什么？

汪晖：现在大家都在谈论金融危机。19 世纪和 20 世纪，金融危机已经涌现，希法亭（Rudolf Hilferding）、列宁（V. I. Lenin）的论述至今仍然给我们启发。但今天的金融资本及其危机有什么新东西吗？金融行业所拥有的巨大权力，巨大的覆盖面，以及与新电子技术的关联，远超此前的时代，且上升速度极快。当今，虚拟经济是实体经济的无数倍，后者只是前者的一小部分。现在，对于当今财产形式的批评也越来越多。有一个对财产和财富的古老的划分方法，我们应该引用一下。资本主义带来了财富的累积，但与古典时代相比，并不是真正意义上的财产权。在古典时期，甚至20世纪，无论是公共财产还是私有财产，总是存在于某个特定地点，并与特定的团体联系在一起。而当今全球范围的资本流动破坏了这种形式的财产，令社会四分五裂。汉娜·阿伦特（Hannah Arendt）在《人的境况》（*The Human Condition*）一书中对"Wealth"与"Property"进行了区分。她说资本主义财富的集中毁掉了私有财产，因为它超越了私人界限，穿透了整个社会的各个领域。累积起来的资本财产既不能被看作是私人的，也不是公共的。真的应该将默多克（Rupert Murdoch）的新闻集团称为"私人"的吗？这些现象也都不是新的，只是当今的规模以前从未有过。我认为，不只是资本主义，就连对它进行描述时用的基本概念和范畴也同样陷入了危机。

戈泽帕特：可以用一幅流行的画面来描绘这个新现象。资本主义就像是笼子里的一头狮子。只有让野兽待在笼子里，人们才会安全。可现在我们把笼子取消了，这头野兽就肆意妄为起来。问题并不是资本主义，而是新自由主义。金融市场也不是新鲜事物，只不过其范围更大了。是国际政治赋予了金融市场如此大的空间，有些事是刻意而为，有些是无意为之。金融业人员利用了现在全球再调整所给予他们的机会。今天我们都看到了其后果。投机彻底和现实经济货物脱节，我们坐视金融市场变成了赌场。在西方，有很多人都参与其中，普通的小储户突然想获得5%或者更高的利息。金融市场的一个基本任务就是让货币流入有意义的真正的生产。像今天这种高投机的领域其实毫无有意义的功能。财产的问题也是这样。为了一个运转正常的资本主义和日常生活的很多方面，我们需要财产权。但是财产权是多种法律的集合体。人们可以保护财产并禁止财产拥有者用这些财产来做一些不好的事情。国际政治也给这些财产拥有者太多的空间。而且很多的物品都被私有化了，而它们（比如水）本该是属于公众的。

奥伯毛尔：汪晖教授提到了全球范围的调整，可是在中国，很多大企业和几乎所有的银行都属于国家所有。国家资本主义意味着什么？

汪晖：很多人呼吁在市场经济过渡时期进行国有企业的私有化，但是却没有提及，在这个过程中大多数人失去了他们的股份和财产权。两种纯粹的财产形式，冷战的巨大对抗，都必须被重新考量。你提到国有产权问题，我认为需要对此做出区分，即政府所有还是全民所有。

奥伯毛尔：世界银行最近建议中国将剩余的国有企业私有化。针对国有企业的问题，您认为这是一个合理的方案还是已经过时的新自由主义的方案？

汪晖：国有企业的垄断确实存在很多问题，但这并不是说私有化就能够确保非垄断。资本主义在很大程度上鼓励垄断。人们谈到国有资本，其实指的是中国政府的强大角色，目的是呼吁新自由主义的资本主义，而恰恰就是这个观点，令西方陷入了危机。如果我们盲目地听从这些改革建议，中国就将失去一些优势。一个有控制能力的中央政府，对于一个地域如此辽阔的国家而言是有优势的。例如，在金融危机中，政府在中国较弱的地区激活了开发和投资的需求。在中国的外国投资额并没有减少，而是向中国中西部地区转移。重庆、成都、山西、内蒙古等地的增长率达到了20%，最高的达到26%。这样也能解决中国国内发展不平衡以及收入差异巨大的问题，至于能否持续，或持续多久，则是反思发展模式需要思考的问题。这种不平衡显然在欧洲也存在，可是却缺少一种强大的中央控制的力量。如果存在这样的力量，那么你们可能也就无须讨论德国人是否要给希腊人更多钱的问题了。还有一个例子：在中国，人们抱怨房价太高。政府现在相当坚决地采取遏制措施，而房价慢慢也稳定下来。这里有很多互相牵制的利益：地方政府通过卖地挣钱，房地产业大声疾呼，部分媒体抗议。中央政府如何使自己的调控取得效果呢？其中的一个条件是，它自己就是最大的土地所有者。在美国，华尔街可以轻松改变华盛顿的政治，在中国还远远没有这样容易。中国面临的挑战并不是如何废除政府的强大角色，而是要让它更加民主。我们需要更大的透明度，更强的法治性，更多的社会参与。在这个意义上，关键不是国有还是私有，而是如何让国有的资产真正变成人民的财产，而非少数垄断者控制的财产。

奥伯毛尔：即使在金融危机之后，欧盟都还无法实施金融行业的再调控，就连无关紧要的金融转账税都有分歧。您能从中国的角度提出什么建议吗？

戈泽帕特：今天的问题不再是"资本主义还是社会主义？"，而是"如何调控资本主义？"，当然需要一个足够强大的调控者。放在国家社会主义传统的背景下，中国政府当然是这样的调控者。德国也还算较好地渡过了危机，因为莱茵资本主义在很大程度上还完好无损：通过福利保障系统，通过经济刺激计划来削弱危机……

奥伯毛尔：同时中国人还在继续购买德国汽车……

戈泽帕特：这也是原因之一，在德国，一个强大国家所扮演的角色就是将钱注入经济之中，这才是重中之重。下一次就不管用了，因为国家已经破产。首先以国家方式进行调控已经远远不够。

在全球范围当然更是极其困难，在欧洲层面，利益集团和在背后支撑他们的国家行动者就会投反对票。从根本上讲，我们确实需要在全球范围进行调控。关于财产的问题：谁有财产，谁就有股份，有利益，有与这份财产的联系。可是在金融市场上，财产可就远离了这些所有人。拥有大众汽车股票的人，还远不能对这家企业有决策权。对于事关我们钱的决定，我们应该要求拥有更大的影响力。通过确定框架式的政策对金融市场进行外在的民主化，还应该用增加所有人的话语权来进行内部的补充。对于工人来说也是同样的道理。他们在企业里工作和生产，却在企业里几乎没有话语权。我们在工作岗位上需要更多的民主，这句话我也要说给西方社会听。如今这些企业的等级制度极其严重。在西方国家政坛这样的事情绝不会再被容忍，可是在私营经济却成了唯一的模式。这可真是件怪事。

被遗忘的社会民主理念

汪晖：今天人们提到民主时，指的是政治形式、选举制度等等。现在谈论民主时，很少有人还会说起社会民主，谈到经济及工作的日常生活。直到 20 世纪 80 年代，人们还对此进行了很多探讨，例如采用莱茵资本主义的模式，另外在日本，人们也进行了一些尝试。西方福利民主的社会基础那时还是英美资本主义模式，还是完整的，而今天它已经被彻底削弱了。中国的发展有很多相似之处。可是人们没有意识到这一点，因为大家都只关注着政治形式上的不同。政治民主当然重要。但是如果只注重这一点，就忽视了两种社会中民主实践已被削弱这一现实。直到 1970 年代，很多中国企业里的工人还是很有话语权的。这在各种实验中都曾经出现过，例如鞍钢的工人和管理层还创建了所谓的"鞍钢宪法"。在德国、日本和中国，都有过在企业内部增加工人的话语权的尝试。现在已经没有人思考这种形式的民主化了。

奥伯毛尔：单纯从形式上讲，在德国倒是一直没有改变，仍然有企业宪法，共同表决……

汪晖：是的，德国有一种特殊模式。以前中国是以单位为主的体系，企业同时是工作共同体和生活共同体。虽然这种体系饱受批评，可是我们不应该忘记，这种体系的最初目标是实现工作岗位的民主形式，是对社会关系的一种重组，不只把工作位置当作一种产生盈利的功能。企业作为一种社会形式进行组织，其中还包括保障体系、医疗机构、幼儿园、安置老人的机构。只关注增长和竞争力使得单位降格为以盈利为导向的生产机器。在中国，国有企业直属政府，由政府领导。这就产生了一种新的管理方式。因此也没有人替单位辩护，今天人们已经放弃了这种想法。现在在那里工作不过是一种生产要素而已。如同马克思说过的那样，在生产过程中，工人并不与其他的工人发生关系，他只与资本发生关系。

奥伯毛尔：没有调控的资本主义产业以及国有企业的垄断地位引发的愤怒情绪不断增长，其主要原因就是由此引发的巨大的不平等性。两位将这哲学性地概括为平等和公平，右派政治人物会说人本身就是不平等的，因为天分就不一样，不平等是不可避免的，另外对于所有人来说是好事，因为会给人以激励，让人努力，并由此创造出所有人的富裕。您对此怎么看？为什么平等这么重要？

戈泽帕特：我经常听到这个问题。我们来假设一下，您有两个孩子。两个孩子并不一样，您也因此而爱他们。您不会希望两人一模一样，没人会这样希望。我们大家都想要差异。尽管如此，我们在养育孩子的时候还是要保证遵守一定的社会准则，大孩子不能殴打小孩子。我们假设一下，大一点的那个孩子有了新自由主义思想，他问，我为什么不能打他？这会让我在市场上更强大……

奥伯毛尔：这孩子也许会说：然后我会成就一番大事业，我们都能得到好处！

戈泽帕特：我们必须对他说，我们要保护这些有差别的人不受其他人的统治。首先，人在道德上具有相同的价值。问题是之后呢？结果会产生什么样的平等，我们如何允许差异与多样性同时存在？在哪些方面我们必须同样地对待所有人？这些问题回答起来肯定很复杂。

奥伯毛尔：这就是现代的平等性的基本共识，在很多宪法和两个"人权法案"中都有具体规定。在中国传统中您能找到哪些体现这种平等性的思想要素？

汪晖：可以在儒家思想、道家哲学，特别是在佛教中找到平等性的基本理念。不过我并不想刻意强调中国特有的思想。我们在不同的传统思想中寻找一些能够帮助我们思考当前形势的理念。主要是现代的、普遍的平等理念。即便有些平等的批判者说，平等会压制人的意志或者个性，那我们也不应就这样放弃平等。平等主义的最新理论和实践也早就接受了这一观点，平等主义并不就是一味的平均化和一致化。阿马蒂亚·森曾提过一个问题："什么的平等？"。平等主义历史上最根本性的理念就是拒绝歧视，坚持平等权利。平等思想的第二代学者将剥削这个概念置于中心。形式上的平等是远远不够的。重要的是，无论是反对歧视的斗争，还是反对剥削的斗争，都要同时为保护个性而战。一个受剥削的工人又怎么能通过语言表现出他的个性呢？平等意味着从剥削中解放出来，只有这样才有可能保有差异性。下一步我们才能谈到地区、文化和宗教生活。对不同生活方式的尊重很难融入平等性的理念之中。少数人的问题通过形式上的平等也很难轻易得到解决。很多传统的生活方式被现代化给毁掉了。平等是现代政治的推动性因素，没有平等，政治的动员是难以想象的。鲁迅是中国现代最为重要的知识分子之一，也是最早思索现代平等政治的中国人之一，他还积极参与争取妇女和工人权利的活动，同时和他的老师章太炎一起思索平等的弱点。他们读过叔本华（Arthur Schopenhauer）、费希特（J. G. Fichte）和尼采（Friedrich Nietzsche）的书，思考过法国大革命的偏离，尝试着拟定一些方案——类似尼采的超人，施蒂纳（Max Stirner）激进的个人主义，为了让平等思想的转型更加有成果。

戈泽帕特：是的，人们必须向对手学习。平等的捍卫者额外还面对着一个特殊的挑战。我们现在不再像以前那样生活在具有共同道德标准的封闭团体中。在不同的文化里这个问题就凸显了出来。不过大多数情况下还是会有一些共同点，一些大家都认可的共识。这其中也包括相同的人的价值。我们要在此基础上继续努力。人可以有宗教信仰，但同时又要相信人具有相同的价值，尽管有些宗教，比如天主教，花费了很长时间才真正认可了相同的人的价值以及与此相关的人权。可是在有些传统中还是有歧视存在。抵制歧视也意味着，有些人不能像他们希望的那样生活。这样的话，平等就真的限制了自由。现代社会要保证足够多的自由，可以让所有人按照自己的价值观生活，同时保护所有人能拥有相同的自由空间。关键的问题不再是分配，而是普遍的、自主的生活方式。当然，生活方式的自由也需要公平的分配。这样一来，工作岗位上的歧视就和文化多样性的问题联系起来了。这就提出了一个问题，群体之间权力的不平等分配会在决定共同的生活形式时体现出来。

资本主义的边界：有关平等问题的再探讨

奥伯毛尔：我们把不平等的问题转回到关于资本和正确的经济机构的问题。我们扩展了平等的概念和实践，从形式上的平等到实质性的平等，也考虑到了文化差异，以及能力与资源真正的平等分配。我们设想一下，如果确实有了真正的机会平等，这时我们参与到自由市场上的竞争中去，少数几个赢家将得到丰厚的回报，大多数人只收获平平，很多人空手而归。在一场游戏开始时，机会均等到底对谁有利呢，如果这场游戏的规则只会让少数人胜出？

戈泽帕特：当然，仅有机会均等是不够的。我们需要再分配。最大的一种不公平来自家族遗产。财富不断累积，破坏了机会均等。在大多数的社会中，这个问题都没有得到解决。此外，如果我们想要一个市场的话——而且有充足的理由——那么我们必须要保证，所有人，就连处于最劣势的人，都能公平得到属于自己的那份。这一点符合罗尔斯的差异原则。为了遵守这一原则，第一是要求再分配，第二是工作要有公平价格。可以通过市场或者其他标准来确定工作的价格。例如德国的公共行业确定工资时就不是通过市场机制。依据的标准有职业培训的年限、职位的重要性、所管理的工作人员数量、责任的大小、工作的风险等等。这些标准必须从社会的角度予以讨论。有些时候，通过市场来定价可能更公平一些。如果让市场来定价的话，恐怕收垃圾的工人就会挣得更多。因为大多数人都不愿意从事这项工作，劳动力供应下降，作为结果，工人的价格就会上涨，这样才能找到足够的劳动力来承担这项工作。可是社会惯例却将这种工作视为低薪工作。总之，在很多工作上，市场确定的工资高低总是其他的一些非人为因素共同作用的结果，例如：美貌、身体强壮、运动天分。这种工资尽管是由市场确定的，但并不公平，因为它取决于从道德而言属于偶然的因素。可是另外一种现象却令人迷惑，恰恰是娱乐或者体育界的明星很少因为他们的财富遭人嫉妒，尽管他们过高的收入也并不公平。

汪晖：需要机构性的预防措施来避免竞争导致巨大的不平等。重新分配在这里肯定十分重要，而且是一个持久的过程，因为资本主义的生产和流通过程会一再导致出现新的不平等。通常而言，我们讨论两种再分配机制，一种是国家，另一种是市场。在市场经济条件下，国家的重新分配是不可或缺的。能力的平等本来的目标是让人不再依赖于国家，不再依赖于外在的分配机制。但这个理论是有局限性的。如果仅仅将能力视为市场的入门前提，就忽视了市场条件本身。关键是如何界定能力：在市场条件下，只有能将自己转化为商品的能力，才被认为是某种能力。人的能力如果只能从市场角度定义，恰恰会产生新的不平等。例如，在跨文化的社会，在一个需求由多数人文化来决定的市场上，少数人具有的某些特定能力——如他们的语言——并不会被视为能力，因为不具备转化为商品的价值。我并不是反对阿马蒂亚·森提出的能力原则，我是想沿着他提出的问题超越他的论点。这也是关于对新机构进行设想的问题。我们必须设计出在资本主义与市场形式组织之外的空间。

戈泽帕特：这一点与迈克尔·沃尔泽（Michael Walzer）提出的"正义诸领域"有异曲同工之妙。我们不能用商品的形式来组织所有的社会关系。最为著名的例子就是爱情。人们无法购买爱情，因为如果是能用金钱购买的话，那指的就是别的东西了。而在其他商品或者服务方面，我们则可以有可选择性。例如在照顾老人方面，我们能自行决定是由孩子们来照顾，还是花钱雇护工。在政治领域也确实有可选择性，不过其中一种可能性在道德上是很坏的，因为如果能够收买选民投票的话，民主选举的理念就被瓦解了。还有很多领域，我们必须根据功能和道德标准来决定是否可以接受其中的市场和商品化。沃尔泽认为，这种领域内在的逻辑性会使选择显而易见。在我看来可没有这么简单。更多的是要做出民主的决定。可是真的有可能去限制商品形式的逻辑性吗？今天商品逻辑似乎已经渗入了很多领域，几乎无可阻挡。一个进一步的问题就是，通过用另外的方式来组织经济领域，就能解除肆意扩张的商品形式对有保护价值的领域的威胁吗？那不就是真正的后资本主义社会吗？基于资本主义的优点，我还是倾向于保留这种制度，继续进行尝试，限制资本主义。您的建议则相反，是要超越它。

汪晖：对于这个问题，我没有确切的答案。提出超越资本主义的设想并不等同于彻底否定了这些机制，这里存在对于特定情境或阶段的判断。但是，您可以看看欧洲左派的危机。对于德国的社会民主党来说，批判新自由主义的方案是必要的，但如果没有其他价值的支持，这场斗争困难重重。为什么会这样呢？在欧洲社会民主比较强大的时期，"社会主义"还没成为一个贬义词。即使刻意与东欧阵营或者中国的社会主义划清界限，可是人们还是为社会主义自19世纪以来的传统感到骄傲。在这个体系内还有其他东西存在。即使人在这个体系内生活和思考，也需要其他的东西，需要关于外部的想象，需要某种关联，目的是改变自己的体系。今天"社会主义"这个概念被扭曲了，它或者仅仅与斯大林式社会主义联系起来，或者与其他社会主义国家形态发生关联。漫长而深厚的传统被等同于这些形式。我还想补充几点，也许更具争议性。第一，社会主义不能等同于苏联、东欧以及中国曾经采取的形态；第二，并不能因为其挫折及其危机，而认为20世纪的社会主义国家及其实践一无是处，例如我前面提到的"鞍钢宪法"。不能完全否定整个过程，整个的传统，所有的价值观。很多人都已经指出，两个体系之间的竞争迫使西方的体系不断地进行改革，更加注重社会福利。今天的工人、社会民主党人、活动家压根没有其他的价值观的视野，没有可以供他们联系起来的理论遗产。在新自由主义的高潮时期，欧洲的右派与左派之间差别不大，相互配合，几乎是一起宣扬对新自由主义市场的适应性纲领。在中国，我反对一味否定社会主义传统，并不等同于说不要对这个传统进行批判性的反思。

奥伯毛尔：您建议继续拓宽视野，一种题为"天下大同"的视角转换，这是什么意思？

汪晖：我们的平等构想都是以人为中心。您提到人的平等和他们的权利，提到人类生活的内在价值。现在我们都看到了以人为中心的现代化所产生的后果。对于马克思来说，共产主义意味着短缺的终结，它也是一种生产方式，生产的一切都有富余。我们现在一方面贫富不均，另一方面商品过剩。依靠这样的发展主义不可能解决平等的危机。我们也看到了这一点对环境的影响，如核事故、受污染的河流、有毒的食品、快速推进的城市化。这些现象不仅创造着社会的不平等，而且还会导致代与代之间的不平等。对此，可以从人的观点、人权的观点来批评，但也可以换一种视角，将我们自己看作自然秩序的一部分，重新思考作为自然的一部分的人类及其与万物的关系。这就是来自中国古典传统的概念"天下大同"。人类是这天下之物中的一部分。尽管我们与其他东西不一样，可是我们也属于它们之列。以平等的视角尝试着去表达尊敬。对大自然的伤害来自商品化进程，大自然也成了商品。人被这个世界异化了，因为人际关系也全都被包裹上了商品的外形。我们不仅要保护人，还要保护水、森林、土地免受商品逻辑的影响。西方国家从 20 世纪70年代开始发展出了动物伦理学，这是重要的一步。可是山呢？河呢？南北极的冰呢？怎样才能把它们也纳入伦理学的范畴里来？这就需要扩展平等这个概念了。

戈泽帕特：可为什么是平等？我对这个视角是这样理解的：我们不应该只是为了觉得有趣，就毁掉一座山。自然界的物体都有各自的价值，但是它们具有相同的价值吗？对于这一点我表示怀疑。我们人类的生活只能利用自然界的物体，别无选择。我们必须要部分地毁坏、消耗、改变、继续发展等等。在很多情况下这并不是一个道德问题，可是我们与外面的大自然打交道时会出现一些有问题的状况。您提到对生态的破坏。我们的生活方式也在改变着大自然。我们应该从根本上更加小心，很多东西应该让它们保持原样。这种让大自然保持原样的想法也有其形而上学和神学的意义。作为无神论者，我也认为大自然有价值。不过我想换一种方式表达。人类如果要改变大自然，要有需要充足的理由。如果没有这样的理由，就不要打扰大自然。这是因为：首先，环境是我们生活的背景框架，忘掉和忽视这个背景框架是十分危险的。其次，是对下一代人的义务。他们不应该被剥夺了例如爬山或者利用煤和水的可能性。夺走了这些，却留下核废料，从代际公平性的角度来讲是完全错误的。我们只是地球体系中很小的一部分，我们也只存在很短的时间——这也许能够成为一个形而上学的论据——我们并不是唯一对大自然行使统治权的物种。您的很多观点我都能理解，但是我不认为平等在这里具有决定性的价值。

汪晖：在这点上，我借鉴了章太炎的观点，他借助于佛教的众生平等的思想，借助于道家的齐物概念，针对现代人类的不平等现象提出对什么是"平等"的新定义。起初是想将多样性植入平等之中。这里还有一个语言哲学的层面。语言学的秩序构建和制造了一种等级制度和不平等。通过名称体系，通过能指，确定了所指，确立了一种等级秩序。这一点也同样适用于社会秩序，语言体系还参与制造了人与人在社会上的不平等。章太炎想通过"重新命名"来实现一种认识论上的革命。在语言学上的一种宇宙的新秩序也许会为这个等级世界带来一种新秩序。他是一位以佛教思想为出发点的革命家。

奥伯毛尔：这不是与阿多诺（T. W. Adorno）的思想有共同之处吗？面对同一性的秩序、世界的感知和构建，他想让"非同一性"通过一个概念性的秩序发挥效果，而这一秩序决定了理论和实践。针对大自然的暴力和针对人的暴力，究其根本是属于认知结构和实践中的同一类型。

汪晖：是的，这听起来有时候几乎像佛教思想。我们比较一下哈耶克（Friedrich Hayek）对唯科学主义的批判。哈耶克的批判以对自然与社会的两分法为基础。自然科学不能作为社会科学的榜样，因为自然科学探讨的是客观物体的世界，而人的世界里还包含了主观性。也就是说，对人类社会的解释不能按照自然规律来进行。这些是哈耶克的思想中正确的部分。而阿多诺把两者结合在一起，他认为对大自然的统治也是对社会和对人统治的形式。这同时也是对征服自然、工业化和人类世界异化的一种批判。哈耶克没有意识到这一点，他将资本主义和自由的市场看作真正自生自发的秩序。如果不将对大自然的统治作为一个题目来探讨，就不会有统治的观点。

戈泽帕特：这里面有两个支持限定商品逻辑边界的论据：首先是物体的内在价值，人们不该只把它们当作商品来对待。另外一条路是间接的：将物体当作商品来对待，意味着人与人的关系中的某种特定形式，而这种形式将人作为工具，以统治为基础。商品化实际上经常传导至与他人之间间接的或者是主导的关系。这甚至可能导致摧毁作为物品商业化后果的人与人之间的关系。

（张晏/译）

05 埃及的运动
——与刘健芝对话萨米尔·阿明

原编者按："2011 年 2 月 9 日至 13 日，世界社会论坛在塞内加尔首都达喀尔举行。这也正是埃及社会运动如火如荼之际。汪晖、刘健芝两位中国学者就此与出身埃及的著名理论家和社会运动组织者萨米尔·阿明和其他埃及知识分子进行了多次交谈和讨论。此篇文字是根据与阿明先生的两次谈话记录整理而成。"

埃及运动的四个组成部分

汪晖：萨米尔，谢谢您昨天给我的关于埃及运动的提纲。我们都非常关心埃及正在发生的事情。现在许多地区的媒体将突尼斯、埃及发生的运动与先前的中亚"颜色革命"相提并论，但这种说法混淆了这些运动之间的重要差别。我的直观的印象是：这是一场不同于 1989 年苏东剧变以来的那些亲西方的、肯定资本主义体制的"颜色革命"的革命。当前的这场大规模民主运动不可避免地包含着对美国全球霸权的抗议。在那篇提纲的开头，您指出埃及是美国控制全球的计划的一块基石，正由于此，美国不会容忍埃及的任何越出其全球战略的行动，这个行动也是以色列对巴勒斯坦实行殖民统治所需要的。这也是美国要求穆巴拉克（M. H. Mubarak）立即实行和平过渡的唯一目的。他们希望穆巴拉克任命的情报头子苏莱曼（Omar Suleiman）来接任，以维系这一全球战略的基石。您能否谈谈您对运动本身的看法？

阿明：我的提纲谈的是对立方，即美国和埃及统治阶级的战略。很多人不了解这个情况。现在我想谈一下群众运动的成分与战略。

目前反对力量有四个组成部分。第一，是年轻人。他们政治化，有很强的组织能力，组织动员的数目超过百万，这绝对不是个小数目。他们反对现有的社会与经济制度，至于是否反对资本主义，对他们来说可能太概念化了，但是他们反对的是社会的非正义和不平等。他们的民族主义是爱国的，是反帝国主义的。他们痛恨埃及向美国霸权屈服，因此他们也反对所谓的与以色列的和平协议，拒绝容忍以色列继续实行对巴勒斯坦的殖民主义占领。他们追求民主，完全反对军队和警察的独裁。他们有分散的领导班子。当他们给出示威的指令时，能动员 100 万人，但是几个小时之内，全国有 1500 万人响应，连小镇和村落都动员起来。他们在全国范围内可以即时地引起强大的、正面的回响。

第二个组成部分是激进左派，来自共产主义的传统。年轻人并不反对共产党人，但是他们不想被置于有领袖和政党指挥的框架里。他们与共产党人的关系不错，完全没有问题。幸亏有大规模的示威，两者走在一起，不是谁领导谁，而是互相的配合。

汪晖：也就是说，无论是青年运动还是左翼共产主义者，他们对现政权的批判、他们对民主的诉求，不仅包含着对美国霸权的抵抗，也包含着对于现行的社会、政治和经济制度的批判。在传统左翼与青年运动之间有着相近的倾向，不同的地方在于运动的形态，即当代运动并不希望将自身组织在政党等高度组织化的框架内。这从运动拒绝各种组织试图代表他们的努力中也可以看到。那么，巴拉迪（Mohamed M. El Baradei）代表着怎样的力量？

阿明：他代表的是运动的第三个组成部分，即资产阶级民主派。现制度中到处充满警察与黑社会的暴力，不少中产阶级，包括小商人，不断被欺凌。他们不属于左派，他们接受资本主义、市场与商业，甚至并不完全反美；他们不拥护以色列，但是接受以色列的存在。然而，他们也是民主派，反对军队、警察和黑社会的权力集中。巴拉迪是典型的资产阶级民主派，信奉"真正的选举"和尊重法制。他完全不懂经济制度的问题，只知道正在运行的市场，却不理解这正是社会崩溃的根源。他也不知道什么是社会主义，可他是民主派。他在国外比在埃及更有名，但也可能快速地改变这一局面，成为转轨过程的一个参与者。但问题是如果军队和情报机构不放弃对于社会的高压统治，巴拉迪是否接受。

汪晖：巴拉迪要求的是通常所说的政治民主，而对这种政治民主到底会与怎样的社会形式相配合没有看法，因为他基本接受现行的资本主义体制。在伊拉克战争前夕，围绕大规模杀伤性武器的核查问题，他曾经与美国有矛盾，但并没有另类的思想。那么，穆斯林兄弟会的态度怎样？西方媒体非常重视他们。

阿明：穆斯林兄弟会是第四个组成部分。尽管他们在公开的政治领域有群众的支持，但他们是极端反动的。他们不仅在宗教意识形态上，而且在社会倾向上也是反动的。他们公开反对工人的罢工，明确站在政权一边。他们认为工人应该接受现行的市场。

他们也采取反对农民运动的立场。埃及有强大的中农运动，他们受到市场和富农的侵害，他们要为保留他们的财产而斗争。穆斯林兄弟会的立场是反对中农的，说土地所有权是私有权。

穆斯林兄弟会事实上是与政权合谋的。表面上，政权与穆斯林兄弟会是矛盾斗争的，但事实上他们是联合的。国家政权给了穆斯林兄弟会三个主要的体系：教育、司法、国家电视广播。这些都是极为重要的国家机构。通过教育，他们先是迫使学校的女孩，然后是全社会戴上头巾；通过司法，他们引入了穆斯林的律令；通过传媒，他们影响着舆论。

穆斯林兄弟会的领导层从来是腐败的、非常富有的政治领导层，他们一直接受沙特阿拉伯——也就是说美国的金钱资助。他们在两个社会阶层中有重大影响，一个阶层是亲资本主义、反共产主义、害怕民众的中产阶级，他们认为穆斯林的统治不是坏事。这个阶层自发地支持穆斯林兄弟会。他们在教师、医生、律师等专业阶层中有非常大的影响力。

同时，穆斯林兄弟会从一个流氓阶层招收他们的雇佣民兵。埃及有大规模的贫困人口，在开罗，1500万人口里有500万极贫人口。穆斯林兄弟会在其中政治水平很低的穷人中找到他们能够动员的民兵队伍。

如果运动"成功"，"选举"进行，穆斯林兄弟会将成为议会的主要力量。美国对此是欢迎的，并认为他们是"温和的"。其实不过是易于驾驭而已，他们可以接受美国的战略，让以色列继续占领巴勒斯坦。穆斯林兄弟会完全认同现行的"市场"体制，对外是依附的。他们事实上是统治阶级中的"买办"的同伙。

汪晖：穆斯林兄弟会代表着宗教性的政治力量，但按照您的分析，这种宗教性的政治力量并没有提供关于社会和经济体制的另类选择，恰恰相反，宗教的政治化与市场体制的巩固之间并没有冲突关系。上述四个方面各有不同的取向、特征和背景，那这几个运动是如何走到一起的？

阿明：事情是这样发生的：运动由年轻人发起，激进左派立即加入，第二天资产阶级民主派加入。穆斯林兄弟会在头四天是抵制这场群众运动的，因为他们以为警察会很快镇压平乱；当他们看到运动并没有被压下去的时候，领导层觉得不能留在外面，才参加进去。大家必须知道这个事实。

"软过渡"策略及群众反应

汪晖：让我们再谈谈美国的战略。您在提纲中曾经提到，美国对埃及的战略与巴基斯坦模式非常相似，就是"政治的伊斯兰"与军事情报系统的结合。如果再加上一句，就是全球化的资本主义市场体制。这样一种体制能够产生出民主吗？

阿明：群众要推翻的是整个制度，不仅是穆巴拉克，但穆巴拉克是制度的象征。穆巴拉克任命苏莱曼为副总统之后，不到几个小时，群众喊的口号是"不要穆巴拉克，不要苏莱曼，他们两个都是美国人"。

奥巴马（Barack Obama）说我们需要"软过渡"，就像菲律宾当年那样。群众说，我们要推翻的不是一个罪犯，而是所有罪犯，我们要的是真正的过渡，不要假的。群众的政治意识很高。可是，美国的目的是"软过渡"，怎么做？就是公开地与右派、中间派、穆斯林兄弟会以至部分资产阶级民主派协商，同时孤立年轻人和左派，这就是他们的战略。

不论他们是否达成正式的协议，穆巴拉克是要出局的。副总统苏莱曼发起所谓的协商邀请，穆斯林兄弟会很聪明，拒绝了邀请，但是他们原则上是接受与现制度协商的。

汪晖：但目前运动的主要力量是青年运动和更为广泛的社会运动。工人罢工了，那是传统左翼长期活动的区域。那么，面对美国和埃及统治阶层的这种所谓"软过渡"策略，群众如何反应？

阿明：群众运动的大会每天都在讨论真正的过渡的规则：第一，立即解散假民主的议会；第二，立即取消戒严令，容许自由的集会权；第三，开始制订新宪法；第四，选举立宪议会；第五，不要立即或者很快的选举，而是容许一段长的自由时期。如果是立即选举，很多人会投票给穆斯林兄弟会，因为他们有组织力，有传媒，等等。可是，如果有一年的真正自由，那么，左派和年轻人便可以自我组织。

这是一场漫长斗争的开端。埃及是革命长期进行的地方。1920年到1952年的长革命时期，有进有退。长远来说，左派和年轻人占了多数，有行动能力。可是，一个可能的坏前景是，穆斯林兄弟会和政权会用力打击左派和年轻人，政权已经这样做了。这个制度是非常恶毒的。在示威期间，政权打开了监狱，释放了1.7万名罪犯，给他们支持穆巴拉克的徽章、武器、金钱，并保证他们不会重返监狱，让他们去袭击示威者。示威的群众并没有冲击监狱，是警察把他们释放的。

汪晖：社会运动提出的口号之一是要求建立一个文职政府（civil-government），即这个政府既不能是军人的政府，也不能是宗教政府。这也正是"civil"这一语词的真正含义。从策略上说，运动需要一定的准备时期，在广泛动员和参与的基础上，形成自身的纲领和代表人物，以便直接介入大规模运动之后的政治进程。穆巴拉克的警察专制使得埃及社会缺乏政治空间，除了转入地下的共产党和穆斯林兄弟会之外，社会处于一种"去政治化"的状态。现在的任务是"重新政治化"，也正处于"重新政治化"的过程之中。

"去政治化"既是穆巴拉克体制垮台的原因，又是今天社会运动面临的困难。如果"软过渡"策略部分奏效，即穆巴拉克下台，由军方和警察力量支撑，群众运动能否持续并形成更为清晰的目标，就成了一个最重要的挑战。您认为年轻人是支持左派的，但可能右派和穆斯林兄弟会也会试图分化年轻人。最重要的是年轻人和民主派不支持美国。民主派会怎样，他们能够提出什么目标吗？

阿明：很多民主派是中立的，并不反美。巴拉迪很天真，以为美国支持民主。我们不断强调的是，美国的目的并不是民主。

工农在运动中的角色

刘健芝：传统左派运动与工人之间有密切关系。工人起了什么作用？

阿明：三年前，一场罢工浪潮横扫埃及，那是50年以来非洲大陆（包括南非）最强大的工人运动。从纳赛尔时期开始，官方的工会完全在国家政权掌握之下，像苏联的工会模式。因此，罢工不是由工会领导层发动的，而是由基层发起的。在这个意义上，罢工是自发的，取得了重大的胜利。

三年前，政权想调动警察镇压，但是资方觉得不行，怕把工厂都毁了。于是他们进行协商，罢工工人赢得的工资增长并不多，只有10%或5%，连通货膨胀吃掉的都追不上，可是，他们赢得了很重要的成果，就是尊严和工会权利，譬如说，解雇工人要有工会认可。他们接着成立了新的独立工会。他们这次也参加了运动。

刘健芝：农民在运动中的角色如何？

阿明：相对而言，农民运动很难串联。农民运动从1920年以来一直很激进，他们要反对的既有大地主，又有富农。富农在农村社会里势力很强，他们不像地主那样不在地，他们与政府、律师、医生都有密切的关系。另外还有中农、贫农、赤贫农和无地农民。无地农民的状况在过去 30 年并没有恶化，因为他们去海湾国家打工，赚了一点小钱，回来不够买地，但够他们在灰色经济里面做些小生意。赤贫的农民最受剥夺——新自由主义的市场使得他们被富农、新资产阶级地主和现代的埃及农业企业剥夺。他们最为激进，他们并不反对共产主义者，但是他们不知道什么是共产主义。他们就是不知道。

汪晖：传统左翼和共产主义运动在工人中影响很大。但对于农民，埃及的共产主义者的影响如何？

阿明：共产主义者的不足是一直没有去团结他们。其实，唯一去和他们讨论的只有共产主义者，没有穆斯林兄弟会，没有资产阶级民主派。可是，没有人对他们产生影响，他们却继续进行他们的斗争。

汪晖：在广大的第三世界国家，农民的动员和角色始终是重要的一环。农民有没有参加近期的动员？

阿明：农民在农村有动员，但是没有与大运动连接。他们没有参与讨论过渡的民众大会。

汪晖：运动是否主要发生在城市？

阿明：是的，也有在小城镇。

运动的自发性、目标及其影响

汪晖：埃及的运动带有强烈的自发性，不同的力量突然地加入这场声势浩大的运动之中。这个运动与20世纪以政党政治为动员机制的大众运动十分不同，也不同于单纯的阶级运动——尽管工人阶级和传统左翼也是这场运动的重要的参与者。运动开始之后，许多政治组织和机会主义者试图代表运动出来与政府谈判，但大众运动拒绝他们的代表性。您怎么解释运动的自发性？

阿明：民众对现制度、对警察都极为厌倦。如果你只因很小的问题（例如闯红灯）被逮捕，你会被毒打、被折磨。警察施加日常的镇压欺凌，完全无法无天，丑恶无比。民众也厌倦了黑社会制度。世界银行所说的代表未来的银行家，是强盗流氓。他们是怎么累积财富的？是通过国家无偿给他们土地，他们转卖给地产商。这是巧取豪夺累积的财富。他们把真正的企业家挤压走了。

民众也厌倦了美国的霸权。埃及人是民族主义爱国者。我们问，我们怎么可能这么卑微，每天每件事情都由美国领事和美国总统来独裁决定？另外，还有社会的衰败，大多数人面对的是不断恶化的失业和贫苦，社会不平等极为严重。所有这些加起来的不满，让政府彻底失去合法性。民众说，够了！忽然就爆炸了。有人因此牺牲了，但是他们知道，如果参加斗争，是可能会牺牲的。

刘健芝：民众的厌倦是长期的厌倦，忽然就爆炸，是两个当前的危机影响，一是高物价，二是高等教育青年的高失业率。民众运动怎么解决这两个问题？

阿明：这些问题都是资本主义危机造成的，因此，这次运动才带有反抗资本主义全球化的性质。这正是要从根本上去解决危机问题。只要这场大众的民主运动能够获得成功，民众就会推进真正的社会经济进步，化解这些危机。

汪晖：萨达特（Mohamed Anwar al-Sadat）在美国支持下与以色列单独媾和。过去30年，阿拉伯世界是分裂的。埃及作为阿拉伯世界的领头羊，对于阿拉伯世界有过重大影响。尽管穆巴拉克在巴以和谈中扮演特殊角色，但埃及的国际影响，尤其是在阿拉伯世界中的影响实际上下降了。昨天我和一位埃及朋友聊天，他对目前的运动感到兴奋——世界终于重新认识到埃及是一个多么重要的国家！阿拉伯世界的格局十分复杂和微妙，其中最有影响的国家是那些亲美的、接受现行资本主义体制的专制国家。那么，埃及的这场运动对阿拉伯世界的团结、对于阿拉伯世界内部的社会运动会有什么影响？

阿明：会引起回响，但每个国家是不同的。比如，突尼斯国家小，教育水平和生活水平都比较高，但是因为它小，在全球经济里面，它很脆弱。

汪晖：好像突尼斯的民众组织得更好，埃及群众更为自发。运动对巴勒斯坦肯定会有影响吧？

阿明：肯定是的。对叙利亚也有冲击，那儿的情况很复杂。我们很难知道对伊拉克的影响是怎样的。南也门是民族主义、民粹主义左派，带有马克思主义的修辞，有某种激进左派的思想。但它也像朝鲜半岛南北部，北方落后南方发达。也门有可能再分裂，因为南方不能接受统一。

群众运动面临的未来挑战

（以下内容是 2 月 13 日穆巴拉克下台后通过电话所做的补充访谈。）

刘健芝：穆巴拉克下台了，您对最新的发展有什么评论？

阿明：首先，穆巴拉克没有辞职，他是被武装部队最高委员会的政变赶走的。他和他的副总统苏莱曼都被赶走了。新的军队领导层声称它会执政，一直到新选举举行之后，然后，军队会返回军营。军队说在此期间，它会处理过渡。

但是，群众运动大会继续工作。第一，推进新民主，要求所有公民的自由权利，例如结社自由、传媒权利等等。第二，群众运动大会将寻找新宪法的理念，以使选举的是立宪议会而不是立法议会，尽管政府想做的是部分修改现行宪法。

现在要知道新政府会怎样处理情况，还言之尚早。再多等几天，情况就会明朗。群众运动还没有完成它的工作。军队领导层希望有一个强过渡，推进选举，穆斯林兄弟会将会取得多数。我们希望选举前有一个缓过渡，以让新的政治、民主力量可以组织起来，可以发展它们的纲领和工作，并能与社会公众有交流。

汪晖：这也许是这场运动能否成为一场真正的革命的关键。广泛的社会运动只有通过大会的形式才能形成自己的纲领和领导层，参与制宪过程，而现成的形式民主框架很可能导致在前政权下已经存在的组织，如穆斯林兄弟会或军方推荐的人物占据议会和权力的中心——事实上，穆巴拉克政权也有某种民主形式，但它的代议制和选举制不具有代表性，而是专断的政治形式。一个通过大众民主而产生的真正的文职政府能否成型，是未来埃及政治走向的关键。这对今天埃及青年运动、工人运动和进步组织是一个真正的挑战。

06 非洲政治危机与中国责任
——对话马姆达尼

本文刊载于《21世纪经济报道》2013年12月。原编者按："2012年夏，在乌干达马凯雷雷大学社会研究中心，汪晖教授与该中心主任，同时也是美国哥伦比亚大学政治学教授的非洲著名思想家马哈茂德·马姆达尼就晚近非洲的政治危机、中国的责任以及如何解释新的冲突，进行了深入的讨论。在2008年英国《展望》（*Prospect*）杂志和美国《外交事务》（*Foreign Affairs*）杂志举行的全球100名公共知识分子评选中，马姆达尼教授位列第九名。"

中国与非洲

汪晖：马姆达尼先生，您已写了大量涉及面极广的关于非洲问题的文章。我们或许可以从最近发生在埃及、叙利亚、利比亚等地的事情谈起，然后再谈一些历史的分析。当然，我也想请您谈谈对中国在非洲和世界关系中的角色的看法。

马姆达尼：我想中国应认识到，革命是一把大伞，下面可以发生很多事。我们这里谈非洲的革命显然不是一次社会主义革命。这不是一次反对资本的革命，而是一次包含了资本的影响的革命。它也的确包含了一些民主的内容，它所关注的不仅仅是代表性的问题，而且还有民生的问题。看看在埃及发生的罢工吧，它们的目的不是工人占领工厂，而是改善生活待遇问题。政治上看，这是对埃及人民的一次承认，这是一次去殖民化的革命，它不是反资本的，却是反殖民的。我认为中东、非洲，也许还有中美洲的一些地方，它们还需要努力去实现一些目标，这些目标的主要内容是关于民主的和民族的。

中国应看看第二次世界大战末期美洲人的例子，它们提供了一种视野，帮助了阿尔及利亚的革命。它们发展出了一种多方主导的战略，这是一种对多个国际机构，如国际货币基金组织（IMF）、世界银行主导形式的修正和改革。它们发展出的战略能促进变革。现在每个人都在说，中国正在成为最重要的经济体之一，但同时大家却又不清楚，中国意味着一种什么样的政治秩序。这是一个严峻的问题。美国将持续不断地考验中国，像在利比亚问题上，以及胶着中的叙利亚问题。利比亚应被看作对中国的一次考验。你会让我走得多远？就是说：在界定竞争的条件的过程中，中国你会让我——也就是美国——走得多远？比如，1950年的苏伊士运河危机，这不是一次美国与老牌殖民强国英国和法国的军事对抗，而是一个界定和划线的时刻。从中国的视角看，利比亚不是一个界定和划线的时刻，因此还需要再等待这样的时刻的到来。

汪晖：利比亚问题之前有苏丹问题，苏丹问题之前有伊朗问题，其实存在很多这样的时刻。要理解什么时刻是我们的界定和划线的时刻，其实是对我们自身的世界观的考验。在这一意义上，这对中国是一次智力上的挑战。我们将我们的改革称作一种对外开放的政策，但是，我们对世界上很多地区的认识尚待完善。您对中国在达尔富尔和津巴布韦的作用有何分析呢？

马姆达尼：达尔富尔和津巴布韦是两个关键性的案例。我认为中国拒绝加入西方对这两个地区的封锁禁运的作用是正面的。在津巴布韦，中国加入了由南非的姆贝基倡导的一个非洲人组织。在他的领导下，南部非洲发展协调会议（SADCC）拒绝加入西方国家对津巴布韦的经济制裁，拒绝切断南非给津巴布韦的供电，也拒绝接受以军事的方式来解决津巴布韦问题，而是呼吁用政治的方式来解决，这种方式承认各种不同势力的合法权益，让他们有权参与解决津巴布韦的问题，并有权参与形构后冲突阶段津巴布韦的政治结构。这是一种有效的方式，至少避免了军事冲突。当然，问题还继续存在。

在苏丹这个案例中，问题的不同在于没有像在津巴布韦一样，有一个本地区的动案。事实上，当地的意见是反对和解。乌干达妖魔化喀土穆政权，认为它是一个非理性的政权，并致力于帮助南苏丹地区独立。在这种情况下，美国就有可能将达尔富尔的形势推向一种军事对峙的局面。

我很高兴的一点是中国政府的立场。显然，中国没有使局面向更糟的方向发展。

汪晖：谈到中国的作用问题，我们也应认识到，中国的角色是由各种力量形成的，并且历经了一个长期的过程。在非洲，你可以发现一些中国的国营企业，也可以发现一些私营企业，当然还有一些大型的政府工程项目。这些企业所从事的项目大多与贸易和自然资源有关，但如何解释中国在当地基础设施上的巨大投资呢？有些人会说，这只是为了获取优先开采矿产、石油和其他资源的权利。这也许是对的，但问题是，为什么是中国，而不是美国或欧洲，来做这些事呢？2000年，第一届中非论坛公布了一个联合公报，让我们想到了20世纪漫长的国际主义传统的问题。我认为这一传统是形成中国和非洲关系的因素之一，但这些因素相互之间的关系也并非固定不变的。这也是为什么在非洲会出现不同的看法，有批评性的，也有肯定性的。在这里我想听听您对此的评论。

马姆达尼：我想，我们必须从不同的角度来看这一问题，因为中国的责任已经在发生变化，中国改革开放之前的基本理论和理由是非常政治化的。标志性的项目是坦赞铁路的建设，当时这一项目面临着美国、加拿大和世界银行的反对。中国将铁路建设看作对反种族隔离斗争的战略支持。这一贡献的确是有效的。我认为，体育场馆的建设更为姿态化一些，它是象征性的，在战略上的作用则不显著。

而现在我们意识到中国的存在，这不是简单的政治。其实，政治性的方面已经有所消退。现在的存在是以市场为导向的，是在为全球市场的领导地位而竞价。可以将中国人的行动区分为三种不同的类型。

第一类是很普通的人，例如小贩。这些中国移民进入非洲，没有政府的支持，是非官方的，与来自其他区域的移民面临相同的问题。当地人评论道，中国移民与当地社区之间的关系很不一样，他们要更好。而当地人与来自殖民时期并在殖民政府那里获得特权待遇的移民之间的关系，双方都是从种族出发来分辨的。与此相比，他们与中国人之间的关系问题较少。不过，当然还有其他的问题：当地人问，为什么中国的小贩要来乌干达，与乌干达人竞争？他们为什么要来到一个为失业问题所困扰的社会？这样的移民有多少？这更多的是经济问题，而不是种族问题。这是其一。

第二类是拥有巨资的中国投资者。拿日本挑战西方市场统治地位的例子来说，日本货曾是次品货的同义词。四五十年来，日货从低质量的仿制品，变成了高品质的标准。今天没有人会说，日本在非洲的投资是错误的。事实上，它给了我们与西方讨价还价很大的自由。它给了我们更多的选择。它让购买力较低的人们能够获得更便宜的商品。

当然，还有更大的故事。这个大故事就是，中国政府已经从场馆拓展到基础设施——中国正在建设非洲的基础设施。那么，谁会去说这是一件坏事？我认为，在战略上，中国进入非洲是伟大的事情。这一点毋庸置疑。当然，在这个框架内，有足够的批评空间。面对西方的竞争，中国给予非洲国家的交易必须比西方给的更好，否则中国没有理由来到非洲。非洲国家在冷战时期学到的似乎是，你不必选边站。

中国的挑战

汪晖：如果我们从一个更广阔的视野来看，非洲部分国家的危机和无序化，也关联着整个世界的秩序或者说无序的变化状况。中国、美国、欧洲，以及其他的地区，比如说土耳其，也一样，都在这种不确定的过程中扮演着不同的角色。你对中国的作用有什么样的看法？

马姆达尼：我想中国面临的挑战就是如何去应对世界范围的这种变化。这是中国需要面对的一个更大的挑战。同时，整个世界也正在从中国的快速崛起中寻找转变的迹象，去观察中国将谋求建立怎样的国际秩序。除了在市场体系中获胜，除了成为商业投资和援助的主要力量，中国究竟要参与建立怎样的国际秩序呢？这才是最大的挑战。

我想，在我们今天所面对的世界局势中来观察这一点是有益的。这里所说的世界局势是指美国的力量正处在令人惊异的快速衰落之中这一状况。并且，我想这种衰落在政治上所引起的深刻影响是难以估量的。特别是"9·11"事件之后，美国的政治领导力量如此之低，他们所有的政治支持和道德表述的力度都削弱了，以至于他们在阿富汗和伊拉克所采取的措施正在加速他们在经济上的衰败。

一方面，你可以看到美国的急速衰落。同时，另一方面，特别是在西方世界，你会看到这不仅仅表现为市场失败的危机，它还是一种政治危机的表现。

资本主义和民主的关系一直就充满着张力。因为民主总是试图约束资本的自由化。现在这种紧张在当代欧洲表现得最明显，或者说在欧元区是最清楚的。德国现在正谋求在欧洲取得霸权地位，这是近百年来的第三次。德国人从来不认为有可能创建一个海外帝国。它的野心总是瞄准欧洲的。甚至在第二次世界大战之后就开始，先是欧盟，然后是美国，都相信德国能够合法地在整个欧洲，至少是在欧元区实现这一野心。

现在很明显了。在 20 世纪 80 年代和 90 年代的非洲，由国际货币基金组织和世界银行所操控的结构调整计划，那种为了提高资本的主导地位而缩减民主空间的历史经验，也正是今天德国试图在欧洲所展开的。德国想让所有的欧洲国家都服从德国银行家的命令，根据财政纪律来制定每个国家的经济政策。因此，希腊、西班牙、意大利等国的政治危机，只是更大危机的萌芽而已。

利比亚危机显示有一部分的欧洲国家正试图通过国外冒险的方式来扩散和转移国内的危机。有意思的是，法国和德国在利比亚危机上的态度是不一致的。现在德国根本不想介入，实际上他们也拒绝介入。而法国则在利比亚问题上扮演领导者角色。

美国人把这视为他们从经济急速衰落的危机中摆脱出来的捷径。我想这一点对于非洲大陆的人民来说，是很清楚的。因为美国人在欧洲大陆的信息和议程都非常明朗。（美国人想告诉我们的是）最重要的问题不是经济，它并不是发展的问题。最重要的问题也不是民主，它并不是人权问题，它甚至也不是选举问题。美国人说，最重要的问题，是安全。如果你不相信，我们（美国人）会使你相信。我们在整个非洲都可以看到这种状况，在东非，在刚果，我们能看到；在撒哈拉，我们也能看到——这是几个主要地区。这就是中国面临的部分挑战。

（何章州／译）

巨变中的世界

第二部分　文明及其跨体系性

01 两洋之间的文明

——在喀什大学的讲座

2015 年 6 月 29 日，汪晖教授应邀到喀什大学做专题讲座。喀什大学副校长库尔班·吾斯曼，喀什大学科研处处长姑丽娜尔·吾甫力，喀什地委委员、地区行政公署常务专员王立胜，喀什大学人文学院院长罗浩波与喀什大学的师生一同听取了讲座并与谈。本文为讲座实录，首刊于《经济导刊》2015 年第 8 期、第 9 期。

库尔班·吾斯曼：感谢汪晖教授的到来和大家的参与。喀什大学是一所多民族、多学科、多形式的综合性应用型现代化大学，是中国最西部的一所大学。学校始建于 1962 年，前身为喀什师范专科学校，1978 年升格为本科院校，更名为喀什师范学院，2003 年经国务院学位委员会审核，学校获得硕士学位授权单位资格，开始承担硕士研究生培养任务。2007 年，在教育部本科教学水平评估中取得了优秀。2015 年 4 月 28 日，经全国高等学校设置评议委员会六届四次会议评议，教育部通过，喀什师范学院更名为喀什大学。

下面让我们带着求知的热情，以热烈的掌声欢迎汪教授为我们做专题讲座。

汪晖：非常感谢库尔班校长，也特别感谢罗浩波院长邀请我来做讲座。其实说不上是讲座，我只是来和大家分享一些想法。今天很荣幸地和王立胜专员坐在一块儿，我们昨天有很长时间的谈话，从他那里学到很多东西。我来这儿还有一个很重要的机缘，去年我们在清华大学举办了首届南疆论坛，认识了姑丽娜尔老师。没有这个机缘，我大概不会坐在这里。谢谢姑丽娜尔老师邀请我到喀什大学来，让我有机会和大家交流、讨论。

刚才进校门的时候，第一眼看到的就是门口的标语"圆梦喀什大学"。去年认识姑丽娜尔老师的时候，她的身份还是喀什师范学院教授，现在不同了，南疆有了第一所综合性大学。我感到非常高兴。这不但对喀什，对南疆和整个新疆来说，都是一件非常重要的事情。我向大家，也向校长表示祝贺。喀什大学身处丝绸之路经济带的核心区，这是诞生过伟大的维吾尔诗人和思想家优素甫·哈斯·哈吉甫[1]的地方，也是里程碑式的著作《突厥语大辞典》的作者、维吾尔族伊斯兰学者麻赫默德·喀什噶里[2]的故乡。他们的著作中留下了突厥、阿拉伯、波斯和汉文化并存、交流、重叠、融合的痕迹。他们生活的年代也正是宋代理学形成的时期，一个中国儒者重新认识自己是谁的时代。在此之前，大约公元642年的夏天，返程途中的玄奘从瓦罕经大帕米尔到达塔格都木巴帕米尔，然后辗转抵达萨里库勒的首府地塔什库尔干，那儿的高原风光和人情风俗令我神往。前天从疏勒回来的时候，路过班超路，也让我想起这是汉代班超长期驻守的地方，传说他从疏勒回洛阳时，难舍的百姓甚至以拔剑自刎相留。在《福乐智慧》中，伟大的诗人写道："东

1　优素甫·哈斯·哈吉甫（约1019—约1085），《福乐智慧》的作者。
2　麻赫默德·喀什噶里（约1008—约1105）。

方之国，突厥和秦人，没有一部书可与之匹配。"[1]他还这样说到丝绸之路上的交往："他们从东方周游到西方，会助你实现美好的愿望；……倘若契丹商队的路上绝了尘埃，无数的绫罗绸缎又从何而来？"[2]《福乐智慧》的抄本据说有三种，即回鹘文抄本、阿拉伯文抄本及存于乌兹别克斯坦的费尔干纳本。这些抄本中的"契丹"应该也指中国。根据语言学家们的研究，蒙古人称中国北方为契丹，这一用语后来也泛指中国。除了斯拉夫语国家称中国为"Kitai"（音）外，中亚等突厥语国家和西亚国家（如伊朗、阿富汗和伊拉克等）也使用"Kaitay""Kathay""Hatay""Katay"或"Khatay"等近似发音泛指中国。

我相信，喀什大学的使命便是赓续伟大的传统，在大地的中心地带，为"跨体系社会"搭建文化的平台，为"跨社会体系"创造文明的纽带，为跨文明的文明培养一代又一代传承者和创造者。什么是"跨体系社会"？什么又是"跨社会体系"？又为什么说"跨文明的文明"？这是我今天要谈的话题。坦白地说，我是临时确定来这里演讲的，没有特别的准备。我想了想，讲什么好呢？就把自己在研究中形成的一些想法来和大家分享一下。今天我想谈一点多少与新疆有所相关，但又不是那么具体的问题。如果让我谈新疆，我可没有能力，在座全是专家。我从另外一个角度把我自己过去讨论的问题，我自己思考中国历史问题时提出的或涉及的一些概念、范畴和命题拿出来和大家一起来做一个讨论，看看它们在这个地区、在现在的语境中，是否还有一点意义。

---

1 优素甫·哈斯·哈吉甫：《福乐智慧》，郝关中等译，乌鲁木齐：新疆人民出版社，2013年，第6页。
2 同上书，第366页。

海洋时代与重新界定中国

对历史的变迁的理解和再解释，通常也都发生在一些特定的历史时刻，也就是人们观察自己的社会、观察历史的方式上发生一些重要的变化的时刻。在这些时刻，一些地域和一些文化与其他地区的相互关系突然变得特别重要，而另一些地域和文化却相对地不那么引人注目，这些变化也因此改变了人们观察历史的重心和视角。先从一个简单的例子开始。今天在来的路上想到的，将近 200 年前，1821 年，当时并不很出名但后来大名鼎鼎的思想家、文学家龚自珍给道光皇帝上的一道奏议。这道奏议后来很有名，叫作《西域置行省议》。奏议的直接动机就是在新疆设置行省，促进内地往新疆的移民，增强西北地区的纳税能力，一方面减缓内地因为水灾等造成的灾民安置的压力，另一方面稳定新疆的内外的反抗和颠覆，对抗沙俄的威胁，寻找通往西海，也就是我们现在所说的印度洋的道路。1758 至 1759 年间，乾隆平定大小和卓叛乱，通过军事控制和对新疆各部的瓦解，清廷在地方精英中寻找合作者，采取轻徭薄赋的富民政策。但至 1820 年前后，内外关系都在发生变化。在内部，白莲教起义、苗民起义、天理教起义等先后爆发，在外部，俄罗斯的西部逐渐稳定，重新东扩，中俄边界随即陷入危机。在新疆发生了什么事情呢？就在这一年，大和卓之次子张格尔起兵反叛，在英国和浩罕势力支持下攻击喀什噶尔边境，虽然攻击受挫，但几年之后，1826 年，终于借浩罕国之兵攻克喀什噶尔、英吉沙儿、叶尔羌、和阗等地，几乎控制了新疆的一半土地，直到 1827 年为清军击败。在这些动荡之中，我们也不难看到官员腐败颟顸、政策进退失据，以致民怨沸腾的侧面。

《西域置行省议》有清晰的地理学背景。嘉庆、道光之前，西北地理研究不很发达，有限的一些著作主要集中在对中俄边境的描述。嘉庆中期，由于恰克图贸易争端迭起，刺激了一些清朝士大夫对西北地理的研究，例如俞正燮、张穆等人关于俄罗斯问题的研究。嘉庆末年，龚自珍和程同文辑录的《平鼎罗刹方略》也是这个潮流的产物。这些作品在描述中俄边疆危机的同时，也对这个地区的民族、民俗、语言、宗教和各种文化进行调查，大大扩展了顾炎武开创的舆地学和风俗论的传统，有点民族志的味道了。1820年，在伊犁将军松筠幕前谢罪的前湖南学政徐松经过实地考证，纂成《伊犁总统事略》，并由松筠进呈道光帝，道光帝作序并赐名《新疆事略》。这本书中的"新疆水道总序"和"新疆水道表"对新疆的12条河流和湖泊做了记载。徐松，还有祁韵士，都是清代中期对新疆地理、民情做了深入调查的人物。徐松于1820年回到北京，在他的周围，形成了一个研究舆地学的圈子，张穆、龚自珍、魏源等就是这个圈子中的人，他们地位不高，但心怀天下，关心朝政和社稷命运。龚自珍的著作中也有大量关于蒙古和回部的研究文章。参照龚自珍的其他奏议书疏，如《拟进上蒙古图志表文》《上镇守吐鲁番领队大臣宝公书》《上国史馆总裁提调总纂书》《拟上今方言表》《北路安插议》《御试安边绥远疏》等等，可以清晰地观察到一个幅员辽阔、层次复杂、无分内外却又文化多样的中华帝国的政治蓝图。这是一个完全不同于理学的"夷夏之辨"、不同于郡县制国家的内外差异、不同于内部同质化的欧洲"民族—国家"的政治视野。在这个视野中，"中国"只有组织在一种由近及远的礼序关系中才能构成内外呼应的政治秩序，它是历史渐变的产物，也是不断变迁的历史本身。因此，所谓地理学视野可不只是地理问题，背后是如何在空间上和内涵上界定"中国"的问题。

话虽如此，在 1820 年代，中国绝大部分的士大夫，尤其是在北京的士大夫，对这块土地是相当不了解的，他们还守着宋明理学的"夷夏之辨"来理解"中国"。因此，他的这些研究一方面是对中国的重新界定，例如他在《御试安边绥远疏》中说："国朝边情边势，与前史异。拓地二万里，而不得以为凿空；台堡相望，而无九边之名。疆其土，子其民，以遂将千万年而无尺寸可议弃之地，所由中外一家，与前史迥异也。"[1]另一方面又是对宋明理学的中国观的针砭和批判，他自问自答："太平大一统，何谓也？答：宋明山林偏僻士多言夷夏之防，比附春秋，不知春秋者也。"[2]这是《五经大义终始问答》中的话。龚自珍、魏源等少数知识分子对这个地区有了真实的兴趣，但他们并没有做过实地调查，只是通过大量的阅读，感觉到这个地域的丰富和广大。这不是一种一般的区域性的关注，而是对"中国"的再定义。用龚自珍自己的话说，他所做的是"天地东南西北之学"。

开宗明义，龚自珍奏议的标题就说明是建议在西域——也就是新疆——设置行省。清代在新疆设行省是 1884 年，那是在阿古柏之乱后的事情了。阿古柏本名穆罕默德·雅霍甫[3]，龚自珍上奏的时候，他才出生。在沙俄和英国的支持下，他在 1865 至 1877 年成立哲德沙尔汗国，终被左宗棠军队击败。我们算一下，从 1821 至 1884 年，前后 63 年，如果当时统治者认真阅读龚自珍的奏议（据

1　龚自珍：《御试安边绥远疏》，见龚自珍著、夏田蓝编：《龚定庵全集类编》，北京：中国书店，1991 年，第 187 页。

2　龚自珍：《五经大义终始答问七》，见龚自珍著、夏田蓝编：《龚定庵全集类编》，第 82 页。

3　穆罕默德·雅霍甫（1820—1877）。

说是因为嫌他楷法不中式而弃阅），甚而采纳他的方略，新疆地区的历史或许会有所不同吧？虽然人们通常会说历史不能假设，但做一点反事实的猜想，也有助于对历史的理解。就是因为这个原因，曾经主张"捐西守东"的李鸿章称赞龚自珍说"定公经世之学，此尤其荦荦大者"[1]。这份奏议中的一些具体建议在半个多世纪之后的光绪朝始得设施。朝廷鼠目寸光、缺乏远见，甚至远见就在手边也无法辨识，是常常发生的、可悲可叹的故事。龚自珍是当时第一个系统提出关于新疆问题的行政设置及其意义的人，也是内地士大夫中将新疆问题纳入中国问题中思考的少数先驱者之一。

龚自珍的这篇奏议还应该与他在同一年写作但已亡佚的《东南罢番舶议》及后来给林则徐往广东赴任时的信结合起来读，也就是将西北问题与东南沿海问题联系起来读。我手头没有原文，但开头几句记得很清楚："天下有大物，浑员曰海。四边见之曰四海。四海之国无算数，莫大于我大清。大清国，尧以来所谓中国也。"[2]龚自珍要描述的是西北，而西北的特点，用他的话说，就是"西北不临海"。换句话说，虽然西北是距离海洋最遥远的地方，却必须从海的角度加以界定。我们将这个视野与过去的史书、舆地学或士大夫的描述做个对比就知其新意了。过去用山川、大漠、水地、草原、边界和边界内的族群、边界外的王朝界定西域，现在却从最遥远的海洋的角度界定这个广阔的大陆了。龚自珍说："今西极徼，至爱乌罕而止；北极徼，至乌梁海总管治而止。若乾路，若水路，若大山小山，大川小川，若平地，皆非盛京、山东、闽、粤版图尽处即是海比。西域者，释典以为地中央，而古今谓之为西

1　这是《龚定庵全集类编》所收《西域置行省议》中后人所加的文字。见龚自珍著、夏田蓝编：《龚定庵全集类编》，第 164 页。

2　龚自珍：《西域置行省议》，见龚自珍著、夏田蓝编：《龚定庵全集类编》，第 164 页。

域矣。……世祖入关，尽有唐、尧以来南海，东南西北，设行省者十有八，方计二万里，积二百万里。古之有天下者，号称有天下，尚不能以有一海，……今圣朝既全有东、南二海，又控制蒙古喀尔喀部落，于北不可谓隃。高宗皇帝又应天运而生，应天运而用武，则遂能以承祖宗之兵力，兼用东南北之众，开拓西边。远者距京师一万七千里，西藩属国尚不预，则是天遂将通西海乎？未可测矣。"[1]龚自珍比较西北与东南之不同，东面的辽东和南面的闽粤，均临大海，而最西端至爱乌罕，最北端则是乌梁海，陆地的那边还是陆地。但高宗皇帝，也就是乾隆，用兵西征，锋芒所至，竟距北京一万七千里之遥，或许就要打通抵达西海的道路了。这个西海是哪里呢？经由哪条具体的路线可以通达西海呢？龚自珍并没有具体描述。但从今天的视角看，西海不就是印度洋吗？路线是不是就是通往瓜达尔港的这条中巴走廊？枢纽是不是就是我们现在置身的喀什？我们现在把新疆作为"丝绸之路经济带"的"核心区"，不就是因为龚自珍曾经描述的这个从海洋视野展开的内陆地区的地缘重要性吗？

意识到内陆与海洋关系正在发生逆转的当然不止龚自珍一人。林则徐、魏源都有深刻的洞察。到了这个时代，海洋对于中国来说变得极端地重要了。恰恰是因为海洋变得特别重要，内陆的重要性发生了一种质的变化，即不能只在防御游牧部落对于农耕部落的冲击，或者稳定中俄边境的意义上谈论内陆了，而且必须从大一统王朝与海洋时代的关系中思考这片距离海洋最远的地域。即便是中俄关系，也必须置于新的关系中考察了。这是一个变动的视野。放在历史变迁中，我以为他的这个观察的新意就在于龚自珍清楚地

1　龚自珍：《西域置行省议》，见龚自珍著、夏田蓝编：《龚定庵全集类编》，第164页。

意识到对于中国的主要威胁，不再来自内陆，而是来自海洋，这是2000多年来历史动力的逆转。除了前面提到的各种内外动荡之外，1820年鸦片进口量跃升至5000箱，是鸦片贸易的一个转折关头。白银外流达到了很严重的程度。河水泛滥、安置移民、平定动乱消耗了国力，而鸦片贸易又导致大量白银流失，反过来使得边疆和社会秩序更加不稳定。这是国家财政困难，在治理方面越来越力不从心的时代，也是海洋压力对中国变得如此地紧迫的时代。因此，在思考内陆问题时，意识到海洋，这是非常非常重要的。

但为什么龚自珍意识到海洋的重要性，却不是直接去讨论广州或者沿海呢？我前面说过了，他当然也讨论过广州，但在这个时期的著述中，更大量的文字留给了青海、西藏、蒙古和回部。他当时就意识到在这一轮的竞争中，也就是在海洋时代的竞争中，中国已经处在弱势的地位了。将近20年之后，他给赴命广东的林则徐的信中谈及中英军事斗争，已经包含了以内陆抗衡海洋的思想，而在魏源的《海国图志》中，以陆战对抗海战已经是基本的战略。这是林则徐长期思考的结果。我曾经在《现代中国思想的兴起》中对龚自珍的"西北论"与哥伦布对美洲的发现做过一个比较，或者说，试图在两者之间建立一种联系。美国历史学家欧文·拉铁摩尔（Owen Lattimore）评论说：哥伦布时代并不是天然的海洋时代，在开始的时候，它以海洋时代的面目出现，部分的原因就是因为它是对于以"大陆"的权力分布和结构为基础的利益关系的反应。从这个角度看，龚自珍的"西北论"既是对清朝社会危机的反应，也是对所谓"海洋时代"——以军事、工业、城市化和政治制度的扩张为实质内容的时代——的反应。如果说海洋时代以民族国家体系的扩张为标志，试图通过赋予中国北方少数民族地区以民族国家的性质来瓦解原有的从属关系和多元性的礼仪制度，那么，清帝国出于内部动员和免于分裂的局面，就不得不相应地改变内部的政治结构，通过加强内部的统一性，把自身从一种"无外"的多元性帝国转化为内外分明的"民族—国家"。但由于这个"民族—国家"所内含的"帝国性"，它又不可能不是一个"跨体系社会"。这个地区的独特性、内在张力和矛盾全部植根于这一转变之中。我在这里所说的独特性、内在张力和矛盾并不仅仅指族群、宗教信仰、语言和人口的混杂性，而是这一混杂性所居于其中的新的政治形式、社会组织及其规范下的内外关系和日常运作的动力。

正是因为理解了海洋时代的重要性，懂得这个时代的真实挑战，龚自珍才更加深刻地认识到了新疆的重要性。所谓海洋时代，其实也正是海洋失去其先前的无限性的时代，失去其未知意义的时代，即海洋从黑格尔在《精神现象学》（*Phänomenologie des Geistes*）中作为无限的范畴转变为西方的"内海"。我们今天看到，包括中国、印度等在内的曾经的半殖民地、殖民地国家，即当年只能依托陆地的国家，正在试图将这个"西方的内海"变成"互为内海"。全球化将20世纪之前的海洋统统变成了"内海"，也就开始了"全球律则"（the Nomos of the Earth）的时代。因此，欧洲资本主义所确定的各种政治规则和经济规则的"普世性"不过是在海洋内海化的过程中产生的，从方法论上说，所谓"普世性"是通过对"无限性"的消解与所谓"祛魅"，以理性建构的方式，运用于或强加于世界的一套规则体系。在晚清时代，写出了《大同书》的康有为，实际上就是综合大同理念与科学方法为全球治理订立规则。但是，这个大同构想产生于古典理念与社会主义思想的综合，也就是一套反对资本主义全球律则的全球律则。这个过程将来还涉及太空。事实上，康有为在《大同书》之外，还出版了《诸天讲》，前者是大同学说的外篇，后者才是大同学说的内篇，也可以理解为他为大同宇宙建立律则的尝试。《大同书》书写的世界是一个没有外部的世界，一个只有内陆和内海的、可以用经纬线加以衡量和治理的世界，那么，其原理既源自宇宙自然，也必然可以运用于宇宙自然——这是人类试图将外太空内在化的想象，虽然这个过程还看不到尽头。

龚自珍在给林则徐的信里，提了许多具体的建议，从禁绝鸦片、整肃吏治、打击腐败，到如何与外商打交道，甚至海防等军事部署和武器的配置，他都有很精确的建议。林则徐惊讶于他对广东的了解，知道他不是那些书斋中论兵的士大夫可比。龚自珍的敏感是由于在思考这些问题之前，已经思考了西域的问题。他思考海洋问题，包含着内陆的视野；而他思考这个内陆的重要性时，恰恰是从海洋的视野出发的。海洋成了西方的内海，西域就必须被纳入帝国的行省，这两者之间有呼应的关系。也正由于此，我们才会读到《西域置行省议》中那段如今听起来有些突兀和奇特的句子，即"天下有大物，浑员曰海"或者"西北不临海"[1]。魏源后来也曾感叹，原来新疆到印度洋的距离比新疆到北京的距离还要近。中国人想象天下的时候，常常局限在一个帝国的范围内，所谓"外面"总显得更加遥远，可是当魏源、龚自珍有了新的地缘视野的时候，中国的"四海"意识发生了质变。中国现在进入了两洋的时代，即太平洋和印度洋的时代。我是说印度洋也成为界定中国的潜在视角了。新疆的重要性就在这儿：东南沿海面临着西方列强的压迫，但对出海口的需求已经不可避免，这是一个时代的主题。因此，一定要找到内陆与海洋的关联，找到太平洋与印度洋的关联——如果太平洋成了西方的内海，印度洋那边还有一点可能性吗？其实两边都

1　龚自珍：《西域置行省议》，见龚自珍著、夏田蓝编：《龚定庵全集类编》，第164页。

在内海化，但无论如何，当东南沿海面临问题的时候，恰恰要从另外一个部分去思考我们这个大陆与海洋的关系。事实上，龚自珍提出的是将古代界定中国的作为"浑员大物"的"四海"变成中国能够抵达并自由通航的四海。这是对于殖民主义世界秩序的突破，但这个突破同时采用重回古典道路——亦即因海洋时代的到来而被废弃、贬低的丝绸之路、香料之路、玉石之路、茶盐之路——的形式。但对他而言，这一次"重回"有了不同以往的政治含义，也有了不同以往的制度构想。

大家想一想，1821年的时候，这不过是一个身处京师、地位不高的士大夫对世界的思考。这个思考有一个特殊的意义，与今天的发展有关。今天我们讲"一带一路"等等，新疆再次变成了真正的战略中心，新疆是"一带一路"的重中之重，最切近的着力点。如果把这个思考的根源连下去的话，我们可以说从1821年到今天，有一个思想的线索是前后相连的。这个思想的线索就在这儿。龚自珍意识到当"内陆—沿海"之间的关系发生变化并引发剧烈的挑战时，中国内部的政治结构和社会关系也不可避免地要发生转变，例如内部行政体制需要变化，所以他提出置行省，其他的财政关系、人口结构也会发生变化，以儒家为中心的世界观也要发生变化。这就是为什么他同时写了一些对内地儒学学者的批评，说他们到今天还以长城为边界，守过时的"夷夏之辩"，天下观是如此的狭窄。这样的一个知识分子，他其实也是一名儒者，但他的远见卓识会使他孤立于他的同僚们。那些人根本不知道这个地区的地缘重要性及未来潜力，却自以为高明，抱残守缺。当龚自珍批评他自己的同僚和朋友之时，就是在批评他自己曾经习惯的那个世界观，一个自我中心的、以内地为中心的、以京师为中心的世界观。在这个意义上，他对西域的探讨不仅仅是对这个地区的探讨，也是一个

　　　　　　　　　　　　　　巨变中的世界

世界观的修正，或者说，他要重新结构自己的世界观。所谓重构世界观的意思，就不仅是在地域的意义上，而且是在自我理解的意义上，重新界定中国与世界、重新界定"我们"的含义。因此，我说这是世界观的修正，把原来以某一个地域为中心的看法，偏移到另外一面。他有了一个从太平洋沿岸到印度洋沿岸，即从两洋之间来观察这个大陆的视角，其实不仅仅是"视角"而已。因为在这个视角中，这个长期在我们传统世界观里面处在边缘和边疆地位的地区，突然地成了观察中国的中心之一了。这是一个转变：不再是以唐以前的长安和中原、不再是以明清之际的江南，而是以西域为出发点，观察时代的变迁，构思未来的方略。没有西域的视野，一个新的、完整的中国就无法界定。这个重心的偏移当然是相对的，却绝对不是可以省略的。

历史叙述中的中心与边缘

　　龚自珍上书建议设置行省之后的100年，也就是20世纪20年代，美国的一位历史学家——其实当时还说不上是历史学家，也就是我前面提及的欧文·拉铁摩尔来到中国。研究蒙古史、满洲史的人更多地知道他，他也涉猎过一部分伊斯兰区域。20世纪20年代，他先是作为一家美国公司的雇员来华工作，勘探一些地方，后来又在哈佛大学人类学系、美国地理学会，即《太平洋事务》（*Pacific Affairs*）杂志的支持下再度来华，沿长城进入中国的西北和华北地区。他意识到这个区域的重要性。他与傅作义等人有很多交往。他出版了许多书，最出名的一本就叫作《中国的亚洲内陆边疆》（*Inner Asian Frontiers of China*）。"中国的亚洲内陆边疆"这个概念在我看来和龚自珍的说法略有相近之处。龚自珍讲西域，特别是新疆这个地区，拉铁摩尔则侧重谈长城沿线。在我们中国人的眼里，在关内很多人的眼里，长城已经是边疆了，一个边缘的地区了。在历史的叙述当中，从哪儿出发来观察历史，表现的是整个世界观。如果把龚自珍、魏源的"西北论"放在中国历史的南北关系中考察，那么，这是一次历史的倒转：传统由北往南的迁徙、扩张、征服和贸易路线，现在开始转向了一个相反的方向，即由南往北运动。我们应该如何理解这一转向？在分析长城沿线的历史互动时，拉铁摩尔明确地区分出"前西方"（pre-western）与"后西方"（post-western）两种不同因素，并把这两种因素的交互作用看作是塑造新的边疆关系的基本动力。

在这一新视野的观照之下，以往中国社会的持续变动——族群关系、国家制度、经济制度、风俗文化和移民结构等因素的变动——主要不是远洋贸易或跨海征服，而是一种"亚洲内陆"的运动，一种大陆内部由北向南的运动。与此相反，"海洋时代"却是欧洲资本主义及其海外扩张的代名词：在西方和日本的侵略、占领和扩张之下，铁路、工业、金融等来自海洋的新因素把旧有的边疆关系扩展到更广阔的范围，以致如果不能找到新的范畴就无法描述这种既新又旧的历史关系。拉铁摩尔敏锐地观察到："中国现代的边疆扩张事实上意味着在早期历史中形成的人口和权力的运动路线的明显转向。导致这一转向的最为重要的动力，始终是工业化的力量，这一力量是从外部、从西方和日本的工业、商业、金融以及政治和军事的活动中发展出来的，也是从海上强加到中国的身上，并在沿海区域发生作用。"[1]如果说由北往南的运动以战争、贸易、移

---

1 Owen Lattimore, *Inner Asian Frontiers of China* (New York: American Geographical Society, 1940), p.15.

106   巨变中的世界

民，以及法和礼仪的重构为主要特征，那么，从沿海向内陆扩张的运动路线则伴随着下列概念的频繁出现：贸易、条约、边界、主权、殖民、工业、金融、城市化、民族—国家。在拉铁摩尔看来，17世纪的满洲入关是长城沿线的边疆力量向内冲击的最后一波，从此之后，大陆内部的运动必须以新的时代即所谓"海洋时代"来加以界定。

　　龚自珍和拉铁摩尔之间有呼应，但更有不同。那是位置决定的。龚自珍的"西北论"是在清代经世传统与新的历史变动的互动中产生的。他有自己的政治的观念，他不仅要探讨中国面临的挑战在哪儿，也要寻找中国的机会在哪儿。他不仅意识到海洋的重要性，意识到这个重要性还在上升，而且还意识到海洋的重要性是通过贬低内陆的重要性而产生的。他写奏议，突出的就是内陆的重要性，同时指出了内陆与海洋在新的环境中的关系正在发生变化。我们现在说起来很容易解释清楚，放在19世纪20年代，这实在是了不起的洞见。同时期没有哪个儒家的士大夫，提出过这样的建议，这是一个深远的世界观转变的开端及其后果。与之相对照，拉铁摩尔的到来本身就是海洋时代的产物，没有欧美的海洋时代，他不会进入这个区域。他的独特之处是：当大部分人注目于沿海之时，他把目光投向了长城内外，因为他发现中国历史有自己的独特动力和运动逻辑。他的书从上古写起，一直写到近代，这是一部经典的综合性著作，将天文地理、自然生态与历史变迁结合起来。他的一些具体的数据和结论，在今天不一定都成立了，根据考古和其他的一些研究，人们可以而且已经在修正他的说法。但他的整个思考，到今天仍然是经典性的。为什么？

　　首先，他叙述的不是运河中心论、海洋中心论，而是长城中心论。他说我们历来认为秦代以来反复修筑的长城，起初的动机是一个军事的工事，防御的工事，可换了一个世界观来看，长城沿线实际上是两大文明或者生产体系交互运动的结果，也就是农耕文明和游牧文明相互运动、相互交流的走廊，很多的关系，贸易、迁徙、交往、战争和宗教活动，就发生在沿长城两侧。所以，在他的视野中，边疆，"frontiers"，成了"互为边疆"。边疆是一个交往地带，互为边疆、犬牙交错、相互渗透、来来往往。他甚至研究了蒙古的一些定居和游牧的情况，认为早期游牧部落的形成很可能是从关内、从农耕文明分离出去，最后逐渐成为稳定下来的游牧部落。这是他的一个很重要的观点，也是遭到修正的观点。

与之相反，游牧部落以后又对内地有持久的冲击，一代又一代由关外向关内的冲击，导致了中国历史几次重大的变化，从匈奴到突厥，从契丹到女真，从女真到蒙古，都是持续冲击中原王朝的游牧（及农耕）部落。所谓晋室南渡，所谓宋室南迁，这些冲击导致了中国人口和文化的大迁徙，今天南方的方言，常常包含了更多的古代中原音韵，就是其后果。广东话、福建话、吴语，我听起来也很困难，其语音要比我们通常说的北方方言更接近于中国的古音。如今，中国文明起源地的发音，更多的是北方方音，像西安话里头有大量蒙古发音的遗存，其他地方有各种各样的北方的语音。从语言学的角度来看，所谓近代音的形成，比我们从政治学、社会学的角度理解的近代要早得多，主要是北方民族进入这个区域而产生的变化。北方音晚，南方音早。学习中国文学时，老师常常会说，念唐诗的时候，最好说上海话、苏州话，或用扬州话念，也比用普通话念更容易把握平上去入，尤其是入声。原因就是中国古代历史的动力是以北方游牧民族南侵为中轴的，但也是在这个过程中，中原文明又反过来影响了北方和南方的广阔地域。

我们再来看看拉铁摩尔所说的"前西方"与"后西方"的区

分。19世纪前，可以称为"前西方"的时代，在"前西方"时代中，中国历史的进程都是由北向南推动的。它的主要的动力来自游牧民族对于关内的多次入侵和各种各样的交往关系，几次大变迁，尤其是蒙古势力和满洲势力建立了元朝和清朝，对于中国地域和人口的稳定、对于中国文明内部构成的影响，都是极为深远的。到19世纪，"后西方"时代来了，这个海洋时代带来的是机器、交通运输的大发展、城市的大规模扩展。从这个时候开始，主要的动力都来自海上，这个时候迁徙的动力、文化变迁的动力突然有个逆转，海洋的动力大大上升。这正是整个资本主义时代到来的一个主要的标志。资本主义就是靠着这个海洋的动力，其背后有机器和制造技术的推动，当然还有信息技术的扩张，而军事能力则是这些技术的最重要的标志。这时城市开始扩张，它的移民的方向开始变迁。即便在今天，在一个统一的主权国家内部，变化的动力也还在这个脉络里，即主要动力源自沿海，虽然人口流动的脉络并不是单向的，但从内陆向沿海的移民远远大于从沿海向内陆的移民，基本动力的方向与"后西方"的状况也还是大致相似的。

拉铁摩尔的观察虽然敏锐，但还是难脱海洋史观的影响。拉铁摩尔的局限性就在于：他主要地着眼于时代的差异，而忽略这些变迁时代的内部的复杂性。在清代历史中，由南往北的迁徙运动并不始于欧洲的入侵或远洋贸易的发展，而是清兵入关、建立统一王朝的必然产物。中国的南北关系的复杂互动有着较之拉铁摩尔的描述更为复杂、多样和内在的动因。综合地看，导致这一历史运动路线转向的基本条件包含了三个方面：

第一，清王朝是从北方入主中原的帝国，它在一统全国、定都北京、平定三北之后，势必将内地的经济和文化关系带入它的发源地东北和西北地区；随着长城的边疆含义的消失和内地人口日孳，长城两侧的边疆区域成为清王朝的腹地。清初开始的沿着关内向关外发展的运动——移民、通婚、相互同化，以及相应的法律调整——都证明由南往北的运动源自清王朝的一统之势。随着边界的北移，清代士大夫势必把西北视为王朝国家的内部事务。其实，元朝、清朝这些大规模王朝的形成，虽然是通过北方入主中原的形式确立的，但由于它们变成统一的王朝，并试图继承中原王朝的法统，内部的更多的混杂变得不可避免。所以，它们的第一波动力虽然是由北往南，但在统一王朝内，从南往北的移民路线也是不可避免的。这是统一的共同体的必然后果。

例如，清代最初有封禁的政策，东北是满族起源地，不允许汉人进入。西北蒙古地区，起初也是封禁，但到 18 世纪，汉人进入蒙古地区的情况已经很多了，到 19 世纪的时候就更多了。我们看电视剧《闯关东》《走西口》多少可以知道这个曲折的历史过程。这个移民的过程，实际上是随着政治的变迁，随着新的共同体的边界的形成和稳定化而展开的。正是由于迁徙，每一个地区的文化也都变得复杂多样，区域文化是混杂的，即便有某个族群起着主导的作用。贸易，战争，交往和进香，是造成混杂性的多重动力，而统一的政治共同体的形成，也是促成更大规模的内部混杂的历史条件之一。这个要素并不只是从 20 世纪开始，而是非常非常早。我们可以推论下去，汉、唐、元、清这些大王朝的复杂局面十分明显，即便是宋、明时代，也同样包含着混杂的趋势，只是程度和规模不同而已。

第二，清朝的帝国扩张和建设同时伴随着俄罗斯帝国的扩张，维护东北和西北的中俄边疆区域的安定成为清朝政治和经济的重要内容。围绕这一关系而产生的划界条约、贸易条约同时还联系着新疆，特别是准噶尔地区的战争。随着外部边界的确定、跨国贸易和

　　　　　　　　　　　　　　　　巨变中的世界

军事冲突的发展，不但清代士大夫对西北边疆的关注和研究日益发展，中央对这一区域进行有效控制的需求也日益强烈。

第三，清代后期开发西北的动议是在人口与土地的矛盾加剧、东南地区面临鸦片贸易和军事压力、白银外流和清政府财政入不敷出的背景下提出的。它既是清代初期开始的历史运动的延续，也是对于来自"海洋"的压力的回应。那种将清代南北关系的转折单纯视为海洋压力和工业化的结果——即西方影响——的看法也还需要修正。

拉铁摩尔提出了以长城为中心来观察中国的一个世界观，不仅是中国而且是整个亚洲内陆、整个亚洲区域，所以他把这本书叫作《中国的亚洲内陆边疆》，这就把这个区域整个关联在一起了。他的这个角度一定程度上也修正了过去的黄河中心观、运河中心观、江南中心观。明清时期一般研究经济都是以江南为中心的，但拉铁摩尔拉长历史视野，提出了一个长城中心观。其实，他的这个立足于长时段的历史观也是由海洋的新角色激发出来的。说到黄河中心、运河中心等等，免不了提及另一批历史学家，比如宫崎市定（Miyazaki Ichisada），还有其前辈内藤湖南（Naito Konan），他们都是日本京都学派的代表人物。

在20世纪20年代至40年代帝国主义时期的日本，有一批历史学家做东洋史、东亚历史，要把中国放到"东洋"这个范畴内部去。日本一直处于中原王朝的边缘，现在要把中国放到东洋范畴里，其实是要重新寻找自己的位置。东洋史就是为了逆转中国中心、日本边缘的传统位置而发明出来的。这些历史学家在意识形态上是帝国主义者，但有一些观点是有洞察力的，有些视野也很有启发性。我们讨论了长城中心，也不妨看看他们的观点。他们提出东洋的近代或者近世的问题，追问东亚到底有没有自己的现代起源和历史脉络。东亚的现代是从什么时候开始的呢？东亚到底有没有自己的现代呢？从明治维新到20世纪前期，日本都在和西方的列强竞争，他们不但在军事上、工业上竞争，而且在历史观上竞争，强调自己有个平行的现代过程：我们不是只学了西方的船坚炮利，我们自己有自己的现代化。如果现代都是从西方开始，还怎么论述自己的主体位置呢？但单说日本无法成立，因为古代日本处于中国文明圈的边缘。因此，他们提出中国有一个早期近代的开端，这个开端就是宋朝。东洋的近世从10世纪的北宋开始，到14世纪的时候，李氏朝鲜也进入了这个早期现代的过程，最后是德川日本，17世纪的时候进入了现代过程。从空间上说，东洋的近世就是从中国到朝鲜半岛到日本。

看起来这只是一个地域的变化，但这个叙述背后隐含的意思宫崎市定说得也很清楚。他说中国历史的第一个阶段是黄河中心的时代，是一个以长安和黄河为文明起点、中心地带的时期。在这个时期，黄土高原和内陆文明，整个中原区域成为它的一个主要活动和传播的范围，既往西也往东扩散。为什么到10世纪的时候，宋朝成为一个新开端呢？他们列出了很多的标准，在这些标准中，一个很重要的动力是宋朝的时候，中国进入了运河中心的时代。运河到宋代成了实质性的一个交通的大枢纽，连接了沿海和内地，使得沿海的贸易和内陆联系，一直到近代，沿海和内地发生了新的特殊的关联。这个关联有很多后果，因为到了17世纪时，世界历史已经进入了海洋中心的时代，日本自然而然地就成为中心了。这是一个目的论叙述，有点像黑格尔最终以日耳曼为目标的历史进化论。从长安，然后开封、洛阳，绕道朝鲜半岛，最后抵达东京。日本成为海洋时代的东洋中心。德川时代就是与西方的哥伦布时代相对应的一个亚洲版的海洋时代。这个海洋时代的到来恰恰是通过运河把海洋和内地连接起来，建立了一个他们称之为"儒教文明圈"的这样一个文明。

这是日本当年的一套叙述，在今天的历史学中也还是被很多人引用。例如唐宋转变，被看成中国历史的一个大转折，或者早期近代的开始。因为唐代主要是贵族制，唐代的宰相，除了极个别的，如张九龄，其他大部分都是有门第的。宋代科举正规化，文官制度也正规化了，大官，特别是宰相，都是考试考出来的。一个平民的时代出现了。同时，理学，一场复古的运动，成为新的政治认同的一个主要根据。在他们眼里好像是准民族主义的一种意识形态。我们都知道民族、民族国家，是欧洲近代性的一个标志。另外，因为宋代周边有很多大大小小不同的南北王朝，相互之间竞争、盟约等等，促进了民族之间通过贸易和战争形成的交往。在贸易上有了以铜钱为中心的市场经济，外贸开始使用白银，也就是说有硬通货，好像有一个国际性的市场的交往体系在这个时候出现了，南宋时代海洋的贸易发达起来了。

海洋的内海化与"一带一路"的文明史观

由此看来，20世纪西方和日本的学者所描述的中国史观，隐含的背景都是海洋中心论。虽然它讲宋朝，讲近代史，说到最后都是因为运河连接了海洋，实际上是将海洋史观投射在中国历史上，重新叙述这个历史的结果。从哥伦布时代以来，就是要提高海洋的地位，贬低内陆的地位，所以过去这几百年的所谓的边缘区域，实际上是由一定的海洋历史观主导的历史叙述。丝绸之路不仅作为贸易路线衰落了，而且作为一个理念也只是古代的遗存。在这个意义上，我们知道"一带一路"所带动的历史想象其实包含了一种历史观上的转变，即对近代海洋史观的逆转——这个逆转不是对于海洋时代的否定，而是对于海洋时代的完成，即海洋彻底内海化了，陆地与海洋的分界消失了，内陆才以另一重面貌展现出其意义。关于陆地与海洋的分界的消失，即海洋的内海化，曾经在战后引起过两位欧洲哲学家科耶夫（Alexandre Kojève）和施米特的关注，但他们一定不会想到这一变迁对于遥远的欧亚大陆具有何种意义。他们对于内海的想象是以地中海为模板的。

这些变异都不是绝对对立的，而是互相交错的。每一次世界观的偏移都补充给我们很多的历史认识，纠正了很多过去历史认识上的不足，使得我们有更加丰富的图景，同时又产生了新的偏见和新的中心论。总之，检讨的工作是持续不断的。也就是在这样的一个历史背景下，我曾经提出过一个概念，昨天我和王立胜专员谈话的时候，也提出过这个概念，就是"跨体系社会"。"跨体系社会"实际上是指我们的社会内部包含了多个体系，相互纠缠，但社会恰恰就是由这些相互缠结的体系构成。体系可以是语言、宗教、族群，甚至文明，比如伊斯兰文明、西藏文明等等。我们也可以把它叫作"跨文明的文明"。中国文明的一个独特性恰恰在于，它能够包含不同的文化和文明，是内在地包含，不是外在地综合。内在地包含，不是只倚靠一个外在的结构把它强加在一起，它是由长期交往、互相渗透而逐渐成为一体却又未取消其各自特征的存在。

有一次我到西南地区一个云南的村庄，本来是去看一个藏族的村庄，去了好多人家，才发现，有些人家说是某个民族，但其实家族中包含了四五个民族，还横跨了不同的宗教信仰。父母分属藏族、纳西族，孩子结婚又和白族、回族在一起，所以我说"跨体系社会"的时候也不仅仅是说整个的中国文明，某种程度上，可以说一个村庄、一个家庭都可能是一个"跨体系社会"。只要有两个人就构成社会了。甚至我们一个人身上，也是跨体系的，因为个体也是社会性的存在，只能从关系中加以界定。我们学习不同的语言，理解别的文明、别的文化，在交往中，我们确立自己的主体性，但这个主体性不可避免地包含了他人的要素。从理论的、哲学的角度说，任何一种主体性的建立都不可避免地包含了他人的痕迹。我们自身就是由他人的痕迹构成的新的主体。他人的痕迹是我们内在的东西，不是外在的。所以，正因为如此，如果我们一个人的自我认同里面能够意识到自己内部也包含了他人的痕迹的话，认同的范围就宽广了很多。一个好的社会，是能够容纳多种认同的社会，一个好的社会，不会强制性地将多重认同单一化，无论这个单一化是以民族的名义还是宗教的名义，还是其他的名义。我是国家的公民，也是某个族群的成员，我信奉某一种宗教，也承担其他社会名分和责任。我在家庭中是什么位置，我在单位中是什么位置，这些不同的位置、不同的身份，构成了我们的交往关系中的复杂要素……在这个大教室里面，有不同的同学，这些同学来自不同的家庭、不同的背景、不同的社会。这些交往关系都变成内在于我们的很多的要素，因此任何一个认同都内在地包含了多样性和混杂性，但这个多样性和混杂性不是以否定共同性来表达自身的。这层意思就凝聚在"跨体系社会"这个概念上，即这是一个社会，但这个社会是跨体系的，这不仅意味着内部的多样性，也意味着社会的开放性，因为一个"跨体系社会"同时也是与"跨社会体系"相关连的。既然谈论一个社会，就不能否定其某种不仅多样而且动态变化的同一性。

历史的叙述大多从过去到现在，沿时间的轴线纵向地向前推进，但历史可以并且也应当横向地加以叙述，我们的历史并不是单一地域、单一族群、单一宗教、单一语言的历史，我们的历史是相互交往、渗透、纠缠、冲突、同一的历史。就因为如此，我曾经提出过一个有点抽象的概念，叫作"横向的时间"。我们该如何叙述喀什或喀什噶尔的历史？这个地区的历史中一直存在着两种或多种叙述系统，汉文文献的系统、维吾尔文献的系统，当然还有其他文献的系统，称谓的差异显示它们之间的相互重叠，而不是相互隔绝。塑造我们的不仅是我们的祖先，也包括我们的朋友，偶然的相遇，比如爱情和婚姻、友谊和冲突，可以改变生活的轨迹。在今天的世界上，很多的冲突和矛盾就来源于压抑认同的内在多样性，或者以某种认同的单一性撕裂由多样性构成的社会，从而破坏了社会的共同性基础。在这里，我们需要区分共同性与单一性。共同性不是与独特性相矛盾的，而认同只向单一方向发展却是危险的，在20世纪，最极端的表现是单一性民族主义与国家的结合，即法西斯主义；在全球化的今天，它以单一性的民族和宗教攻击各种容忍或承载混杂性和多样性的容器，并在一种二元对立和自我确证的逻辑中发明一系列贬义的概念指称这个曾经承载了各种混杂性的容器，比如帝国、东方专制主义、民族的牢笼等等。在这种条件下，在"跨体系社会"内以不同形式迫使社会群体向认同的单一性转化的时候，冲突和压迫就是内在的——内在于我们的社会、内在于被认为同一群体的社群内部、内在于不同成员之间，也内在于我们自身。多样性植根于我们自身，强制的单一化不但形成无法化解的自我矛盾，更转化为以强烈地投身于单一认同为动力的暴力行动和激情。这是残害他人与自我戕害的重叠过程。如果强烈地只让自己认同一样东西，而不能认识到自我内在的多样性，认同的政治就常常变成了冲突的根源和攻击性的武器。认同是人之为人的理由之一，但认同的单一化，或认同的单一化政治，却是取消人的存在理由和意义、取消人的内在的社会性的工具或通道。事实上，每个人都是有认同的，不是所有认同的政治都应该产生冲突，只有将包含了内在多样性的认同强制性地引向单一方向的模式，才是所谓冲突性的认同政治发生的根源。在世界范围内，这样的情况不断地出现。为什么要提出"跨体系社会"这个范畴？就是因为需要认识我们内在的多样性，理解中国文明内涵的多样性，我们每一个人的内在多样性，并在此基础上创造新的主体性。

我提出这个"跨体系社会"的范畴，其实是与我在更早时期的思想史研究中使用重新思考帝国与国家问题一脉相承的，也是与后来谈及的"区域作为方法"相互勾连的。法国人类学家马塞尔·莫斯（Marcel Mauss）提出过"超社会体系"（supra-societal systems）这个概念。这个概念是在 19 世纪实证主义社会观的背景下提出来的。社会是可以用实证方法研究的，但"超社会体系"却强调我们不仅生活在社会中，而且还生活在"超社会"，即无法用实证方法确证的体系之中。这个体系不仅是物质性的，还包含了精神性的、世界观性质的内容，举凡法律、权力、习俗、信仰、世界观等等，共同构成了一个"超社会体系"。我们也可以模仿说，不仅社会社群，我们每一个人也都是一个超社会的体系，因为我们不仅是公民、学生、父亲、母亲、儿女或干部，我们也是带着自己的价值体系、信仰和世界观的人。这个体系性意味着我们既是一个个生活着的个人，可是实际上每个个人又不只是一个个物质性的个人，因为我们有各自的信念和世界观。这些东西内在地包含在我们的个体中，我们和一个人打交道，就不仅是与他或她的社会身份打交道，还在与他或她的超社会性打交道。比如，在喀什这样一个社会中，在我们的教室里，我们相互交流的不仅基于日常生活里的看得见的、可以实证的身份和位置，还包含许多看不见的、相互不同又相互重叠的价值和信仰。

"跨体系社会"的意思就是这种交往的混在性本身构成了一个社会的内在要素。说一个社会，强调其共同性，但既然是跨体系的，就不可避免地与其他社会相互关联，从而具有内在的开放性。在"跨体系社会"里，人们不但可能共享一系列价值和信念，也未必以赞同的方式分享着不同的价值和信念。这是同一个社会。这是一个多少有点复杂的概念，一个将多样性和平等综合在一起才产生的概念。你见到一个人，你看到他是一个个体，但也知道他不仅是一个个体，他背后还携带着一整套文化信仰等等。你和他交往的时候，你其实还在和一些看不见的东西交往。交往包含了认同，也包含着矛盾和冲突，这是"跨体系社会"的内在要素。"跨体系社会"多少有点像文明的概念，因为文明总是包含了多重要素，但同时又有自身的连贯性和基本价值。那么，为什么要费事地提出"跨体系社会"的范畴？或多或少，这是因为文明的范畴原来是很丰富的一个概念，但在19世纪，由于欧洲的殖民主义、民族主义和帝国主义知识，这一范畴也经历了种族化的过程。它把文明与种族、宗教或语言等构成民族的基本要素相关联。比如，明治维新之后，参照基督教文明、伊斯兰文明的概念，提出了儒家文明、儒家文明圈、汉字文化圈等概念。这些概念有概括性，也并非不可用，但我们也要问，基督教文明只是基督教的吗？中国文明只是儒家文明吗？如果存在着汉字文化圈的话，那么中国的范畴与汉字文化圈是什么关系？如果中国文明是一个可以成立的范畴，那么，儒家至多只是某种主导型性的力量之一。如何描述文化要素之间的相互渗透或以其他要素作为自身主体性的要素呢？文明不仅总是包含着他者，而且就是以他者的痕迹作为内在要素的动态过程。

15年前，我在德国做访问研究，与一些伊斯兰学者朝夕相处。

围绕伊斯兰世界这个范畴，他们之间发生了很多争论。许多伊斯兰学者用伊斯兰世界这个概念来批评"民族国家"的概念，他们说"民族国家"是西方来的一个东西，是殖民主义强加给伊斯兰的。伊斯兰是一个世界。但后来也有伊斯兰学者说，伊斯兰世界内在地包含了不同的世界，并不存在单一的伊斯兰世界。我们仔细地去观察这个体系，它是相互关联的。"跨体系社会"和"跨社会体系"是相关联的。"跨社会体系"，是一个个不同的社会体相互关联在一起，我们今天提出的"一带一路"，就像一挂串珠，以一种更为坚实而富有弹性的方式，互联互通。在这个意义上，在我看来，"一带一路"就是一个"跨社会体系"。我自己不是经济学家，也不是政治学家，现在谈论"一带一路"的多是经济学家和国际关系学者，他们关心的就是金融、投资、生产过剩、找到新的市场，当然还有国家间关系的博弈、合纵连横等等。在我看来，"一带一路"的意义不仅是物质的，也是精神的，"一带一路"包含了文明的意义。夸张一点说，是再造文明的意义。"一带一路"，"一带"是指丝绸之路经济带，"一路"是指21世纪海上丝绸之路，其实两者还交织着中印、中巴两走廊，以及从连云港到鹿特丹的欧亚大陆桥。路、带、廊、桥这四个范畴对我们来说特别有意义，因为从历史上看，过往的帝国扩张都是通过对领土的不断的占有来完成的，但路、带、廊、桥是什么呢？是四个概念，是四个表达互联互通的方式，是勾连起不同文化、社会、语言、文明、宗教、习俗的纽带，是通过经济与文化的综合让不同的人相互交流的计划。正因为如此，它不应该是一个领土扩张的计划，而是一个互联互通、互通有无、相互交往的计划。它也不应是一个历史资本主义的计划，而是一个超越历史资本主义的文明再造的计划。路、带、廊、桥应该成为我们理解世界的一个基础性的概念，而绝不应该仅仅是一个经济计划。如果将路、带、廊、桥的概念与伴随海洋内海化而产生的全球律则加以对比，它们所寓含的规则是极为不同的。在"前西方"世界，"天下有大物，浑员曰海"[1]，所谓"四海"既是界定中国或天下的范畴，又是神秘的未知和无限，而非内海。在这个未知和无限的视野中，中国的天下观包含了对于尚未掌握的他者的预设，这是秩序预设弹性安排和多重参与的动态过程的前提。在海洋内海化的今天，路、带、廊、桥等概念预设的"跨社会体系"及其相互关系的多样性仍然保留了早期秩序中的弹性安排和多重参与的特征，这意味着互联互通概念是以他者的无限可能性为前提的。在"前西方"时代，无限性是"浑员曰海"的特征，那么，在互为内海的时代，无限性却预设着每一个文明的无限可能性，从而路、带、廊、桥代表了一种不同于海洋中心论的全球律则的弹性世界观和秩序观。

其实，这一构想也并不是一个计划。如果是计划的话，也是多个计划或多重计划，一个通过由不同的社会、不同的文明、不同的世界观共同参与、相互塑造的动态并最终改变全球关系的动态过程。说这话带有应然的意思，也就是重新确定价值方向的意思，因为没有人能够否认，"一带一路"计划的现实性和迫切性是在全球资本主义经济危机中产生的，它也不可避免地携带着市场扩张的逻辑，即海洋内海化、边疆内地化的逻辑。如果我们只是关心金融扩张，为解决生产过剩的问题而寻找新的机遇，不去理解路、带、廊、桥所涉及的是不同文明的关联——这意味着需要去理解、研究、认识每一个它所经过的社会、它所经过的文化和它的独特性——如果不理解这个东西，只是用一个现代资本主义的一般逻

1　龚自珍：《西域置行省议》，见龚自珍著、夏田蓝编：《龚定庵全集类编》，第164页。

辑去推动这个计划，就有可能对这个广阔区域的复杂的文化和生态造成破坏，倒过来引发新的矛盾和冲突，那是要招致报复的。我们时刻都要提醒自己，路、带、廊、桥所连接的世界像"天下有大物，浑员曰海"一般，是具有无限可能性的、能动地参与的、包含着"未知"亦即"无限"的、持续变动的一组／一个世界。因此，我要在一个文明和文化的角度上重新提出路、带、廊、桥的意义，将其理解为一个和近代任何扩张性的帝国主义模式完全不一样的互联互通计划、再造新的"跨体系社会"的计划，只有这样，"一带一路"的实践才能在运动过程中，重建相互尊重的社会关系，构造一个"跨体系社会"与"跨社会体系"相互连接的世界。我曾说过这是一个综合了历史文明和社会主义的计划，一个将独特性和普遍性、多样性与平等结合起来的计划，一个不同于资本主义的"内海化"的大同计划。大同的意义在于其对无限性的承诺，而不是对于所谓"全球律则"及其普世性的臣服，其哲学基础就是"生生之谓易"的那个有关"生生"的宇宙论和历史观。这个计划——更准确说，它不是一个计划，英文词叫作"initiative"，而是一个动议或倡议，一个倡导大家来共同参与、平等交往的动议。无论在国家的范围内，还是在跨越国境的框架下，这个倡议都是对不同人群主动参与的召唤。如果它是一个计划的话，也必然是一个复数的计划。在这样的过程中，发展才不致单一地被解释为增长，进步才不是破坏性的，建设才等同于探索发展的多样性或者多样性的发展。

昨天王立胜专员陪我去南达农场。从硕果累累的桃园望过去，一边是寸草不生的砂岩山，据说是天山的余脉，另一侧则是彼此相望的喀喇昆仑山和昆仑山。葱岭和帕米尔高原，两种表述，一个地方，相互重叠。两侧的山峦隔着戈壁与绿洲遥遥相望，一边如火，一边积雪。三座大山，时时在地底运动，相互挤压，震撼大地。

"而今我谓昆仑：不要这高，不要这多雪。"[1]——整整 80 年前，毛泽东在长征之后来到黄河岸边，他想象着"飞起玉龙三百万，搅得周天寒彻"[2]的莽莽昆仑，心里惦记的却是"太平世界，环球同此凉热！"[3]看我遥望砂岩山下雨水冲击形成的荒漠，站在我身边的陈凯博士对我说：只要有水，戈壁也会长出绿草的。

我先说这点琐琐碎碎的感言，供大家参考，也供大家批评。

互动与问答

库尔班·吾斯曼：由北向南的中国语言上面，差异还是比较大的，比如上海话，"老好格"，苏州上海的吴语，很多字是听得懂的。再往南，到了四川重庆，"去耍噢"，字也可以听清。但越往南，福建、广东那块儿，闽粤方言一个字都听不懂。为什么从北向南，在不包括少数民族语言的前提下，从近似于普通话变得越来越听不懂了？

汪晖：我不是音韵学的专家，大学时学过一点古典音韵学，结合年轻时所学和一点生活经验略谈一些。由于中国古代的历史变迁多由北方民族南侵推动，原来中原地区人口逐渐向东南迁徙，这也造成了南方方言的某些音韵甚至句法更接近于古代汉语，而如今作为普通话的基础音的北方方言其实深受北方民族语言的影响。古典语音学中有些音变规律，比如卷舌音在古代往往读作舌尖音，舌

1　毛泽东：《念奴娇 昆仑》，见《毛主席诗词》，北京：人民文学出版社，1963 年，第 20 页。
2　同上书，第 19 页。
3　同上书，第 20 页。

122　　　　　　　　　　　　　　　　　　　　　　　　　　巨变中的世界

面音往往读作舌根音，比如30多年前，我一个人沿长江逆流而上，在庐山遇到几个年龄相仿的广东人结伴同行，他们教我用广东话念江西九江，这四个字全是舌面音，到了广东话里面，就全是舌根音了。此外，唇齿音和双唇音也有一些音变规律在里面。这些我不是专家，不能多说。

近代以来，由于民族主义知识的影响，语言——尤其是口语和语音——成为界定民族的主要尺度之一。但民族的构成，即便从语音上说，也是混杂的。在中国历史上，经过拓跋魏的改姓，中原民族与北方民族之间的混杂已经难以厘清了。"杂种"在汉人的传统中不是好话，但英文里的"hybridity"是文化研究里最常用的褒义词。晚清的时候，中国的民族主义者有点自卑，觉得日本人万世一系，中国人实在是谱牒散乱，难以整理，即便是家藏的族谱，宋以前的也几乎没有多少是真的。清初的大学者顾炎武是考据学的宗师，而他的考据学的典范作品是研究《诗经》的《音学五书》。顾炎武说："读九经自考文始，考文自知音始，以至诸子百家之书，亦莫不然。"[1] 考音的出发点是追寻原初的礼乐制度的本意，即正音或正声所代表的礼乐宗旨。

但是，声音与地域、风俗、好恶的多样性密切相关，声音的变化标志着地域、风俗、制度、好恶的变化或歧异性，而声音转化为乐也就是把多样、歧异的声音组织在一种和谐的关系之中。《礼记·乐记》中有段话是这么说的："凡音之起，由人心生也。人心之动，物使之然也，感于物而动，故形于声。声相应，故生变，变成方，谓之音。比音而乐之，及干戚、羽旄，谓之乐。"[2] 乐由音生，

---

1 顾炎武：《答李子德书》，见《顾亭林诗文集》卷四，北京：中华书局，1983年，第73页。
2 《礼记》卷三十七《乐记第十九之一》，见孙希旦撰：《礼记集解》（下册），沈啸寰、王星贤点校，北京：中华书局，1989年，第976页。

而音又是"人心之感于物""形于声"的结果。顾炎武在《音学五书·序》中说：由声到文，由文到音，由音到诗，由诗而入乐，这个过程虽然由人所创制，但在最根本的意义上既不取决于个人，也不取决于任何其他的人为力量，而是一个自然的（本然的）过程。但如果就是这样，也不必考音了；所以要考音是因为一方面，音及其与文字的关系不断地经历传播、混杂、流变的自然过程，从古代而至秦汉，从秦汉而至隋唐，声音的窜改与文字的稳定性构成了经学研究中的最大的困难，后代学者往往对此不察，以后人的音韵释读古代的文字，从而丧失了古人的精义。另一方面，后代的音又往往提供了了解古代音的某些因素或线索，从而考证方法的途径之一是逐层递进地发现转变的环节，最终恢复古代的音。所谓"考文知音"是穿越历史迷津的通道，但"穿越迷津"本身也即意味着"正音"的求得不可能离开变化的历史过程（迷津）而凭空建构。

《诗》为古人的音书，但秦汉时代之音逐渐背离古代，至魏晋以降由于辞赋的发展而转化为韵；后人的声学以汉魏时代的赋和诗所用之音为标准，导致古音衰亡和今音流行的格局。唐代之后诗赋取士，以陆法言的《切韵》为准，此后宋元之际又有新的变化，导致唐韵衰亡、宋韵流行的局面。顾炎武断言：由于时间的久远而声音讹传，古人之道衰亡已经有 2000 余年。从这一历史逐层演化的视野出发，顾炎武确立了一种方法论的原则，即以唐人正宋人之失，以古经正沈约和唐人之失，从而逐渐恢复古音之秩序。他特别提及声音的变化与制度之间的关系（如唐代以诗赋取士），从而考文知音离不开对社会流动、制度改革与风俗演变的考察。简单地回答库尔班校长的问题就是：语音流变是历史变迁的产物，北方方言易懂，恰好是因为北方方言受北方民族语音影响大一些，反而南方音与古代中原音韵更为接近，语法也更接近古代语言。抱歉话说远了，我不是语言学专家，这些回答未必非常准确。

学生：作为一个国家的国民，如何强化他的国民属性、公民属性，而弱化他的民族属性？如何能实现一个国家更加的团结，或者说增强国民对国家的认同？

汪晖：作为一个国民的认同并不排斥其他的认同，地方的认同、民族的认同和宗教的认同也并不必然排斥公民的认同。任何一个社会都应包容多元认同。近代的公民是现代世界一个社会组织的基本单位，也是一个政治认同的主要身份。晚清之后，我们就进入共和国时代了，共和国的基础单位就是公民，法的体系、政治体系都是建立在公民这个基础概念之上的。但这个共同单位并不排斥其他认同。中国文明的一个独特性，恰恰是多样性和统一性，没有任何必要去掩饰这个内在的多样性。"多"和"一"没有必然的排斥关系。"一"就是共同性。以单一性替代共同性，将认同纳入单一性的轨道，这是民族极端主义和宗教极端主义的逻辑，也是过度的国家主义的逻辑。"多"和"一"是一个动态的历史关系，在不同历史时期有所侧重，但基本来说，无论侧重哪一面，强调多样的团结，是基础的价值观。

姑丽娜尔·吾甫力：我想听听王专员对刚才汪教授讲的"一带一路"的理解，您作为喀什的专员，会怎样解读？另一个问题是，刚才说到认同的多样性，这个多样性对新疆的意义在哪里？希望可以听到两位的对话。

王立胜：我从汪老师那里学到的不仅是知识，关键是思考问题的路径、视野和方法。特别是汪老师提出的几个方法论，对我影响比较深，第一个是"去政治化的政治"，再一个是"跨体系社会"，这是汪老师提出的一个非常重要的方法，而且通过汪老师的叙述人家也可以看到，他认为人口的迁移、区域的变动所带来的社会结构的变化和社会影响，不仅表现在物质层面上，实际上是人们的世界观的迁移和变化。

他还谈到中国人口由北往南的迁移对中国社会影响特别大。我过去听说，青州[1]就是胡人和汉人的一个交界处，大概是山东唯一做过首都的城市，十六国时期，青州是慕容家族南燕国的首都。当然了，古代意义上的青州就是现代意义上的山东，现在的安徽、福建一带，都有山东移民，现在的黄山一带，徽州文化的来源有一条或者第一条就是山东文化。正是由于山东文化往南的迁移，到了宋朝的时候才有了新儒学的产生，才有了南宋儒学。这实际上也是"跨体系社会"产生的一个思想成果。

我所以留在新疆，其实一个内在的问题就是思考新疆问题，进而研究、思考中国问题。这就牵涉到刚才姑丽娜尔老师讲的，怎么看喀什这个地方。我觉得研究喀什问题，我们最大的一个方法论上的误区，即就喀什论喀什，就新疆论新疆，没有把喀什和新疆放在一个大的思维框架中去思考问题。汪老师讲的"跨体系社会"有一个隐含的哲学假设，实际上就是主体的多元性，而且这种多元是平等的、共生的，不是谁压迫谁。"一带一路"最大的一个思想的突破，就在于国家有国家的原理，他看成是一种平等的主体，国际交往的主体。当然这个国家与国家的关系在不同学科有不同的研究。从经济上来看，经济上的概念叫作区域经济合作，比如东盟、欧盟，这些区域经济合作是具有排他性的。但是"一带一路"，从经济上来说，是一种次区域跨国经济合作，不具有排他性。中巴经济走廊明显是一种次区域跨国经济合作。但是这种次区域跨国经济合作根源于经济合作，基础于经济合作，但又不局限于经济合作。我

1　王立胜专员曾任青州市委书记五年。——整理者注

们可以从汪晖老师的"跨社会体系"来观察和思考这个问题，这是一个更宏阔更高层次的一个思维框架。

从这个角度上讲，中巴经济走廊是一个明显的"跨体系的社会"。这个概念包含相互联系的两个意思：一个是"跨体系的社会"，一个是"跨社会的体系"。

"一带一路"这个倡议的提出，实际上不单在经济上，也是在文化上、国家与国家之间，提供一个思考问题的视野，而且也区别于刚才汪老师提到的那种资本主义的殖民扩张，不是一种领土扩张，而是在承认国家主权的前提之下的平等合作。2015年3月28日经国务院授权，国家发展改革委、外交部和商务部联合发布的《推动共建丝绸之路经济带和21世纪海上丝绸之路的愿景与行动》中提及共商、共建、共享。这些词都表明了我们要表达的问题。而且最近习近平主席在牵涉到周边国家关系的一些讲话当中，经常讲到共建共赢问题，我觉得这确实是开阔了我们的思路。

就喀什来讲，我们的思维方式应该尽快转到这上面来。"一带一路"现在是我们国家提出的一项倡议。在"一带一路"倡议当中，国家已经确定新疆是丝绸之路经济带的核心区。福建是海上丝绸之路的核心区。"一带一路"有两个核心区福建和新疆，这是一个定位。第二个定位是，习近平主席到巴基斯坦访问的时候，媒体有个提法，中巴经济走廊是"一带一路"的旗舰项目，那就是"一带一路"的第一类的项目，最重要的或者要先做的项目。为什么定位喀什？喀什是中巴经济走廊的起点。这就很清楚了，喀什的历史定位，现实定位，在这三个表述中已经非常清楚了。

还有一个就是汪老师一直倡导的一种区域主义的研究方法。他在讲"跨体系社会"的时候，第一部分就是讲了区域和区域主义的问题。就是当我们思考一个问题的时候，可能把这个问题放到一定区域当中去思考，就更具有现实性意义。喀什不要说现在，自古以来就是一个"跨体系社会"。我们一直说喀什这个地方是四大文明的交汇地，波斯文明、印度文明、西方文明和中国文明在这个地方交汇繁荣。"跨体系社会"用区域的方法来观察喀什，可能在思想上和实际操作上，都会有豁然开朗的感觉，有疑惑或者不能解决的问题都会解决。我们现在怎样把汪老师这些比较理论化的理论通俗化一些，让我们喀什的干部，尤其是我们喀什地区层面和县里的同志，科级以上的干部，能真正理解汪老师的观点，我觉得对促进喀什未来的经济发展和社会发展，对喀什在国家"一带一路"倡议的实施过程中获得更大的发展，以及为国家做出更大的贡献，都会有很大的作用。

罗浩波：汪教授的视野非常开阔，从龚自珍、魏源讲到拉铁摩尔，讲到文明的变迁和背后世界观的变迁。拉铁摩尔提出的互为边疆这个概念，非常值得我们去研究、理解，尤其是我们处在喀什这个地区，不要总是把自己看成中华文化的边缘。很多文化的影响在这个地方怎么交流、怎么荟萃，这是我们必须解决的问题。互为边疆这个概念对我们是很有启发的。还有对文化内在多样性的认知，我觉得在我们新疆是尤为重要的一件事，我们不能把文化的单一性放大，一定要认识到"跨体系社会"的包容共通，千万不要以民族、种族来认知，如果那样的话，民族间的距离会越来越大，文化的距离也同样变大。今天汪教授提出的几个概念值得我们深入思考，同时也提到"一带一路"是我们中华文明的再造，我们处在中心，但是我们没有像汪教授这样来认知，他提出的"路、带、廊、桥"，对我们启发非常大，怎样在世界中来理解喀什，对我们是非常重要的。感谢汪晖教授的讲座。

02 "亚洲"作为新的世界历史问题
——再谈"亚洲作为方法"

2019 年,电影学博士、中央戏剧学院戏剧文学系讲师杨北辰对汪晖教授进行了专访。本文据采访内容整理而成,原刊于《电影艺术》2019 年第 4 期。

讨论"亚洲"的方法

杨北辰:第一个问题还是想从您对亚洲的思考与写作开始。大约 20 年前,您便在《亚洲想象的谱系》中谈及"亚洲问题是一个'世界历史'问题,对'亚洲历史'的再思考本身就是对欧洲的'世界历史'的重构"[1],并为此列举出了理解作为"一个'世界历史'问题"的亚洲的六条线索,强调了现代性、"民族—国家"、民族解放运动、亚洲内部的多样性与连接性等因素在亚洲问题中的重要意义。那么时至今日,这种"重构"是否呈现出了新的动态,或

1　汪晖:《亚洲想象的谱系》,见李陀、陈燕谷主编:《视界(第 8 辑)》,石家庄:河北教育出版社,2002 年,第 161 页。

是否出现了理解亚洲的新线索？

汪晖：《亚洲想象的谱系》其实有两个版本，第一个版本是1999年完稿的，第二个是2006年的修订版，更名为《亚洲想象的政治》，不过思路上没有根本的变化。20年前在中国很少有人谈论亚洲，第一拨讨论可以说是1996年《读书》杂志开启的。记得是那一年第五期，也是我作为主编编发的第一期刊物，邀请孙歌撰写了有关日本出版的一套以"在亚洲思考"为宗旨的丛书的评论。我写《亚洲想象的谱系》动机也很明确：20世纪90年代有关亚洲的讨论大多以日本的亚洲论为中心，中国在其中的位置其实是暧昧不明的。离开亚洲与中国的关系，离开中国在世界历史中的脉络，不可能让关于亚洲的讨论在中国产生真正的意义。

那时的亚洲讨论或者以区域性的海洋网络为中心，或者以假设的"边缘—中心论"为理论框架，其问题意识尚未深入中国历史进程内部。以"边缘—中心论"为例，论者假设了中国作为中心的位置，假定一个从周边观看中国的主体，但在殖民主义和帝国主义时代，到底哪儿是中心，或者是什么的中心？明治和昭和时代的日本显然不是"周边"，而是亚洲资本主义的中心区域；第二次世界大战之前的朝鲜半岛和中国台湾地区是日本殖民地，可以说是日本帝国的周边，却不可能构成与中国大陆的"中心—周边"关系。在冷战时代，日本、东南亚、韩国或许是美帝国的周边，却是遏制红色中国的前沿。在后冷战时代，由于中国的开放和苏联解体，区域关系发生了重要变化，但美国对于其"盟国"的控制和影响并未消失。"中心—周边"的框架如过于稳固化，也难以描述这一区域内持续变动的复杂关系。晚清和民初，许多留学日本的青年回望祖国，他们不是从周边看中国，而是在帝国的中心看中国，他们的爱国热忱、变革决心和内心的屈辱感都离不开这一视角本身。改革开放时期，更多人有了"去周边"的机会，与所在国国民一样，他们回望中国的角度不是中国周边，而是美帝国周边。可惜许多朋友常常遗忘这种"帝国周边"视角，如同竹内好所说，当他们从周边看中国时，其实常常比西方还西方。这或许就是他提出"亚洲作为方法"的前提。

我离开《读书》之前，编辑部选编了六本文集，其中一本就叫作《亚洲的病理》。客观而言，"亚洲问题"是20世纪90年代重新提出的。为什么在那之前亚洲话题在中国知识界没有什么影响？这个脉络很长。亚洲问题真正被概念化是在清末民初的时候，主要是回应日本思想的刺激。但到了第一次世界大战爆发时，亚洲问题已经基本变成了"日本问题"。我们都知道"二十一条"是1915年提出的，在那之前还有不少人在讨论亚洲，这是因为日俄战争之后有"黄种民族主义"等受到日本刺激来思考世界的潮流。

竹内好在《作为方法的亚洲》（「方法としてのアジア」）里特别提到一个例子，他说孙文在去英国的船上遇到一个英国人，那人问他"你是日本人吗？"，他回答不是，但他好奇地反问那人为什么这样问，英国人回答因为日本人把俄国人打败了，证明了黄种人可以打败白种人，孙文很受这件事的激励，因此有了这样一个脉络。诸如"拒俄义勇军""黄种民族主义"等说法，在1905年前后的晚清时曾存在过一段时间，但很快就由于日俄战争后日本对于中国的局部持续控制而终结了，中国知识界再次面对亚洲问题时已经变得非常困难。

1915年的"二十一条"以及第二次世界大战期间的"大东亚共荣圈"等提法使得"东亚""东洋"乃至"亚洲"概念，在知识领域里变得比较难以探讨，但也存在其他努力。1924年孙文在神户讲"大亚洲主义"，很明显是针对日本的"大东亚主义"，他首先强调亚洲内部存在非常多样的构成，其次他谈及1917年11月之后，由于出现了俄罗斯不愿意走西方列强的道路并废除不平等条约的状况，所以俄罗斯也可被视为亚洲的同盟，或者亚洲的内在部分。孙文试图在某一个意义上将"东北亚""东洋"的概念扩展至整个亚洲，这个差别是很重要的。这个差别不仅是对日本野心的回应，亦在于"大亚洲主义"试图探寻的不是一个"同一"或"趋同"的亚洲；而在"大东亚主义"的概念里，儒学、佛教、汉字、律令制等因素都被当时的日本知识界视为亚洲总体性的根据。

换句话说，"大亚洲主义"从一开始就区别于同质化亚洲的方向。"亚洲"或者"东亚"的概念是当时欧洲"文明论"的一个衍生物。欧洲文明论里面不仅有"等级论"，而且还在19世纪经历了一个"种族化"的过程。也就是说，"文明"这个今天被认为是包容性的概念也有过种族化的阶段，携带着种族主义和民族主义的烙印。在这个意义上，"东洋"的概念就与民族主义一样，强调的是"身份政治"或单一性的文化身份。"大亚洲主义"不一样，其第一次试图把我们今天所谈及的亚洲都置于内部，而且孙文很清晰地看到了这个大亚洲内部的非同一性。1931年，伴随民族危机，戴季陶、马鹤天等发起新亚细亚学会，创办了《新亚细亚》月刊。他们把孙文的"大亚洲主义"视为"三民主义"的亚洲版，讨论"三民主义"在亚洲问题上的回响。

《新亚细亚》月刊十分关注内陆边疆问题，这也区别于日本的"大东亚主义"，因为后者实际上是欧洲"海洋论"在亚洲问题上的反映，日本的中心地位事实上是海洋时代的全球关系在亚洲的呈现。京都学派以降，日本学术界一般把宋朝作为所谓近世的开端，再过渡到14世纪的李氏朝鲜，之后是17世纪的江户幕府，其逻辑是从黄河的内陆文明，到沿海文明，再到大洋时代。只有到17世纪以后的大洋时代，日本才拥有了在这个地区的中心地位——从这个角度出发，我们可以说日本明治维新以来的亚洲论内核基本上是"欧洲中心主义"，特别是殖民主义以来的海洋论与全球史观。自明治维新始，无论是亚洲主义的论述还是脱亚论的论述，在基础结构上没有差别，有的只是战略性的差别：有人要进入亚洲，有人要退出亚洲，区别只不过是具体使用这些范畴时的语境。

孙文的"大亚洲主义"其实也与1906年到1908年间章太炎在东京建立和推动的"亚洲和亲会"相关。我们知道章太炎那时学过一段时间的梵文，他与印度人一道，试图通过这个组织联合包括印度在内的其他被殖民国家的成员。"大亚洲主义"以及"亚洲和亲会"的努力包含了与当时日本方面相互区别的叙述，这个差别首先是多样性与单质性的差别。无一例外，章太炎和孙文的思考都以被压迫民族的解放作为前提，并且试图把这种解放放到全人类的范围内来思考亚洲。他们的思考不是基于"控制"，而是"抵抗"，抵抗殖民主义与帝国主义对于亚洲的控制。我认为其中有和日本的亚洲观重叠的部分。因为从明治时期以来，日本便已经开始与西方列强竞争了，围绕竹内好争论的复杂性也在于如何认定从日俄战争到偷袭珍珠港期间日本对于西方的抵抗，在于如何判断这个历史观背后的复杂情况。竹内好的抵抗概念与主体性概念过于抽象，缺乏对于战争与革命、地缘竞争与民族解放之间的清晰区分，他用侵略与抵抗的范畴对大东亚战争与太平洋战争加以分梳，未能将日本的对外战争和扩张置于近代化道路内部给予全面的政治经济解释。这也为不同解释——包括右翼民族主义的解释——留下了缺口。换句话说，毛泽东、鲁迅都是"抵抗者"，但这个"抵抗"内在于近代中国革命的脉络，有着丰富的政治内涵，我们很难离开其具体进程和目标而对其方法进行提纯。"抵抗"这一概念的抽象性在今天已经暴露出严重的局限：不同的行动，包括依附霸权的行动，也都以"抵抗"姿态呈现自身，在东欧剧变转型及后冷战的语境中，"抵抗"的去政治化也导致了"抵抗"概念的贬值。

从1999年的《亚洲想象的谱系》到2006年的《亚洲想象的政治》，一定程度上便是针对日本的亚洲论，试图打破单一的东亚范畴。我说过我不太知道怎么把中国放在东亚这个范畴里——中国是一个东亚的国家吗？当然是，但不全是。我们看中国，西藏算南亚还是东亚呢？新疆算中亚还是东亚呢？广西、云南算东南亚还是东亚呢？东亚这个范畴其实指涉了宋朝在历史叙述中的中心地位，这与日本的"唐宋变革说"以及宋明理学在日本的巨大影响息息相关，但许多继承了这一论述的历史学者未必对这一点十分清楚。如果从中国视角出发，宋代也比较特别，因为其基础制度是来源于"北方"的，比如土地制度以及兵制等等，也就是说制度和礼乐间严格的南北分界没有了。这也是为什么我会说东亚概念存在缺陷的原因，因为离开北方来理解中原是不完整的，一般的地缘政治框架放在中国这个脉络里存在某种"不适感"——我记得有一次曾经与沟口雄三先生说明过为什么我们共同关心亚洲，但对亚洲的解释上有些不一样的原因。

杨北辰：您也曾谈及中国革命在20世纪历史中的独特地位，那么在对于亚洲概念的重塑中，"革命"是否也具备其重要意义？

汪晖：是的，谈论亚洲的第二个独特历史条件就是革命，包括俄国革命及其缔造的国家对中国的影响。20世纪50年代以降，中国沿着"大亚洲主义"与社会主义国际主义的思路提出了"亚非拉"问题，这个思路一直延续到20世纪70年代"第三世界"的概念。亚非拉不是独立的地域范畴，而是全球体系中获得新的自主性的被压迫民族的缩影。这使得亚洲、非洲、拉丁美洲变成了一个连续的、不可完全区分的视野。原因很简单，其针对的是全球体系，针对的是帝国主义、殖民主义与霸权主义。万隆会议之前中国已经开始这样思考了，到20世纪60年代更加清晰地提出了"两个霸权"的说法。这也是《亚洲想象的谱系》和《亚洲想象的政治》涉及的历史范畴。

竹内好提出的"作为方法的亚洲"变得很流行，我有时是回避使用这个说法的。因为说法过于轻易，难免望文生义，会出现很多问题。这句口号的语境与我们今天所理解与使用它的语境是很不一样的。如果你读过竹内好的一系列文章，就会很清楚他所说的"作为方法的亚洲"主要指涉中国，他基本没有去谈其他国家——这当然不是说因为他研究中国，所以他的亚洲就以中国为中心。竹内好真正的问题是沿着北一辉（Kita Ikki）、吉野作造（Yoshino Sakuzo）、橘朴（Tachibana Shiraki）这些人的中国观察而来的，或者是相似的，即从"能动的政治主体及其相互运动"的视野展开历史运动的实态和方向。这种方法要求认识者将自身转化为一个"能动的主体"，即将自身或自身所代表的利益关系置于政治分析的棋局之中，进而产生出政治性的召唤。在《亚洲想象的政治》一文中，我指出：列宁在孙文的中国革命纲领中看到了中国革命与"纯粹的俄国问题"之间的联系，进而提出了民族自决的纲领，展开了革命力量必须依靠谁、反对谁，建立怎样的国家才能在"亚洲"发展资本主义的思考。社会主义与国家的结合这一政治选择正是这一政治分析的产物。与之相类似，宫崎滔天（Miyazaki Toten）、北一辉等日本知识分子基于中国的自立与解放是亚洲解放以致人类解放的必要步骤的认识，以不同的方式或者参与到中国革命的实践之中，或者对中国社会的运动进行直接观察，并展现出相当深刻的政治分析和政治行动能力。北一辉支持并参与孙文的革命，但对于孙文接受日本财阀的借款并过多依赖外援的做法提出了尖锐批评，认为混淆了战争与革命。北一辉后来发生了转变，但他将"解放亚洲"的理想（亦即他的"大亚细亚主义"）与"中国革命""改造日本"的问题联系起来，从而一定程度地消解了"亚洲"这一概念的抽象性。类似的例子是吉野作造 1919 年 6 月在《中央公论》（『中央公論』）发表的文章《切勿谩骂北京学生团之行动》（「北京學生團の行動を漫罵する勿れ」），他透过曹汝霖、章宗祥的"亲日派"形象与学生运动的"排日之声"的表面现象，得出了如果日本要根除中国的反日运动，根本上在于检讨日本军阀和财阀的对华政策的结论。抗日战争全面爆发的第二年，国民政府被迫迁往重庆，尾崎秀实（Ozaki Hotsumi）观察到共产党影响的深入和浙江财阀影响力的衰落，进而得出中国的"赤化"是由中国的特殊性和复杂性造成的。卢沟桥事变之后，橘朴检讨自己的中国认识，批评过往只注意"作为客体的中国方面"，而对至关重要的主体的诸条件考虑过浅，从而决定重新出发来理解中国。当大多数日本人站在国家主义的立场上观察中国之时，这些人物逐渐发现必须将中国视为一个政治场域，一个充满紧张与斗争的场域；不能只看到一个总体的中国，而是要看到其内在的矛盾。在我看来，在当时语境中，这些人物就是以"政治"的眼光来审视中国内部差异与多样性的日本人。

竹内好也有类似的视野。《作为方法的亚洲》一文中特别提及杜威（John Dewey）于 1919 年 5 月 1 日访问中国，几天后爆发了五四运动。相比于杜威在日本所受到的礼遇和款待，他更着迷于五四运动爆发的能量。他所说的"作为方法的亚洲"，其实说到底是中国在面对内外压迫时所表现的抵抗精神，这是当时能够激发民众性与大众性以重造主体的运动，并由此生发出针对帝国主义、殖民主义、不平等秩序的抵抗的革命。这才是他所说的方法。"作为方法的亚洲"不是一个静态的，用以区隔西方与中国、欧洲与亚洲的方法——如果是这样的方法就又变成东方主义了。恰恰在这个意义上，在那篇文章的末尾他提出了"方法"的定义："方法"就是主体形成的过程。在现代中国的语境中，广义的中国革命也正是一个主体形成的过程。

作为文学研究者，当竹内好试图从情感与灵魂的视角去审视日本时，他发现日本严重缺失主体性，尽管已经很现代了，却没有自身的主体位置。或者说，其主体只是在"西方"注视之下形成的无主体性的主体。然而他从中国人的奋斗中，从毛泽东、鲁迅这些人身上看到了生成主体的"方法"。在这个脉络下，我们需要克服竹内好的主体或生成主体这类概念和命题的抽象性，以区分主体生成的不同的政治内涵，以免望文生义地诠释"作为方法的亚洲"。所以，要讨论在20世纪历史脉络下"作为方法的亚洲"的真正意义，需要重新把那个时代中国人的奋斗、奋斗的过程，即中国人主体形成的政治、经济、文化和日常生活过程，作为理解历史与我们自身的方法——而不是回到东方主义式的条框里，回到亚欧的二元论分野中去讨论这个问题。这是这个命题中具备普遍性意义的部分，它并不试图以边缘回应中心，而是酝酿着一种强烈的普遍性关怀。

如果要在今天的语境中重温"亚洲作为方法"这一命题，首先就是要摆脱那种通过"中国—西方"的二元论而形成的较为单面的自我认知。例如，南亚、东南亚、中亚、西亚都是孕育了丰富文明的地区，与中国文明有着深厚的联系，倘若缺乏这一视野，我们的自我理解就难免单一化。更重要的是：伴随着中国经济的成长以及知识和意识形态上的变化，我们对于这些地区的人们的斗争、牺牲和历史命运都缺乏感同身受的理解。站在美帝国的周边——更不用说，如今许多人已经是站在其中心区域看待中国和许多第三世界国家的道路——既不能理解这一进程的伟大意义，又难以对这一进程中的悲剧做出有深度的理解。巴勒斯坦、叙利亚、伊拉克、伊朗、利比亚和许许多多亚非拉地区的悲剧故事已经不能像数十年前一样拨动我们的心弦。我们也难以从那样一种视野出发理解我们社会内部的分裂、困境和不同人的命运，以及为探求解决之道而做出的巨大努力。这状况多少有些像竹内好对日本的批评。如果总是在帝国之眼中观察世界，或者只是在其注视之下感知我们自身的位置和他人的命运，那将是什么样的世界？

"主体形成"的历史条件

杨北辰：在您 2018 年的文章《世纪的诞生——20 世纪中国的历史位置》中，20 世纪被赋予了一种全新的"同时代性"时空框架，中国与"全球"的关系于其中获得了相互介入与彼此重构的契机，"关于其他世界的叙述纳入有关自身社会的政治思考内部"似乎在有意澄清一直以来被"殖民主义"框架所简化的历史叙事。那么在面对亚洲这一充满连接、断裂与矛盾性的非西方大陆时，其内部是否也存在着这样一种"他世界"与自我的映射与互构的关系？抑或"西方"依然作为中介在提供着我们认知彼此的参照？

汪晖：这恰好是竹内好没有机会完全展开的问题，因为当时他所处的语境与今天存在着巨大的差别。不过话说回来，站在中国革命的历史中，"同时代性"与"先进性"的历史观念从一开始就在那里，只不过如今被我们遗忘了。列宁讲"落后的欧洲，先进的亚洲"，毫无疑问是在全球性关系中着眼于当时革命和改革的进步性，这个命题之后在孙文、毛泽东、鲁迅身上都有体现，这样一种同时代性深深烙在他们的思考内部。

但今天这个情况有了一些新的变化，因为 20 世纪的革命浪潮过去了，那些既能为民族解放而奋斗，又能冲破民族国家政治框架的普遍性召唤不见了。在革命的语境中，无论以亚洲、中国或第三世界来表述，这些召唤都不能被简单还原为一般的身份政治，因为其范畴都带有普遍性，这是这些概念的意义所在。以后的"退步"，也就是在所谓"后冷战"的全球化浪潮中，当它们被重新提出时，失去的其实恰是对普遍性的召唤，这些范畴"掉头"回到了身份性的领域，所以今天的危险在于重新陷入东方主义的自我他者化之中。

重新审视 20 世纪 90 年代关于亚洲区域整合的话语在东北亚及整个亚洲地区的出现，你会发现其中主要有两个脉络：一个与后殖民主义有关，即批评西方中心主义这条线索；另一个与政治经济有关，这条线索主要是两重影响的产物——一是欧盟区域整合的影响，二是亚洲金融风暴所预示的全球化风险带来的区域整合的诉求。这两个方面共同刺激了 20 世纪 90 年代以后的亚洲讨论，韩国、日本、中国台湾地区以及东南亚的很多学者都参与其中。

我在文章中提到了亚洲不可能建立欧盟式的超级国家，因为各个国家都强调自身历史传统的多样性，这里的多样性不仅指向文化，还有另一层更深的含义，即绝大部分亚洲国家都经历了被殖民与被压迫的历史，因此都格外珍视自身的独立自主。全球化与区域化一定程度上会造成原有主权的不完整，但对自主性的诉求又是这个地区非常普遍的意识。这是欧洲人不能完全理解的一点，他们中的许多人会天然地认为这就是民族主义与主权性——我一再强调，我所说的"主权"更接近于一个政治的范畴，而不是一个规范的范畴。主权在今天被视为国际法体系的基础，但在历史上拥有所谓的主权也不代表是自主的，甚至签订不平等条约恰恰需要拥有主权——在这个意义上，主权并不是真正独立自主的象征。相反，所谓的"国家要独立、民族要解放、人民要革命"，这个斗争是政治性的，这才有了独立自主的政治含义。这种独立自主不仅渗透在国际关系中，也渗透在我们整个社会的建构里，内在于竹内好所说的主体形成的过程。这是一种网络式的联系，相互连接，同时又尊重各自的差异性与独特性。

《亚洲想象的谱系》的结尾提出了六个方面的线索，其中一个方面特别重要，就是迄今为止关于亚洲问题的讨论多半是由民族国家发起的，因为其背景是亚洲金融风暴与全球化，所以民族国家不够用，需要区域整合，但客观上独立自主这个概念又被主权这个范畴所笼罩，因此很难超越民族国家的框架。

在这个意义上，竹内好提出的"方法就是主体的形成"显得异常重要。而只有将这种理念置于中国革命的历史脉络里，才能真正理解何为主体的形成。规范性的主权并不是主体，它只是一个范畴，没有真正的政治主体性。在那篇文章里我已经指出了这一点，我谈到关于亚洲的讨论要么是由知识精英所领导的，要么是由民族国家所激发的，在大众运动的层面却是缺失的。看不到工人运动、农民运动，其他的关联模式都不存在。而在 20 世纪，这些模式曾经出现过，从章太炎的"亚洲和亲会"，到孙文与幸德秋水（Kotoku Shusui）、宫崎滔天的交流，再到鲁迅与许多日本知识分子的互动，直至万隆会议前后，由于各种原因，诸多亚非拉国家的朋友到中国来，造成大规模的接触。那么如何分析社会主义国家中的这种行动？

对我而言，要理解今天讨论的问题，几乎所有我们习惯的思考范畴与关联模式都需要重新洗牌，所以知识上的挑战是巨大的，也是全面的，任何一个话题都可能坠入旧的陷阱中去，无论它看起来有多新。"作为方法的亚洲"也是一样，很多相关的讨论在我看来都是旧陷阱，甚至没能完全进入竹内好的语境。对于竹内好而言，之前的那些主体都是由西方召唤出来的，是某种在西方单一的目光凝视下形成的主体。换句话说，这些所谓主体不过就是以主体形式出现的"他者"，不过就是自我与他者的转化。而竹内好把亚洲作为一个脉络来理解，是因为他意识到"作为方法的中国"的真正意义在于中国革命过程中所包含的广阔历史内容。日本的主体是西方的好学生，而中国由于有过激烈的抗争，发生了真正的社会性革命，在这个过程当中诞生出了新的主体，而这正是竹内好所强调的"方法"，也是在20世纪90年代之后关于亚洲的讨论中消失的部分。为什么？很简单，因为告别革命了。即便在日本，除了少数研究者，竹内好本人也常常是被后现代、后结构主义召唤出来的人物。竹内好所说的命题的历史内容反而被淘洗掉了。在后革命的时代，竹内好在对中国革命的观察中产生的"亚洲作为方法"的命题以一种新的形式——即离开这一命题的历史内容——再度流行。离开当代学术语境的再分析，这一命题的实际内涵也是不易把握的。对我来讲，离开历史内容而空谈"方法"是不可能的。

但这并不是说我们应该简单地重回那场革命的进程，也不是说要回避那场革命进程中产生的各种危机、悲剧和问题。历史是无法重复的。沟口雄三沿着竹内好的命题提出"作为方法的中国"时，已经赋予这个"中国"更为久远的历史内容和思想脉络，同时也将此后中国的变迁及其在世界中的地位联系起来。但无论如何变化，从一个历史进程内部探寻"主体形成"是一脉相承的。

杨北辰：那么，如何将竹内好所言及的这种主体生产机制与后殖民的立场加以区别呢？此外，"作为方法的"已经成为某种特定的语式，其一方面负载着从竹内好、沟口雄三至孙歌、陈光兴等思想史学者的思考脉络，另一方面亦暗含着连接思想与行动的实践状态——"作为方法的亚洲"也许正是针对"亚际"间交流与联结诉求的一种表达。然而其又时常受制于脱胎于西方的民族国家与单线历史等观念，那么在当代条件下，"方法"的展开需要哪些新的共识基础或体制保障？抑或在思想文化之外，如"一带一路"等国家层面的倡议是否同样能够提供"方法"上的可能性？

汪晖：后殖民论述在美国的诞生伴随着第二代印度庶民研究的崛起，其主要任务就是解构印度早期的农民运动和民族运动，认为早期有关农民运动和民族运动的研究不过是对西方的另外一种模仿。由于刚才提及的那些具体的历史条件，当下对于"作为方法的亚洲"的讨论区别于一般意义的后殖民论述，我们讨论的不是后殖民的一个当代版本。这个问题可以引申至"一带一路"这个话题上。"一带一路"在全球造成了巨大的影响，也激起了巨大的反弹。这其中的实践不可避免地存在着大量矛盾，但我试图呈现的是"一带一路"背后的哲学。

"一带一路"与过去所有区域计划不同的地方在于，第一，它没有简单地使用近代地理学的范畴，不是一个地缘政治的计划，尽管其效应会带来地缘政治的后果，但其理念却不是地缘政治学的，这点非常关键。"一带一路"重新回到了一个"古典"范畴，其目的不是建立超级国家，不是建立军事联盟，不是建立帝国。它试图建立什么？它的关键概念是什么？四个词：路、带、廊、桥。每一个都是关于联系的概念，都在强调交互性，是互联互通、相互尊重、互利共赢，而不是关于主宰与统治。简言之，就是不以单一的个人或集体、主体与权力为中心建立"中心—边缘"关系，这才是"一带一路"的哲学。

但这就需要打破旧的地缘政治格局，因为旧的地缘政治格局是在两次世界大战、旧的殖民主义框架以及后冷战中形成的霸权构造，只要这个霸权构造存在，这样的互联互通就会不断遭遇阻碍与刺激。"一带一路"会失败吗？我认为不会失败，因为这个计划从来不是一个总体上需要成功的完整规划，而是一个进程。只要存在着参与和推进竞争的动力，只要存在形成改变全球地缘政治与霸权构造的跨区域努力，即便时时遭遇挫折，也不等同于失败。

但"一带一路"包含的参与性以及这种参与中能够形成的政治主体性的意义，需要被重新阐释出来，并用于对实践过程本身的批判性反思。目前这个计划是以经济为中心的，没有为意义的阐释留下出口。因此人们会觉得这是中国人搞的区域计划，进而印度人会说自己也可以搞——战略上当然可以，但这是一种误导，因为如果还是以一方为绝对主导，就不会形成竹内好所说的主体形成的过程。主体形成的过程的确是在不断地反对霸权构造的过程中产生的，却又不能退回到身份政治之中，这是它的两重性，而正是这种两重性提供了走出后殖民以来身份政治陷阱的路径。普遍性和内在主体性之间的关联才是根本。但这并不是说我们不要身份，或者用一套更大的范畴把身份抹掉，而是不退回到单一的身份政治框架中。当代身份政治的各种诉求都面临着相似的困境，即以单一参照建立自我认知。我是一个亚洲人，我是一个中国人，这些说法都是针对一个单一对象的描述，但我们的身份从来都是多重的，你可以是学生，也可以是老师，你可以是一名丈夫或妻子，也可以是一位父亲或母亲，你是各种各样关系的集合。个体如此，国家与社会也是如此。而身份政治的特征总是把生活世界里的某一面强化突出出来，把其他方面加以省略和简化，或者隐藏，造成一个独立和独有的身份，这个身份政治本身就是所谓"自我他者化"的过程，而不是所谓的"主体形成的过程"。主体形成总是与其他主体产生关联的进程，从而是政治性的过程。这一进程将各种自我的构成要素有机整合为普遍性与独特性的能动力量，但其前提是世界关系的重新理解和形成。

重构自我与他者的丰富状态

杨北辰：在这里可能要回到关于电影方面的问题。您刚才强调竹内好提出的"作为方法的亚洲"其实是一个主体形成的过程。如果把这个立场置于中国电影史的发展范畴内，我们是否可以提出以下的假设："十七年电影"中对于新的革命主体的塑造，相较于之后的第四代、第五代、第六代电影中萌发的个体想象与解放，或如您所言，他们身上逐渐呈现出的"自我他者化"趋势，是一种更加接近"方法"的实践？这其中是否蕴含着某种主体时间意义上的"倒退"？

汪晖：我倒不完全这么看。回到竹内好，因为他拿中国作为一面镜子来看自己，他才会提出"方法"这一学说。我刚才谈到了他的亚洲内涵是中国，所以才会有这样的视角，但事实上他的基本问题也不是中国，而是当时的"中国革命"，或者说是中国形成政治主体性的进程，这才是"方法"更准确的定义。

回到你的问题。"十七年"的电影与"十七年"的文学一样，是整个中国革命和社会主义历史中形成新主体过程的一个自然呈现，当然其局限性也在这里。我之前曾用"人民战争"这个概念解释过20世纪的历史：五四运动之前是新文化运动，之后与学生运动结合，在这个结合的过程中出现了新的政党，然后在政党形成的过程中出现了青年知识分子、工人运动与农民运动的结合，再以后到北伐出现了与军队的结合，再后来秋收起义、南昌起义之后进入江西苏区，出现了土地革命，以土地革命为中轴形成了所有这些要素之间复杂的历史关系。文学、电影等文艺实践就是这个关系的反映，所以一定程度上它确实带有一种独特的生机，这个生机使得原有的政治学、社会学中描述的国家、政党、社会一类的范畴变得不那么有效，因为文艺的有机性太高了。但客观上说，"十七年"的历史中，一方面带有这种倾向，另一方面已经开始出现了另外的趋势，分化又慢慢地发生了，形成了新的控制机制。

对于20世纪80年代，我的解读与你有所差别，我觉得80年代有多面性，那个时期的电影、文学和思想都有多面性，这种多面性是与时代特征紧密相关的。作为20世纪中国的余续和尾声，80年代存在着很多回响，里面的一些力量其实源于那个历史本身，只不过那一代人在政治上没有充分意识到这一点。首先，80年代不仅有第四、五代，还有第二、三代。夏衍、谢铁骊、汤晓丹、凌子风、陈怀皑、谢晋等都还健在，且投身电影事业，观众甚广。第四代的谢飞、郑洞天、张暖忻、黄蜀芹、吴贻弓等是在第二、三代的直接影响下步入舞台中央。第五代的崛起情况有所不同，但这一代人也正是社会主义历史的产物。他们恰恰是以群像的方式出场的。《一个和八个》的底本是郭小川有关战争时期的革命队伍的长诗，其中的长镜头与雕塑式的身体都是用来塑造集体的，或至少是用来塑造个体与集体关系的。《黄土地》压根就是整体，其中的反传统直接继承自五四运动的脉络。而以五四为界标带动的反传统进程是在寻找新的自主性和主体性过程中产生的，是再造主体的运动，而不是"去中国化"的运动。《黄土地》毫无疑问带着反传统的意图，但集体性的腰鼓所显示的能量是什么？那种求生存的意志中蕴含着多么强大的自主性能量？《红高粱》也类似，在对于莽汉与愚昧的描写之外，你会更多地感到一种能量，那个能量其实来源于20世纪中国历史本身。包括第五代完全反教科书的拍摄方法，也是五四以来抵抗意识的一个展现。

因此，我并不认为20世纪80年代全然是以自我与个体为中心的，虽然他们并没有完全意识到自己身上的能量与那个历史的关联。如果不是这块土地上曾经发生的实践，让中国人逐渐具备了一种自信的、自立于世界民族之林的自我意识，怎么可能会有第五代开始时所展现出来的能量呢？应该说，他们以某种不自觉的方式将这种能量重新呈现了出来。当然，这股能量在80年代是凭借着高度主观的激情在支撑着，当能量与激情都消失了，只剩下形式时，就变成了完全空洞的东西。从"亚洲电影作为方法"这个主题出发，我们其实最需要警觉的是"以西方作为方法""以电影节作为方法"，或者"以亚洲为方法，以电影节为目的"，最后又回到了制度性的"自我东方化"。

令电影艺术与中国及亚洲地区的普通人民，与每一个求生存、求发展、为平等世界努力奋斗的个体息息相关，而不仅仅试图在电影节得奖，才是真正的方法。如今，已经很难感觉到创作者与社会间那种息息相关性了，或者从内部生发出的血肉相连的感觉。这就是某种去政治化过程的后果。我们能否带着一种紧迫感，透过电影去介入当代中国和世界的一些问题，能否带着一种强度（intensity）去介入当下的社会，去参与到这个世界的建构中去。这是在竹内好意义上"作为方法的亚洲"最重要的一面，创造性就是在这个时刻爆发出来的。

例如谢晋这样的导演，如果把他的电影从早期看到晚期，你会发现那几乎是一部新中国的史诗，而且他能够拥有如此大量的观众，在中国电影史上没有第二个人能达到这样的程度。再比如谢飞、郑洞天、张暖忻这些第四代导演，他们背后的现实主义传统是20世纪中国文艺的一个典型模式，将镜头对准普通人的命运，去描写普通人的悲欢，这在审美的脉络里依然是很珍贵的，在这一点上第四代要比第五代在技巧上更成熟。无论是《本命年》《邻居》，还是《沙鸥》《青春祭》，都是与之前的历史相连接的，在影片中能体会到创作者与社会命运间的直接相关性。对于这一时代的影片，我们可以而且也的确进行了历史的和意识形态的分析和批评，但这些分析和批评不可能遮盖这一时代的创造与20世纪历史的紧密联系。为什么大家对《我不是药神》投入了这么多热情？一定程度上《我不是药神》多多少少展示了这种相关性。影片其实通过将印度与中国关联起来，将国际市场与非法市场对立起来，提出了某种对于全球体制的抗议。票房的成功正说明了这一点："作为方法"并不是空洞的，其需要的恰恰是真实感与内容感。

杨北辰：您刚才提及的一句话非常有意义，就是列宁所说的"落后的欧洲，先进的亚洲"。在某种程度上，这句话也可以放在20世纪70年代以来的世界电影史中加以检验，即在晚近三四十年的电影艺术实践中，提供大量新形式与新风格的恰恰是亚洲或非西方世界，从"香港电影新浪潮"、"台湾新电影"、内地的"第五代"与"第六代"电影到"韩国电影新浪潮"，直至21世纪之后东南亚电影的异军突起，我们甚至可以说亚洲电影做出了不逊于欧洲的艺术贡献。然而在机制层面，我们之间的连接似乎依然只能沿着西方搭建的框架展开，或者说依然只能以西方作为方法与中介。

汪晖：不知道为什么，在许多思想文化或学术讨论中，许多人现在有点类似当年竹内好所批评的日本人，以为自己站到了山巅，结果是别人的山巅，今天的不确定性，就是因为你的奋斗目标是试图要站在他人的山巅上，而且虚幻地认为自己已经站在那个山巅上了。从竹内好的角度说，日本总是试图把自己变成西方，后来就觉得真的变成西方了，而且比西方还西方——维持这种自我想象是当年竹内好对于日本的主要批评，也是我们今天需要警觉的问题。

我们始终要问自己从哪里出发，从什么地方开始想象自己的世界，来重新理解彼此，而不是成为别人。"作为方法的亚洲"，就是在探询我们的自我认知在何种意义与程度上称得上丰富与较为完整。我重读竹内好文章时，发现其中有一段专门谈及日本对于外国的态度，他谈到日本当时已经丧失了对其他语言的了解。19世纪出现了以地区为单位的地缘政治研究，所以有英国研究、法国研究、德国研究，进而把文学也分为英国文学、法国文学、德国文学，这些对于文学的区分在竹内好看来是一种很荒谬的做法。他还举了几个翻译方面的例子，意思是说根本找不到精通亚洲语言的人来翻译，只好通过英语转译。类似的意见我已经提过很多次了，这种现象确实不能简单说只在亚洲存在，应该说是全球性的，在讨论"一带一路"的过程中我遇到过几位国企的负责人，他们都说起过类似的情况，到了一个地方最需要了解当地语言文化的人才，结果发现根本没有。我们的文化是如此单一，彻底的西方化，这与竹内好批评当年的日本是一样的。

我也强调过另一层面的现实，即知识的层面。30多年来，以美国为中心的社会科学和理论范式影响巨大，我们从中也学到许多东西。但我们的知识系统也因此被重新组合。不要说有关非洲、拉美的深入探究，在学术界真正了解东南亚的专家有几个？有多少专家对于朝鲜半岛的历史文化特别精通？除了留学资源丰富的地方还具备一些不错的研究之外，我们对于世界上其他区域越来越一无所知。在这种状况下怎么能够期待形成所谓自主的主体性？如果这些知识都不存在的话，你所建构起来的主体无非还是在西方镜像中的主体，扩大一点的话——发达世界的主体；不过现在已经谈不上这个了，我觉得更像是电影节、戏剧节、艺术展的主体了——连西方都不存在了，越来越像一个装置的主体了，这是一个巨大的危险。这个问题不单是在电影界，而是在整个知识界都存在。我举过一个象征性的例子，过去我们还有季羡林、金克木这样在中国学术界拥有崇高地位的研究非西方世界的学者，在今天已经根本不可能了，更不要说针对非洲或其他地区的文化研究了。我们和这些地区作为伙伴、同志、战略联盟的联结已经不复存在，共同朝向一个方向努力的感觉也已经完全消失了。我提及这个话题并非针对其他人，而是从自我反思的角度说的。

也就是说要谈"作为方法"，就得有这些实质的生活内容，要有长期的积累，但开启这些生活的内容与长期的积累的第一步就是感同身受地认为这是我们的问题，如果不是，那些所有"作为方法"的说法都不过是点缀，最终一定会被意识形态构架放到某个既定的位置上去，无法真正地开展主体形成的过程，永远是在从一个片段到另一个片段的过程中漂泊。所以"作为方法的亚洲"是没有办法在一般意义上使用的。"亚洲作为方法"是需要人们重新进入历史进程中，重新勾勒自我与他者的相关性，因为每一个自我的建构都与你选取的参照相关，如果这些参照不存在，无论多么强调自己的主体性，那个主体性也不过是单一构造下的产物。更为重要的是：我们所有的创造都应该从一种真正的内在状态出发，但这个内在状态不是单纯的自我设定，而是能够呈现世界关系的丰富性，从而也能够呈现自身的丰富性的状态，而不应该是在第三只眼的凝视下发生的单向化进程。当代世界的许多认同政治实际上不过是单向化的政治。我认为这是今天整个艺术创造的核心问题。

杨北辰：那么在今天这种资本与市场发挥重要影响的格局中，这种真正的内在状态或自然的涌现是否还能寻找到现实的契机？

汪晖：今年我谈了很多次五四运动，自己回过头来想，五四其实还是具有同一性的，作为运动的同一性。以文化运动为方法，五四就是通过一场文化运动创造出了一个完全不同的新风貌，进而对于 20 世纪的中国的再形成产生了巨大的作用。这种运动其实是一种"激荡"。现在也需要一种激荡，如果大家能够为一个问题激动起来，去关注，去辩论，那背后肯定有彼此能感同身受的问题。20 世纪 80 年代好多不同的思潮综合在一起，慢慢形成了相互激荡的状态，电影、音乐、艺术这几大块构成了某种共振的局面。

如果能够重新形成或制造一场讨论，就能够从中产生一种主体性，而不只是被市场所左右。现在都是市场主体，一切都围着它转。《读书》杂志曾经试图推动思想讨论，形成一种"激荡"，当时也波及与介入了很多方面，形态虽然与 20 世纪 80 年代不同，不过在一个相对艰难的条件下还是具备了一定的意义，产生过一定的影响。现在这种讨论则完全退场了。所以也许有这样一种可能性，再次构造出这样一个适合激荡的空间和场域，邀请大家一起参与，将一些新事物与新风貌创造出来。当然，我所说的"激荡"，不是赶浪潮，而是在坚实工作的基础上，展开新的思想的和文化的空间。

03 跨体系的文明交汇与历史叙述
——答臧小佳问

本文系根据汪晖教授的演讲和访谈整理而成，刊登于《西北工业大学学报（社会科学版）》2018年第1期。原编者说明："在中国提出'一带一路'倡议的背景下，为了更好地思考如何冲破传统理念束缚，探索与当今变迁相匹配的社会与文化交往模式，西北工业大学外国语学院成立了'一带一路'跨文化研究所。汪晖教授应邀出席揭牌仪式，就丝绸之路与跨文化体系交往等话题发表演讲。"

"一带一路"倡议的历史背景与中国智慧

臧小佳：很荣幸汪晖教授能够出席西北工业大学（以下简称"西工大"）"一带一路"跨文化研究所成立仪式。您来到具有悠久历史文化的古城西安，和以"三航"（航天、航空、航海）为特色、正在积极发展人文社会学科的西工大，有何特别感受？

汪晖：我从有着2500多年历史的故乡古城扬州出发，一路上也在思考我的故乡与西安这两座城市在千年间的地理、历史变迁，感慨颇多。扬州在地理上属长江北，文化则属江南。在唐朝，西安相当于现在的北京，扬州等同于今天的上海，各领风骚。

"一带一路"作为中国提出并开始实践的倡议，意味着一个新型全球化、跨文化时代的开始。今后如何发展，是一个持久而重大的议题。就此而言，西工大成立的"一带一路"跨文化研究所有着巨大的学术研究与想象空间。而"一带一路"同时也意味着海洋与陆地的空间区分有别以往。西工大所关注的"三航"，正是超越早先海洋时代的最基本发展观。从这个意义上说，西工大肩负着前所未有的重要历史使命。

臧小佳：作为人文与社科领域的学者，您认为在经历了19世纪和20世纪全球格局巨变之后，当前中国提出的"一带一路"倡议有何历史、文化、政治及地缘前提及背景？

汪晖：实际上我们今天讨论"一带一路"倡议，上述前提与背景是无法回避的。

首先，从历史的角度来探视。提出"历史终结论"的福山（Francis Fukuyama），2015年来清华演讲时曾说："假定'一带一路'最终能成功，就是中国模式的国际化成就，这就意味着（我的）历史终结论不能成立。"[1]苏联解体时，西方学术界出现了许多有关中国命运的讨论。但自20世纪90年代中期起，世界历史学界出现一种现象，即试图解释：苏联解体后，在20世纪之前主要以农业为主的传统国家，一个多民族、多文化、多宗教国家，为何成为唯一的例外，仍能保持地缘和人口统一？早在20世纪初至第一次世界大战结束，奥斯曼帝国与俄罗斯帝国等其他一些旧帝国就都先后解体了。

---

1 ［美］弗朗西斯·福山：《中国和美国的政革改革挑战》，载"清华大学2015年度人文与社会系列讲座（五）"（总第43期）。——整理者注，本文下同

而中国，恰恰在这一历史时期显示出其独特性。如果理解中国在当代世界的地位，可以说它有两个独特性，二者分别体现于 20 世纪的起始与结束两端，且相互关联。19 世纪末到第一次世界大战结束，是世界各大历史帝国解体的时代。奥斯曼帝国在第一次世界大战结束时解体了，奥匈帝国消亡了，俄罗斯帝国则分崩离析，在革命中重组。旧有帝国形态逐渐解体，意味着 19 世纪的政治模式走向终点。这一传统大国（帝国）体系起支配作用的框架随着帝国解体，即奥斯曼和俄罗斯这两大相邻帝国的解体，迎来一个新的时代，进一步推动了主权民族国家的形成。在这一过程中，开端的独特性即显示出，在各大帝国解体之时，中国在清朝覆灭、辛亥革命后的社会动荡、内忧外困中，衍生出一系列各个区域的自治运动。这一状况乍看与欧亚间各大帝国的分崩离析状态相似，却似而不同：恰恰是经历了 20 世纪早期的动荡和帝国主义的入侵，产生了中国革命，导致了中国社会前所未有的变化，重新奠定了国家政治模式的基础。所以两者看来相似，实则不同。

　　其次，从地缘上来说。1911 年辛亥革命、清朝瓦解后，中国和其他帝国相比，命运完全相反，今天谈论的"中国"含义也有变化——国体变得相当稳固。以近代中日关系为例，日本从明治维新到甲午战争实行的大陆政策中，中国正是其核心部分。毛泽东在其名著《论持久战》中，剖析了为何在日本最强盛的时期，其大陆政策仍趋向失利的诸多因素。其中之一为：日本如果真正了解中国历史就应知道，中国即便失去沿海地区所有主要城市，也不意味着中国的瓦解，而战争的结果相反。从地缘上说，在其所谓的"大陆"政策中，日本人理解的中国大陆与中国人尤其是毛泽东所思考的中国，完全不同。1949 年中华人民共和国成立后，周恩来总理曾说过：就中国国情而言，汉族人口众多，少数民族地区地大物博。周总理这句话包含了中国幅员辽阔的地区在西北、西南等地之意。而在日本的大陆政策中，所谓"大陆"并无此含义。日本人没有真正理解中国国土辽阔、有着极其宽广的战略纵深之巨大意义。他们自以为已占领了中国大部分地区，但实则只是中国的一小部分。所以当时西北、西南地区成了拯救中国的重要地域。如果没有大西北和西南地区，就没有我们今天所理解的中国。毛泽东从战略的角度说的第二段话是：如果战争发生在欧洲，敌人占领了几个中心城市，比如伦敦、马德里、巴黎，对这些国家来说是灭绝性的结果，因为这些国家几乎所有经济命脉都在这些中心城市。但当时中国经济发展高度不平衡，沿海和内地之间差别巨大。这种高度不平衡（区域差别、贫富差距、城乡差别）确实是中国的主要问题。但在地缘上看，在中国即便占领了南京、上海，对西北和西南内地的影响却极为有限。从某种意义上说，当时中国的区域发展不平衡成为另一个重要的战略纵深。今天的中国发展仍不平衡，这是我们需要克服的；但另一方面，在2008年经济危机之后，中国通过经济转型，大大缩小了区域之间的不平衡，转而成为一个可持续发展的国家。不像有些国家，一旦经历经济危机就会垮掉。当然，前提条件是国家必须为一个统一的整体，能够协调内部。反观欧洲，看起来每个国家内部发展都比中国平衡，但其整体政治结构问题却无法解决。前些年，希腊债务危机爆发，欧盟处理希腊债务危机的代表团来华访问时，曾经问我，如果希腊债务危机发生在中国，中国会怎么做？我说，这在中国不会发生。即便中国发生类似希腊的债务危机，也不过仅仅是某个相对贫穷一些的省份发生的财政问题，并无可能衍生为全国性危机。我不是说中国不会发生债务危机，而是说类似希腊式的危机，欧洲缺乏中国的协调机制。

最后，从政治上来看。无论是在战争时期还是在和平发展的

　　　　　　　　　　　巨变中的世界

年代，中国都有其政治独特性。而中国的状况，常常被外界忽略的问题，除了地缘上的多重性和复杂性，还有政治传统的独特性。例如，中国和苏联、东欧等各国都是社会主义国家，但中国与这些社会主义国家的命运却迥然不同。1991年的世界性危机之后，一些我们熟知的人士和"预言家"，都认为中国差不多三个月就要垮掉，或者五个月。后来这种说法变成一年，再后来是三年。大概说到五年的时候，就有人发现，中国又重新崛起了。流行一时的"中国崩溃论"突然在某个时刻转变论调，结果是"中国崩溃论"自己先"崩溃"了，演变为"中国崛起论"。

我们今天讨论"一带一路"、探讨跨文化问题，实际上必须讨论其历史、地理、政治前提，解释19世纪以来为何世界各主要帝国相继崩溃后，以及1991年苏联解体以来，中国成为全球唯一能够持续地保持地理、人口、文化多元统一的国家。

臧小佳：那么"一带一路"倡议的提出，体现了哪些历史的必然以及中国文明和政治智慧？同时您认为倡议实施过程中将面临哪些潜在的挑战？

汪晖：在中国提出"一带一路"倡议之前，20世纪90年代，有很多关于"区域整合"（regional integration）的讨论。区域整合在很大程度上受了1992年欧洲统一进程加速、冷战终结的影响。而今天欧盟却不得不面对各种各样的麻烦，例如英国脱欧、西班牙加泰罗尼亚地区的独立倾向等问题。其实"一带一路"的真正智慧正是体现在与上述区域整合方式的差异之中。

20世纪80和90年代，中日关系有一段蜜月期。当时日本有学者和媒体提出过"亚洲区域整合"这个话题。我记得当年日本媒体发表的一篇文章中说，亚洲区域整合要学习欧洲模式，学习法德和解，以达成中日和解，促成亚洲共同体。后来到20世纪90年代末，1997 年亚洲金融风暴后，中国先提出了"10+1"合作机制，日本随即提出了"10+3"机制。日本后来为平衡中国力量，又提出了"10+6"合作机制，把印度、澳大利亚、新西兰也纳入其体系。但这一地缘政治区域整合很快也出现了麻烦，即欧洲的区域整合问题在亚洲也出现了。也就是说，在亚洲地区制造一个类似大欧盟的超级国家（supra-nation）非常困难。亚洲内部的文化体系、政治结构、经济发展、历史问题均异常复杂，难以构成基本统一。欧洲的政治制度有其民主制度为基础，还有他们的市场经济体制，他们有时不愿意承认的共同文化根基：基督教文明。换言之，欧洲各国之间的共同性使其具有建立超级国家的可能。但在亚洲地区，我们没有这样的根基。

美国的中国研究先驱者、哈佛大学费正清（John K. Fairbank）教授曾提出一个重要概念"朝贡体系"，这是与欧洲所谓的"条约体系"不同的体系。日本学者滨下武志（Hamashita Takeshi）在其关于朝贡体系的著作中提出，实际上直到 20 世纪初，原有连接中国与亚洲各国的朝贡体系并没有完全消失，只不过是以变化的方式（主要是贸易）在继续。日本的研究重点是亚洲沿海区域，主要是海洋的朝贡关系。但如果我们研究尼泊尔、不丹，更不用说缅甸、泰国、日本、朝鲜和中国的关系史，都会发现存在很复杂的朝贡关系网络。滨下武志所提出的朝贡体系中，包含了"网络（network）"概念，即过去以中国为中心的朝贡就是一个网络，虽然是以中国为中心，但每一个地区都保持其相对自主性、能动性，灵活地参与到朝贡关系中。"朝贡"这个词听起来有自我中心倾向，但实际上更具有参与性，只是维系于一个统一的朝贡关系网络，而每一个朝贡关系都会根据其参与的朝贡主体之位置和力量而决定。朝贡模式具有弹性（一年一贡、两年一贡、三年一贡亦有差别），用"网络"的概念就是为了突出其弹性。这一结论预示了亚洲与欧洲共同体制度之不同。

在亚洲地区讨论"跨社会体系"，涉及两个历史传统：一是朝贡，另一为丝绸之路。"一带一路"其实包含着古老的概念，尤其是丝绸之路（虽然"丝绸之路"这个概念是李希霍芬［Ferdinand von Richthofen］创造的，为欧洲人首先采用），这一实践是非常古老的，它是亚洲各国古代文明之间发生关联之处。它可以被称为丝绸之路，或者盐茶之路，也可以叫玉石之路，这些关联都是在这条路上产生的。这一概念与欧洲最重要的不同之处在于，它所叙述的概念重心并非国家势力，而是连接各个国家的纽带。简言之，这是"路"，是纽带，而非势力。

"一带一路"最核心的概念就是四个字：路、带、廊、桥。这四个字是具象的，它们意味着互联互通。互联互通的前提必须是能动的、主体的、参与的、相互关联的、邻国的，也意味着这一概念不可能从上至下而是平行互联。中国强调"一带一路"不是战略，而是倡议（initiative），其重点就是不希望"一带一路"变成一个绝对中心主义的体系；恰恰相反，"一带一路"要求沿线国家不断参与，强调各国互联互通，相互不断交流，保持灵活性，也因此能保留对不同的政治、文化、生态多样性的尊重。当然，"一带一路"也给我们带来很多挑战。就文化的重要性来说，我遇到一些参与"一带一路"建设的中国大企业负责人，他们认为现在最困难的是文化层面的交流。我们的互联网、金融、铁路都通进去了，但是如何与当地人民交流，如何让所在国家有参与感，而并非仅仅是我们强加于人，不只是我们作为投资者，他们是资源输出者，这是一个挑战。"一带一路"倡议是巨大的机会，但也有人心存疑虑。我们强调路、带、廊、桥的互通性，而不是强调主体性，正是汲取中国古代的智慧和实践经验所产生的结果。

面对质疑和疑虑（例如有人说"一带一路"是"新帝国主义""新殖民主义"），不妨与欧美相比较，同时也可自我提醒：不要重复西方帝国主义、殖民主义、霸权主义的模式，应该真正强调平等、尊重、相互沟通和交流参与。我们可以将"一带一路"的最基本概念与构成帝国主义和殖民主义的几个最主要特征相比较。首先，后者主要是对领土的占领，而"一带一路"不涉及对任何领土的控制，尊重当地国家主权，促进参与。其次，帝国主义和殖民主义大规模屠杀和驱除当地原住民（在北美、澳大利亚以及很多非洲西方殖民地，都曾发生过大规模的种族屠杀和清洗），这在"一带一路"概念下根本不可能存在。再次，对河海的垄断，对当地劳动力的剥削和奴役，这是高度殖民化的政治体制的结果。"一带一路"则以尊重当地国家的文化、政治及主权为前提，并不构成殖民主义时代的那种剥削、垄断的关系。最后，后者对自然资源的垄断。殖民主义势力掠夺过旧中国的矿产和森林资源，它们对中国自然资源的垄断是通过不平等条约实现的。与此相反，"一带一路"是通过与当地国家、政府和社会建立的网络关系来重构相互贸易的过程。但这些历史经验也应成为自我提醒，如果我们有重复旧殖民主义的迹象，那别人对我们的批评即为正常。我们都经历了 20 世纪的历史，中国人民，尤其是第三世界的人民是经过殖民统治的，我们不应也不会对别人进行霸权统治，这应该成为"一带一路"的实践准则。

"跨体系社会"和"跨社会体系"的历史叙述

臧小佳：在面对国际关系和"一带一路"倡议中的社会文化交

往难点时，是否可以借鉴您曾提出的两个重要概念，即"跨体系社会"和"跨社会体系"？这是两个突破传统历史叙述的概念，可以在历史的横截面上，观察和讨论民族在社会交往中的渗透、社会间的体系跨越以及不同体系间的复杂关系。可否请您分别解释下这两种概念的提出背景？

汪晖：一般来说，我们研究一个社会时，通常把一个社会看作相对同质，即具有很高共同性的社会族群。但事实上，中华民族有其复杂的体系交错和融合。

先说我们占中国93%人口的汉族。日本明治维新之后，天皇制度被重新建构，有一个很重要的理念叫"万世一系"。当时的中国民族主义者羡慕西方，希望我们的社会和文明体系也能追溯出最古老的根源。梁启超最早提出"中华民族"这一概念（他深知民族本身带有政治和文化内涵），章太炎最早提出了"中华民国"这一概念，其实就是想把中华民族解释成一个种族、一种文化和政治构架，但同时他们也意识到这其实很难做到。晚清很多民族主义者甚至为中国人作为一个民族、血统之"混杂"而自惭形秽。确实，中华民族具有高度融合性。我的一位德国友人首次到北京，我陪他去长城。在长城上沿路，我告诉他，哪个是日本旅游团、哪个是韩国旅游团，因为中国人很容易就能分辨出他们之间的差异。当时这位德国友人未置可否。但晚餐时，他说："我是德国人，对种族问题很敏感。当你说谁是日本人、韩国人时，你没说还有很多其他人来自哪里。我根本分不清谁是韩国人、日本人、中国人。倒是你没说的那些人，虽然都是中国人，但他们之间的差异很大，一目了然。"后来我意识到，我们自己很少觉察到中华民族内部的差异性，因为我们有很多共通点，往往无需思考差异问题。而在长城上的南方人、北方人，福建人、广东人、西藏人、内蒙古人，在欧洲人眼中，差异非常大，他们反而无从区分日本人、韩国人与中国人。这种观察视野是在欧洲近代民族主义知识中形成的。在中国的边疆地区，这一差异情况更加复杂。我在云南丽江的朋友，他的家庭成员就分属四个族群：父母分属白族和纳西族，他和他妻子则分属白族和回族。四个族群各有其历史、文化、语言、信仰，但他们却组成同一个家庭。我提出"跨体系社会"这一概念就描述了这一现象。粗略说，体系是语言、宗教、文化、族群。但这些体系不是独立存在，而是相互交错的，大到社会，小至家庭，更小可以到个人。其实仔细想想，我们每个人都可以说是跨体系的。每个个体都可以有多重身份认同。虽然身份认同在很多人看来是冲突的，但一个人、一个家庭、一个社会的多重性是常态，它并非必然是冲突的，多重关系中有很多共同性。这就叫"跨体系社会"。

为何我要提出这个拗口的概念，而没有直接使用"中国文化""中华文明""儒家文化""儒教文明""儒教文明圈""汉字文化圈"等概念？这些概念中的若干用法源自明治维新之后的日本，中国人自己也在用，例如说我们是儒教文明圈，我们是东亚文明，在西方也常见此类表述。而我则反复强调，中国虽然是一个东亚国家，但中国不仅仅是东亚国家，也可以被视为中亚国家，还有部分区域可以属于南亚和东南亚。中国不是像日、韩一样仅有单一的（其实也是混杂的，只是相对单一而已）东亚文明。中国的文明甚至可以延伸至北亚文明，因为我们的东北地区邻近西伯利亚。上述这些概念的套用，其实来自西方人看中国的眼光。儒教当然伟大，但如果说中国文明就是儒教文明，就过于将我们的文明简单化了。比如，中国文明中是否包含了伊斯兰文明？换句话说，中国文明其实比一般所说的儒教文明要更广阔，它包含了各种不同的智慧，儒教智慧是其中的一部分，一个占据主导地位的部分。而文明的概念本来就是混杂的，任何一个文明都带有其他文明的痕迹，西方语言将这一现象称之为"他者"（other）的痕迹。以基督教为例，基督教并非源自欧洲（欧洲流行的其他很多宗教也都是外来的），但到了欧洲就变成了它的文明。可见构成其文明主体性的，并非一定源于本身，而完全可能来自他处。再如佛教，可以被视为我们内部的宗教，但它不可避免地也包含着他者的痕迹，这个他者不是简单的外部因素。我们必须清楚，他者可能有两层含义：一个他者就是别人，还有一个他者就是自身的另一部分。一个人身上可能有很多他者，既存在于内部，又内外关联。对于这一点，自我认识是前提。与此同时，它带来了一个方法论问题，就是如何叙述自己的历史文化，包括最具包容性的"文明"这一概念。就此意义而言，我提的"跨体系社会"概念并不敢说有多重要，而是觉得多少能借助它指明，如果我们单纯沿用旧有概念，许多历史现象可能会被模糊、被掩盖。

将第一个概念倒过来说，是我的第二个概念，叫"跨社会体系"。"跨社会体系"这个词，我多少受了一点望文生义的启发：法国重要的人类学家、社会学家马塞尔·莫斯所提出的一个重要概念，叫"超社会体系"（supra-societal system）。在莫斯的时代，对社会的认识具有实证性。莫斯的超社会体系指出，其实人不是单个的人，超社会体系中存在着习俗、礼法、世界观、价值观，也就是说人与人的交往并非仅源自物质利益，也不是单个的个体交往，人与人的交往背后其实有着一整套体系。在我们不自知的情况下，人与人之间的交流常常已经不只是两人。这背后通常有一整套体系，我们的习俗、价值观、想象，甚至整个宇宙观都在其中，影响着我们与他人发生交往。莫斯提出这一体系概念实际上是在提醒我们，研究社会学不能仅仅基于实证意义。如果没有文化，不了解习俗礼法，就无法真正理解社会。

我把莫斯的概念稍加变化称为"跨社会体系"，与"跨体系社会"相照应。社会本身就是复杂多样，并非完全封闭的，它总是向另外一个部分开放。在新疆，有哈萨克族、乌孜别克族或其他种种族群，他们的想象、他们的联想世界和宗教世界不可避免地与外部的文明相关联。他们是中国社会的一部分，但同时也是跨社会体系的一部分，具有高度的复杂性痕迹。就少数民族来说，我们中国少数民族有内地的民族，有跨境民族，有些少数民族有母国，有些没有。这些地区不同体系的交往逐渐衍生出一个新的社会，其中每个社会均相互关联，但每一个社会内部又是跨社会的——就一个体系而言，它是跨社会的。我们会发现语言、宗教、族群往往都是跨社会的。以上两个概念也是相互连带的。

臧小佳：您在《世纪的诞生——20世纪中国的历史位置》[1] 一文中提到全球范围的共时性关系的诞生，即空间关系被纳入时间关系中的叙述（最经典的表述是传统／现代），时间关系也被不断地重新空间化（东方／西方）。"跨体系社会"与"跨社会体系"这种打破传统时间和空间政治历史叙述策略的概念，是否正是形成于这一新的全球化共时性关系以及海／陆空间关系的变迁中？

汪晖：中国的经验是与中国历史变迁模式有关系的。在历史叙述中，学者们关于中国的历史应该从哪里叙述，从何方向去叙述，一直存有多种争议。例如20世纪二三十年代，日本著名历史学家桑原骘藏（Kuwabara Jitsuzo）在其重要研究文章《历史上所见的南北中国》(「歴史上より見たる南北支那」)中认为，中国历史是

1　汪晖：《世纪的诞生——20世纪中国的历史位置》，载《开放时代》2017年第4期，第11—54页。

以南和北的运动为中心，例如晋人南渡、宋朝南迁，南和北都是历史巨大变化的轴心。20世纪30年代，中日民族矛盾开始加剧，中国历史学家傅斯年写过一本暗含批判日本学说的论文。他提出，东汉前很多历史变迁是以东/西为轴心的，这是一个基本历史事实。到20世纪40年代，日本形成了一个关于中国东洋史学的重要学派，被称为"京都学派"。京都学派的很多著作都被译为中文，我们习惯于把它们作为史学著作来看，却往往忽略了其中的历史叙述。京都学派的重要人物之一内藤湖南有个著名的假说叫"唐宋转变"。在他的描述中，唐朝是一个大帝国，有贵族体系和四通八达的陆上贸易，但唐朝政治制度还没有像宋代一样发展出最正规的科举制。虽然科举制度起源于汉代，但是唐朝的宰相除个别以外，几乎都是贵族出身。到了宋代，文官制度、郡县制度的兴起以及规范化，可被视为早期的，或者说准民族国家的雏形。此外，宋朝另有几个重要特征：一是国家版图较小，二是以运河为中心。因为北宋迁都从洛阳到开封这一转变，实际上是国家发展从黄河中心向运河中心的过渡。由于运河通向沿海，内陆和沿海贸易又促进了内陆的分工，形成了宋代所谓的铜钱经济。所以唐朝到宋朝的政治制度模式的转变，实际上代表着贵族体系解体。另一方面，从内陆移向沿海的贸易发展，促进了海洋和沿海贸易、商业性的城市化发展，也带来了新的矛盾。所以由唐到宋的区域性转变，是中国的政治经济文化中心从黄河到运河的转变，也促进了明清之际江南的兴起。因而唐代以前的中国历史是以长安为中心的历史，而宋朝以后就是以运河为中心的历史。另一位京都学派的学者宫崎市定即持有这一观点。

在谈到宋朝时，我们有必要解释"东洋"这一概念。我们现在所说的东亚已经是个正常的地理范畴。但日本学者当时谈到"东洋"，包括提出"东洋史"这个概念，是有其特殊原因的。我们可以考察一下日本近代史。日本在近代崛起时，一直很难处理它与中国的关系，因为日本始终处于中国文化的边缘。日本应该如何叙述自己的历史呢？所以它将中国置于东洋的范畴，这样它就可以把自己也放在东洋文明之内。一方面日本可以作为东洋的独立文明与西方文明竞争，另一方面在东洋文明内部存在着中心的转移，即原来东洋文明以长安为中心，后来是以洛阳、开封为中心，再后来以江南（运河）为中心，到了 19 世纪，就是以沿海为中心。如此一来，这一转移也意味着东洋文明的权力中心由中国逐渐趋向日本。所以东洋史的核心是借此来论证 17 世纪（德川时代）之后，为何日本成了东洋的核心。过去有日本学者关于日本的历史叙述，认为早期近代日本的开端，第一阶段始于 10 世纪宋代，第二个阶段源自 14 世纪的朝鲜，第三个阶段就是德川时代的 17 世纪。从这一叙述中可以看出，日本东洋史的内部叙述包含着权力中心的逐次转移。

史学家研究历史，当然要做很多考证。但有时这些考证研究往往我们自己都未能明白，实则受制于其背后的知识和权力。唐宋转变这一历史叙述的政治含义今天已经消失，几乎已经成为一个客观的学术命题。

在 19 至 20 世纪间，历史叙述经历过两次大的转变。19 世纪美国和日本的崛起不仅改变了太平洋地区的局势，也由此造成全球历史叙述中的权力关系的大转变。这一大转变引发的重大挑战既是实践的，又是知识的。一位美国历史学家欧文·拉铁摩尔在其经典著作《中国的亚洲内陆边疆》中提出了一种新"中心观"——长城中心观：即中国历史不一定非得以长安、开封、江南为中心来叙述，也可以长城为中心来叙述。拉铁摩尔认为，早期长城是游牧和农耕民族相互交往的纽带。长城本是军事防御工事，但是游牧与农耕两个文明之间相互交往的走廊就是长城周边。所以他将边疆（frontier）又解释成互通边疆（inter-frontier）：既是你的边疆，又是我的边疆。边疆由此成为一个边疆地带，且是模糊并不断转移的。拉铁摩尔提出边疆地带的背景是，历史已发展到西方列强和海洋力量，也就是工业化力量和军事影响起支配作用的时代。他认为，中国历史上的边疆扩张，经历过一次大的转变。古代中国历史发展的主要动力都是来自北方。但到了19世纪，由于西方的介入而形成倒置，即海洋力量向内陆扩张，以工业化为动力，促进城市化进程，资本由沿海走向内地。他的这一论点很大程度上是有道理的，但并非完全准确。中华文明的历史极为悠久，特别是当帝国统一之时，它的内部转移是不可避免的。一个社会统一之后，其流向具有高度灵活性。所以说中国历史不都是简单的由北往南，相反方向的运动也有很多，这也就能解释中国文化多样性的形成。近代以来海洋中心的出现，是近代民族国家与工业资本主义的联系，产生了所谓海洋势力的调整。工业与先进技术均源于海上，所以西方人称之为"海洋时代"。因而有日本学者谈其历史，很明确地说，他们的历史是以海洋论为框架的。

臧小佳：您曾提到海洋时代的"大器晚成"，是否可以理解为一种全球化时代新的海陆关系？

汪晖：我在思考今天的"一带一路"的全球史意义。我认为这意味着在一个新的全球化时代，海洋时代并未终结，而是伴随内陆与海洋的分界日渐消弭而显现出了新的面貌。第二次世界大战后，科耶夫和施米特两位欧洲哲学家曾经探讨过海洋时代的终结问题。欧洲的想象在很大程度上与地中海有重要关系。地中海被欧洲人看成内海，尽管它其实并非内海。今天不再只有地中海为内海，太平洋、印度洋、大西洋都可以被视为内海。所谓的大洋如果是内海的话，就意味着大洋和内陆的关系再也不是19世纪以前的关系了。也可以说海洋和陆地的截然区分正在消失。

我们现在有路、带、廊、桥，有高铁，更不用说还有互联网。也就是说原来由交通主导的工业资本主义对内陆文明的绝对主宰性、压迫性、霸权性正在消失。就此意义而论，如果"一带一路"成功了，人类历史上翻天覆地的变化也会随之而来，它不仅为中国带来变化，而且是全球性的变化。从16至19世纪形成的欧洲以及后来以美国为中心的海洋中心论必然走向终结。我们不是简单地否定海洋时代，而是它被重新消化，转变为"一带一路"或多重的网络。中国、印度、俄罗斯和其他地区都存在着不同的世界性网络的想象和规划。当年海洋时代塑造国际关系的基础性力量，即欧美海洋国家，葡萄牙、西班牙、荷兰、英国、美国等等，当然还有海盗。海洋时代其实是帝国主义霸权的历史。这一历史今天并未真正成为过去，其过程还会继续，但内涵会发生变化。未来很多国家、很多国际组织、跨国公司，甚至黑客，都会参与这一新的秩序塑造，这是不可避免的。但是想让这个局面向更加和平、更加有利于大多数人的方向发展，超越16至19世纪的欧洲殖民主义，19至20世纪的西方帝国主义，想象这些新的秩序和世界需要完全不同的、全新的想象模式。当然不仅仅局限于想象模式，还要有内涵和能量。康有为早在1884年即创作了《大同书》，但"大同"如果缺乏能量是无法成功的。这一能量如何运转，与想象和智慧有极大关系。今天的时代，是一个真正的前所未有的新时代，这是自1493年哥伦布发现美洲新大陆以来，世界关系发生变化，在东亚从未有过的、能够重新塑造世界关系的新时代。它确实需要高度的原创性和综合思考才可能构成。

臧小佳：随着这一新的世界关系时代到来，年轻一代的中国学者该如何应对随之而来的挑战？

汪晖：每一代人都有其长处和短处，我们这一代也一样。我们过去 30 多年的历史叙述基本上都是朝西方看，看美国、看欧洲、稍微近一点是看日本，导致的结果就是我们这一代中国学者的知识结构严重失衡。我们几乎不了解非洲、不了解拉美，对我们周边的邻居也鲜有了解，使得我们在这些领域几乎找不出有国际影响力的中国学者。这是整个时代的问题。"一带一路"带来了知识的挑战，这不仅是一点点，而是巨大的挑战。我们这一代人的父辈有不少人精通俄文，但现在我们这一代学者能说俄文的已经不多了。然而俄罗斯，以及印度问题，都是我们需要直接面对的挑战。整个中亚地区高度不稳定，突厥语系国家的研究也需要真正的专家，不仅懂其语言，还须懂其历史、文化、政治和经济。还有非洲、拉美，更不要说我们周边的若干第三世界国家。所以除了有英语、法语、西班牙语、葡萄牙语这些语言专家，我们还需要大量的泰语、印地语、爪哇语、孟加拉语等语种的人才和学者。我们对这些国家的历史和文化的了解也微乎其微。我们现在有很大的经济体量，有金融、有高铁，这确实值得自豪。我们也为自己的历史文明而自豪，因为这些精神财富不是每个民族都拥有的，这种自豪感我们必须保持。可是今天的挑战也是巨大的。我希望我们在上述语言与学科领域能够产生真正的学者，做出真正需要的成就。未来半个世纪，中国不会再过多依赖欧美，但中国学者自身是否能在知识、思想、心态以及其他方面有相同的转变？我们这一代人说起欧美头头是道，谈到"一带一路"的许多沿线国家却非常无知。应对这一挑战就是你们的使命，就是你们这一代年轻学者超越我们这一代人的最重要的方向。

萨义德当年在评论塞缪尔·亨廷顿（Samuel P. Huntington）的

"文明的冲突"概念时曾说：这不是什么文明的冲突，而是无知的冲突。要知道，我们在很多时候确实是非常无知的。这也是今天提出"一带一路"倡议对我们真正的意义所在。我们在知识上要有重新改造自己的激情和勇气，就好像19世纪晚期康有为的一代、五四一代真的想要重新改换自身知识结构那样，来改造我们自己的头脑。唯如此，才能面对当今世界的挑战，才能真正走进"一带一路"。返本开新，这既是我们中国学者面临的巨大挑战，又是历史赋予我们的宝贵机遇。

（臧小佳／整理）

04 "大陆—海洋"与亚洲的区域化
——《21世纪经济报道》访谈

2012年，汪晖教授接受《21世纪经济报道》记者吴铭的采访。以下为采访内容，原刊于《21世纪经济报道》，2012年3月21日。

多边整合机制面临严重挑战

《21世纪经济报道》：如您在《亚洲想象的政治》一文开头指出，在全球化和区域化的潮流中，"亚洲"的概念在政治、经济和文化领域重新被激活。最近出现所谓的美国"重返亚洲"的战略转移，会给围绕亚洲所展开的区域化进程带来怎样的变化？

汪晖：近来美国的战略重心转向亚太，将影响和阻滞20世纪90年代中期以来亚洲地区走向缓和、团结的区域化趋势。欧洲之所以能有一个真正的、相对的统一进程，与苏联解体的关系很大，更重要的原因是美国持相对支持的态度。这是欧亚区域化进程中的一个重要区别。现在这两个要素都发生了变化。

亚洲地区的冷战阴云始终没有完全去除。在20世纪六七十年代，亚洲不同地区一直存在冷战的对峙，比如东南亚的印度支那与东盟，又比如东亚的中国与日本、韩国与朝鲜，以及中印在边境的冲突，等等。这些要素到今天有很大规模的消解，最主要的原因是中国的改革开放。中国的改革开放带动邻近地区出现了改革的态势。中美关系日益频密以及苏联解体，也缓解了原来的紧张。可是亚洲地区冷战的基础构造并没有根本性的改变。说美国"重返亚洲"有些误导，美国从来没有退出过亚洲，所以谈不上重返。美国在日本、韩国的驻军在第二次世界大战结束以来一直存在，它的舰队和核打击力量一刻也没有退出过。在伊拉克战争、阿富汗战争期间，琉球的军事基地都被动用过。只不过在战略上，美国开始重新重视亚太，将它作为重心之一。（按：时任）美国国务卿希拉里（Hilary Clinton）曾说要重视大西洋，这是他们的基础关系。同时，近来又是她说要重返亚太，把亚太作为美国主要的势力范围。从美国最近的新动向来看，虽然亚洲冷战的基础关系没有变，但也有一些"重返"的因素。一是想重返菲律宾的军事基地。当年阿基诺（Benigno S. Aquino Ⅲ）上台之后撤掉了美国的军事基地，现在美国试图强化与菲律宾的同盟关系，"租借"菲军基地。二是想要重新"租借"越南金兰湾，越南很有可能会接受。三是建设韩国济州岛海军基地，这一基地就在中国的"家门口"，比琉球更接近，是值得注意的严重事态。无论事态如何发展，上述状况会否成为现实，但可以确定的是目前美国介入亚太地区的速度非常快，过去十多年来亚洲地区出现的区域化趋势受到一定程度的阻挡。亚洲的区域化趋势并没有因为这一变化完全停下来，尤其是在经济领域，但政治、军事和其他领域间的断裂变得非常清楚。20世纪90年代日本知识界讨论亚洲问题的时候，比较强调东亚共同体。一些日本左翼知识分子强调东亚共同体的意思是，美国不是东亚的，东亚不关你的事。但显然目前做不到。美国在亚洲的军事存在，以及美国对于这些地区区域化进程的阻挠，是整个亚太地区不能团结的核心问题。美国阻挠的方法包括了多种手段。一个主要手段是传统的军事基地。通过军事基地，同时通过加强经济关系来影响基地所在国家的政策和经济手段，这是美国的传统。另一主要手段是强调双边机制，破坏多边整合机制。这一手段既有传统的一面，又有新的一面。此前有关亚洲和地区整合的讨论的政治含义，在于加强亚洲地区的内部合作，形成区域性的多边合作机制。中国提出"10+3"，想法是比较好的。日本提出"10+6"，要把印度、澳大利亚和新西兰都拉进来，显然是出于战略制衡的目的，并不利于亚洲内部的团结和形成多边合作的构架。大部分东盟国家也反对"10+6"，支持"10+3"。而且中国坚持主张，这一区域合作应由东盟来主导，因为如果以中国或日本为主，大家都会有顾虑，而以东盟为主，大家都会接受。这是当时中国提出"10+3"方案很正确的地方。上海合作组织在中亚地区的合作，也是这样的模式。哈萨克斯坦起了很重要的作用，哈萨克斯坦之所以重要的原因是，上海合作组织如果以俄罗斯或中国为主，都很难维系。中国在这个方面比较强调形成多边的区域机制和互利共赢，反对霸权性的构造。但美国并非如此，它的基本特点是要建立双边机制，比如美日关系、美韩关系，甚至与朝鲜也更倾向于双边会谈而不是六方会谈。这样美国可以各个击破、分化瓦解。从目前来看它非常成功。比如，最近希拉里对韩国领导人说，没有人可以分化瓦解美韩关系，讲了一堆漂亮话，韩国人听了也很高兴。现在美国与印度也强调双边关系，挑拨印度与中国的关系。中国建立区域多边机制的努力受到越来越大的压力，以往多边合作的模式现在遇到了很大的危机。伴随多重双边制的加强，也可以设想将来形成以美国为中心的联盟机制，其针对性是不言而喻的。

由于中国经济的大规模崛起和对能源的需求，现在边界问题（特别是海洋边界问题）和能源问题，成为中国与周边国家矛盾的主要焦点。中国崛起引发的不平衡，比以往想象的要严重得多，即便中国没有什么动作也难以保持原有平衡，何况中国也不是毫无动静，面对美国的挑战和安全压力，近年来中国的军费一直保持较高速度的增长。

此外，原有的区域政治博弈的议题发生了一些变化。气候政治、生态政治和能源政治，都是真实的问题，同时也是政治性的问题。在这些问题上，中国很少主动出手。从人权到轮胎，几乎所有议题都是西方设置的。这也是南北关系中很大的问题。虽然南方国家在经济总量上逐渐赶上北方国家，但南方国家在制定规则和设置议程方面，仍然处于被动地位。在气候谈判等方面，南方国家虽然相互合作有所抵抗，但都是防御性的，不是进攻性的，而且南方国家的团结目前依旧处于较低水平。要改变这种被动局面，中国应该真正主动地思考和推动区域化的构架。中国不可能不斗争，同时中国总得找到有理、有利、有节的方法来推动这种变化。

其一，要形成区域整合，必须超越西方民族主义的逻辑。只用民族主义的逻辑，无助于区域整合的进程。他是民族主义，你也是民族主义，大家都相互对抗，区域整合不起来，这正中美国下怀。中国无论是知识领域还是政治领域，到底用什么样的话语来表述？这是一个问题。应该把重心放在美国对亚太地区的重新洗牌和构图，来分析这些地区的民族主义。亚洲的区域整合内在地包含了一定程度遏制美国霸权的努力，这也需要有一个比较公允的、让大家能接受的区域整合构想。

其二，要有多层次、多方位的外交，不能只看到国家层面，看不到其他层面。比如，济州岛军事基地问题，韩国在野党和韩国社会内部有很厉害的反抗。又比如琉球问题，琉球当地政府和当地的社会运动与日本中央政府都有分歧。但现在中国似乎动用这些资源的能力极弱，这样就会比较麻烦。

其三，要有更好的分寸把握能力，不能该强的时候不强，该柔软的时候不够柔软。比如处理济州岛军事基地问题，中国应该强硬一点，因为这是在中国"家门口"很过分的危险一步。亚洲团结需超越国家主义与民族主义。

"区域作为方法"的政治含义

《21世纪经济报道》：这样说来，"区域作为方法"包含了丰富的政治含义，既可以拓展思考国内民族区域问题的视野，又可以拓展思考国际关系的视野。您在《东西之间的"西藏问题"（外二篇）》中讨论了基于"区域主义"的中国观，这与基于民族主义知识的中国观有所不同。基于"区域主义"的亚洲视野，可以形成怎样的回应当前时势的区域架构思路？

汪晖：在中国历史研究和亚洲历史研究中，"区域"论述和"区域主义"方法有很长的历史和传统，值得深入分析和总结。

首先，近代以来，亚洲概念的重构包含了对于分割亚洲的殖民力量、干涉力量和支配力量的抗拒。亚洲想象所蕴含的共同感，部分来自殖民主义、冷战时代和全球秩序中的共同的从属地位，来自亚洲社会的民族自决运动、社会主义运动和解殖运动。

从历史的角度看，亚洲不是一个亚洲的观念，而是一个欧洲的观念。在18、19世纪，欧洲的启蒙运动和殖民扩张为一种新的知识体系的发展提供了条件，欧洲概念与亚洲概念都是这一知识建构过程的产物。以"东亚"概念为例，构筑"东亚世界"的有机性或自足性的最为深远的动力，始终来自民族主义的、工业主义的和资本主义的"西方"。作为近代亚洲民族主义知识的一个有机的部分，人们渴望在"东亚文明圈"的表述背后看到的并不仅仅是文化的特殊性，而且是与这一文化特殊性相互匹配的民族主义的、工业主义的和资本主义的"内在的"和"普遍的"动力。

近代亚洲持续出现的关于亚洲的讨论，在帝国主义的纲领之外，很重要的纲领是寻求亚洲地区的自主性。虽然亚洲话语是一种延伸的话语，但是在亚洲地区重述亚洲的目的，是重建亚洲地区的自主性。查特吉（Partha Chatterjee）讨论民族主义时指出，民族主义话语完全是从西方话语中延伸出来的，几乎所有要素都是西方的，但为什么又不能说亚洲民族主义等同于西方话语的衍生物呢？因为亚洲民族主义始终包含着对于霸权构造的反抗，它总是反对帝国主义和霸权构造。重述亚洲话语也一样，它的政治立场里有反帝、反殖民、反霸权、建立自主性的意愿。这些意愿并不是复制一个典型的民族国家的逻辑，也不是复制欧洲统一的逻辑，而是同时希望寻求区域的联合和团结，其中包括了种族、文化、地缘政治等各种各样的要素。这是亚洲话语的核心。

当代有关亚洲问题的讨论不是由国家推动，就是由精英发起，亚洲地区的各种社会运动对此却漠不关心。这与20世纪汹涌澎湃的亚洲民族解放浪潮形成了鲜明的对比。当年基于社会革命视野的"亚洲叙述"，与近代历史中出现的各种文明论的、文化主义的和国家主义的"亚洲叙述"存在着极大的差异。前者的焦点集中于对不同的社会力量及其相互关系的研究。在社会革命的语境中，"政治"存在于不同的能动主体之间，存在于阶级、阶层、政党的自觉意志的较量之中——这些力量力图影响、支配、塑造或者控制国家的权力，但国家并没有绝对的能量将"政治"包裹在它的"结构—功能"的运转之中。这一视野的最为有力之处，就在于它能够超越国家主义和"民族—国家"之间的国际关系的框架，从不同的社会中分解出不同的政治力量；在这个视野之下，对立或联合的问题不是建立在国家关系或民族关系的固定框架内，而是建立在对于各自社会的内部力量及其可能的动态关系之中。

其次要强调，中国从来不是一个单一的东亚国家，也不是单一的海洋国家，中国是一个内陆和海洋复合的多族群国家。从中国历史的视野来看，西北、东北和中原的关系是中国社会体制、人口结构和生产方式发生变化的更为根本的动力，即使在所谓"海洋时代"，内陆关系也具有至关重要的作用。

亚洲的内部同样包含了各种异质的文化、宗教和其他社会因素。从历史传统和现实的制度差异看，亚洲并不存在建立欧盟式的超级国家的条件。佛教、犹太教、基督教、印度教、伊斯兰教、锡克教、道教、祆教和儒教等全部起源于我们称之为亚洲的这块占世界陆地五分之三、人口占世界一半以上的大陆，任何以单一性的文化来概括亚洲的方式都难以自圆其说。儒教主义的亚洲观甚至无法概括中国的文化构成，即使将亚洲概念收缩为东亚概念，也无法回避东亚内部的文化多元性问题。新的亚洲想象必须把文化／政治的多元性与有关区域的政治／经济构架关联起来。

文化的高度异质性并不表示亚洲内部无法形成一定的区域构架，它提醒我们：这样的一种构架必须具有高度的灵活性和多样性。因此，亚洲想象的两个可能方向是：一、汲取亚洲内部文化共存的制度经验，在"民族—国家"范围内和在亚洲区域内部发展出能够让不同文化、宗教和民族平等相处的新型模式；二、以区域性的联系为纽带，形成多层次的、开放性的社会组织和网络，以协调经济发展，化解利益冲突，弱化"民族—国家"体制的危险性。

大陆联系的含义与亚洲区域化的重心

《21世纪经济报道》：现在高铁等技术的发展，提供了思考内陆—海洋关系的新的物质基础。例如，从南宁出发连通马来西亚的高铁建设、欧亚铁路桥、连接缅甸或巴基斯坦海港的铁路建设等等，都可以将中国与欧亚大陆更为紧密地连接在一起。这样可以使得海洋的战略意义相对不再那么重要。

汪晖：这可以大规模提升大陆关系的重要性，中国对这个过程当然可能有很大的贡献。但是有一点还是要强调，必须在交互性当中讨论洲际铁路、海洋连接的问题。要想形成区域，不能说都是你在主导。你说要建跨区域铁路，我就一定要建？这需要所在区域的所有国家共同参与才可能做到。只要有一个国家不同意，那个地方就过不去。

内陆联系和海洋联系的一个主要区别在于，海洋交通穿越的是没有人烟的海洋，内陆交通则往往要穿越不同的地域、文明和社会。内陆之间的交往绝不能只是纯粹的生意交往，还涉及不同的文化、政治和礼仪。

所谓"海洋时代"形成于欧洲工业革命、海洋军事技术的长足发展和欧洲"民族—国家"体系等条件之下，通过殖民主义和不平等贸易，"海洋时代"贬低大陆的历史联系和社会关系，使之从属于海洋霸权和由海洋通道连接的经济关系。而内陆联系除经济交往之外，会带动人和人的关联变化，使文化与文化发生关联。它塑造的是与资本主义不太一样的社会关系，包含了一种真正的社会主义的可能性，这里说的社会主义涵盖了传统文明。因此，大陆的区域关系与纯粹的经济联系不同，必须考虑文化的多样性，考虑文化交往的丰富性。

今天中国需要建立自己的理想性社会图景，应该提出与今天支配性的区域价值不同的价值。比如，是否只把其他区域当作倾销的市场，是不是只从那里汲取廉价劳动力？还是要在社会文化、人与人的交往方面提供新的资源？这是不同的思路，从这里可以发展出对抗资本主义全球化的叙述，也可能与当年提出的"三个世界"理论相连接。通过内陆联系构造的，不仅是对霸权国家的抗衡，也是对主宰这个世界的资本主义形势的抗衡。它要创造的是人与人之间更加多样的关系。我们不能只是把人当成商品，把劳动力当成商品，把其他的社会当成倾销的市场，不是要把别的社会简单地组织到新的劳动分工体系，而是鼓励社会交往、社会合作，并以此保存甚至发展多样性。

在帝国主义与工业化之外，近代以来区域化的最大动力来自革命和合作。革命，包括民族解放运动和跨国的国际组织运动，都是区域化的。今天还需要讨论文化交往的问题。不只是资本的交往、市场的扩张、通过劳动分工形成的边缘和中心的关系，同时还要重新强调不同文化、社会的连接和多样性。解决中国内部的少数民族问题也是同样的道理，不能只是把少数民族地区当成市场和劳动力来源地，还要同时把它看成文化的主体，汉族与少数民族应该互相学习。这既是继承历史遗产和革命遗产，又是反对资本主义霸权。

中国应该能够主动地提出这些问题，提出自己的目标。中国设想的区域整合，不只是为了赚钱。不是不能赚钱，而是赚钱的同时还要有别的目标，否则中国和美国并没有什么区别。也只有提出别的目标，才能感动普通人，否则外交关系只能局限于那些大商团或者国家领导人，而不能诉诸普通的民众。

因此，重新讨论区域化的时候，需要同时提出霸权问题和资本主义问题，这样才能有效克服由于民族利益和其他的区域政治问题造成的障碍，克服霸权的障碍。之所以要克服霸权障碍，是因为霸权不希望亚洲走向团结和区域化。1997年亚洲金融风暴期间，日本主导提出建立亚洲拯救基金，结果因为世界银行和美国的反对没成。那时候中国也不积极，因为当时人民币的地位还比较弱，日元比较强，中国很担心被日本控制。这类似于欧盟和欧元区遇到的问题。

欧洲目前遇到的困难，一方面是内部不平衡造成的，一方面是整合的强烈诉求造成的。欧洲的东西南北不平衡，总是有些部分在主导，而有的部分是被动的，大小国家在统一政治体里的份额差别很大，到底怎么分割会成问题。而欧洲内部缺少一个比较民主的、平等的机制。但另一方面，由于遇到这些危机，会产生要求更加统一的强烈诉求，希望有中央银行，希望有统一的外交，将来很可能还希望有更强的中央协调机制。原来欧洲曾讨论过设立欧洲常备军的问题，目的是把北约废掉，实际上是"去美国化"的一部分，后来因为美国的干预而作罢。目前欧洲常备军完全不可能，美国不可能同意。但欧洲在向集中化的趋势走，虽然这一过程中会造成很多反弹。

欧洲的实验有得有失，为亚洲区域整合提供了经验和教训。其一，欧洲东西南北的发展极不平衡，差异很大，整合困难重重。由于欧洲的区域整合并没有建立在消除区域内不平衡的基础上，也很难说欧元区的形成能直接有助于消除这些不平衡，这导致它推动形成的区域关系处在脆弱和危机的状态，好像随时面临分裂。其二，美国作为一个对立面在欧洲出现，欧洲认同一定程度上有"去美国化"的要素，还没有完成。但一些国家间的协商机制起了重大的作用，使得这些地区能够逐渐形成一定整合，欧元区也形成了一定的架构。不管欧洲现在遇到多大的问题，但区域整合确实有推进。其中有值得学习的经验，我们需要思考：到底欧洲怎样克服区域内部的不平衡和差异？欧洲的区域整合在多大程度上有助于或者加快了区域内不平等的消除？到底要形成怎样的区域整合构架？

回到亚洲地区。第一，亚洲地区受到美国的干预远远超过了欧洲。在这个意义上，美国实际上是亚洲整合最大的障碍。美国的亚洲政策与欧洲政策很不一样。第二，欧洲社会在苏联剧变之后的大转变，使得政治制度趋同，但是在亚洲地区，中国、越南、朝鲜等国家与区域内其他国家之间的政治体制差别很大，很容易有互相的猜忌和不理解。这是亚洲社会和欧洲社会不同的地方。由于政治体制的异质性，如果要形成区域结构，需要有比较大的结构弹性，否则很难形成相对整合的态势。第三，由于亚洲各地区的多样性和差异程度远远大于欧洲内部，亚洲地区形成什么样的多边协调机制值得思考，需要讨论比欧盟更加灵活的制度安排。拉美的区域化也能提供一些启发。拉美国家其实分裂得很厉害，但委内瑞拉、巴西和古巴等国通过南方银行成功地推进了南方国家运动。南方银行在经济上的意义很有限，但它是一个把大家拉到一起来的运动。亚洲地区能不能有相似的运动？

区域和区域化是不一样的。区域是相对自然的、稳定的地区，而区域化是一个能动的过程。我们现在要做的是推动区域化的进程。美国也要推动亚太的区域化，要把自己卷进亚洲。美国一直强调两洋，即太平洋和大西洋；中国和其他亚洲国家讲亚洲，则有延伸至整个亚欧大陆的含义。亚太概念是以太平洋为中心。以亚太为中心，相当于把亚洲话语边缘化。亚洲概念的重心则是延伸到西亚的整个亚洲内陆，也包含了海洋与大陆在这一区域的联系。强调亚洲概念并不意味着要离开海洋，现在不可能离开海洋，而是要重新提出海洋与大陆在战略上的辩证关系问题。

亚洲概念从来就不是一种自我规定，而是这一区域与其他区域互动的结果；对欧洲中心主义的批判不是对于亚洲中心主义的确认，而是破除那种自我中心的、排他主义的和扩张主义的支配逻辑。在这个意义上，洞悉"新帝国"内部的混乱和多样性，打破自明的欧洲概念，不仅是重构亚洲概念和欧洲概念的前提之一，而且也是突破"新帝国逻辑"的必由之路。在这个意义上，可以重新思考博鳌论坛这类合作机制的模式问题，它事实上可以做成一个典型的区域整合模式，关键在于不能把什么人都拉进来，也不能只局限于国家层面和精英层面，这样很难提供推进亚洲区域化的广阔平台。

第三部分　探索东北亚和平

01 东亚需要目标清晰的协调架构

——《21世纪经济报道》访谈

2013年,《21世纪经济报道》记者吴铭采访汪晖教授。原编者按:"作为全球经济最有活力的地区,东亚地区在世界格局中的作用越来越重要。如何才能打破僵局,构架新的合作机制?现在存在的问题到底来自何方?当此之时,更需要长线的历史观。专题邀请中、日、韩、美等国的学者撰文或接受采访,梳理东亚各国之间问题背后的历史和现实的原因,以期为谋求共同发展寻找积极有效的途径。"本文原刊于《21世纪经济报道》,2013年10月28日。

近期东亚论述的变化趋势

《21世纪经济报道》:今天的东亚在世界格局中似乎越来越重要,比如有经济史学者认为,1945年之后世界经济增长的中心在东亚。这种重要性又似乎与朝鲜战争之后第三世界民族解放运动的兴起及其衰落有深刻的关联。如何在世界变迁的格局中看今天的东亚发展及其问题?

汪晖:在20世纪后半叶,较早对东亚的未来做出新解释的,是提出"依附理论"和"世界体系理论"的学者，如萨米尔·阿明、贡德·弗兰克（Gunder Frank）和伊曼纽尔·沃勒斯坦。他们不但重视经济，而且重视政治，这是因为"依附理论"及"世界体系理论"与战后民族解放运动有着密切的关系。从朝鲜战争、日内瓦会谈、万隆会议、越南战争、亚非拉民族解放运动到1970年代毛泽东提出"三个世界"理论，东方对世界范围的民族解放运动提供了非常重要的支持。沃勒斯坦提出"中心、边缘和亚边缘"的概念，与"三个世界"理论有密切关系。亚边缘概念有点像毛泽东说的中间地带，它不是纯粹的边缘，也不是绝对的中心。"依附理论"和"世界体系"的理论家在这一基础上解释东亚的经济发展。弗兰克和阿里吉都是在这一理论脉络中展开他们的论述的，在经济史的脉络中，他们受布罗代尔的影响较深，比较关注贸易、金融的变迁，更加注重长时段的演变。弗兰克提供了从14世纪到18世纪中国作为世界中心的论述，阿里吉主要从50年、150年、500年的世界史视野，探索亚洲世纪到来与美国霸权衰落相关联的历史进程。滨下武志的朝贡体系论述可以说综合了费正清、世界体系理论及日本的学术传统（如桑原骘藏和京都学派的某些因素）而形成的亚洲论述，从他早期的研究来看，与"世界体系理论"及"依附理论"的联系是很明显的。

这一脉络重视政治与经济之间的关系，而伴随全球化和区域化的发展，政治结构问题让位于经济关系是很明显的趋势。沃勒斯坦早期研究非洲殖民史，他的"世界体系理论"是以民族国家体系为框架的。在20世纪六七十年代成长的一代人，不可能不关注殖民主义历史、民族解放运动和从万隆会议到1970年代亚非地区发生的革命。毛泽东曾经用三句话概括了那一时期的"时代精神"，即"国家要独立、民族要解放、人民要革命"。政治上的主权独立、经济上的反依附，构成了学术研究的基本问题。就摆脱依附的问题而言，有两种不同的趋向，一种以阿明为代表，强调独立自主、自力更生，另一种则拒绝将摆脱依附与脱钩理论相关联，我们从拉美和非洲的民族独立运动和统一运动中可以看到这两种主张的消长起伏和相互渗透。

亚非拉的民族解放运动与冷战时代的社会主义运动实际上存在着深刻而复杂的联系。如果没有苏联、中国等社会主义国家的支持，万隆会议的召开也是难以想象的。但伴随社会主义体系的崩溃和民族解放运动的衰落，20世纪90年代兴起了一波以新自由主义为主调的全球化浪潮。这个新的局势不但促进了自由主义往新自由主义方向的发展，而且也改变了左翼思想的脉络，例如，印度的第二代庶民研究不再以农民运动和民族解放运动作为主要的研究对象，而以反思后殖民条件下的民族国家及其在经济、政治和文化上面临的问题为主要任务。在东北亚文化研究的圈子中，这一断裂也很明显。我认为基本的趋势是用帝国范畴取代帝国主义范畴——针对帝国主义的斗争不可避免地将问题设定在"中心—边缘"及亚边缘的关系中，诉求主权独立、去除经济依附，而所谓"去帝国"的斗争却不再以此为中心目标，因为在新的思考框架下，支配关系不再局限于帝国主义和被压迫民族的关系之中，而是在新的"全球—区域"及民族国家的内部关系之中了。这一分析构架上的偏移和重构因应了全球化、区域化的新趋势及亚洲在全球经济中的地位变化，抓住了新的霸权形式的某些特征，但又难以说明东北亚地区的霸权构造与冷战构造的连续关系。在历史叙述上，将19世纪晚期之前的中国、明治维新之后的日本以及战后的美国霸权作为帝国范畴的延续形态，在理论上是难以成立的，但仅仅在旧的帝国主义范畴内解释亚洲区域内的关系，显然已经不够了。

20 世纪 90 年代以后，有几个现象促使人们去理解东亚，尤其是东北亚的问题。一是从 70 年代开始的日本崛起，一是 80 年代"亚洲四小龙"的逐渐展开，再就是中国在社会主义时期的快速积累之后，以改革开放为契机的经济腾飞，以及由此展开的工业化、城市化、信息化的浪潮。目前整个东亚区域在全球经济中所占的份额已经非常高，仅中、日、韩三国的 GDP 总和已经占据全球 GDP 的 24%，不仅在经济总量上与北美自由贸易区和欧洲经济圈三足鼎立，在人口数量上远超后者，而且在一些工业和新技术的运用方面也赶超欧美。1999 年，我去约翰斯·霍普金斯大学参加由阿里吉主持的有关亚洲崛起的会议，他那时已经清晰地预见到这一点。到 1990 年代晚期，以日本为龙头的东亚描述逐渐让位于以中国为中心的东亚描述了，但这一态势并不是稳定不变的，例如近年韩国经济相对发展较好，有些领域不但领先于中国，而且正在赶超日本；而在中国国内，随着全球经济下滑，国内经济的重心也在发生一定程度的偏移。关于东北亚的经济发展趋势，关于中国能否保持长期稳定及持续上升，以及中国与美国、中国与欧洲及中国与周边关系会如何发展，学者们判断不一，辩论将会持续展开。我的基本看法是：中国和东亚不断面临各种挑战和由现有发展模式所带来的社会矛盾和国际冲突，但在全球经济体系中，这一区域的上升态势不会由于这些矛盾和冲突而突然改变。

　　在冷战时代，"东亚"这个概念并没有提供太多的政治想象的空间，但 20 世纪 90 年代以降，"东亚""东北亚"或"亚洲"等概念在不同的层面成为话题。除了中日韩及东南亚经济的持续上升外，欧洲一体化进程也刺激了这一区域的自我想象。"东亚"这个概念是从西方的视角提出的。从欧洲的视角看来，东北亚区域的相似性甚至超过欧洲，汉字、儒家和佛教以及律令制等构成了欧

　　　　　　　　　　　　　　　　巨变中的世界

洲东方学有关东亚叙述的基本内容。也正是在欧洲视野的影响下，从 19 世纪开始，日本发展了自己版本的"东洋"或"东亚"概念，它不可避免地与一种以日本为中心的区域构想相关。当 20 世纪 90 年代亚洲话题重新展开之时，大部分学者谨慎地绕过"东亚共同体"或"亚洲共同体"的概念，以免被"大东亚"的历史梦魇缠绕。我记得沟口雄三先生倡导亚洲话题的讨论时，曾经使用过"东亚共同"的范畴，而略去了"体"的字样。在东北亚地区，我们可以看到中国王朝的连绵谱系，以及错综纠葛的"朝贡—册封"体系，但与欧洲罗马帝国的模式十分不同。在亚洲地区，所谓文化边界和政治边界的统一的概念几乎是不存在的。即便在中国王朝内部，我们也很难以文化边界与政治边界的重叠作为衡量统一王朝的尺度。滨下武志教授在经济史领域的研究启发了一些在其他领域工作的学者，他们试图用网络的观念与共同体的观念相对照，以凸出亚洲区域的文化多样性，以及由此派生出的"政治—经济"联系的不同模式。所谓不同模式，自然是相对于欧洲一体化进程而言的。

"跨体系社会"与区域网络多头发展的潜力

《21 世纪经济报道》：您刚在大连的达沃斯论坛上简略讨论过东亚内部的共同性和差异性问题，能否就这一问题展开说一下？

汪晖：东亚尤其东北亚地区的共同点本身还是很值得探究的。存在共同点，存在共同的需求，并不是说要把所有的领域都组织到一个共同体里面去，而是要建立一个共同的、共享的空间，让不同的东西可以在共同的空间中来展示。现在重提朝贡网络，并非要重建朝贡体制，而是借此思考怎样的联系模式、怎样的空间可以让不同的东西相互连接，却又不取消差异性和多样性。即便在同一个平台上活动，也允许参与其中的主体对于这一空间及其活动有不同的解释。我曾用"跨体系社会"来描述中国，用"跨社会体系"描述亚洲区域的历史联系。说中国是一个"跨体系社会"，是说其中有很多不同的体系，如族群、宗教、语言及地理区域等等，但它也是"一个社会"。反过来，我们也可以说东亚地区是一个"跨社会体系"，其中有好多个社会，韩国社会、中国社会、日本社会，但又共享了很多东西，可以视为一个体系、一个文明。这个体系的结构性不那么强，是由很多历史传统和现实联系连接起来的，也与其他的区域及其文化相互渗透和联系。在 20 世纪之前，一般对朝贡体系的论述以中国为中心，从明清以降的历史来看，这是有理由的，可是在这个体系中，有多重的体系和错综复杂的纠葛，并不都是以中国为中心的。无论在沿海区域，还是在内陆亚洲，都存在双重或多重朝贡关系。从历史的角度看，中国社会本身不也是一个"跨社会体系"吗？着眼于未来，亚洲区域不也可以成为一个"跨体系社会"吗？

讨论亚洲区域或东亚区域的问题，不可能绕过 19 世纪和 20 世纪出现的新传统。这个新传统重构了原有的区域关系，其中有两个主要的历史动力，一是殖民主义，一是民族革命。两者致力于不同的现代化目标，即以殖民主义的"中心—边缘"的依附关系为杠杆的经济体系和以民族独立为前提的国民经济体系，两者都致力于工业化的目标，但两者是对立的政治进程。殖民主义通过不平等条约的签订，将亚洲地区的传统王朝转化为国际体系当中的主权单位，但这里的主权概念是殖民主义条件下的主权概念，条约的目标是建立依附性的体制。但是，主权概念又与民族革命的目标发生了某种重叠的关系，即中国、印度、尼泊尔、缅甸、朝鲜、越南等被压迫民族也是诉诸主权和独立的概念争取民族的解放。政治平等的概念与国家及主权范畴始终存在着关系。因此，尽管人们会从朝贡网络的历史中寻求形成新的区域关系的灵感，但无论在历史叙述上，还是在现实政治中，都不可能绕过20世纪的新传统而简单地回到朝贡网络模式。在中国以外的地方，提及朝贡概念，即便加以限制性的使用，也常常引发有关中国霸权的联想。这反过来提醒我们，不管人们如何批评民族主义，主权概念已经内化成为自我意识，并成为历史叙述的元叙述。主权是与平等的概念、尊严的政治密切相关的范畴。一方面强调有共同空间的网络，但另一方面又不可能绕过与新的主权观直接相关的平等和尊严的概念来论述相互关系，否则就会引起矛盾和误解。这是一个现实。

主权概念在今天面临的新挑战主要来自全球化和区域化。首先是全球化的深化。今天带有单一区域色彩的计划难以完整实现，想建立一个和别的区域没有关系的自己的区域，已经不太可能。另一方面，全球经济危机和不稳定又同时鼓励区域化，这是双重的趋势。区域化并没有终结，值得注意的是，区域化的方式是多样的。在中日之间存在所谓"政冷经热"的现象，现在政治上的对立和潜在的军事对抗已经影响到经济关系，表示"政冷经热"难以持续。但全球化带来的区域化需求又很高，在政治僵局不能突破的条件下，存在着其他的区域化构想吗？

最近谈得很多的自贸区是一种形式，它与20世纪90年代设想的以国家为中心的区域化是有区别的。现在上海自贸区已经揭牌，此外还有重庆、大连等地的自贸区试验和动议。上海自贸区是由城市来建立区域性的经济联系，而不完全以国家间关系为中轴。当然，没有国家的前提和中央政府的支持，自贸区的实践是不可能的。现在中国在东北地区与俄罗斯，在广西壮族自治区、云南省与东南亚，在新疆维吾尔自治区与中亚地区等等，都已经有区域性的贸易网络，而且以后都有可能建立自贸区。现在经济一体化的要求很高，中国目前的首要任务是促进内需和内向型发展，但另一方面区域化进程不可能终止，而且速度会越来越快。如果将这些区域化过程与上海合作组织这一以国家为中心的体制做比较，我们可以清晰看到区域化过程的不同形态。但无论哪一种形态，都没有形成欧洲共同体的模式，并没有出现以区域为单位建立统一的政治结构的问题，从而也不存在围绕所谓政治边界与文化边界的统一而产生的种种争议（如欧洲的土耳其问题）。当然，这种低水平但更灵活的统合关系显示了一种不同于欧洲的区域化模式，也凸显了国家和主权范畴在亚洲地区的分量。

强调互相尊重、平等相待，意味着尊重20世纪的历史遗产。但在经济一体化和政治文化的共通性的基础上，考虑区域构架的形成，也不可避免地去考虑朝贡体系的历史传统，其要点就是如何形成一种由灵活纽带连接的、未必同一化的共同空间。这种共同空间当然有其实体形式，但未必需要建立欧盟式的国家体制。目前看来，最有意思的就是前面提及的区域网络的多头发展。上海合作组织是国家间网络中非常成功的案例，上海自贸区及重庆等其他区域网络，则是以城市和区域为中心形成的网络。不同方向的区域网络之间没有立即的联系，但这种多头区域化非常值得注意。在多头区域化的过程中，中国的角色也是多元的，既是中亚条约体系的一部分，又是东南亚体系的一部分，也是东北亚体系的一部分，其中纵横交错着各种复杂的区域联系。这种联系的多重性如何变成一个协调性的网络，这种多重身份到底蕴含着怎样的政治可能性，无论对于国家的内部关系，或是对于区域及国际关系，都是值得思考的问题。

东亚需要解决危机的协调架构

《21 世纪经济报道》：现在东北亚地区政治危机的解决，看起来非常棘手。

汪晖：现在东亚区域的政治危机日趋严重。中日之间、韩日之间，矛盾趋于尖锐化。从东亚来看，首先是中日关系问题，因为它涉及第二、第三大经济体之间的关系，影响非同一般。日本不是核武国家，却有能力转换为核武国家，且军事潜力很大，这两个国家如果发生大规模冲突，对全世界的冲击会很大。因此，如何促进中日关系的改善，是重大的问题。中韩在经济、政治和文化关系上都较平稳，但我最近两次访问韩国，感觉到韩国媒体对中国的担忧——夸大一点说，是"中国威胁论"——也在加深。区域内的不协调有两个主要原因：一个是中国的崛起不可避免地修改原有的区域关系，另一个是美国始终是战后东亚区域的内在要素，所有的变动和矛盾背后都存在着中美间、日美间、韩美间的关系及其平衡。换句话说，这一区域内的矛盾和冲突涉及世界前三大经济体。韩国的排名在前 15 位，但同时也是世界第七大出口国和第九大进口国。

讨论东亚问题，需要思考有没有可能形成一个区域构架来解决现在的危机。过去的国际法和国际体系是在殖民主义历史中形成的，中国从来没有真正参与这些规则的制定，因而解决区域危机既需要在既定框架下博弈，又需要对既定框架进行修订和改革，使其更加公平和符合多方利益。但无论是前者还是后者，都需要一定的机制。东亚区域有没有可能找到一个协调的构架？东北亚区域要实现和解，形成更加有效的协调机制，它运作的方向到底是什么，是要往欧盟方向发展，还是要向东盟方向发展，还是要向一个什么样的构架去发展？这一点各方都不很清楚。目标不清晰会带来很多的问题。

以朝鲜半岛的停战体制及朝鲜核问题为例，这是讨论东北亚问题时不可回避的问题。除了围绕核问题的六方会谈，东北亚的学术对话和经济交往很少涉及朝鲜问题。从历史根源上说，这个地区的核问题并不是由朝鲜开始的，而是从美国在战后介入这个地区时开始的，无论是第一次使用原子弹，还是最初核武器进入这个区域，全都是美国带来的，这个问题从20世纪50年代至今没有消失，但由于霸权构造，它却始终不能成为讨论和谈判的话题。朝鲜半岛不是一个和平体制，而是一个分隔朝鲜民族的停战体制。怎样从停战体制向区域和平转化，是朝鲜半岛的首要问题。

从根源上说，讨论东亚区域化的目标，离不开对美国在这个地区的角色和存在方式的分析。战后美国霸权渗透在东亚区域之内，两岸问题迟迟不能解决、中日冲突、朝鲜半岛的分割，美国霸权的存在都是关键原因。美国有它的经济利益，可以继续充当推动经济一体化的力量，但美国不能够总是以霸权的形式存在于这个区域。东亚的区域化并不等同于要求美国退出，中国或者任何一个力量也从来没有要求美国脱离亚太。但美国在亚太的存在模式必须改变。美国没有理由用军事力量威慑其他国家，分割这个地区。伴随区域经济的成长，美国没有能力也没有权力充当东北亚的警察。

日本与韩国的政治体制在很大程度上是战后体制或停战体制的产物，美国的军事保护和政治干预是历史前提。我们可以说，美国霸权是日本和韩国政治社会体制的内在部分。在20世纪90年代，韩国、日本先后提出亚洲或东北亚的区域化问题，都包含着"去美国化"的动机。今天美国所谓"重返亚太"，固然是针对中国的一种战略平衡，但从长远来看，也是要遏制韩国与日本的"去美"倾向，控制这些国家的政治经济体制不要向"去美国化"的区域化方向发展。对于日本来说，最大的挑战在于，伴随美国霸权的衰落，或者至少不再能以今天的模式存在，一个"后美国的日本"如何从战后体制过渡到一个新的和平体制，而不是通过修宪以重回军事化路径。为了促进日本的这一转变，东亚地区，尤其是中国，应该采取怎样的区域政策，是一个值得深入探究的课题。

亚洲合作需要有感召力的政治

《21世纪经济报道》：现在中韩关系相对良好的发展，是否会对日本有某种推动或制约？

汪晖：现在亚洲地区不同程度地弥漫着"中国威胁论"。中国在意识形态上的缺失也有其国际后果，即中国的自我论述如"和平崛起"难以在国际舆论中产生实质的影响。一个国家兴起时，怎样才能既做到自信，又尽可能地消除疑虑，确实不是一件容易的事。因此，避免新的亚洲一体化进程变成遏制中国的进程，是一个现实的问题。日本右翼希望推进一个"去中国化"的亚洲共同体，而不是"去美国化"的亚洲共同体。在讨论亚洲问题的时候，必须把美国及其战后的角色重新放进来。

现在不仅需要推进亚洲国家之间的合作，而且要有多重论述。现在网络上有很多合纵连横的战略家，却看不到真正有感召力的政治。万隆会议是有感召力的政治，日内瓦会谈是有感召力的政治，因为它们基于对所处时代的基本问题的分析，提出了能够促进亚非国家团结的议程。那个时代的政治思考除了涉及帝国主义与被压迫民族及国际关系问题外，也包含了对每一个社会内部的不同力量及其相互关系的分析。政治的展开并不仅仅是在国家之间，也可以深入任何一个社会的内部关系之中。如果只是以民族国家作为边界来界定敌我关系，那么政治就凝固为国家间的斗争了。今天日本社会的右翼化日益严重，但日本社会内的进步力量也在进行令人肃然起敬的斗争。我们自己的社会也同样存在着分化。政治的展开总是需要进入一个社会内部去区分不同的态势和力量，寻求新的团结，进而明确新的目标。这也是我反复提及的重新政治化的目标。

02 和平体制建构失败的原因

——对话布鲁斯·卡明斯、和田春树、朴明林

2013 年 8 月 28 日，汪晖教授与美国芝加哥大学教授布鲁斯·卡明斯（Bruce Cumings）、日本东京大学荣休教授和田春树（Wada Haruki）、韩国延世大学教授朴明林（Park Myung-lim）在首尔孔德洞韩民族日报社，就如何看待朝鲜战争停战 60 周年的意义交换意见。

为什么停战体制持续了 60 年

朴明林：今年已经是朝鲜战争停战 60 周年了，就让我们从为什么停战体制延续了 60 年这个问题开始吧。

卡明斯：恐怕任何参加了朝鲜战争的人都没有预料到，今天这种动荡情况会走向长期化。最为根本的原因是，参加战争的所有阵营，都未曾接受或协商说，战争的结果即是休战。停战一年后的 1954 年，根据停战协定，在日内瓦召开了和平会议。军事对峙虽然根据停战协定停止了，但冲突并未终结。正因为朝鲜战争以这种非战非和、极为特殊的方式中断，所以 1953 年形成的体制直到 60

年后的今天仍在不断强化。

和田：朝鲜战争是第二次世界大战结束、冷战开启以来，在东亚地区发生的第二场新的亚洲战争。第一场战争是中国的内战。帝国主义解体后，在东亚兴起了以共产主义势力构建民族国家的大潮。中国的内战，美国并未介入。然而朝鲜战争，中国和美国都介入了。后来朝鲜战争虽然停止，但美国并没有接受其已经终结。第三场战争则是越南战争。1975 年越战结束前，中美关系缓和，在这种情况下，中美相互承认。那么朝鲜战争在某种意义上，可以说是结束了。当这一趋势持续发展，东亚的朝鲜战争则转移到了另外的舞台继续。1953 年的停战，并不是和平。

卡明斯：是的。美国在 1954 年日内瓦会议上并无协商，因为在东亚其他地区，共产主义战争仍在持续。这并不是单纯针对朝鲜、中国和越南的，而是针对所有国家的。这一态势在 1954 年，胡志明领导的独立同盟在奠边府打败法国之后，就很明显了。美国替代法国介入了越南战争。

汪晖：由于中苏冲突及随后而来的中美、中日关系的转型，中国大陆与中国台湾之间交往的深化，东亚的冷战格局发生了重大变化。在苏联解体后，伴随中国改革的发展和东亚区域一体化的进程，这一区域的总体状态是趋向缓和的。但实际上冷战在东亚从未结束。我这里所说的冷战，是冷战时代所存在的一种特殊秩序。比如我们可以看核威胁问题。在朝鲜半岛，核威胁是十分常见的。这个问题不仅仅存在于朝鲜半岛，也存在于美国对两岸关系上的介入。美国不但介入朝鲜半岛，介入中国台湾，在东亚所有地方都介入。美国在这一地区不但不愿后退，而且经常以"重返"的姿态将介入常态化。除了直接的军事存在，它也想在这儿卖武器，这一政策持续至今。我认为直到今天，这一地区一直处于冷战状态变化不大的半战争状态。为什么半岛无核化问题如此困难？这一历史前提不能在讨论中忽略。

朝美关系和 G2 体制

朴明林：从国际关系角度看，美国一般都会在战争结束一个世代内，和敌对国家实现关系正常化。甚至对待战犯国家，都能马上签订和平条约，恢复正常外交关系。对苏联、联邦德国、日本、民主德国、中国、越南，都是如此。但是，美国唯独在（朝鲜战争结束）60 年后，都没有和朝鲜签订和约或者建立正常外交关系。这一全世界的特例，就是朝鲜半岛停战体制和东亚冷战持续的核心症结。这恐怕是和平体制构建失败的最主要原因。

卡明斯：朝鲜战争结束后，在至少 30 年里，美国必须支持韩国。因此，改善和朝鲜的关系，就是把和朝鲜处于敌对关系的韩国陷入险境。但是冷战结束、苏联解体，情况发生了改变。美国此时有了新的想法，觉得朝鲜也将很快崩溃，是否还有必要一定改善和朝鲜的关系呢？可是现在已经没有特别的借口来拒绝关系正常化了。朝鲜战争已经过去很长时间，美国在朝鲜既没有大使馆，又没有影响力。虽然我认为美国必须立即实现和朝鲜关系正常化，但现在奥巴马政府对朝鲜并无特别关注。美国现在全部注意力都陷在中东问题上。外交是和你不熟悉的陌生事务打交道。但不幸的是，1945 年以后，美国是惩罚性地使用外交：我们不喜欢你们，所以不能和你们建交。我认为这是一种自我毁灭性的政策。

和田：我所说的新型亚洲战争，随着 1975 年越战的结束而终结了。美国失败了。当然，朝鲜战争和越南战争性质不同。但我认为美国既然可以反省越战，也就应该转变对朝鲜战争的态度，也能够改变和朝鲜的关系。美国预见到在越南的失败，想消除战败带来的不光彩印象，于是付诸了行动：尼克松（Richard M. Nixon）1972年访华，同中国政府和解。朝鲜期待的是，既然美国可以和中国和解，难道不会和自己和解吗？金日成（Kim IL-sung）说"尼克松举着白旗去北京"，就反映了这种想法。但是尼克松完全没有和朝鲜和解的念头。美国虽然在越战中失败了，可从中什么都没有学到。

汪晖：假如美国开始和朝鲜进行真正的和平协商，美军就没有正当理由驻扎韩国了。美国要维持在本地区的军事地位，这至少是朝鲜半岛问题得不到解决的最重要原因之一。很多人比较美国的朝鲜半岛政策和德国政策。不过，德国能够统一，主要并非得益于美国，而是得益于苏联改变其政策。在东亚，美国期望中国出现根本性变化，希望朝鲜屈服。中国的确正在发生巨大变化，但并不是以美国期待的方式。朝鲜也是一样。所以，所有结构都堵塞僵持在这里。有很多人说，在朝鲜半岛问题上，中国的作用正日益重要，但事实证明并非如此。

朴明林：现在的世界不是中美两国集团（G2）吗？何况，美国和中国是解决东亚和朝鲜半岛问题的关键国家。中国提出的"负责任大国"论，也体现了这层意思。在中、日、俄长期对韩政策及区域内相互竞争、南北敌对状况的背景下，驻韩美军撤离绝非易事。冷战时代，驻韩美军执行着防卫北方对南攻击，和阻止南方对北攻击的双重任务。另一个相关借口是，驻韩美军是对日本独自强化其军备的牵制。

汪晖：我们经常听到这样的说法，说中国崛起将改变一切。但从军事层面看中国不可能是G2，中国甚至连八国集团（G8）国家都不是呢。中国在自己领土以外有没有派遣了哪怕一名士兵呢？中国对韩国构成军事威胁了吗？中国在国外一个军事基地都没有，再小的军事威胁都没有。

卡明斯：美国在朝鲜半岛和东亚从没有退出过。美国在关岛、韩国和日本的冲绳维持着军事基地。过去十年内，美国接手了苏联在阿富汗和吉尔吉斯斯坦的军事基地，还在巴基斯坦有秘密基地。美国还改善了和长期敌对的缅甸的关系。大部分美国人把美国去外国设军事基地当作理所当然的事情。我对这种情况不想做过多的辩解。

南北关系及朝鲜半岛内部

朴明林：现在我们来看看朝鲜半岛内部。今年春天，世界舆论都在争相报道第二次朝鲜战争爆发的危险性。朝鲜问题引发东亚和世界范围内战争威胁和冲突的恶化，每当此时，我在世人面前都无法掩藏我的羞愧。同样，谈到对北政策，我也对韩国缺乏一贯性、保守和进步激烈对决的样子感到羞愧。

卡明斯："金大中—卢武铉"政府时期，韩国内部执行的是持续强化关系的政策。开展了开城工业园区、金刚山旅游这样的大型建设性项目。我个人当时认为，这个潮流是不可能逆转的。但是美国方面布什政府上台，韩国方面李明博政权掌权，对朝鲜来说发生了非常意外的状况。对朝鲜来说，就好像美国和韩国的大门关闭了。这种情况下，又发生了天安舰沉没这样的大事。究其实质，是美国和韩国以政治理由阻断了和解进程。美国和韩国的政策挑起事端，朝鲜的反应又让事情进一步升级。而最根本的原因是，不希望向前走的首尔和华盛顿靠政治来做决策。它们不想要和解，而是想靠压迫朝鲜来使其崩溃。

和田：在"金大中—卢武铉"时代，大部分韩国人觉得，韩国再也不会发生战争了。很多人访问了朝鲜，觉得没有必要害怕朝鲜。但是朝鲜倒要担心被韩国吞并。朝鲜尚未同美、日实现关系正常化，而韩国则已经和中国等国实现了关系正常化。朝鲜为了对付美韩安保而开发核武。可是李明博政府却奉行极不明智的政策。韩国强而朝鲜弱，如何使之平衡、双方能够共同走向未来？这是个极为重要的问题。

汪晖：两周前我首次去平壤时，普通人对金大中（Kim Dae-jung）总统和卢武铉（Roh Moo-hyun）总统抱有非常正面的态度。这是因为他们为改善与朝鲜的关系付出了努力。朝鲜除了有领导人外还有普通民众，他们也有舆论。朝鲜对统一有强烈的热望。所以韩国选择什么样的政策，就会相应有很大变化。在过去数十年中，曾有很多改善关系的机会。可每当周边国家试图改善对朝鲜关系，总会突然出现逆流。2002年我在日本的时候，当时的金正日（Kim Jong-il）国防委员长想要改善对日关系，承认了绑架日本人事件。但当日本首相小泉纯一郎（Koizumi Junichiro）访问朝鲜回国后，以媒体为中心的舆论界则掀起极大的反对声浪。再看美国，克林顿政府时期，想要和朝鲜和解，双方在日内瓦达成和平协议，以美国向朝鲜提供轻水反应堆换取朝鲜冻结宁边的核设施。可是乔治·W. 布什（George W. Bush）总统上台后，推翻了这个协议。为什么这些机会全都失去了？我们不能简单地将所有问题都仅仅归咎于朝鲜。

朴明林：遵守约定和政策一贯性的问题，因为总是出现相互违反的事例，而非简单问题。独裁体制与民主主义的差异，也是一个重要因素。

卡明斯：朝鲜的领导者延续着其领导力，也因此其政策能有一贯性。但美国和韩国是民主体制，选举后政府更替，政策也就改变了。布什政府就改变了克林顿政府的对朝政策，李明博政府也改变了卢武铉政府的政策。我能够理解朝鲜的沮丧，他们会想，我们究竟是在和谁协商呢？

和田：小泉首相2004年第二次访问朝鲜时，金正日国防委员长对他说："我非常失望。我以为民主主义体制下的领导人也会多少有些魄力。"金正日在小泉第一次访问后，以为朝鲜和日本可以在一年之内实现关系正常化。但是小泉首相回到日本后，围绕着绑架问题，产生了一系列难题。小泉首相公开表示："我要改变同朝鲜的非正常关系，要从对立走向友好和合作。"他在出发去平壤前，在羽田机场这样说过，在平壤和金正日委员长会面后也这样说，在回到日本后又这样说。他这样说过三次，但是什么事情都未发生。朝鲜肯定会觉得非常失望。

朝鲜内部的因素

朴明林：现在来谈谈朝鲜内部的因素吧。中国和越南的改革开放取得成功，民主德国也通过自下而上的变革获得成功，相比而言，朝鲜则延续着过去封闭的体制和先军主义。先军主义和朝鲜半岛问题有着尤其密切的关系。

和田：先军主义是朝鲜政策的一种非常体制。[1] 它主要是为了应对外部威胁，是一个军队掌控一切的体制。现实当中，朝鲜通过

1　2019年，朝鲜修改宪法，其中包括删除原宪法中的"先军思想"。——编者注

这个体制克服了过去的危机。现在似乎权力已经再次从军队回到党手中了。

卡明斯：我同意这个意见。

汪晖：另一方面来说，在朝鲜，社会主义议程仍然很重要。现在讨论朝鲜的政治、经济危机很多，但我们仍然必须评价朝鲜人民所取得的成绩。尽管他们还很贫穷，但我在元山参观时，有机会与普通市民有些交流，觉得他们有自己的尊严、欢乐和对生活的看法。在旅途中，也经过一些农庄，非常清洁有序。在平壤可以看到很多施工工地和高楼，目前电力状况也不那么糟糕。在住宅、教育、道路、健康保障等方面，非洲和东南亚国家的体制还没有朝鲜好。朝鲜即使是在完全孤立的最坏的状况下，也维持着这些东西，令人惊讶。当然，并非所有地方都能和平壤一样，但是朝鲜人自己仍觉得很自豪。大部分西方媒体对朝鲜的描述都很负面，这会阻碍人与人之间的日常沟通。如果外部媒体能够缓和其论调，展示对朝鲜的信任，这对改善和朝鲜的关系会有帮助。

卡明斯：刚才这番话听起来和我在 30 年前的 1981 年得到的感受非常相似。我也觉得很难向别人解释我在朝鲜的所见所闻。朝鲜一般人安于普通而平凡的生活水准，但是在朝鲜以外的地方，我很难向别人说明我在这个国家的见闻。

和田：现在的朝鲜已经成功克服了此前的危机，这是由于朝鲜所运行的国家体制是非常强势的集体领导机制。

朝鲜战争的性质

朴明林：今天的对谈是关于朝鲜战争结束 60 周年。我想我们无论如何应当谈谈朝鲜战争的性质。

卡明斯：朝鲜战争的基本性质是场内战。根本而言，我并不认为这场战争起始于 1950 年 6 月 25 日。战争的起源，可以追溯到殖民时代的对立。1945 年解放之后，出现了左右分立的两个政府，战争就已经正式开始了。正因为是内战，我们不应总觉得战争是由某一方的侵略挑起的。当然，朝鲜战争以内战开始，后来因美国和苏联等大国在南北间分别选边站队，而演变成一场国际战争。关于朝鲜战争的性质，我的想法从未改变。

和田：1948 年朝鲜半岛诞生了两个国家，两者都想搞一个统一国家。但统一的手段，除军事外别无他法。所以朝鲜在得到苏联和中国的支持后发动战争，但因为美国的介入而失败了。下一轮战争则是由韩国为了统一全国而推动，它又因为中国的介入而失败了。其中的意义在于，朝鲜战争并非产生于殖民时期或解放后，而是两个政府成立之后，主要由朝鲜发起的政府与政府间的内战。它和一般的、发生在政府和革命军之间的内战很不一样。尽管朝鲜战争是受到冷战巨大影响的内战，但此后它发展成一场东亚的战争。

汪晖：朝鲜战争的第一阶段，是殖民地得到解放后的现象。我同意卡明斯教授的意见，我们必须了解在 1945 年到 1950 年之间发生的事情的具体情况。朝鲜战争作为内战，和中国内战很不一样。1945 年，中国和朝鲜都摆脱了日本的支配，和朝鲜一样，中国那时候也出现了两个政府。美国和苏联作为中国内战的背景存在。但在中国内战中，这两个强权没有直接介入。而朝鲜战争中，冷战的两个轴心国家发生直接的、赤裸裸的激烈对抗。像朝鲜战争这样外部势力直接介入的战争并不多见。

朴明林：我不从内战还是国际战争的角度看朝鲜战争，我也不认为它是由内战发展而来的国际战争。我认为比殖民时代或者

1945 年后更重要的，是 1948 年两个分裂国家的登场。战争的起源和原因、决定过程和主体、开始和爆发、展开、终战过程和战后体制，以及影响……从所有这些方面来看，朝鲜战争是典型的世界市民战争。当时的朝鲜半岛，是个浓缩了世界阵营对决和理念对决的小宇宙，在帝国对帝国、政府对政府、市民对市民、帝国对民族、政府对市民等多重维度中，它是浓缩了世界冲突的前沿哨所。同样，当时的韩国人最为深刻地内化了世界的分裂、世界理念、世界冲突，是最具代表性的世界市民。

朝核问题

朴明林：我们讨论的最后一个主题是朝核问题。在朝鲜战争时期，当然还有战后 60 年里，朝鲜半岛常常伴随着核问题。最近的朝核体制与终战体制相互重叠，使朝鲜半岛问题更难解决。我认为如果朝鲜和美国的关系得不到改善，终战体制无法转化成和平体制，那么朝核问题就不可能解决。

卡明斯：我不认为朝鲜会完全放弃它的核武器。即使朝鲜说自己已经交出了所有的核武器，也没人知道它背后是否还藏着一两件。所以一个可能的解决方法是，限制朝鲜生产更多的核武和导弹，同时给予其补偿。尽管美国和韩国现在并不想这样做，但只有美国试图改善与朝鲜的关系，朝鲜才会同意此建议。我认为对美国政府来说，现在重要的是相互理解和承认现状，并把战争爆发的可能性降到最低。像 2012 年春天那样战争几乎濒临爆发边缘的危急状况决不应该发生。

和田：朝鲜因为无法在常规武器方面和美国及韩国竞争，于是要发展核武。所以，如果不解决其安全保障，是很难阻止其核开发的。若想对朝鲜说"以后不再进行试验，而进行对话"的话，美国必须打开大门，开始六方会谈。能做这个决定的人，是美国总统奥巴马。

汪晖：要让朝鲜弃核是很困难的。假使美国政府不改变政策，朝鲜还会制造更多的核武器。我们可以看看利比亚的例子。利比亚放弃了核武，但结果却是政权垮掉。经历了那场战争之后，怎么还能劝说朝鲜放弃核计划？布什政府把朝鲜列在"无赖"国家名单中，这等于宣告朝鲜是敌人。对敌人，怎么能让其放弃武器？在这样的权力关系中，对手是能够被劝服的吗？

朴明林：你们三个人都很悲观。不过我还没有对朝鲜半岛的非核化放弃希望。韩、朝、美曾经两度达成朝鲜半岛非核化共识，同样在六方会谈中也两度达成合意。朝鲜对南北关系改善曾经设立所谓"三项先决条件"：驻韩美军撤离、废止《国家安全法》(『국가보안법』)、废除国家安全企画部（现在的国家情报院），当时也一并收回了这些先决条件。根据直接参与这一系列会谈并最终说服了朝鲜的经验，我还没有放弃希望。问题的关键在于，我们的渴望、对历史负责的意识、智慧和策略。我们对朝鲜半岛早日树立和平机制的热望是十分恳切的。

（길윤형／整理）

03　暗夜行路

——从"二·二八"到今日台湾的政治生态

2016年4月16日下午，台湾左统派阵营的代表人物之一陈明忠的口述回忆录《无悔：陈明忠回忆录》新书座谈会在三联韬奋书店举行。汪晖教授应邀与会，与陈明忠、吕正惠、蓝博洲、高金素梅展开对话，生活·读书·新知三联书店总编辑翟德芳担任主持人。陈明忠夫人冯守娥、《无悔》整理者李娜、夏潮联合会评议长陈福裕、"台湾原住民部落工作队"执行长张俊杰、"50年代白色恐怖口述历史纪录片工作小组"导演吴佳明出席了座谈。本文根据座谈会实录整理而成。

一

翟德芳：欢迎大家参加今天下午的活动。

首先介绍一下来宾：

陈明忠先生。陈先生是今天活动主题书《无悔：陈明忠回忆录》的主人公，也是作者。可能很多读者没有读过书里的内容，我稍微多介绍几句。陈先生出生于1929年，他的祖先跟随郑成功在明末来到台湾，住在台湾南部的高雄。他出生时是日本统治时期，日本人占领着台湾。他从小一直以为自己是日本人，上了中学以后，由于和日本学生打架，经常受欺负，才知道自己原来是中国人。在台湾"二·二八"时期，他参加了"二·二八"起义，反抗国民党政权的统治。"二·二八"事件以后他加入了共产党组织，国民党1949年败退台湾以后实行白色恐怖，陈先生被捕入狱，在狱中尽管受了很多严刑拷打，但是他没有承认自己的共产党员的身份，因此，逃了一命，但是坐牢十年。

1960年出狱以后，他安家立业，到企业工作，并且最后成为一个大企业的总经理。在这个过程中他仍然不忘探索革命的道理，购买阅读左翼书籍，和很多同志研究马列主义，研究革命的道路，探索社会主义的真理，结果在1976年又被捕入狱，罪名是叛乱罪、颠覆罪——因为要推翻国民党统治。当时要被判处死刑，消息传出以后，在世界上激起了很大的反响，由于外部的压力，国民党当局没有执行死刑。改判15年徒刑，1987年才以保外就医的方式脱离了牢笼，坐牢的地方就是著名的绿岛监狱。在牢里他受了很多非人的刑法，灌辣椒水、牙签往手指头里钉，但是他始终没有背叛自己的信仰，也没有招供他的同志。陈先生出狱之后，大陆正在进行改革开放。他没有放弃自己的追求和探索，在台湾也思考大陆问题，对于大陆的改革开放、社会主义的进展他都非常关心，进行自己的研究，有很多的体会。

他的经历和他的认识都体现在《无悔》这本书里，《无悔》也表明了他对自己过往的经历和他的信仰的态度。我们热烈欢迎陈先生到现场。

下面要介绍的是汪晖先生。汪晖先生是著名的学者，对于台湾问题有深入的研究。

吕正惠先生。吕先生是台湾淡江大学中文系教授，重庆大学客座教授。《无悔》这本书就是由吕先生策划、校订，并在人间出版社出了台湾版。

蓝博洲先生是台湾著名作家，是最早揭露和研究台湾白色恐怖时期历史的作者，已经出了20多部书，主要著作有《幌马车之歌》《台共党人的悲歌》《50年代白色恐怖：台北地区案件调查与研究》《台湾好女人》等。

冯守娥女士是陈先生的夫人。冯女士也是台湾白色恐怖时期的政治犯，和陈先生是难友。他们在出狱之后结为一家。她的哥哥也是陈先生的狱友，在白色恐怖时期遇难，叫冯锦辉。

李娜是《无悔》这本书的编辑、整理者，中国社科院文学所的副研究员。

高金素梅女士。这个名字大家一定很熟悉，曾经是明星，现在是台湾民意代表，代表台湾原住民就靖国神社问题起诉日本政府，激起了很大的社会反响。

陈福裕先生。他现在担任夏潮联合会的评议长，夏潮联合会是一个进步组织，是以促进海峡两岸的交流为主要活动的。他还兼任中华两岸联合发展联合会副主席，是台湾20世纪80年代学运时代中少数坚持左翼统派立场的代表性人物。他也参与了《无悔》一书的很多工作。

张俊杰先生是"台湾原住民部落工作队"的执行长，这是保障台湾少数民族权益的一个组织。

还有吴佳明先生是"50年代白色恐怖口述历史纪录片工作小组"的导演。这是台湾的一个学术组织，主要从事通过口述史复原台湾1950年代白色恐怖历史的工作。

这两位分别是陈先生的女儿陈志平女士和他的女婿陈建仲先生。

来宾就介绍到这儿。下面请吕正惠先生给我们介绍一下《无悔》这本书的成书过程。

吕正惠：我简单地介绍一下《无悔》这本书是怎么编成的。

陈先生在1947年就加入中国共产党在台湾的地下组织"台湾省工作委员会"。他的党龄是从1947年到现在。为了反抗国民党，他坐了两次牢，一共21年。他的太太坐了10年牢。他太太的大哥是被枪杀的共产党员。台湾光复以后，陈先生代表的是支持共产党、反对国民党的那一代爱国分子。那一代人在国民党的白色恐怖政治下差不多被杀光了，只有少部分存活下来。这个过程不但大陆不清楚，台湾也不清楚。所以，我们认识他们以后，一直在问他们可不可以写回忆录，他们说，因为革命失败了，我们的这种经历没有意义，我们就是做事，不值得写。

我们花了九牛二虎之力，怎样也讲不通，所以台湾统派的两大领袖之一林书扬先生没有留下任何回忆。真是没有办法。我们就去说服陈明忠先生，最后他总算被我们说服了。我就说"你口述，我找人录音，逐字改，他和我负责整理，然后你再看，你觉得可以了才出版"。因为我帮陈先生处理过比较短的稿子，他觉得我的处理还可以，所以就相信了我的话。我就开始找人。因为李娜和我很熟，我在找人的过程中就讲给她听。她说吕老师给我做好了，我说"你不懂闽南话啊"。李娜研究台湾，对台湾的历史越来越熟，我说那就做做看。录音的时候，有时我陪李娜在场，有时是蓝博洲和陈福裕陪同，有时都忙，只能让李娜自己去。一共访谈了差不多20次。回来以后她就逐字整理。

整理完了以后，我大致改一下，然后交给陈先生。陈先生做增补，有些认为不对的就删掉；然后再交给李娜，李娜再处理一次，再交给我，再给陈先生看。然后我就开始重新整理，每个月交出几千字，两三年才在报纸上登完。稿子登出来以后，又给陈先生看过一遍，所以陈先生一共看了三遍。陈先生很老实，说"这本书又不是我写的"，我说你不能这样讲。总而言之，这本书去年在台湾出版了，推出以后很受关注，也引起了大陆朋友的注意。我把书送给大陆的朋友，他们看到这本书，说"要出要出"，就和三联书店联系，说你们一定要出这本书。经过一些工作，三联版终于在今年推出了。书的形成过程大概就是这样。

翟德芳：谢谢吕先生。到场的还有高金素梅女士，在台湾她是一位很有名的政治人物，连续担任了几届的台湾"立法委员"，我们叫民意代表。正式对谈之前，请她给我们讲几句。

高金素梅：2003 年我开始从政时认识的第一个团体就是"台湾原住民部落工作队"。那时我刚从演艺圈离开，涉足最复杂的政治圈，还是一张政治白纸。我在成长的过程中，其实对台湾的近代史并不是很了解，与陈明忠先生认识了之后，我才终于清楚知道了历史的重要性，才终于明白我是谁。

《无悔》这本书能够在台湾发行，对于像我们这一代的年轻人特别特别重要。我更开心今天能够在大陆发行。目前两岸的年轻人其实对台湾的近代史都是非常模糊、不太清楚的。所以，我很希望这本书能让两岸的青年人更加了解台湾那一代的历史。

和大家再简单说明一下，我父亲是安徽人，年纪差不多和陈明忠先生一样，他跟随国民党到台湾，是宪兵骑兵部队的，所以与陈先生在台湾的近代史中有非常复杂的交错。当我看到陈先生和冯女士的时候，尤其我了解了他们人生过程的时候，我更加敬佩他们。他们应该算是我政治上的老师和学习的对象。这本书叫《无悔》，我对自己从政的过程也一样无悔。希望这本书能够被大家喜欢。谢谢！

二

翟德芳：谢谢高金素梅女士。下面对谈正式开始。陈先生的普通话闽南口音重一点，请吕先生和蓝博洲先生也坐到前面来，必要的时候可以翻译补充。

吕正惠：我先解释一下陈先生的普通话为什么讲成这个样子，大家就会有一种同情和理解。他本来是讲闽南话的，上学的时候读的是日本人的学校，学的是日语，所以他会讲闽南话和日语。台湾光复后，他要学普通话、学国语的时候，就被抓去关了起来。监牢里面有很多外省的人，全国各省的口音都有，所以他的普通话是在很奇怪的环境里学出来的，声调不准，咬字也不清楚，请大家理解。

陈明忠：我的祖先是和郑成功一起去台湾的，所以我的家乡是在台南。光复以前我是学日语的。中学是高雄中学，那算是高雄县最优秀的学校，一班50个人中台湾人只有10个。学生很多是城里人，像我这种乡下人很少很少，所以我们班的导师说高雄中学最差的学生就是陈明忠。我小学时代以为自己是日本人，希望将来当日军上将，骑白马，威风凛凛的。但这个希望到了高雄中学完全颠覆了。我被人欺负，动不动就挨打。他们说我态度不好，什么地方不好我也搞不清楚，他想打你就打你。有一次，和日本人打架我打赢了，可是教室前后门都关上了，十几个人围起来打我一个人。最后他们讲了一句话，你和日本人打架可以，但不许打赢。这对我来说是非常大的冲击，我原本以为我是日本人，所以想当日军上将。和日本人打架但是不能打赢，让我开始慢慢了解到我原来不是日本人，我是"二等国民"。

在高雄中学的时候，我第一年考得不大好，我平时在家里讲闽南话，听得懂日语，但讲不好。家里有钱，我可以买日文杂志，可以读，也可以写，讲就很差劲了。可是第二年考得就比较好了。高雄中学的考试，笔试日语、化学、英语，满分 100 分，但是体育，比如柔道、剑道这些东西不需要笔试，满分 200 分。如果笔试的话，第一名、第二名、第三名一定都是台湾人，但加上体育，台湾人就靠后了。当时在台湾各地，第一中学都是日本人的学校，第二中学是台湾人的学校，私立学校很少。在高雄，因为日本人没有那么多，没有办法成立第一中学、第二中学，就只有一所高雄中学。在这种情况下，按照笔试第一名、第二名、第三名都是台湾人，对日本人来说不好看。

而且后来我慢慢才知道，原来考中学的时候用的都是小学校的题目。

吕正惠：小学校是日本人读的，公学校是台湾人读的，考试的题目来自小学校的课本。

陈明忠：这样我才慢慢知道自己不是日本人，是拥有几千年光荣历史的中国人，所以我把我们的祖国美化，我是伟大的中华民族的一分子。日本投降了，我们是很高兴地回到祖国的怀抱了，结果人家没有把我们当成同胞。光复的时候，我还在部队里当兵，16岁。当兵的时候经常挨打。战争期间，为训练对抗美国坦克，在路的旁边挖了一些洞，人躲在那里，坦克车来的时候，就用竹竿挑着炸药包冲出去，刺向坦克车，然后卧倒。有一天我忽然想，只有一个竹竿的距离，一爆炸我就死掉了，卧倒就多余了。我用老实话讲出来了，被打得一个礼拜爬不起来。我气不过跑出去，被宪兵队抓起来，本来应该军法处置，但因为会对队长有影响，所以只把我关了起来。

后来日本投降了。有一次，我看到十字路口有一二十个人围着一个人，那个人教大家唱当时的中国国歌（"三民主义，吾党所宗……"），免费教国语。我说怎么没有听过这件事情，问他们，他们说两三年前就知道日本会输，所以他们学习国语。我很惭愧，赶快学习。

两年以后"二·二八"事件发生，"二·二八"最后一仗是在埔里，我在那边当突击队队长。学国语那些人，本来很欢迎国民党，发生了"二·二八"事件以后，他们很反对国民党。他们都是中学生，在那时候的台湾算是有文化的。又过了三年，白色恐怖时期，教国语学国语的那些人，"二·二八"事件打仗的那些人，一个一个都被拉出去枪毙了。他们出去的时候大喊"中国共产党万岁"。我当时就想，你们走的路我一定要跟着走，我不会违背我自己的良心。

（陈明忠先生拿出他随身携带的白色恐怖时期就义的共产党员的照片。）

吕正惠：这是他的大舅子绑着出去被枪毙的时候。这是吴世安。

陈明忠：他们死的时候是笑着死的，因为他们知道：现在我们死了，但最后的胜利是属于我们的。他们是心甘情愿死的，慷慨就义。

吕正惠：因为他们被枪毙的时候中华人民共和国已经成立了。

陈明忠：所以从那个时候开始一直到现在八十几岁，我基本上没有违背他们。我说我要跟着你们走，跟着你们照亮的路走，我一直是这样走过来的。就讲到这里。

三

汪晖：非常高兴，也很荣幸和陈老坐在一块儿谈论一些问题。我对台湾没有真正的研究，我也是读陈老的书，读蓝博洲的书，向吕先生他们学习，才开始重新弥合被历史拉开的很大的一个鸿沟。这个鸿沟在我们这儿也是很深的——我们可以人在一起，但是有记忆的鸿沟。

刚才陈先生说了他自己的一些经历，这本书在台湾出版以后我读过一部分，昨天晚上读到3点多钟读完。重新读了一遍，非常感动。因为这本书就像一位活的20世纪的见证人，是一座活的纪念碑。20世纪最重要的事件铭刻在陈老的身体里面、他的故事里面。不但如此，在今天这个时代里，最难得的一点，就像书的标题一样，那份态度是用"无悔"来表达的。在我看来，《无悔》就是用陈老自己在20世纪的经验，构成了一个看待那段历史的内在于那段历史的视角，而且还从那个视角来审视我们今天的时代。这是一代人的证词，也是一代人告诉我们、要传承给我们的活的经验。

我特别要说到内在于他自己的历史经验的视角，是因为过去的故事，我们在各种各样的博物馆、档案馆里都能看到一些，但是把这样的经验变成理解这个时代的活的方法，而且坚守这个视角的人少之又少，我们几乎很难看到。

我们在中国大陆看到了不知多少人的变化，与陈老这一代的人也发生了很多的分化。分化是不可避免的。关于20世纪的视角同代人里面本来也有多样性，刚才高金女士说到了她父亲这一代人，其中是有不同视角的。在陈先生的视角里，他对自己的信念始终是无悔的，这是从他自己的经验表达的无悔的忠诚中看这个世界的态度，这个态度在今天很难看到。我在别的地方很难找到同样的理解这段历史的态度。这是我的第一个感觉。

第二个感觉，就是因为他带着这样的视角，所以尽管很多的语词从 20 世纪 80 年代开始在大陆逐渐地消失了，但在他这儿仍然是活的，是看待这个世界的活的方法，是基本的概念。

我讲两点。刚才陈先生说到他年轻时候的经验，他作为殖民地的子民，误认为自己与日本人有同样的人的尊严，这个尊严受到了屈辱，从这儿开始了他的第一次觉醒。他讲的这个经验其实有一定的普遍性，我想到鲁迅在著名的散文《藤野先生》里写到他留学日本，考试后从同学和别人的眼光里看到的蔑视。这是殖民世界中必然会有的等级制和等级制的世界。作为一个平等的人的尊严，这一点是陈先生整个思考的起点，也贯穿了他一生的思考。不能屈从于任何一个这样的世界，不论这个世界要把人以什么方式划分为三六九等，这是他的一个基本的坚守。

在他讲的一个普通的故事中，我也听到了类似于像鲁迅这一代人所感受到的经验，殖民地的经验，帝国主义的经验。关于对帝国主义世界的看法，在这个世界里面也是变化的。我们都知道在 1980 年代末的时候，中国很有影响的一位年轻的知识分子说中国现代化这么困难，主要的原因就是没有足够的"殖民地"经验，要是中国有 300 年的"殖民地"经验，中国就有救了。这是与陈先生从殖民地内部看到的那个世界截然对立的历史观，但这个历史观在中国大陆过去的几十年当中以不同的样式不断地影响我们对这个世界的认识。所以，陈先生这座纪念碑作为历史证词在任何一个意义上都没有过时。

在阅读这本书的时候我还有另外一个感觉。第一次最早读到吕先生对陈先生的访谈时，对他们访谈中提到的一个问题，我也挺有感觉，我大概知道这个问题是从哪里来的，大陆年轻的一代也会问出这样的问题。这个问题是，对于祖国的信念，一个爱国的民族主义的信念，和走向左翼之间是什么样的关系？尤其是在当代世界，由于失去了帝国主义和殖民主义这样基本的历史范畴，民族主义似乎只是一个无法分析的、不能加以区分的空洞政治范畴，它不断地被批评，但是它的历史内涵被消解掉了。

读《无悔》的时候，从陈先生的讨论里能够感觉到帝国主义世界内部的不平等，是和阶级的关系关联在一起的。也就是说，民族问题与阶级问题之间存在着内在的勾连，这个勾连是由帝国主义这样的一个独特的、在那个时代形成的世界现象造成的。所以，对于陈先生来讲那个过程是自然的，但后代的人看起来好像很难理解，不太明白原因。陈先生的回忆是活的证词，让我们理解一个时代的反叛是怎样把不同的力量综合到一个潮流里面的。

刚才陈先生讲的几句话，我听到的时候非常感动，也慨叹。他说光复的时候那些唱着《三民主义歌》的人，是同样在"二·二八"时代拿起枪来反抗国民党暴政的那些人，也是在白色恐怖中被杀头的那些人。他们的残存者应该就是后来陈映真那代人、吕先生那代人的同代人，他们看起来是如此地不同，各自的表述也是不一样的，但他们是同一代人。这是20世纪非常独特的历史经验，这个内在的经验也成了陈先生思考当代问题的一个契机。

我看到了书中的照片，也看到陈先生后来与马英九先生的对话，包括促成连战访问大陆寻求两岸和解的过程，这个和解不是一般意义的"你好、我好、大家好"，不是消弭所有政治分歧，而是从惨痛的历史境遇里走出来的促进和解，而这个视角也让我觉得非常难得。因为在今天的世界里到底怎么促成和解，到底怎么促成中华民族的统一与和平，是个政治问题。这个政治问题需要回到 20 世纪的经验里来思考，不是要消弭掉，而是要重新解释和理解，使它变成解决我们今天问题的一个视角。所以从陈先生这个内在于 20 世纪中国政治经验的视角所看到的中华民族的经验，和今天中国大陆所讨论的以往民国的经验，是完全不一样的经验。恰恰是陈先生这样的经验，更有利于我们中华民族的未来。

还有一点让我特别感动。在这部书的后半部分，包括作为附录的访谈里，他谈到了对大陆的看法。怎么解释中国大陆今天的变迁，在中国的知识界、中国大陆的各个领域都发生了激烈的讨论。对陈先生的看法，在台湾、在大陆恐怕都会有不同的意见，但是陈先生这个看法值得我们珍视，因为它凝聚了 20 世纪最惨痛的历史经验，这是我们真正要记住的一点。如何判断今天中国大陆的成就和面临的非常严峻的危机和挑战，都需要回到这个历史经验中去看待。有意思的是他有一段话，评价了改革前后中国大陆的抉择。这些话在大陆大概也会引起很多的争论。他一直追溯到毛泽东和刘少奇思想上的分歧、邓小平和毛泽东不同的出发点。关于这个问题仍然会有不同的解释，但是有一点，这是内在于 20 世纪的，就好像毛泽东、周恩来或者刘少奇，或者其他人探索中国道路的时候所产生的路线和意见的分歧，那是促进历史前进、寻找我们自己社会未来的一个内在的视角，不是一个站在外面轻率地给予肯定和否定的视角，而是从里面去想转折的要点在什么地方。这样一个方法论的视野，对我们来说，对即便是从事这一段历史研究的人来说，也是非常重要的，因为没有这样的视野，我们就可能走到另外一个世界里，那个世界离我们的初衷是非常遥远的。

也是因为陈先生非常独特的经验，我读的时候特别有印象，所以希望听到陈先生更多的讲述，也给在座的大陆读者一些理解。

第一，"二·二八"问题过去这几十年来反复地讨论，在大陆大家也都知道"二·二八"，但是对于"二·二八"和白色恐怖之间的关系实际上是不清楚的。台湾的朋友，比如蓝博洲先生也曾经告诉我，在台湾，这个问题也经常被有意识地模糊起来。我们会问，在历史事件当中有联系但是有区分的事件，把它模糊起来的政治的功能到底是什么？今天为什么要澄清这个问题？

第二，陈先生在序言里谈到了土地改革的问题。土地改革是20世纪中国革命中的，无论在中国大陆，还是在中国台湾，一个普遍的现象。中国大陆围绕土地改革的争论，这几十年没有停止过——到今天也没有停止，争论基本上都会涉及怎么评价20世纪的这场革命。因为中国社会是一个农业的社会，所以土地改革是革命的中心。台湾地区的土地改革在过去几十年中也的确被看作一个更加温和的、典范性的土地改革，但是陈先生的解说里特别提到了台湾"土改"与美国的关系，尤其是提到了日本、韩国、中国台湾这三个不同的区域在美国的压力下所推进的改革，以及台湾"土改"和此后的"台独"运动之间的关系。也就是说，土地改革，而不是"二·二八"事件，作为"台独"的一个很重要的历史源头这个问题，我也特别希望听到陈先生给我们再做一些解释。

第三个问题，也想听听陈先生如何从台湾的视角——其实他的视角并不仅仅是台湾的，我说的是从殖民地、帝国主义和20世纪那个历史视野里来看待中国问题，怎么判断今天中国的历史走向和未来。特别让我感到既有一种振奋，又有一种钦佩的是他的乐观主义精神。尽管我们今天的社会变化很大，但是从历史中产生出的对未来的乐观是不多见的。陈先生经历了这么多磨难后的乐观，让我想起冯女士的哥哥就义时的微笑。对未来的信念和对中国历史大的走势的判断之间好像有一种很有意思的关联，年轻人似乎更难产生出这种由衷的信念和乐观。我说的是某一种革命的乐观主义，这是20世纪中国政治经验里一个非常重要的经验，就是在最困难的时候，在牺牲和挫折当中不断产生的一种乐观主义。这一点我也特别希望陈先生给我们讲一讲。

四

陈明忠："台独"说他们是由"二·二八"来的，好像"二·二八"变成了他们的道德正当性了。参加"二·二八"事件那些人后来全部都参加共产党了，后来在监狱里连共产党的小组长都被枪毙了。我没有承认自己是共产党，所以第一次判了10年。我们一天24小时里面有23小时45分钟在房间里，没什么值得讲。没有事情做，我们就讲"二·二八"事件的时候究竟死了多少人。算下来大概不到1000人，我们得出的结论是这样的。可是现在民进党说有几千、几万人。我有一次到美国去演讲的时候，说死了差不多1000多，好多人不满意。他们说国民党有机关枪。没有错，但机关枪射我们，我们不会躲吗？他们说高雄人被杀了30万，我说我是高雄人，高雄只有15万人，把高雄人统统杀光，然后到其他的地方再招15万人来杀光吗？所以他们后来问我是不是台湾人，我说我祖先是和郑成功一起过去的，早就是台湾人了。

土地改革的问题。我家里是地主，所以对土地改革的问题比较了解。我为什么走共产党这条路？我在高雄中学的时候知道自己不是日本人以后，又找了一些书来看。当时我读了日本的《三代实录》(『三代實錄』)，书中收录日本明治、大正、昭和时代的许多政治历史事件，没有特别立场，只是报道。书中被捕的日本共产党在法庭上的陈述让我很震撼。有位医生加入共产党，被问到为什么。他说，他家是大地主，她妈妈患了严重的气喘病，他从小立志做医生救病人。一天来了一名年轻的女工，一看就知道染上了肺结核。他告诉女工，肺病是初期的，只要多休息多吃有营养的食物，就会好。两年后，女工又来看病，却恶化为末期，没救了。医生骂她为什么不听话，女工哭着说，她爸爸早就过世，妈妈长期生病，家里还有两个幼小的弟弟，她只能工作多久算多久，好让弟弟长大，哪有时间休息！这位医生说以他的经济条件，就算可以救女工一家人，仍无法救全日本同样需要帮助的家庭，所以他加入共产党。他讲这些话时，整个法庭寂静无声。法官说，他能理解这样的心情，但为什么要参加共产党呢？医生反问，现在有哪一个政党提出解决这种社会问题的纲领呢？因此他认为，参加共产党是唯一的选择。这对我影响很大。所以我对土地改革不会反对，我很希望解放土地给农民。

有一次我回家，家里的佃户说：明忠你回来啦？那个口气像对日本人的口气一样。我忽然想到他把我当成日本人一样，因为那个时候台湾没有工业，地主的土地如果不给农民种，他就没有办法生活，就会饿死。我还是小孩子的时候，人家对我就很好，我都没有怀疑不对，可是后来他和我讲话的那种口气，肯定以为我是"三只脚"。人有两只脚，日本人"四只脚"，台湾人想当日本人，日本人不让他当，所以是"三只脚"。

吕正惠：为什么日本人是"四只脚"，其实是骂日本人是畜生；台湾人是两只脚的；那些帮日本人办事的是"三只脚"，就是走狗的意思。

陈明忠："三只脚"对日本人的态度像奴才一样，他们对台湾人不敬礼，但对日本人敬礼，我很讨厌他们。作为一个人一点尊严都没有，这是很痛苦的，让你跪下就得跪下。后来知道原来好多参加共产党的都是这样来的，参加"二·二八"的人后来都变成了共产党，与"台独"一点关系都没有。"台独"什么时候开始的？1960年左右，土地改革以后才有的，失去土地的那些人成了"台独"。"台独"大部分是台南一中、嘉义中学毕业的，因为那里是台湾最大的农业地区。所以，我开始了解到原来"台独"和"二·二八"没有关系。后来台湾经济开始上来，先代理日本的商品，那些代理的人大多是以前的地主，和日本有关系的。说一句不客气的话，"二·二八"我从头到尾参加的，所以知道"台独"和"二·二八"没有关系，"台独"和土地改革有关系。

吕正惠："二·二八"那些反抗的人加入了地下党，后来都被枪毙了。那些与日本人合作的地主，经济复苏以后他们就开始卖日本的东西，与日本合作，开始赚钱。因为他们的土地被国民党用廉价的价格买去了，所以对国民党比较怀恨。他们都是亲日的，真正抗日的子弟下场都很差。

蓝博洲：刚刚汪晖先生提的问题，陈先生已经讲得很清楚了，再补充说一下。一个是在性质上，"二·二八"发生在1947年，是地方性的官民冲突，就是接收官僚的腐败，加上文化上的一些落差，造成了"二·二八"的官民冲突，又发展成全省性的暴动。经过"二·二八"事件以后，陈先生这一代人从认同白色祖国转而认同红色祖国。"台独"讲"二·二八"是"台独"运动，这是不对的。

再后来就是1949年，在大陆失败的国民党撤退到台湾，为了巩固流亡政权，开始在台湾肃清以共产党地下组织为代表的所有的反对力量。所以1949年8月开始全省性的大逮捕，从1949年12月开始执行枪毙。可是那时候执行枪毙的对象都是大陆来的外省人，不是台湾省籍的人。1950年6月朝鲜战争爆发以后，美国基于反共战略的需要，不得不有条件地支持蒋介石。蒋介石想从鸭绿江反攻大陆，可是美国不让他参战。蒋介石得到美国的支持以后，解放军一时没有办法渡海，所以他开始对台湾本省的政治反对派执行枪决。

本来"二·二八"的历史在陈先生那一代早就翻过去了，他们很清楚，他们那一代已经用实际的革命行动解决了"二·二八"的问题。可是台湾白色恐怖以后因为两岸长期对峙分离，加上台湾长期实施反共戒严令，整个社会处在一种反共、恐共的状态中，所以那一代人，包括地下党的烈士，也不能把他们的历史、他们的故事、他们真实的身份和想法告诉下一代，整个社会都不能谈这件事情，一整代人的历史，甚至更早的抗日历史，都不能谈。所有的抗日分子都被老蒋抓去坐牢，老蒋重用"三只脚"亲日的人，所以整个台湾的价值观就颠倒了。台湾人有所谓的"悲情"，这样的"悲情"就被"台独"分子利用来扭曲历史，说台湾人被外省人迫害，"二·二八"是"台独"运动的开始。今天的台湾人对历史的记忆有一种错乱，被"台独"分子利用为一种政治情怀，每年到"二·二八"，"台独"就举行活动用来强化自己的正当性。

陈明忠：我当过"二·二八"基金会六年多的董事，我也是人权博物馆筹备会筹备委员，所以对白色恐怖比较了解。白色恐怖死了多少人现在还搞不清楚。作为筹备委员公开发表的被捕坐牢的人有8000多个，可是还有8000多个没有解密。现在知道受难的共产党员有1300多个，1949至1953年抓了3万人，其他我们都没有资料，不给我们。按照谢聪敏引用"立法院"的资料，白色恐怖时期因为涉及"匪谍"案件被捕的有14万到15万人，其中大部分是被冤枉的。具体死了多少不知道，应该死了很多。在这十几万人当中，外省人的比例大概是 40% 左右，而当时台湾的外省人比例是 15%。所以，外省人受害的比例相当高。可是"台独"死的只有一个，那个人是自杀。

吕正惠：陈先生出狱以后曾经用他的日文阅读能力阅读了日文的左派书籍，思考了中国的革命历程，进行过很辛苦的写作。我们要读他的稿子，要改他的稿子，知道他的中文写作比讲话还麻烦，但他很辛苦地写了一本《中国走向社会主义道路》。这本书当然并不成熟，因为他没有直接在大陆住过，他只能读日本左派的书籍。他阅读中文很慢，所以这本书不能说很成熟，可是里面有一些想法是值得我们考虑的。

陈明忠：比如说"文化大革命"结束的时候我在台湾坐牢，看到"伤痕文学"，非常痛苦。我们知道被捕了一定会处刑，或者死，或者坐牢，但并不痛苦。在台湾，统派和左派是分开的，赞成统一的人不一定是赞成社会主义的，赞成社会主义的人又不一定赞成统一。大家对大陆的改革开放有不同的理解，好多人对统一不敢公开反对，但是不热心。

（把一段文字交给蓝博洲。）

我最后的结论是我们中国人要有自己的路，不能够走外国的路，像奥林匹克。奥林匹克的比赛项目、比赛的规则都是白人决定的。我们没有他们那么强壮，比如划艇，他们划两下，我们要划三下，要改变一下。我后来看到打乒乓球，西方人打长的，很好看，现在打短的，就站在台子旁边，动作很快，中国人就能赢。打赢了，西方人不高兴，他一定要把台子弄高。规则什么都是人家定的，按照他们的路走我们一定会死掉，所以中国要走自己的路。中国有中国的路，我们要遵照国情，不要听他们的。我参加共产党的时候民主不是现在的民主，我对外国的"普世价值"很怀疑。我在台湾看到没有钱就没有办法选举。这是很糟糕的。我不相信外国的价值观一定比我们的好，我相信遵照中国自己的国情才是对的。

五

汪晖：听陈先生的讲话，激起很多的感觉。一个感觉是他快90岁的人了，可是对当代世界的问题仍然保持着很强的敏感。我刚才说他的敏感性源于他自己的经验，其实他讲的很多非常个人的经验，是有普遍性的。特别是前面有一段他说到出身，他是地主家庭出身，他也说到中国革命中很多的革命者，尤其是知识分子阶层，出身于富裕家庭。不像今天流行的以个人为中心的利益最大化，他们恰恰相反，是背叛了自己出身的阶级来投身这样一个事业。我觉得这才是有"无悔"这个命题的原因，这是对自己的信念的坚持。这是源于对自己出身的背叛来达到为所有人获得平等地位的一个信念。

他刚才提到的第二点我觉得很重要。因为他说到中国革命中有很多的问题，很多的挫折，很多让人辛酸的东西。他提到"文革"后读"伤痕文学"时的感受。当然"伤痕文学"能不能反映这个时代也是一个需要探讨的问题。但是我觉得"无悔"这个命题表现的是另外一个意思，历史进程中的挫折没有改变他的初衷，这是他的"无悔"中很重要的一点。这也有普遍性。

我想起20多年前，大概1991年，我第一次到日本，有一位差不多与陈先生同辈的学者叫丸山升（Maruyama Noboru），是日共，后来被日本共产党开除了。他不断地从中国来思考日本。那是1989年之后。中国刚刚经历了1989年政治风波，全世界的社会主义运动都处在低潮中。那时我第一次到日本，他给了我一本他的书《检证中国社会主义》（『中国社会主义を検証する』）。他认识到历史的曲折和其中的悲剧性，但是认为需要通过认真的检讨来表达对经验的忠诚，这是所谓"无悔"的另外一层意思。

我觉得在今天去理解这个过程时，除了个人的命运之外，需要从更广阔的历史条件来讲。所以，这是为什么陈先生刚才提到今天我们怎么看待中国自己走过的这条道路这个问题，在我看来不仅是独特的，还是具有普遍意义的一个探索。

不久前，我去江西赣州做贫困地区的调研，了解到中国目前的贫困人口有将近9000万时，忽然意识到，一直到今天中国全部的贫困人口有30%集中在革命老区——当年闹革命的地方。所以我们可以知道，那个时代大的社会变动所要争的不是个人利益，而是一个社会普遍的解放。解放的命题也是20世纪一个独特的命题，在很多时候它也被玷污了，但是这个命题的意义也需要给予历史的解释，否则就不能理解一代人为什么会做出他们无悔的选择。所以，我觉得这样的经验对我们今天，尤其是对年轻的一代，包括我们这一代人来说，是非常有教育意义的。

翟德芳：我想简单地总结几句。今日台湾的政治生态在我们今天的理解里好像就是蓝的、绿的，但是我想经过前面各位老师的对谈，大家应该知道，台湾还有一点儿红的。尽管他们的影响现在不那么大，没有成为一个左右政局的力量，但是台湾仍有那么一群人在坚持社会主义、坚持祖国统一。

另外，无论是蓝的、绿的，还是红的，这些都要往前追溯到"二·二八"。"二·二八"本身是一个台湾民众反抗国民党政权的群众斗争，当时是失败了，牺牲也并不是很大。但是国民党到了台湾后，因为"二·二八"之后共产主义在台湾的影响越来越大，许多知识分子和进步青年加入了共产党，为了巩固在台湾的统治，所以国民党实行白色恐怖，把大批的共产党员，尤其是来自大陆的共产党员基本上屠杀干净了。我和陈先生在私下聊天的时候了解到，他是有一个数字的，在台湾被杀死的共产党员大概是 1 万多。这就对整个台湾的政治生态产生了十分深远的影响，以至于台湾除了国民党以外，20 世纪 60 年代已经没有什么其他政治势力了。

国民党在台湾地区搞的土地改革，间接地成了"台独"形成的一个原因，就是因为土地改革分的是大地主的土地。这些人对国民党不满，本来又亲日，所以他们就形成了一个与日本关系更密切的力量，这个力量又被美国利用，形成牵制国民党统治的力量，就是后来的民进党，也就是后来的"台独"。其实台湾的政治光谱中蓝的、绿的都是反共的。民进党为了取得政治正当性，不说自己的起源是土地改革，而说自己在"二·二八"时就是反抗国民党的。所以，从"二·二八"到现在形成了这么一个政治生态。我就做这样一个简单的概括。

04 打破双战结构

——对话蓝博洲

2014 年 9 月 14 日，台湾作家蓝博洲的新书《台共党人的悲歌》新书发布会暨"寻找失落的台湾历史记忆"座谈会在北京台湾会馆举行，汪晖教授应邀与会。本文由"澎湃新闻"据现场发言整理而成。《台共党人的悲歌》一书以台湾共产党领导人张志忠夫妇为主角，描绘了日本殖民统治时期和国民党退守台湾初期怀有信仰的台共党人群像，折射出近代中国历史的一段缩影。

汪晖：祝贺蓝博洲先生这本书在中国大陆出版。几个月前，蓝博洲先生和我的朋友让我来写一个序言，我其实是非常惶恐的，因为台湾去过多次，但是谈不上理解。从甲午战争到两岸格局的形成，中间有日据时期，发生太多的事情了，不仅在台湾、在中国大陆，不仅是在这个区域，而且在全世界的范围内，怎么去把握这段历史，这并不是容易的一件事情。我读蓝博洲先生这本书的时候十分感动，首先感动于当年的革命者，这样献出自己的生命，为了民族的解放完全忘了自己，这种精神在今天实在地说不是那么容易理解的，他们身上的精神，我们应当礼赞，但是要理解为什么那么多人愿意这样做，真正进入他们的思想世界、精神世界、斗争生活，对于今天的人而言，不是那么容易接近和理解的。对我来说，这是一个非常好的学习过程。

第二个感动，是感动于蓝博洲先生的奋斗。从他早期的写作开始，前后将近30年了，一直在努力发掘这样的历史。我在序言里也说过，他似乎用他的写作把自己嵌入历史的现场中，他身上有一种使命感，要连接起先辈的斗争和今天这个时代。这当然不只蓝博洲一个人的故事。他们所做的贡献令人钦佩。由于时代发生重大的变化，就特别需要有人，不仅是叙述，而且还身体力行地让人感觉到历史没有中断。历史没有中断就还能生长出新的东西来，如果中断了再去接，这是非常困难的。由于台湾特殊的历史命运，这种连接传统的努力，是在异常艰难的条件下发生的，我非常钦佩。

第三，读完他的这些书和他的其他著作，有很多感慨。我自己做一点思想史、文学史方面的研究，深知要理解20世纪中国，实在是一件非常难的事情。我们如果看过去二三十年中国的历史研究，会发现研究19世纪，或者更前，大家的兴趣很大，到20世纪的历史，尤其是与革命相关的历史，其实非常困难，不仅是史实方面的问题，而且是逐渐地失去了对这个历史时代的脉络、气质和精神的把握，这个动力越来越稀薄。历史发生变化了，今天两岸关系也发生变化了，因为统一的问题、统独的斗争、敌我的关系，从20世纪中国革命产生出来的变化的敌我关系到今天又发生了很深刻的变化。在这样一个变化的条件下，怎么理解这个历史传统？这不是一件容易的事情，对于中国大陆年轻一代来说，要理解尤为困难。我们怎么发掘和理解20世纪中国革命，和这个时代发生的所有为民族解放、社会解放所发生的斗争，这几代人的命运？从台湾的角度，我觉得蓝博洲先生的工作给了大陆人理解20世纪中国一个契机，重新从一个特殊角度去看待我们自己经历过的历史。今天，我们对整个20世纪中国革命、对于社会主义、对于毛泽东的争论都是巨大的。过去这些年，在大陆流行文化中，"民国热"非常盛行，用这样的语境来阅读蓝博洲的作品，我希望他能够给我们一些震动，让我们重新进入历史中，去理解20世纪中国，乃至理解我们的生存状态。我们老师一辈的学人早已经提出"告别革命"这种说法了。今天不太可能再回到20世纪的革命方式，大概也不大会有人这样去想问题。但如果把这个历史传统否定了，我们现在的中国认同，我们作为现代中国人的基本价值源泉和历史的地基都会被动摇，这是今天中国社会面临的非常巨大的问题。

更不要说，"双战"构造，也就是内战、冷战的构造，在今天并没有完全消失，在很大程度上还会存在，甚至在某种程度上会重新巩固。这个危险是存在的。在这样的意义上，发掘这一段历史，不但是对先烈的纪念和致敬，对于我们重新思考如何在完全不同的条件下突破"双战"构造，也是很大的一个启迪。我特别希望在中国大陆的年轻一代当中，有人来开展这方面的研究。

最后顺便说几句，在中国大陆的历史叙述中，台湾的现代史、台湾的文学，可以说是作为一个独特的门类放在那里研究的。比如我们教中国现代文学，或者教中国现代思想，并未将台湾内置于叙述中，它实际上是中断的。也就是说，当我们叙述中国现代史、中国现代思想史或中国现代文学史的时候，台湾问题是放在另外一个领域，由一些特殊的专家研究，不是在我们的基本的教科书或者是我们教学的基础性的框架中。这种状况必须改变，如果我们不改变，就等同于我们的知识状况服从于"双战"构造的逻辑。我们如果不能找到一个方式在思想上、知识上、情感上来突破内战和冷战造成的隔绝，那对年轻一代人而言，这个机会就更失去了。我们需要有紧迫感。很多台湾朋友有这个紧迫感，但是在中国大陆有紧迫感的人很少，缺少尖锐的问题意识。所以我很高兴蓝博洲这本书能够在大陆出版，我也希望这本书的出版能够带动更多台湾朋友的著作在大陆出版，给我们一个机会，也使得大陆的学者和写作人能够跟上，把这些工作重新接续下去。

蓝博洲：汪晖先生的序和他的发言都是很有启发性的。为什么要在大陆出这样的一本书？我们是把被埋葬的台湾地下党的历史挖掘出来。困难就在这里，台湾也好，大陆也好，台湾地下党的历史或者台湾白色恐怖的历史长期以来都是不能谈的。我1960年出生，1968年上小学，那时候是大陆的"文革"，我们走出家门，跑到操场围墙，"反攻大陆"，到了教室也是这些东西，还要唱歌、升旗，校长的训话还是"反攻大陆"的言论，教室后面也都是反共标语。那时还有一部电视剧，叫《寒流》，里面的共产党好可怕，在我脑海里的印象很深。然后就这样，一年一年的，都是这样的教育。

你说接受这样教育的一代人，他能不反共、他能不恐怖吗？所以我自己1979年在学校任职的时候，整个校园是一片肃杀的。然后过了一个学期才慢慢平常。当时参与党外运动的时候，一直在谣传说，好多年以前，国民党在台湾杀了很多人，刚开始不敢说，我们只听一些年纪大一点的人很隐讳地讲，国民党在台湾杀了很多台湾人。慢慢地才知道，那个符号出来了："二·二八"。

我15岁立志要当小说家。搞文学的人要关心社会，要了解自己土地的历史，所以就试着理解这些传说中的历史，可是真的是找不到答案。我经常想，两岸的问题，身份认同的问题，该怎么看？比如今年所谓"太阳花"的闹剧，怎么让台湾的年轻人希望两岸统一？我觉得很难。用什么来吸引他们？他们是活在一个"反共"社会里的年轻人，他们的祖父母、父母都"反共"，他们不了解就"反共"，他们尤其受这一代人的影响，喝去中国化的奶水长大的，我们这一代老讲"反攻"教育，但我们还是有中国情、中国心的，虽然要"反攻"，但都是中国。但"台独"就是不要长江黄河。他们也不了解共产党，他们怎么知道1949年以前的共产党？他们怎么知道长征的共产党？他们怎么知道1921年的共产党？他们完全不知道。

那怎么办呢？我们可能首先要在宣传上让台湾民众多方面地了解中国共产党的历史，中国共产党是什么，它怎么走过来的。了解了以后，才不会没有道理地恐共。还有一个，中国共产党到底与台湾、与台湾人民有什么关系？我们就有很多东西要讲，而且我们要让他们知道，台湾人民也参与了中国共产党革命的历史和建设，不是区隔的。让台湾民众了解了以后，台湾民众可能才会有所认同。如果让台湾民众知道更多的相关历史，那就可以把被颠倒的历史再颠倒过来。

我接着就说，我的《台共党人的悲歌》，还有其他的一些写作，它的意义是在这里，它对"台独"历史的论述有一种反驳，比如，"台独"说"二·二八"以后才有，这是谎言。"台独"是土改以后才开始有的。我们要有更多的历史事实，去反驳这种被他们收归过去的历史解释权。"台独"叙述的历史虽然是假的，但是影响着老百姓和媒体。

现在我们举行反抗白色恐怖的纪念活动，媒体也说"二·二八"，在台湾"二·二八"就等于是"台独"。因为很多人本身就同情"台独"派，所以我的书在台湾卖得越来越不好，他们不理解这种情结。

总之，台共的历史前面讲了很多。如果不理解、不处理就会流失更多的东西，包括地下党的家属，但是不能怪他们，因为他们只知道他们父亲、母亲被国民党杀害了，他们不知道他们父亲是共产党。如果烈士的家属都反对烈士的理想，这个时候我们就感觉到最大的悲哀，我不指望我的书能影响一代大众，但最起码要影响这些烈士的家属。

第四部分　平等的多重面向

01 再问"什么的平等"序言
——在德国社会民主党文化论坛的演讲

2011 年 11 月 18 日，德国社会民主党文化论坛"哲学与政治"活动（Kulturforum der SPD „Philosophy meets Politics"）邀请汪晖教授与德国社会民主党主席加布里尔（Sigmar Gabriel）及德国社会民主党基本价值委员会副主席托马斯·迈尔（Thomas Meyer）等德国政治理论家在该党总部维利·勃兰特大厦会议厅对话，联邦德国议会前议长、现任副议长沃尔夫冈·蒂尔泽（Wolfgang Thierse）主持。汪晖教授发表了题为《代表性断裂：再问"什么的平等"》的演讲，加布里尔主席发表了题为《金融危机时代的民主与正义》的回应。托马斯·迈尔、沃尔夫冈·蒂尔泽、德国哲学协会主席尤利安·尼达-吕梅林（Julian Nida-Rümelin）参加了圆桌讨论。以《再问"什么的平等"？》为总题的一文后来连载于国内《文化纵横》2011 年 5—6 期，本文为该篇的序言，加布里尔主席《金融危机时代的民主与正义》的演讲则作为该篇的回应附录在本文后。

过去 30 年，围绕民主问题的辩论和分歧从未停止。1989 年前后出现的"历史终结论"将民主作为最后一种政治形式——普遍历史到来的标志。这一"民主"话语以大众民主与认定社会主义运动的"失败"为前提，它是通过将"人民民主"置于政治"专制"范畴才得以完成的。由于十月革命的冲击，资本主义世界产生了它的对立面，在冷战条件下，"资本主义"与"社会主义"的对立也产生了一种思想上的二分法，其结果是利用冷战的结局垄断对民主的解释，将不同的民主观置于敌对范畴。但如同霍布斯鲍姆（Eric Hobsbawm）所说，这种二分法是一种武断的思考构造，只能置于某种特定的历史时空之下才能被理解。这个二分法无法把握中国与苏联及其他社会主义国家之间的体制差异，也难以解释美国、日本、英国、民主德国、巴西、北欧、韩国或印度之间的不同模式和道路，当然更不能解释对立的社会体制在竞争中通过对对手的观察、模仿和汲取而形成的制度安排。然而，在冷战和后冷战的意识形态框架中，对于民主（及人权）的规范性解释并不包含社会内容，以致民主与人权只是作为"专制政体"的对立面，而不再是"民主社会"的变革目标。实际上，那些按照冷战的敌对构造将对手归入"专制"范畴的做法，除了在大众传媒中获得自我合法化的效果之外，对于探讨民主危机毫无益处。

紧接着苏东社会主义体系瓦解而来的，是反恐战争、宗教冲突、生态破坏、高风险社会和在这次金融危机中暴露出的全球资本主义体制的深刻矛盾。西方民主的空洞化、新兴民主的内在矛盾，以及第三世界国家的民主困境，与上述危机密切相关，成为讨论当代民主问题不能忽略的课题。与其说民主的危机发生在社会主义体系解体之后，毋宁说社会主义体系的危机掩盖了民主的危机。为什么 20 世纪形成的两种社会体制先后陷入了危机？究竟是哪些力量导致了民主的社会条件发生了变异？综合有关民主危机的各种讨论，我大致归纳出如下几点：

第一，冷战结束后，大规模战争和阶级革命的威胁消除了。这一宏观条件变化导致西方民主的自我更新的外部动力减弱了。

第二，伴随着全球化和全球产业转移，英美等工业强国经历了去工业化过程，结果是工人阶级的力量受到极大削弱。工人阶级是追求社会平等的重要力量，它的变化也意味着从内部促使国家采用妥协和调和形式治理策略的动因衰落了。（如果比较德国与美国，追问为什么德国的社会民主比美国的情况略好一些，一个可能的答案是：德国在发展金融资本主义的同时保留了较大规模的工业体系。）事实上，冷战结束后，阶级斗争的形式基本上已经被替换为社会运动的模式，从而形成了传统社会运动与新社会运动之间的差异。新社会运动的崛起部分地代表着阶级政治——当然不是阶级本身——的衰落。

与此形成对比，西方社会的产业转移带动了包括中国在内的国家的大规模工业化，工人阶级的数量快速增长——中国在20世纪末期迎来了大规模的"工人阶级的再形成"的时代。产业转移也意味着阶级关系和阶级矛盾的转移，但这一转移是在社会主义运动的挫折和转型过程中发生的，也是在19至20世纪的阶级政治的衰落和转型中发生的。无产阶级政党快速地"中性化"正是这一转型的政治特征，其结果是公共政策不可避免地朝向资本集中的方向倾斜。在这·条件下，社会主义体系也像资本主义社会民主政体一样，产生了政治形式与社会形式的脱节。

第三，伴随着金融资本主义的高速发展，金融资本脱离了工业体系的约束，比以往任何时候都具有更高的投机性，它拒绝对任何社会承担责任；金融资本主义在世界范围内随波逐流、兴风作浪。政治民主，作为一种建立在以民族国家为框架的公民权基础上的政治体系，很难对这一全球化的新局面做出全面的回应。这意味着全球化与建立在"民族—国家"的政治前提下的政治民主之间存在着矛盾关系。这种矛盾集中地体现在两个方面。一方面，如果不能提出或扩展公民权的新概念，就无法在这一概念的基础上产生新的平等政治；另一方面，因应全球化的新格局而产生的各种跨国组织和区域体系并未形成一种真正民主的机制。在国际政治领域，自由主义和社会民主的理论家对于全球正义的讨论尚未产生出有效的政治实践，而在左翼方面，伴随着"依附理论"的落潮，也未能产生出更具说服力的、更有整合性的有关全球公平和正义的政治纲领。

第四，与金融资本介入各个领域相互伴随的，是高新技术产业与传统产业及其利益集团之间的矛盾和断裂；工业化条件下形成的社会妥协和调和不能覆盖这种新的利益关系，社会民主也面临着政治重组。政治重组既涉及由于经济关系变迁而产生的一定的社会结构，又涉及由于城市化、全球化和信息化的新规模所导致的社会动员模式，两者之间有联系却不能等同。以中国学者房宁等人的"东亚政治发展研究"课题组的报告为例，在泰国，他信所代表的是高新产业，这个利益集团与旧有的工业垄断集团之间有冲突，他信转而诉诸乡村农民，泰国过去几年的政治动荡与城乡之间的对立，以及以此为基础的持续的社会冲突有着密切的关系。但在其他一些案例（如最近在阿拉伯地区、英国等地发生的反抗运动）中，社会动员和诉求的阶级性质并不清晰，社会运动带有更多的混杂性。我们可以将这些诉求暂时地归纳为一种复合型的平等政治。因此，尽管我们处于阶级关系重组的时刻，但由于电子通信技术的革命，社会动员的形态却难以单纯地从阶级政治的角度加以把握。

第五，民主政体与社会形式的分离也是许多转型国家的特征。在新自由主义的影响下，传统社会主义公有制及其福利体制的转型与私有化、市场化和全球化相伴而行，这一双重过程导致政治民主化与民主的社会形式之间的脱节。在国有资产私有化的过程中，权力与资本的结合是后社会主义时期的普遍现象。这使得社会形式上的寡头化与民主政体（或非民主政体）结盟，造成了极大的平等灾难和社会分化。如果政治民主化变成对原有的社会主义的分配制度和平等遗产的彻底否定，议会多党制和两党制也就随之变成了新的寡头关系的政治框架，多党民主与寡头性的财产分配制度相互连接。在这类民主转型过程中出现了无数的政党，其中能够在议会政治中占据席位的多半是在财富再分配中获得垄断利益的政党。这些国家由此从一党制变成了多党议会制，媒体的自由程度大幅度提高了（但媒体扩张并不能等同于公民言论自由的提高，在当代条件下，两者甚至经常处于对立的关系，这一点需要另外论述），但由于政治民主化与对社会主义历史的全面否定纠缠在一起，结果是将包括社会主义时期形成的平等的社会形式，尤其是推动这一平等实践的基本价值也一并否定了。在这一条件下，政治民主化成为不平等分配和新的垄断形式合法化的过程。由于民主政体，尤其是政党政治，高度依赖资本和媒体，垄断集团——无论其占有形式是国家的还是私人的——往往能够顺利地将经济力量转化为政治的和媒体的势力。结果很清楚：普通大众不但被排除在政治民主化进程之外，而且也被剥夺了通过社会主义的平等价值对这一垄断结构进行抵抗的权利。贫富分化、寡头化与政治民主化结伴而行，政治民主化从一个社会解放的过程蜕变为一个排斥性的和寡头化的过程。这是"颜色革命"迅速变色的主要原因。

贫富差别、城乡对立、区域分化和生态危机是以当代生产条件下的劳资关系为中轴的，但导致这些分化和危机的动因却更为复杂。因此，无论是民生问题，还是民主问题，都不仅牵涉政治体制，而且也涉及社会形式。在政治形式与社会形式发生断裂或脱节方面，社会主义体制、社会民主体制或自由民主体制面临的挑战是十分相似的。正是从这一断裂和脱节的条件出发，我认为中国在探索政治形式的变革的同时，必须在新的条件下重构中国革命和社会主义历史中形成的平等遗产，以面对政治形式与社会形式的脱节所造成的合法性问题。如果否定了社会主义和社会主义遗产，那就会使不平等分配持续化；如果不能将这一平等的遗产置于一种政治重组的综合过程之中，只是简单地重申这一遗产，也无助于上述危机的解决。市场社会不会自发地导致均衡，恰恰相反，如果没有合理的调节、制度保障和为争取平等和正义的社会斗争，民主的政治形式与社会形式之间的分离和断裂将是常态。这不是什么左派的理论，而是资本主义历史的事实。很多第三世界国家缺少平等的社会遗产，如南亚和拉丁美洲就从未完成过土地改革，缺乏这种平等的社会遗产，就难以产生民主的两个方面的协调发展，就会形成新的社会冲突。正由于此，与许多中国知识分子对现代中国的遗产弃之如敝屣完全不同，许多第三世界国家的知识分子和社会运动高度重视现代中国革命的这一历史遗产。这也说明在当代中国，围绕土地制度和公共财产的争论为什么如此重要：当代中国的不平等主要产生于公共利益无法有效界定，而工人、农民和许多城市平民的利益受损恰好是与公共产权遭受破坏相一致的。如果作为公民的大众被排除在民主化进程之外，就不可能有真正的民主；没有实质上的公平，没有公民之间的相互平等关系，政治民主的公民权就变成了空洞的形式主义观念。

上述这些要素是当代民主危机的外部动因。就民主实践本身的危机而言，在现阶段，我认为"代表性断裂"可能是最合适的概括，即在上述广阔的"社会—经济"变迁中，以代表性政治为中心的两种政治体制同时面临空前的危机。政治精英、经济精英、文化精英及其利益与社会大众之间的断裂是这一代表性断裂的社会基础，而政党、媒体和法律体系——无论其多么普遍地宣称——无法代表相应的社会利益和公共意见则是这一代表性断裂的直接表现。因此，在讨论代表性断裂的同时，不可避免地需要追问如下问题：

第一，有可能出现"后政党政治的民主"吗？这里所谓的"后政党政治"是以19至20世纪奠定的政治模式为前提的，在当代条件下，即便实际存在的相应政治组织仍然被称为"政党"，也必定具有不同于19至20世纪政党的特征。

第二，如何重构"公共领域"和如何在汲取法治精髓的基础上创造新的"政法体系"？重构"公共领域"的前提是媒体权力与政治权力的相互渗透，媒体通过操弄"公共意见"而对政治公共领域形成重要的影响；重提"政法体系"的概念不是否认形式和程序的重要性，而是探求这种形式和程序得以运行的政治文化条件。

第三，究竟什么力量才能推动一种能够为新的平等政治提供思想基础和道德规范的文化的形成？如果民主危机可以被解读为"代表性断裂"，而国家在漫长的时期里仍然主导着政治领域，那么，一种"民主的和后民主的政治"是否及如何可能？

让我对上述讨论做一个简略的归纳。冷战结束以后，民主的政治体制并没有发生形式上的重要变化，但社会民主却出现了普遍危机；在仍然保持着社会主义体制的中国，国家政体及其形式也没有发生根本性的变化，但其社会内涵却发生了深刻的变异，以致有关中国到底是怎样一个社会的讨论不绝于耳。因此，与大多数论者（他们之间常常尖锐对立）将两种政治体制的差异设定为矛盾的主要方面不同，我认为当代政治危机的核心是与政治体制相应的社会形式发生了解体。政治合法性的危机主要来源于政治体制的"代表性断裂"，即政治形式与社会形式的脱节。在讨论"代表性断裂"

这一政治危机及其诸特征之前，有必要分析这一"脱节"或"断裂"在两种社会体制中是如何构成的。

附：金融危机时代的民主与正义

（在汪晖教授发表了以"代表性断裂"为基础扩展而成的报告之后，加布里尔主席随后做出回应，阐述了他对全球尤其是德国政治变革的思考。）

很高兴今天有机会就民主与正义的现状，探讨几个基本问题。为此我要特别向社会民主党文化论坛和尤利安·尼达-吕梅林表示感谢！社会民主党文化论坛的"哲学与政治"系列研讨会，迄今已举办到了第12场。我发现，对于今天的世界，这类适合思考根本问题并开展辩论的场合，具有前所未有的意义。很高兴这次的文化论坛邀请了汪晖教授——这位当代中国最重要的社会哲学家之一。他对世界范围民主发展形势的评述，让我感到颇为新奇，但也极富启发性。

在当前的形势下，汪晖教授这样一位中国左派思想家做出的上述发言批判，令人兴奋。我们都知道，中国和西方国家之间正在"打乒乓"，争论真正的民主到底在哪里。这并非今天的主题，所以我不予评论，何况汪晖教授讲的也是别的主题。他对中国和西方式民主都有批判。汪晖教授论证说，社会平等的缺失，从内部掏空了有形的民主制度。他认为，其根源在于精英和大众之间的不平等日益加剧。他将这种疏离化的结果称作"代表性危机"（按：原文为"代表性断裂"）。

金融危机威胁了对民主的信任

我相信，在平等这个问题上，将中国和西方相提并论，会令在座一些人感到诧异。这是在挑战西方通行的观点。

但我认为，了解不同的视角，将有助于我们大家做出更清醒的观察。只有这样我们才能看清：将活跃的日常政治争论同民主的正常运作联系在一起，是我们的一种思维惯性。许多人认为：只要有选举，只要媒体可以自由报道，只要没有人因其政治观点而遭到囚禁，就天下太平了。于是，通行的观点认为：有了民主的法治国家，就万事大吉了。

但我们必须自问：这种观点今天还能不能站住脚？有许多警示信号表明，对民主的信任，即使在我们西方也有所减退：近年来我察觉到，民众日益远离政治，投票率屡创新低。这就是一个表现。

更令我忧虑的是，在德国乃至欧洲，对政界的行动能力乃至行动意愿的信任也已降到低点。一种双重的无力感攫住了人们。一方面，人们在不受约束的金融力量面前自觉无力，另一方面，人们觉得政界已没有足够的能力去干预金融事务了。

并非人们对政治丧失了兴趣——许多人的政治热情很高。只要人们觉得，这回是有点动真格的，选举的人数甚至会创新高。凡是选举参与率提高，莫不是因为选民们知道：这次关系重大。要么就是，人们发现了一种新的政治力量，于是将希望乃至不满投射于其上。这种时候，往往也会出现令人意外的选举结果与超高的参与度。

比如说，最近的巴登—符腾堡州州议会选举：在许多选民看来，这次选举关系到我们能否摆脱核能。所以很多人跑去投票。但除此之外，针对各种政治机构、党派、政治家，当前的信任水平都很低落。

已经获得的信任也在褪色：一部分选民已不再相信政治能够决定人们的工作、生活和社会条件，使其趋向改善。越来越多的公民认为，经济强势者、游说集团、银行、金融市场正在左右着他们的生活。还有相当一部分人认为，我们这些人——政治家们——根本无心改革，而是只顾自肥。

"他们滋润了，我们倒霉了。"这种心态目前很普遍，不光是在德国。那些自感"倒霉"的人，并不是穷困潦倒的人，而全都是那些感觉和政治相疏离的人。

此外，政治也受到一种来自"滋润"阶层的蔑视。这种蔑视存在于经理室、交易所和编辑部里。我总忍不住要对他们抗议几句。有很多银行家，不仅对自己的业务一窍不通——要不然他们就不会做那业务了——还对民主社会一窍不通。他们当中的很多人根本就瞧不起政治家，瞧不起我们所从事的事业。

我相信：汪晖教授的论题——所谓精英与大众之间的疏离，即使在西方民主社会，也能找到许多论据。信任的缺失是很危险的：不论是对于民主制度而言，还是对于社民党而言，都是如此。对于社民党而言，更是危险中的危险。社会民主制度存在于世，全赖人们心怀一个希望：政治参与能够改善生活。如果人们感觉政治参与什么也带不来，那就是社民党的末日，因为它的存在，靠的不是"剩余价值"，而是人们的"剩余希望"。

尽管保守党派也同样受到民主参与热情衰退之苦，但有一句古老的口号，可以动员起足够多的保守选民去投票，那就是：如果你不去投票，左派就要上位了。左派指的是我们。这一招一向管用，但现如今也慢慢显得不够用了。

选举和有效的公共生活是民主的两个前提。我们今天好些最严重的问题恰恰出在这里。政治和政治家的信任度如此低下，媒体也是出了力的，它们的报道方式只会加剧失望和日益增长的不信任。偶尔的丑闻炒作和常见的聚焦于个人，有时令媒体丧失对政治可行性和可能性的一种视野。那会在民众中制造错误的期望，煽起偏激的怒火。

但我在此不想多谈媒体。只有当辩论有助于发现最佳路径，有助于澄清普遍利益之真正所在，政治公共生活才算名副其实。但这样的辩论越来越少见。关于全民最佳路径的辩论，被偏执情绪和"市场"需求排挤到一旁。如今，这种局面仍然在为投机资产提供庇护，仍然在为向纳税人转嫁投机成本的勾当涂脂抹粉。这种情况最凸出地表现在几个高负债的民主国家，也就是爱尔兰、葡萄牙、希腊和意大利。眼下希腊的情况，已经算不上是什么有形的民主了。希腊人自己觉得，他们的命运操纵在市场和外国政府手中。这是一种危险的印象。

前些天我们眼见意大利前总统贝卢斯科尼（Silvio Berlusconi）引退，直接的压力是国债利率居高不下，而我要说，还有许多政治上的理由导致他应该下台。虽然这样一个结果让我颇感轻松，但这整个事件值得警惕和忧虑。数十万意大利人的抗议示威没能做到的事情，却由债券市场的匿名力量做到了。扳倒贝卢斯科尼的同一股力量，也推行了延迟退休、降低工资、减税和裁撤公共服务。这些措施都号称别无他法，其实是为了满足出口竞争力和债券市场的期待。显然，如果一直向民众灌输现行政策是"别无他法"的，那么这些政策迟早会获胜。这种政治上"别无他法"的暗示，是民主话语的毒药，也是德国政治形势的毒药。

所以我们社会民主党人不能再误判形势，这不仅关系到现政府的去留，更关系到政治本身的成败。公民越来越难分辨社民党、基民盟、自民党，往往笼统地谈论政治"那回事儿"："他们滋润了，我们倒霉了。"我要说，我们社会下层和上层之间的距离拉大，并非错觉。匿名的金融市场力量不受约束，其中蕴含着对一切政治事务的经济化，在此背景下，德国人心里不禁渐渐浮现一个问题：对我们生活的方方面面，我们的民主究竟还能不能说了算？

金融危机开启了规范金融市场的大讨论，这讨论令最后知后觉的人也觉察到：民主已不能对这些规则独立地做出决定了。在某些欧洲民主国家，人们甚至要得到这种印象：现如今，是国债利率的高低决定了政治究竟还能有何作为。事实是：在第一轮金融危机之后的2008、2009年，着手规范金融业的条件不错，尽管如此，发达国家在有效监管金融市场方面进展寥寥。各国公民则发现，保释银行业的成本并没有让银行和机构投资者承担，而是转嫁到了民众头上。在大多数国家，包括德国，到目前为止都还没有能够出台金融交易税，富人的所得税也没能提高，危机成本的公平分担也就无从谈起。在劳动者收入较危机前显著下滑的同时，高收入、资本利润和红利报酬却继续攀升。没有人会真心相信，危机成本的分配是公平的。只有一些已经溃不成军的自民党自由派还嘴硬说，这种分配方式最终会对全民有利。今日已经明了，仍在不断累积的危机治理成本，正将欧洲的民主引入深渊。

许多质疑是合理的：这种演变是必然的吗？为什么我们的社会生活，尤其是经济生活中许多重要事务的决定权，从民主的手中被夺走了？最后，我们能做些什么，来对抗民主的式微？

社会不平等加剧了民主危机

汪晖教授刚才的演讲中，已经对这个问题给出了一个明确的回答：他认为，精英和民众之间的社会不平等加剧，要为民主的危机负责。社会秩序和政治秩序不再相互符合。他想表达：公民平等的原则遭到了社会不平等的挑战。我认为，他这些思考的大方向很正确，也能够得到哪怕是来自德国的数据、资料和事实的支持。

在我看来很明显：在现政权下，政治决定日益遵循经济的逻辑与利益。而社会生活——家庭、社团、企业和社区的诉求排到越来越靠后的位置。当初对我们许下承诺：我们做出牺牲，日后会变得更富裕、更自由。如今我们可看清楚了！

我们可以好好考察一下，曾经趾高气扬的自由主义，如今缩水得还剩下些什么。即便是像《法兰克福汇报》（*Frankfurter Allgemeine Zeitung*）出版人席尔马赫（Frank Schirrmacher）那样保守的人，现在也大声抱怨：民主制度被极端自由派简化成了市场机制。在经济自由的幌子下，金融界那些耍把戏的把自己变成巨富，却让其他人和环境去付出代价。结论很清楚了：堆积如山的财富限制了越来越多人的自由。留给普通人的，只是替这种被曲解的"市场自由"去承担无尽的成本。一句话：纳税人不光是承担了危机成本，他们也丧失了部分自由。

事实真相是：今天的危险，早已不是国家对市场的扼杀，威胁我们的是整个民主成了少数投资者财富的牺牲品！

这与自由的真意已没有丝毫关系。少数个人的自由、毫无顾忌地利用资本增进个人财富的自由，和全体公民的自由平起平坐。这危及民主的核心。在这样一种社会中，有产者比其他人更平等！[1] 这是新封建社会！我以为，单凭竞争本身并不能增进自由。只有基于规则和价值，确保所有人的机会公平，才会有自由的竞争。一切其他的竞争都会导致垄断、欺诈和排挤。对民主而言，后果很严重：权力垄断或公民权利的不平等分配，会瓦解自由社会的基础。

长期以来，自由派和保守派一直在布道，说我们必须信赖市场法则。据说有一条原理万世不易：唯当市场能自由而不受干扰地运作，才能产生无尽的经济动力。为了证明其论点，这些自由派援引美国、英国、爱尔兰乃至中国的所谓成功案例。现在我们知道，这些所谓的成功，代价有多高。金融市场危机再一次动摇了对"看不见的手"的信仰。作为一名社会民主党人，我知道那种信仰从来就是无稽之谈。新自由主义教义非但没有带来更多的自由和福祉，反而威胁到了我们社会的团结。

所有人都能一眼看出，德国的社会团结正分崩离析。20年来，工资增长停滞。今日，交纳社保的工作者，约有十分之一还需要打第二份工。不难想象，这些人的家庭生活和健康状况会受到何种影响。如果衡之以经济合作与发展组织（OECD）定义的"低工资"水平，那么在今天的德国，交纳社保的全职工作者，有接近四分之一的人，其收入在这一水平线下。这不仅让人们受苦，也拖累了社保基金和宏观经济运行。

另一个例子是，几十年来，老来贫困现象在德国本已几乎绝迹。今天我们却发现，随着低工资的普遍化，老来贫困现象也有所抬头。这还没有算上那些将来会陷入凄凉晚境的人！目前，靠

---

1 乔治·奥威尔（George Orwell）的《动物农场》（*Animal Farm*）中提及：所有的动物都是平等的，但有些动物比其他动物更平等。——译者注，本文下同

低保生活的退休者，比例还只有四十分之一。德国平等福利协会（Deutscher Paritaetischer Wohlfahrtverband）预计，要不了几年，贫困老人的比例将达到十分之一。鉴于当前关于最低工资问题存在激烈辩论，借此机会我要再次强调，这个问题对我们社会民主党人来说有多么重要。想要用低廉的工资来打发德国五分之一的就业者，是绝不能容许的。因为谁要是一辈子只能挣每小时7—7.9欧元的工资——基民盟正在讨论的最低工资标准——他的养老金就无法达到低保线以上。把确保最低工资的责任委托给集体谈判，更是胡来。德国联邦和各州层面，行业集体合同的覆盖面已降至就业人群的一半，覆盖企业更是不到三分之一。在其他欧洲国家，近20年来集体合同的覆盖比例则相对保持稳定。

德国贫富差距持续扩大的例子还有：在短短3年内，德国年收入过百万欧元的人数增加了一半多。金融危机以来，德国财产过百万的家庭户数，上升到43000户，增加了将近四分之一。有些人说："咱们德国人过得不错啦。"他们乐意举的一个例子是，德国拥有高达5万亿欧元的存款。这是德国居民历史上第一次支配那么多的财富。但真相是：超过三分之二的德国人没有，或者仅有微薄的财产，而上面的三分之一几乎拥有那些财富的全部。最富有的十分之一人口支配着全部私人财富的60%。

与之相应，近十年中，上市公司股东的平均回报接近100%。与此同时，交纳社保的工资，平均只上涨了15%，几乎还跑不赢物价的上涨。我还可以罗列更多的数据，以证明同一个结论：德国的社会鸿沟扩大了，而且还在继续加深。人们若还能相信，这不会影响到公民平等和人们的感受，那就是太天真了。

不平等的限度在哪里

汪晖教授在演讲中建议"重新思考平等"。因为完全可以说，平等这个概念，对今日的社会民主主义乃至所有的民主左派而言，在最近的 20 年里，都成了一个问题。平等这个概念我们过去很难接受，今天同样如此，因为据说那当真存在过的社会主义，在把所有人变得平等之余，还把一部分人变得比别人更平等。

其结果我们都记得：平等给我们的感觉，是同"平均主义"联系在一起的。所以今天一旦有人宣称追求平等，他立刻就会名誉扫地。平等这个概念的历史，就是这么纠结与矛盾。我承认，正是因此，在最近十年里，社会民主党人宁愿思考的问题是，社会可以接受的不平等的限度在哪里。

我们也曾经被貌似胜利了的新自由主义思想传染了。但在不少情况下，我们根本就无力抵御经济的要求，虽然这种经济把一切都变得不平等。但是在社民党 2007 年议定的《汉堡纲领》（*Hamburger Programm. Grundsatzprogramm der Sozialdemokratischen Partei Deutschlands*）中，在"我们所秉持的基本价值"那个章节下，宣告了社会民主党人对待不平等与不正义的态度："只要收入与财产的不平等分配将社会分成支配者与被支配者，那就是违背了平等的自由，因而是不正义的。因此正义要求更平等地分配收入、财富与权力。因为这些方面过大的不平等会威胁生活机会的平等。因此，社会性的民主是必须的。"

我认为这是和汪晖教授的演讲明显契合的一个观点。我们社会民主党人一贯知道，一个社会之所以为正义的社会，仅当全体男女公民以平等的方式享有自由与尊严。在此我想提醒诸位，社会民主主义起源于约150年前的一场运动，那场运动以一种极其严肃而具体的变革意志，运用这一标准，来反对自由派国家所标榜的徒具形式的公民平等。因此，对社会民主党人而言，正义和平等是紧密相连的。这里所讲的平等有很多含义，是与"平均主义"那个骂名风马牛不相及的。

在基本权利上，人人平等。在国家面前，他们作为公民和人，享有同等的价值，理应得到同等的对待，有权过有尊严的生活。这也是德国《基本法》（*Grundgesetz für die Bundesrepublik Deutschland*）的核心与枢纽。请回想《基本法》第一条："人之尊严神圣不可侵犯。敬畏之、捍卫之乃一切国家权力之义务。"保守派和自由派则强调，不平等可以是合理的，因为它能促进竞争，让我们所有人变得更富有，更自由。所以，他们认为，不平等也是正义的。

作为社会民主党人，我清楚地看到：物质上的不平等，必须限制在一定范围内，以不妨害公民参与政治的机会平等为前提。我们的基本价值并非将正义等同于绝对平均，后者是必须加以驳斥的。正义意味着，每个个人拥有平等的条件，可以过上自由、理性与和平的生活，并参与到文化与政治之中。我相信，一个正义的社会也要求法律的平等。如果可以根据经济上的理由抹杀法律赋予公民的权利，那么人们对于法治国家的信赖将会蒙受损害。

我建议诸位认真思考下述事实：金融危机的肇事者大多全身而退，而一名超市女收银员只因截留了两张价值1.3欧元的矿泉水瓶押金单便遭到解雇[1]，这个国家对正义的感知能力一定没有得到恰当

---

[1] 2009年2月的一则新闻。

的运用。没有政治、公民平等，就不会有民主的公意凝聚过程，也不会有对政治权力的有效节制。而缺了高水平的文化、经济和社会平等，一个社会就不能给所有成员提供高水平的生活质量和自我实现的机会。我相信，只有实践了这些平等的社会，才有权自称"正义"的社会。

我知道，社会民主党的活动，如今已不再那么频繁地引用《共产党宣言》（Manifest der Kommunistischen Partei）。但那个理想，"每个人的自由发展是一切人的自由发展的条件"，不论是过去还是现在，对社会民主党人而言也是有效的。我们的现状离那个境界还遥远得很。

德国社民党从中得出的实践结论是，正义——在一切生活领域享有平等的自由和平等的机会——的首要主张就是社会权利。谁都能看出，在这个问题上的冲突仍将持续，尤其是和自由派的分歧，在他们眼中，将更多的民主引入经济仍然是一种骇人听闻的事情。《汉堡纲领》还将正义扩展到了经济、社会可持续发展的理念上。在今天的社会民主党人看来，正义不仅意味着社会内部的正义，也关系到子孙后代的生存权利。

我们理解的代际正义包括：未来的人类，至少应享有同我们一样的发展机会。那是一项全球性的责任，不仅仅适用于德国。

社会化社会是民主政治的拱顶石

在社会民主党人看来，政治服务于一个目的，一个超越于权力争夺的目的。我们并不满足于在任何冲突里只通过社会政策搞点平衡。社会民主党人投身政治是为有所为而来！他们想要改变社会！

对于我个人，这意味着：政治的目的在于创造条件，让人们免于困苦、压迫和剥削而生活。所谓一个正义的世界，除了这个还能是什么？

为此，我们必须以团结的方式，相互保障。由此，我们与当今的市场自由派在何为自由之前提这一问题上有明确的差异。我们认定，团结只会存在于平等者之间，而不是竞争者之间！

放眼当今社会之情形，我更加坚信，社会民主党必须确立起一种"增值"的目标——更多的保障、更多的正义、更多的团结、更多的民主以及由此为每个人提供更好的生活质量。尽管这些口号在这样一个时代听起来很激进，但此种意义上的正义并非乌托邦式的狂想。社会民主党从来就不是一个乌托邦政党！它有目标！但它也关心实现目标的具体步骤。我们称之为策略！

有一种社会理念，在我国当代的历史上曾经卓有成效。那就是社会化社会（Sozialen Gesellschaft）的理念。这样一种社会能够获得多么大的成功，我们刚刚证明过。依靠着雇主和雇员之间的社会伙伴关系，依靠着集体合同，依靠着对经济基本条件的严格规定，德国比没有这些东西的新自由主义国家都更好地渡过了危机。依靠缩短工时、经济刺激计划乃至银行国有化，我们更好地渡过了经济、金融危机。我们今日屹立于世，不是靠所谓的"新经济"，而是依托强大的、在世界上数一数二的工业。我们比英国和美国拥有更健全的医疗体系。一句话，事实证明，我们的社会模式是最成功、最稳定的。

这意味着，我们必须将社会化社会的理念重新树立为德国乃至欧洲社会民主政治的拱顶石。我们必须阐发社会性社会的真意。我们也必须公开捍卫这一理念！我认为，可以毫不夸张地说，欧洲民主制度正处于自第二次世界大战以来最深重的危机之中。这一危机同时也将标志一个时代转折。因此我们欢迎今天这样的场合，在这里我们可以讨论，如果要存续我们的民主制度，我们必须朝哪个方向走。

政治争论是民主的本质，在这一号称"别无他法"的时代，我们必须记住这一点。我坚信，民主的稳固和社会正义彼此不可分割。我同时也知道，为了这个理念，必须赢得政治上的多数。我们想要的国家，是能够保护其公民免受社会风险和社会困境的国家。这不是要把人裹在棉花里。而是说，当人们无辜陷入困境之时，如果国家不去扶他们一把，人们对民主国家的信任就会消失。

在我看来这也意味着，民主化也是一个有关公共和私营经济的主题。我们要收复失地，将那些近年来纷纷私营化的公共服务重新置于民主的监督之下。而企业必须成为这样的场所，在其中，工作者享有共同决定权，也必须承担共同责任。我们的企业绝不能挂出这样的牌子："德意志联邦共和国的民主部分到此为止！"民主和人类尊严绝不能止步于车间与办公室之外。很显然：自由的人也必须自由地工作。那只是正义而已。

社会民主党人所捍卫的不是别的，恰恰是一个敬业社会，一个尊重劳动也尊重劳动者的社会，因为劳动是所有人福祉的源头。按我的理解，这就需要让体面的工资、良好的工作条件、社会保险和无固定期限合同重新成为常态！我们的国家曾凭借这些制度经历过繁荣年代，而不是靠着新自由派传教士搞的那一套无限制的灵活性和低工资。

社会民主党人认定，德国要保持一个工业强国的地位。因为工业创造真实价值。工业产生订单，需要贷款，带动生产服务行业。那将创造并保住未来的工作岗位——不仅仅是研发，而且还有生产！多年来我们被讥为"老派"，因为我们捍卫工业、工会和企业共治。如今我们知道，那些条件对一份给人带来尊严和生计的工作来说十分重要。而我们今天看到，那些努力没有白费！此外，生产性的工作也能巩固一种既实在，又有利润的经济形态。它也能激发平等者的自豪感，从而为这个国家的团结和福祉做出贡献。这样一来，我们既加强了个体，同时也加强了整体！

请允许我在结束前再补充一点：汪晖教授今天的演讲给我的印象是，进步的、民主的政治如今比以往任何时候都更能获得国际合作的支持，这支持来自那些为自由、民主和正义的社会不懈追求的人。汪晖教授克服了巨大的文化差异，和欧洲的民主左派表达了类似的宗旨，做出了类似的批判，这一事实让我更加认定，此类合作富有成果，因为，尽管不乏摩擦，但这些交流极具辩证价值，引导我们共同走向更深刻的认识。

民主正受困于我们社会日益加剧的不平等。它的困境在于，越来越少的人相信，公民具有平等的权利和义务。社会民主党的当前和今后几年的政治活动就要从这些任务入手。德国社民党的主张就是，将民主的要求和社会现实之间的这种不协调纠正过来，创造一种平衡，让自由和正义相辅相成，让团结和社会凝聚力重新集结。

谢谢各位的垂听！

（马俊／译）

02　中国、新的平等观与当今世界
——《亚洲时报在线》访谈

2013 年，汪晖教授在北京接受了《亚洲时报在线》(*Asia Times Online*) 记者加布里埃莱·巴塔利亚 (Gabriele Battaglia，驻北京的中国事务观察家，中参馆 [China-Files] 机构成员，曾任《和平记者》[*Peace Reporter*] 和《*E-il Mensile*》杂志作家) 的英文专访。汪晖教授围绕中国的平等观、社会保障体系、城镇化建设以及"棱镜门"事件等问题，发表了自己的看法。

新的平等观与改革方向的讨论

汪晖： 最近我正在写关于"什么的平等"的文章，这在当下是个大问题，无论在中国还是西方。在这里，平等的问题与贫富问题、城乡问题相关，还与生态危机及别的问题相关，比如少数民族问题。

在中国，我们都知道有一场关于"平等"的危机，但是怎么去界定它？ 20 世纪 70 年代末，中国的社会主义面临转折，一些人由此攻击平等问题，通过提出一种新自由主义的方案，如私有化，产权问题等，将矛头指向国有企业。与此同时，他们还提出了一种新的平等观，即所谓"机会均等"，随之而来的是法律建构。但它的结果却是将一个不公平的过程合法化了。人人都看到工人在20世纪90年代中期开始的私有化浪潮中遭受的痛苦，工人沦为下岗失业的人，他们的补偿金很少甚至一无所有。以市场的名义实施的是剥夺，他们从劳工的手中夺走了权力和财产，这正与"机会均等"的争议结伴而行。

于是，在20世纪90年代后期，爆发了关于社会福利危机的辩论，并试图去重建，比如，如何将医疗制度扩展到农村地区。在这个语境下，"分配平等"的观念在中国再次浮现，但是这个进程现在面临新的挑战。一方面，为每个人重建社会安全保障制度很有必要，这是基本的权利。但是，这正是对前一阶段私有化过程的反应：现在我们需要为农民工做些事情，否则将会有社会动乱。

现在的挑战是中国经济增长速度正在放缓，在需要更多的钱用来建立社会安全保障体系时，税收却在下降。与此同时，这种增长模式对环境太不友好。能源需求越来越大，但当你想上一个新的大坝工程时，马上就会遭遇抗议。需要重建的是一个包含生态保护在内的社会安全体系，这是一个矛盾、悖论的处境，它意味着必须改变生产模式。今天穷人和富人之间有断裂，但是主要的断裂是城乡人口之间。所以政府发起了新的城镇化建设（针对中小城市）的战役，但这新意有限，几十年来一直都是这样。与此同时，你会发现这个过程也在中国的边疆地区——这些有着不同的文化、生活方式和宗教信仰的西南和西北少数民族地区——发生。所以，一方面，提高那儿的经济状况是绝对正当的；但与此同时，我们却兼有生态危机和文化危机，因为他们的生活方式正在发生改变。

这些都意味着我们从根本上需要一种包纳多样性的新的平等观：不仅仅是人（人人平等）与物（分配）的平等，还要尝试在不违背基本平等原则下去尊重独特性、差异性和异质性。这是一个挑战，因为现代的平等理念基于公民的平等。但是现在怎么去面对不同的生活方式、宗教、生物多样性与环境问题？我们需要哪一种平等？或许不是一种观念，而是一系列的观念，这是对我们想要的发展模式的警醒。

但是要想去说服掌管经济进程的经济学家和政策制定者却并不容易，因为经济议题差不多成为不同利益集团所主导的事情。即使官员也无法掌控整个过程。因此，关键在于必须思考原则性的问题，而不仅仅是投资和赚钱。

这就是为什么在中国会爆发关于改革基本方向的辩论。你知道我们有句话叫"摸着石头过河"，但是现在河岸在哪里呢？并且你还有在河中间迷失的危险。现在的问题是没有人能够清晰地界定河岸到底在哪里。

《亚洲时报在线》：如何用具体的术语来辩论？

汪晖：宪法的根本保障在于共产党是执政党，这不是个大问题，因为大家都知道没有别的可替代共产党的政治力量，即使那些激烈的批判者也十分清楚这一点。

宪法意味着我们国家是一个社会主义国家，工人阶级是领导阶级，但是如何界定领导阶级？今天工人阶级在中国的政治地位究竟如何？开启一场关于宪法的讨论很好，我们需要回到自 1954 年以来的宪法进程来保障基本权利。

再说一次，重返这场宪法讨论的途径是开放讨论。问题的症结是这场讨论到目前为止非常官方化，没有真正的公共空间。这也联系到中国的另外一个大问题，即媒体自身的危机。一方面，有大量的出版物；另一方面，公共空间却不断萎缩。我们真的应当重新思考和界定公共空间的概念，因为媒体总是以通向所谓的"真实"轻易地误导公共舆论。

反思城镇化进程

《亚洲时报在线》：您可否谈一下城镇化问题？

汪晖：很难笼统地说它是好是坏，或许在这里好，在那里坏。例如在有些地方，大规模的城镇化意味着昂贵的生态代价，但在有些地方却适合。所以要允许有些实验来探索，根据我们过去的经验，这些探索才是改革的真正动力。在中国，多数宏观调控政策的制定都是对早些时候开始的地方经验的确认，而不是开始。比如，农村改革始于安徽，并向全国推广。所以需要给这些实验以更大的空间。

《亚洲时报在线》：城镇化进程不是一个平等的进程吗？它看上去像是试图创造全世界最大的中产阶层。

汪晖：恐怕城镇化更多是一个自上而下的过程，为什么不允许人们从下面进行实践性的实验，再逐渐让它变得完备呢？比如在成都和重庆，已经有了关于城乡一体化的讨论，关于如何处理人口与市民地位的讨论。但我们有另外一个大问题，各地城市之间已经没有任何差别了，这是多样性的重大损失。

没有人能够扭转这个进程，所以我们不得不思考它。有时在快与慢之间抉择并非易事。它太快了。一旦实现了城镇化，你如何确保有足够的土地用来耕作？谁能确保中国巨大人口的食品安全？所以我们看到美国孟山都公司股票激扬，为什么呢？因为中国和阿根廷签了一份协议，允许进口他们的转基因食品。你知道这些转基因食品安全是不确定的，但与此同时必须为稠密的人口保障食品供给，而发展经济意味着需要更多土地。众所周知，中国经济增长的奥秘在于地方政府所执行的土地政策：如果不通过征集土地并将其出卖给开发商的话，就没有途径来获取足够的税收。

城镇化有很多局限，没有人能确保一定能成功甚至产生新的中产阶级，中产阶级在各地也都正在萎缩。我们如何保证产生的是中产阶级而不是像印度或拉美那样的贫民窟呢？没有土地的话，人们在城市里就成为"没有土地"的失业者。然而我们现在却有一些学者甚至为贫民窟辩护，因为贫民窟是基于土地的私有产权和"迁徙自由"，贫民窟是"人权"。明白了吧？这就是为什么我觉得要写一点关于"什么的平等"的缘由。

请注意在最近的几周内，关于城镇化的宣传正在发生变化。现在的提法是"稳妥城镇化"，这意味着"安全地"城镇化。它意味着什么呢？我想该是这样的，近10%的中国人口是流动人口，这对国内交通是一个巨大的问题，如你在春节看到的那样。但在最近几年这些情形有所改善，全球金融危机促使许多流动人口返回乡村种地。这可能意味着这种人口流动没必要这么快，离家距离也没有必要这么远，这样人们便不会和他们的家乡故土失去联系，这种地方性的迁移是一种积极的进展，政府现在可能正在朝这方面考虑。如果城镇化进程过快，那仍将会是非常危险的。

说到土地和人口，我想起了乌坎事件——全村对强征土地的反抗催生了政治变革：很多年后的新的基层选举。你知道最近的进展，这是一种民主的模式，但最终无以为继（一年以后，土地强征问题还持续着，村民的怒火转向选举上台的村民委员会）。然而当村民遭遇真正的问题时，媒体却对它失去了兴趣，他们甚至不知道如何去界定它。开始是容易的：呼唤选举，但是当真正的问题浮现时，媒体却失语了。

关键在于不仅仅是乌坎。自20世纪末叶开启的对部分国有企业进行民营化的巨大进程会带来什么样的后果？起初是"民主"，但当通过这样的"民主"新当选的领导人也变得需要批评的时候，媒体就失去了兴趣。这就是问题所在，这意味着我们需要一种新的语汇。许多辩论集中在如何界定这个新进程，以便发现新的抗争策略。无论在国家层面还是在村庄的层面，情况是一样的，即政治形式与社会形式不相匹配。

西方媒体很容易用"专制独裁"和"国家资本主义"这样的词来批评中国，但是理解不同的政治形式是更具挑战性的。而中国的主流媒体，一有什么事情，就质疑是不是乌托邦的危机云云，问题在于，乌托邦并不是问题的开始，而是对已经存在的问题的回应。这些都揭示了媒体对现实把握的无能。

斯诺登事件与他者的"祛魅"

《亚洲时报在线》：您如何看斯诺登事件和大量的美国谍报活动的曝光？这个家伙（按：斯诺登）现在飞走了，但对中国内地和香港来说仍然是一件大事。

汪晖：我不同意那些认为要将斯诺登（Edward Snowden）移交美国的看法。当斯诺登揭露了美国已窃取了大量中国内地和香港的信息的时候，应该立即开启一项大型调查。我们为什么不能够做这样的调查并将之公诸世界呢？我真的认为在这次事件上，中国不仅仅是捍卫中国的利益，它应当使得这个事件能够透明和公开化。这是又一个需要打开公共性的案例。

当然，黑客事件正在扩大，美国应当受到更多的谴责，因为大家都在使用微软、苹果、谷歌，所有国家都有黑客行为，现在我们需要将事情的全部揭露给整个世界。我当然希望中美关系得到改善，但这并不意味着过分妥协。我真不希望中国在这个案子上只为自己的行为辩护。相反，我认为辩论需要一种真正的国际视野，因为美国同样从欧洲窃取了大量信息。然而讽刺的是，大多数美国媒体将斯诺登描述为犯罪分子。

《亚洲时报在线》：所以这对中国也是个考验。

汪晖：是的，这非常有意思，这不仅是对美国的巨大考验，对中国来说尤其是个巨大的考验。它不仅是对国际秩序意味着重要影响，对中国的内部制度、内地与香港的关系也有影响。

在我们的制度内，香港到底是一种什么样的状况？这是一个重大的问题。

《亚洲时报在线》：这一案例如何影响中美关系呢？

汪晖：对美国来说，他们有点尴尬，但也不会感到太难堪，他们并不太在乎别人如何看待自己的行为。但在这里却很重要，中国的改革与中美关系有关。即使人们会批评美国在伊斯兰世界、在南美或非洲发动战争，对许多人而言，美国还是一个好模板，因为那里的人们享有言论自由，国家对私人生活的干涉是非法的。但现在这个事件发生了。所以该如何回应呢？我认为这不仅仅是美国的问题，我们应该对这里的某种政治改革有所"祛魅"，否则我们总要试图把一个想象的"他者"作为样板。

新危机的性质与冷战和后冷战语境下的完全不同。你不能简单地认为我们可以用这种制度替代那种制度。我不是为这个制度辩护，而是需要重新思考现实，不是简单地从对"他者"的幻想开始。这只是一个小故事，却也是一个新开始。

（郑棋文／译）

03　平等问题与可持续发展
——在中国农业大学的讲座

2015 年 11 月 14 日，"2015 年促进可持续发展论坛暨中国滋根成立 20 周年庆"在中国农业大学举办，汪晖教授在该论坛上做了主题报告。本文根据报告发言整理而成。

平等的问题与发展的问题是密切关联在一起的。因为讨论发展，首先要问：到底什么是发展，为了什么目的来发展。这是发展研究当中最基本的问题。

发展主义就是一套信仰，信仰背后有很多物质支撑，它最主要的特点就是把发展等同于一般而言的经济增长。经济增长的基本方式，在过去主要是工业化和城市化。到今天金融化、虚拟化是它的核心。很早以前就有人说，如果土地、劳动力、货币这三项要素都在市场里面完全流动的话，社会的大灾难就不远了，社会的大危机就很近了。

也就是说，在今天金融化和资本化的时代，所有这些要素所面临的挑战是空前的。所以一方面我们看到这些变化，我们看到社会的意识有很多进步，但是另一方面发展主义的危机和后果，可以说越来越严重，越来越深重。

今天的社会面临着很严重的社会不公正、不平等的问题。这是中国的严重问题，也是全世界的严重问题。可以说当代社会增长模式的痼疾，它不是个别的现象，不是个别人腐败的结果，是这整个发展模式造成的问题。

但是讨论平等与发展的关系，是一个很复杂的问题，要追究起来并不简单。很多时候对于平等的诉求，常常又是和追求发展的问题密切相关的。因为很多人都说我们只有经济增长了，我们把蛋糕做大才能达到平等。换句话说，平等这个理念不一定都是对发展主义的批评。

因此，有一个如何把平等的问题与可持续发展的问题重新挂钩和结合的关系。我结合过去我接触到的案例讨论一下平等的不同方面。平等有不同的面向。今天可持续发展成为我们的迫切任务，我们需要对平等价值、命题本身做出再界定。也就是说，它在一定程度上要丰富化、深化，使得它与我们思考发展模式的问题结合起来，而不只是在旧的平等观念中转圈。

什么是旧的平等观念？我把旧的平等观念大体上分为三个主要的类型。第一个类型在我们社会里谈论得最多，就是机会平等。今天机会平等的问题仍然是问题，我们知道社会关系固化，特权阶层的子女容易升迁，容易得到财富，而一般人不能，这就是机会不平等。机会不平等最严重的表现，在我们社会里其实都落在普通的劳动者身上，尤其是农民和进城以后的农民工。最近这几年，我每年都参与合作提案和报告。其中一个项目集中在建筑业农民工的问题上，过去这些年，我们不但有《劳动法》，也有《劳动合同法》，但80%以上的建筑业农民工没有签署劳动合同，有些签署了劳动合同的农民工，连合同都不在他们手上。所以他们的工伤事故、他们的劳保、他们的许多社会保护是没有法律保障的，这是典型的机会不平等。

也就是说，不是经济剥削的问题，而是超经济剥削的问题。呼吁了这么多年，每次呼吁得到的回复是很积极的，住建部、劳动人事部、最高人民法院都承认这是严重的问题，回应之后不是说没有效果，但是效果是很有限的。我经过多年的摸索，才慢慢明白它们大概希望等到这波城市化浪潮平复，建筑业自然地下降了，也就把这代人消化掉了，这是以一代人，甚至几代人为代价的不平等的发展。房地产是基础建设，建筑业是经济拉动的主要动力。但是这一批人在今天所承受不平等的后果，是非常严重的。

但是如果仅仅在机会平等的意义上来讨论这个问题仍然不够，马克思过去也说过，像这样的机会平等基本上是一个资产阶级的平等，所诉求的就是平等的商品交换。也就是说，劳动者把自己当成商品劳动力，在劳动市场上相对平等地交换。过去这些年在世界范围内，在机会平等的旗帜下，不平等在大规模地发展。一方面是强调机会平等，但是机会平等的旗帜下大规模地发展出不平等的社会结构。这也造成了不可持续的发展——即便从发展和增长的意义上，也是不可持续的。我们经常听到经济学家说消费不足，就是大规模的人口无力消费，又产生出生产过剩，做经济学的都了解这一点，都知道这个状况。

正因为如此，过去几十年发展出了强调再分配的第二代平等观。我们讲医疗改革、劳动保护的全覆盖等等，这些问题在再分配中才能体现。再分配最要害的条件是改变初始的条件，在市场条件下，大家没有基本的条件，需要再分配来进行调节，所以最低的保障制度，医疗保险等再分配制度就出来了。在西方，20世纪六七十年代提出的正义观，就带有社会主义色彩——即便是在美国这样的国家，也是带有社会主义色彩再分配的体制。

《21世纪资本论》(*Le capital au XXIe siècle*) 出版以后，很多人注意到冷战时代在社会主义国家和西方社会里社会体制的竞争，社会福利国家的两种体制的竞争，其实是某一种相互学习的过程。西方社会的再分配内容都包含了不同程度的社会主义因素。

之前读到李中清先生的访谈，其中提到我们曾经有40年的时间，有40%的大学生——我们的精英，来自农村，来自工农家庭。可以说这是中国革命之后翻天覆地的平等性的变化，这是通过国家和社会体制的变迁来形成的，在中国当然是通过生产关系的重建来形成的一种平等性的变化，不完全是在分配意义上——在西方来说是在分配的意义上，在中国来说则是要重组社会关系。

我们过去批评社会主义体制，很多批评有一定道理，也有很多批评不公平。比如说我们过去批评单位制是控制的机制。如果单位只是生产机构的时候，它很容易变成生产和控制的机制。但是单位在它形成的初期、在它形成的过程中需要再造社会关系，在一个单位里面，它不仅仅是生产和工作的单位，它还是生活和交往的空间。

如果今天大家去看富士康的车间，那里面没有人和人之间的关系，只有劳动的生产关系。生产场所里不允许有社会关系，一定要把它排除出去，才能达到最高的效率。我们今天经常讲，要把生产过程、经济过程嵌入社会关系和文化关系中去，嵌入的某一种形式是过去曾经出现过的，尽管它出现了问题、毛病，这个实验的某一种意义比通常说的再分配，其实是更深刻的，因为它要重组生产过程。尽管今天看来这是一个失败的形式，但在当时不见得是完全失败的。中国工业化的过程的特征之一，是劳动密集的，这么多劳动力有那么大的热情，持续提供中国工业化过程的动力，这是由它的社会关系、组织模式造成的。

这样一种再分配模式也带来了一些问题。我们过去的扶贫，也是再分配的模式，现在我们的援疆、援藏，也可以说是再分配的模式，但是这个再分配的模式，集中在政府和大的资本集团的投资。经济过程直接投入地区，而对社会中的复杂文化、族群生态之间的关系常常没有得到充分理解，这样的发展模式也可能造成对当地的社会生态、文化生态和自然生态的扭曲和破坏。所以，一方面投入了很多，但是另外一方面有些后果，比如社会冲突和矛盾，恰恰是在再分配的名义下产生出来的。

因此，从20世纪七八十年代以后，提出了修正的平等观念，后来在联合国扶贫项目中有很大的影响，就是能力的平等——如果要讨论平等的话，要讨论"什么的平等"。讨论能力平等的前提，我觉得有两个主要的考虑：一是再分配主要涉及的是物的方面。也就是说，它只是再分配物。可是人的能力培养怎么办？如果只是为了结果的某一个平等，贫困地区的人如果自己没有得到更多的教育资源或其他的资源，即获取相应的能力，他们很难获得进一步、真正全面发展的机会。因此对第二代平等观的批评集中在能力平等方面是完全可以理解的。

比如说我们讨论的乡村教育问题，可以说是能力平等的重要方面。乡村教育涉及的问题是多面的，前几年我也和其他人一起合作，做过贫困地区的教育问题研究。比如说现在我们的不平等，如果只是注目在高考上，看不出不平等的前提。如果从幼儿教育，从小学一、二年级的教育，观察师资培养和校舍的状况，就知道不平等从出生不久就确定了。谈不上机会平等，因为这从一开始就不存在。在一些地区，从幼儿教育开始就没有好的幼儿园，国家的再分配不是说没有，但是在过去有计划经济的分配，今天则是流动性，没有这样的再分配。即便有些老师，幼教师资到了这些地区，去了也很快就走了。现在我们绩效评估的办法并不鼓励当地乡村教师长期的坚守。

在这些地方只有就地培养幼儿园、小学的师资，能够提供更多的条件和时间、不同于平常的评估办法，才有可能改善基础性的条件，才能讨论所谓能力平等的前提，否则，能力平等也是不存在的。

联合国后来思考可持续发展和平等问题、扶贫问题，产生了很大的影响。但是我对能力的平等，也有不满意的地方。因为说到底，能力平等对人的平等的诉求，它的基本标准也是在市场条件下提出的，即以你在进入竞争性的关系中，能不能获得平等条件为前提。虽然批评了第一代、第二代平等观——就是物质主义的方向，要强调能动性。但实际上它的能动性背后，还是包含了物化过程。说到底，什么样的能力才叫能力呢？

除了我们通常说的不平等之外，以能力平等作为一个尺度，我们可以发现它的限度在哪里。举一个简单的例子，在商业交往中，要会说普通话或者说英语，会说英语得到更高的工资，会说普通话，在民族地区是就业最基本的条件。可是在什么意义上界定能力呢？我们到民族地区常常发现，很多少数民族的学生或者是年轻劳动者，他们都会说多种语言，他们懂相邻少数民族的语言，懂普通话，当然也会说自己的语言。他们的汉语不如汉族的同学说得那么好，但就个人能力而言，就语言能力而言，其实他们比大多数汉族的同学要高，因为他们懂多种语言。但是多种语言的能力，不能被计算为能力，因为它不能在商品市场上，作为商品来交换。换句话说，能力只有变成商品才能计算为能力，这是能力平等概念没有意识到的问题。虽然强调能力的方面，但还是包含着物化的方向。

怎么来纠正这个方向呢？我觉得今天我们讨论发展主义时，需要新的平等观，这个平等观不仅是指对自然的征服，马克思的见解是，对自然的征服就是对人的控制的形式，控制自然，征服自然的过程，发展的过程，同时是控制人的过程，要把人从这个过程中解放出来，需要新的不同的平等观念。我用过一个中国的语词，大家听起来有点奇怪，有点拗口——晚清，章太炎在研究庄子的时候，与西方的思想结合起来提出一个新的平等观，他把它叫作"齐物平等"。他这个理念是很重要的思想，不仅是指人的平等，而且是指物的平等。

比如说语言和语言之间，是一种物的关系。语言之间的平等，背后是文化多样性问题。人在一定意义上只是自然世界中的一部分，在这个世界上，人也要放到物的层面来思考物的世界，这是他所说的"齐物平等"。

在这个意义上，新一代的平等观不但要讨论人和自然的关系，而且需要讨论不同的范畴，不是在人和物的二元论。只有把人重新放入物的世界内部去，从物的角度来思考我们变迁的世界，一个完全不同的平等的概念才能产生出来。这样的概念，我们把它叫作"多样性的平等"，它既是指生态的多样性，又是区域的多样性和文化的多样性。但是多样性和平等之间如何找到可以操作的方式，这是需要我们思考的重大命题。

在历史上，多样性常常是与差异，也就是说常常是与不同和不平等相关的。你与我生来不同，男女不一样，所以有男女的不平等；人与物的关系不一样，所以有人对物的占有；人和人之间有阶级和门第的差别，所以是不平等的。因此，怎样把差异性和等级性区分开来，保持着我们对平等的基本价值追求，这是晚清的时候章太炎思考的基本问题。章太炎看到了当时西方的工业化、城市化和民族国家发展中，以绝对的增长和发展，以富强为中心的意识形态所导致的社会后果，才展开这样的反思。那是100多年前就已经展开的思索，这个思索没有完成，我觉得到今天还需要继续展开。

04 城市何以安顿我们？

——对话贝淡宁

2013 年 4 月，上海交通大学志远人文艺术学院讲座教授、清华大学政治理论教授和比较政治哲学研究中心主任贝淡宁（Daniel A. Bell）的新书发布会"城市的精神——全球化时代城市该如何安顿我们"在北京朝阳区大悦城单向街书店举行。汪晖教授应邀出席，与贝淡宁教授进行了对谈。本文根据对谈实录整理而成。

李杰：贝淡宁教授的新作《城市的精神》出版了，今天请他简单谈一下他写这本书的过程、他所理解的城市精神和他眼中所观察到的不同的城市。我们还非常有幸请到著名学者汪晖教授，汪晖教授在整个中国的现代化进程研究以及现代性思想的反思方面，都有特别的成果。

先请贝淡宁教授简单地介绍一下，他和以色列的艾维纳（Avner De-Shalit）教授两个人是在什么时候有了创作《城市的精神》这本书的动因呢？在这本书的创作过程之中，又发生了哪些有趣的事情？再请汪教授来做一个简单的分析和回应，以及他最初阅读这本书的感受。

爱国主义与爱城主义

贝淡宁：《城市的精神》这本书是和以色列的一位朋友一起写的。很多人批评美国的城市，说美国的城市都一样，没有什么独特的气质，没有什么精神。但我们发现旧金山是独特的城市。我是加拿大人，蒙特利尔是我的老家，这么多城市之中，其实我更爱我的家乡蒙特利尔。艾维纳则反对以色列，尤其是以色列的政府，他比较偏左派，他觉得以色列人不太有自己的城市的概念。

很多人在讨论爱国主义是什么，爱国主义是政治哲学家的问题，其中没有爱城市的概念，而且英文没有这个词，爱城市用英文来说是"love the city"。其实现在大家都知道，"I love New York"是很著名的口号，现在也有人用英文写"I love Beijing"等等，可是也没有一个词表示它到底是什么意思，所以我们发明了这个词"civism"（"爱城主义"），但中文里也没有这个词。

一开始写这本书是在 2001 年，9 月的时候我们一起散步，开始想写这本书，讨论"爱城主义"是什么东西，是不是好东西。那是 2001 年 9 月 5 日，大家都知道 2001 年 9 月 11 日发生了恐怖袭击，我们想研究纽约这座城市，可是"9·11"事件后谁敢去纽约研究纽约的精神是什么？我们放弃了这个想法。几年以后，纽约慢慢恢复过来，我们再开始写这本书。我们选了九座城市，这九座城市有非常独特的精神，我们应该怎么解释这样的精神？这个问题很重要。然后我们还要问，为什么城市的独特精神是好的？这些问题都值得讨论。

李杰：好，感谢贝淡宁先生。我想问一下汪晖教授，贝淡宁教授提出了一个概念——"爱城主义"，这对我们每个人来说更接近生活实际，它不像爱国主义或者民族主义这些可以归类到政治哲学的严肃问题。有这样的说法：巴黎人说我是巴黎人，法国只不过是巴黎的郊外，北京人好像也有这样的概念，离开了北京，我们接下来就到了地方，如果离开了上海，我们就到了乡下，而青岛人永远说我们是青岛人，很少说我们是山东人。国外和国内都有这种类似的心理，您是怎么看待的？

汪晖：这个问题不太好回答。现在都讲城市主义，至少在文化研究里面，城市似乎是一个最具有包容性、多样性的空间。我注意到今天的现场，第一，人群很年轻，第二，绝大部分人都不是当地人，可我们都生活在北京这个空间里，这就是北京的包容性。大家觉得城市本身是国际化、全球化的，或者是超越了单一地域的特殊空间。

说到认同，就你提到的城市或国家的人而言，所谓认同与你正在与谁交谈、在什么情景下交谈有直接关系。比如你和一个纽约人说我是上海人或北京人，不过另外一个角度也会说我是中国人，我不觉得这是完全矛盾的，因为文明和地方性的关系是错综复杂的，关键的问题是我们能不能够找到比较多样性的认同，来描述我们的状态。民族主义也好，爱国主义也好，或者其他的各种主义也好，发展到极端的时候，会使我们生存状态的多面性变得单一化，因为我们每个人都有无数种相对的身份认同，我们有自己的家、村庄、城市、省，还有地域、国家、大洲，还有北方、南方，这些都是构成我们认同的一部分。我们有宗教的信仰，也有地方的习俗。所以，一定程度上对城市的描述，是打开多样性的一个很重要的可能方式。

贝淡宁：我同意汪晖教授刚才提到的这一点，可我觉得20世纪的时候，不管是中国还是西方，都觉得最重要的身份是国家，我是加拿大人、我是美国人、我是中国人等等，很少有人讨论我是这座城市的人。21世纪的时候，更倾向于讨论我是什么城市的人，这个有一点变化。我们不反对爱国主义，可是我们觉得，相比爱国主义，更应该强调爱城主义。为什么呢？我觉得有三个理由。

第一个理由，太过分的爱国主义，会导致战争和敌对，国家和国家可以打架，可是城市不会和别的城市打架，这很重要。如果我的身份就是我的国家身份，我愿意为自己的国家牺牲，可是如果我的身份是北京、中国、天下等等，我会考虑怎么衡量不同的身份，这是很重要的理由。比如说纽约，纽约人更爱自己的城市，而且是以比较温和的方式，大部分的纽约人反对美国侵略伊拉克，这和爱城主义就有一些关系。

第二个理由，为什么爱城是好东西呢？因为有一些政治的问题国家很难解决，比如说全球变暖的问题，美国那么大，中国那么大，有太多不同的利益。国家解决全球气候变暖的问题，我没有那么乐观。可是有一些城市特别强调环保，比如说中国的杭州，美国的旧金山，这些城市有自己的策略，可以和其他国家的城市一起解决环保等问题，而且比国家更有效。有一些政治目标很重要，国家很难解决，可是城市可以解决。如果一些城市有自己的精神——比如说我们是环保的城市，可以和一些姐妹城市一起解决这些政治的问题。

第三个理由，我和以色列的朋友觉得解决贫困的问题是最重要的。不管是社会主义学者或者儒家学者，我们都觉得政府的首要责任是解决贫困。爱城主义对这个目标有一些帮助。比如我去过山东的曲阜，十年前很穷，现在比较发达了。它强调自己是儒家文化的中心，因此吸引了很多游客，这对经济发展有好处。

李杰：感谢贝淡宁先生，他刚才简单地解释了一下爱城主义。我们知道今年的"两会"上，李克强总理提出这样一个问题：我们国家在今后的发展，需要进一步采用城镇化的方式。一个很重要的理由是什么呢？他说，到农村的时候，农民最大的心愿就是希望能够过上城里人的日子。我想问贝淡宁先生，您所了解到的，是不是欧洲、美国、加拿大的绝大多数农民也都希望尽量过上城里人的日子？他们希望过上一种什么样的城里人的日子？城市是一个人群分野特别巨大的地方，比如说有高级白领的生活，也有送餐工、洗碗工的生活。是不是农民已经考虑好这样的差别？我想请您简单地给我们介绍一下。

贝淡宁：很多时候人们在比较城市和农村生活方式的不同，而我关注的问题则是每个城市应该有不同的、独特的东西，不同的气质，不同的精神。我先回答有关农民的这个问题，加拿大的农民很少，可能只有 2% 到 3%。20 年前有一位中国的朋友问我，关于加拿大的农民的政治倾向问题。加拿大的城市人和乡村人的文化还是不一样的，大部分的城市人在政治方面比较偏左，乡下人或者是小县城的人政治价值观比较偏右，接近美国的政治标准，这是最大的区别。

我想，我们关注的问题不一样。很多人希望变成城市人，但如果每座城市都千篇一律，那不一定好。比如说我家小区旁边有麦当劳，我不会认为这家餐馆值得骄傲，只有独特的东西，我才觉得这座城市值得为之自豪。为什么这才是好东西呢？还有一个原因，我觉得对大家来说，归属感很重要。所以我们强调每一座城市应该有自己的精神，自己的气质，自己独特的东西，这样城市的人才会有归属感。

我觉得中国也是这样的。如果我的城市和别的城市都一样，没有什么独特之处，我对这座城市就没有很强的归属感。上海和北京可能还是比较独特的城市，所以"我爱上海""我爱北京"，大家都会理解。可是还有一些城市，像一些美国的城市，没有什么意思。虽然城市化的过程很重要，不管是中国，还是整个世界，都有这样的倾向，但是我们要关注的问题是，怎么把开放包容的精神和独特的精神结合起来。

"拉面经济"与"看不见的社群"

李杰：刚才贝淡宁老师谈到城市在包容的发展过程之中，还必须有自己的独特性，这种独特性是爱城主义最根本的发源地，因为有这种独特性，我才为我的城市感到自豪。汪晖教授研究现代性已经很久，整个中国在过去的 20 年里，都处在急速城市化的进程里。是不是拆迁了以后，所有的地方都在向一个样子变化？比如说所有的城市都是立交桥、工业园、高楼大厦，一下大雨的时候，城市都被淹得一塌糊涂，想听一下汪教授的意见。

汪晖：刚才贝淡宁先生谈了他的基本想法，他感觉每一座城市需要有自己的独特性，而且独特性不仅仅是建筑的，更重要的是还要让你有归属感。从另一方面，即社会变迁的角度来讲，李杰提出的问题，是有一个很深的担忧。中国已经有了很长一段城市化的过程，过去 20 年来，城市化进程非常快，在座的各位都已经参与到这个进程中，才会到这个地方来。现在国家又提出要进一步的城镇化，要把更多的人口吸引到城市里面来，我最大的担心，一个是城市建设的速度过快，造成了千城一面——现在各地的城市，样子都差不多。中国的县城如果放在欧洲，就已经是很大的城市了，不算小城市。这些城市看上去很相似，比如 20 世纪八九十年代建的，到处都是马赛克，到了下一个时期到处又都是蓝玻璃，过了一段时间又是一个模式。虽然不是绝对，但这个问题确实非常普遍。

不同的城市怎么处理自己的文化是有差异的。刚才贝淡宁举了杭州的例子，虽然现在也面临过分旅游化的问题，总体而言，我的看法是比北方城市要好。我自己的老家在扬州，它在过去的一二十年变化巨大，在保护旧城和恢复一部分古城方面所做的努力，比很多地方都要好。江南的城市，从设计开始就比较注意，而另外一些地区就相对弱一些。一方面是城市化会带来的问题，另一方面也确实在于地方文化和城市建设之间到底是什么关系？地方上对此重不重视？这是一个问题。

由于快速城市化，我认识一些设计和建筑领域的朋友，他们说现在根本没有时间研究，每天都画图，画了就可以挣钱。可城市建设的研究是长时期的，不仅是要研究建筑的本身，还要对整个建筑周围的环境、文化、历史进行研究。现在城市有大量外来人口，比如著名的"宇宙中心"五道口，全世界什么地方的人都有，有的时候坐在咖啡馆里，我突然不知道自己在哪儿，会有恍惚的感觉，北京确实是国际化、全球化的都市。但即便是这样的空间，到底怎么才能够容纳新的人口仍然是需要讨论的问题。大家都知道有一名年轻的学者写了一本书叫《蚁族》，还有一本书叫《工蜂》，我想年轻的诸位大概不是"蚁族"就是"工蜂"。在城市的空间里面，怎么能够让新的人口获得尊严、塑造有认同感的文化，这是很有意思的一件事情。

我们谈到城市化的时候，难免就会想到交通、建筑、住房，像我们现在所在的这个新的"Shopping Mall"，但事实上还有许多城市化所面临的无形问题。记得前年，我去参加中央民族大学的学生答辩，有一位年轻的学生，他研究从大凉山地区迁徙到别的地区的彝族打工者的生活。我自己也曾经跟着一个团队，一起到大凉山地区做过考察。后来我回到北京以后，也参与过一些这样的讨论。我参加过一个在北京召开的、以"拉面经济"为主题的讨论会，觉得特别有意思，给我极大的启发，并且让我发现我对自己所处的城市是非常无知的。我们现在到处都可以看到拉面馆，可是我们不太知道拉面文化和它背后的制度条件。在北京或者在全国，所谓的兰州拉面馆的实际经营者绝大部分不是兰州人，都是从青海化隆等地过来的。过去有一个传统，一家拉面馆500米以内不能再开另外一家拉面馆，如果太近了就争生意了，这形成了一个文化习俗。但是新移民到了都市以后，再也不像旧的空间。人群这么密集，这么多的消费需求，很多人都要吃拉面，还有服务不过来的问题、集团化的问题、竞争的问题等等。最早同行业约束的500米距离，后来缩短到200米，然后就开始了一种协商的机制，如何具体根据人口和需求安排拉面馆的分布。这就形成了自己的文化，形成了自己的社群。

这导致一个很有意思的问题。中国有研究民族学或者是人类学的大学者，比如费孝通先生，是研究社群的。社群在过去都是以村庄、以地域为中心的，所以社群与村舍的建筑，与宗族的关系和邻里的关系密切联系在一起。可是你们每个人，包括我自己都是从别处移民到北京来的，你会发现进入北京的城市空间以后，原有的社群关系被彻底地改变了。虽然北京是我生活最长时间的城市，快30年了，可是我想到"故乡"一词，还是会想着我的老家，不会想着北京这座城市。但北京又对我不可或缺。坦白说，我特别想念我的家乡，可是如果让我回到自己的家乡，一直那么生活下去，我可能也不会习惯。换句话说，北京变成了最适合我的生存之所，但是我对它并不抱有对家乡的那种强烈的认同感。

在今天流动性很高的城市里，恰恰是像我这样的人群占了很大的比例，刚才讲到"爱城"，但新情况和传统城市是不一样的，原因是你只是在这儿生活，不见得需要对它有那么强烈的地方性认同，可你又觉得这是你生活的一部分。支持你的归属感的是什么东西呢？贝淡宁先生的书里讲到政治的城市——北京，我记得在20世纪80年代我来北京的时候，坐公共汽车路过天安门广场，心里会有很特别的情绪涌动起来，现在的年轻人可能没有这样的感觉。什么东西会触动他们内心，我觉得这是挺重要的一件事。人群不一样，认同的内容也比较多样。比如很多年轻人喜欢五道口、望京这样的区域，像东京的涩谷，都是所谓的年轻人聚集的地区。这是一种无形的文化，不是靠高楼大厦，而是靠人创造出来的文化。

还有一种东西，在座各位也许上大学后慢慢淡化了，可我所了解的工人、劳工、做社会服务的，他们到了城市之后，你会发现他们一直保留着在家乡形成的纽带。比如我刚才说做拉面的回民，或者在东莞打工的大凉山的彝族青年，他们在家乡其实不见得彼此就认识，可是到了新的地区以后，开始重建自己的社区性、社群性，我们把这种社群叫作"看不见的社群"，它不像一座村庄是可以看见的，但实际上是日常生活内部的纽带，我觉得这种纽带是长时期的。贝淡宁先生的书里有很多这类故事，都是由人这样的纽带编织起来的，所以有很丰富的文化上的内涵，也因此叙述城市化空间的时候，没有办法只用一个叙述来描述，因为四通八达，连着各个方面。

巨变中的世界

"爱城主义"的核心：认同感与归属感

贝淡宁：我补充一下，一是关于认同的问题，城市和国家有很大的区别，一般来说，我可以爱一个国家，比如说可以爱加拿大，也可以爱美国，也可以爱中国，但同时爱几个国家大家都觉得有一点怪，可是我可以爱两三座城市，这个没有矛盾。汪晖教授爱北京和爱扬州没有矛盾，我爱我的老家蒙特利尔，我也爱北京，没有人觉得矛盾。我觉得城市对外来的人是比较开放的，包括对外国人，比国家要开放。当然如果要让这些外地的人对城市有归属感，对这些人应该有比较平等的态度，比如说户口政策，这是一种障碍，对不对？这个是长期性的问题，当然要解决。

另一个问题是归属感。其实这方面与国家不一样，因为国家和国家有竞争的关系，一般来说是不太好的东西，可能会导致战争和对抗。城市和城市也有竞争的关系，比如说上海和北京，但这不是问题，而且可能是良性的。就是因为有竞争的关系，所以你更想保留自己城市的精神。为什么北京、上海比较独特？就是因为这两座城市其实一直存在竞争关系。

关于建筑方面，可能是中国比较重要的问题。因为1949年以后有30年左右都在按照苏联模式建楼，一些建筑家觉得这很糟糕。但如果按照美国的模式来建新楼也不太好。我觉得欧洲的城市比较好，每座欧洲城市都有独特的建筑，可美国差不多都一样。所以中国在建筑风格上学了30年的苏联模式加30年的美国模式，结果每座城市都差不多。

"精神"这个词是表面上的东西，关键是大家想讨论的问题是什么，不一定大家都有共同的价值观。一般来说，北京不管什么人，比如出租车司机，通常都会讨论政治的问题，可上海人对政治的问题没兴趣。在我的老家蒙特利尔，大家想讨论的是语言的问题，说法语的人和说英语的人总是有一些矛盾，这是大家都关注的问题。我朋友的老家是耶路撒冷，大家都在讨论宗教的问题。在这本书里，我们的叙述方式是这样的，列出了九座城市，每座城市关注什么问题，又怎么解释这些问题。因为我们都是政治哲学家，所以我们想讨论应该怎么解释这些问题，蒙特利尔为什么关注语言的问题，北京为什么讨论政治的问题，这方面我们应该向汪晖教授学习，因为他在这方面研究得很深刻。

李杰：好的，谢谢贝淡宁先生。我理解贝淡宁先生说的城市和国家的看法，好像类似于足球，比方说是欧洲足球俱乐部联赛，各个城市之间比赛，比如说今天曼彻斯特队输给了法兰克福队，并不会因此引起战争，但德国队和英国队之间的输赢就会有很多象征意义。发明足球俱乐部联赛，各个城市之间相互展开竞争，在某种程度上化解了民族政治文化上的冲突。像中国的很多大城市，现在也有展开各自的足球比赛。整个中国城市化的进程，您也是亲眼看到的，我想请您简单地评述一下中国这 20 年来的变化，现代化的进程是不是让人满意？现在现代化的速度太快了，可能遗失了很多东西，这种发展会带来很多严重的问题。我记得好像几年前看到《纽约时报》（*The New York Times*）上有一首诗，它是这样写的：我们的首都北京的"铁鸟"。我看了半天才明白什么是"铁鸟"，原来就是盖房子的塔吊架子。我想请您分析一下，您看到的整个中国城市化的进程中的得与失，它整个给您的感觉是满意、吃惊、遗憾，还是有一点害怕？

贝淡宁：我觉得政府的第一个责任是解决贫困的问题，如果现代化可以解决贫困，基本上我不会反对。除了解决贫困的问题，很重要的是怎么保留城市的特色，如果说现代化的结果是破坏古城特色，大家都觉得对自己的城市没有什么归属感，这是比较遗憾的。所以问题一方面是怎么解决贫困，另一方面是怎么保留归属感。而且归属感是不稳定的，可能包括一些包容性、多元化的精神，可问题是现在中国的城市建筑方面已有同质化的过程，所以怎么恢复或者怎么用新的城市精神替代，才会重新建立归属感？而且归属感与社会责任很有关系，如果我对自己的城市没有归属感，觉得这里不是我的家，就不会去对这座城市的人负社会责任。有归属感，才会有社会责任感。现在中国社会缺乏社会责任感，我觉得和缺少归属感有关系，怎么恢复归属感？每座城市应该有自己独特的精神吸引力。

城乡之间

李杰：我插一个问题，最近看到互联网上一则新闻，说要进湖南的凤凰古城就得交 148 元的门票。我今天看到有一则笑话是，有一个凤凰的小伙子带着他的女朋友回去见父母，由于女朋友不是凤凰人，所以要进男朋友家的门，先得拿 148 块钱买张票，否则的话就进不去。这个问题和几年前流行的一种概念相关，有一个说法是"经营城市"，我们的市长就是我们的 CEO，就是我们的老板。两位老师是怎么看待和评价"经营城市"这种现在比较流行的观念？

汪晖：我也看到了这个消息。其实这不是第一例，安徽早就有了，黄山脚下的宏村重建之后也受到这类保护。这个问题涉及几个方面，一个方面和你说的"经营城市"有关，与城市和政治、政治结构的关系相关。中国的改革有一个放权的过程，地方的权力越来越大，我用一个词叫作"政府公司化"，尤其是地方政府，越来越像一个公司，不像传统的政治机关，变成一个经营型的构造。这也是城市规划当中带来的一个问题，盈利性高，是经济性的城市。最终是以增值、资本扩张作为它的前提，看起来是有保护性的，但另一方面使得真正的文化——人们日常生活的文化，实际上被资本的力量完全控制了，这是问题的一个方面。

第二个方面就是流动。比如说宏村，如果完全开放，它就会变成一个旅游热点，这些地方完全没有办法可持续发展，这也就意味着城市化带来的生活方式的变化里面既有好的方面，又有很大的问题。现在城市的人天天工作，有假期的时候会出去旅游，都是一团一团地到一个地方，都是被商业拉动的。这一方面是拉动经济，但是另外一方面，对很多地方文化则是一种破坏。刚才说了好的方面，可是也有坏的方面，就是很多地方都是以旅游为中心的，复建了很多东西，目的是为了吸引游客，包括大量假古董的出现，都是由旅游经济来拉动的。这个问题不完全是城市自身的问题，它和今天市场化、全球化的过程有密切的关系，而且导致了对很多地方原始文化的破坏。

另外一点，城市是有历史的。刚才贝淡宁先生说国家和城市的不同，但是在他的书里我们也看到，这个不同也是从历史中发展起来的。比如说在城市为中心的国家，城邦国家时期，爱城主义与爱国主义其实是一体的，无论是在希腊，还是在中国的周代，城市和城市之间也要打仗，城市并不是天然和平的，城邦国家也是打仗的。你设想一下，如果意大利不是一个统一的国家，而是城邦林立的国家，城市之间可能不会那么和平相处。也就是说，新的更大的

巨变中的世界

共同体的出现，导致了城市之间的关系发生了变异，从这一点上来说是一个历史变化，这当然是资本主义时期的，尤其是19世纪的变化。

《城市的精神》这本书里描述的主要是19世纪以来称得上都市的地方，主要写的是北京——北京是很特别的，其他的都是19世纪以后产生的都市。19世纪的纽约、伦敦、巴黎是我们今天想象城市的主要依据和研究对象，比如我们看到本雅明（Walter Benjamin）笔下的巴黎等等。但21世纪与19世纪形成的城市之间有非常大的差别，我并不是要美化19世纪的城市，19世纪的城市同样有阶级分化，有贫民区，有富人区。不过从本雅明描写的巴黎来看，它的开放性很高。我们今天21世纪的城市中，一方面边界似乎完全消失，但是另一方面城市与人的关系已经不一样了。

比如我对北京的感觉。我20世纪80年代到北京的时候，觉得挺喜欢北京的，也有不喜欢的地方，比如早上想吃油条都买不到，更不要说小笼包或者其他什么别的早餐。现在什么都有了。那个时候什么都没有，可是天那么蓝，我记得买豆角是一簇一簇的，都没摘过，你要买就拿一大挂给你。我这么说的意思是城市一方面是政治性的城市，是帝国的都城，但是另一方面它与乡村的关系是绵延的，不是对立的，乡村是慢慢地渗透到城市里面来的，它不是一个完全脱离了乡土的城市，让人会有亲近感。我在台北也有亲近感，但在香港就没有这种亲近感。

城乡之间如果完全没了乡土，城市的共同体的感觉还能不能维持下去，我有一点怀疑。我刚才为什么说到所谓"看不见的共同体"的概念？就是因为这些联系模式是乡土性在城市的绵延，人们在这个空间中还能够创造认同感，如果这个乡土性被彻底地驱逐了，那么这座城市里面的认同感，最后还能不能够真正成立？现在与19世纪工业化的背景不一样，今天的流动性如此之高，远远超过了19世纪的都市。这是我问贝淡宁先生的问题。贝淡宁先生是一个非常特别的人。他特别喜欢城市，但他又研究儒家思想，而儒家思想是比较强调共同体的。

明朝的时候，有一位和城市比较有关联的思想家叫李贽，特别反传统。他和那些乡村的乡绅关系特别不好，因为他到处流动，他到了乡村以后，决不接受乡村的规矩，乱谈恋爱。这点到了乡村是不可以的，所以和当地乡绅发生了很大的冲突。也就是说乡土性不一定完全是乡村，而是乡土作为文化的载体，它在城市化过程中，到底还能扮演什么样的角色？尤其在今天。中国的城镇化速度太快了，而且城市对乡村的优越性太强了，使得今天的乡村在很大程度上都需要依附于城市，如果它不能够依附于城市，它就彻底被边缘化。过去绵延式的城乡模式，在我的老家扬州还存在一些，走出去不远就有很发达的乡镇地区，它的文化能够逐步渗透到乡村里面来。但是高度发达的、完全孤立化的都市与这完全无关，这会带来一些异化的问题。刚才贝淡宁先生讲的文化多样性不复存在，或者归属感很难产生，而且不平等是没有办法用乡土性来消融的。

中国是一个土地和人口矛盾很大的国家，城市化的过程都要大量占用农业的土地，导致乡村地区人口和土地关系进一步紧张化，但这个过程似乎变得越来越不可逆。大量的社会冲突和社会矛盾来源于城市化的过程，它本身包含了一些新的压迫性，而且新形成的社群关系没有办法化解这些矛盾。过去的城市化不同于这样的模式，因为中国有庞大的乡村，很多问题可以通过乡土社会来消解，但是如果乡村社会太脆弱了，越来越依附于城市，这种社会冲突怎么去化解？再有一点就是今天在城市里面聚集的地区，它的文化水准比较高，除了政治以外，媒体和文化的权力主要集中在城市人口的手上，乡村越来越不具有这样的力量。虽然现在国家也说，我们要重点保障老少边穷地区，但这个过程基本的逻辑是很难改变的。在这样的一个条件下怎么面对这个挑战？这是很严重的问题。

我举一个小的例子，北京雾霾天气，空气很坏，这只是城市化的一部分后果，可是大概很少有人意识到，中国的空气污染50%来自乡村，今天中国的乡村再也不是记忆中的山清水秀了，化肥和各种各样的污染物在乡村已经遍布，而且这个破坏是根本性的，很难回转。可是我们从文化上来看，大家的关注点都集中在城市，"两会"上很多人都提到雾霾，可是我看很少有人讨论乡村的污染。为什么？不是乡村污染不严重，而是文化权力不均衡，这就是乡村和城市的基本关系。在中国大转型的社会里到底该怎么处理两者关系？我觉得还是要重新研究问题。换句话说，这就是刚才贝淡宁先生讲到的认同问题、归属感问题，这些都是高度相关的连带问题。到底乡村社会与城市社会之间构成什么样的关系？尤其是在一个13亿人口，到今天还有将近一半以上的乡村人口，面临着快速的城镇化过程的一个社会，它所带来的挑战恐怕是非常巨大的。

蒙特利尔、香港和新加坡市

贝淡宁：我非常同意汪晖教授的意见。关于城市和乡村的关系，我用两个例子来讨论这个问题。第一个是我的老家蒙特利尔，第二个是香港，这可能对中国的其他城市有一些启发。20世纪60年代的时候，蒙特利尔大部分的人是从农村来的，说法语的人有80%，但说英文的人都说这些人很土，他们不像城市的人，而且他们没有经济方面的权利。结果城市化的过程也很快，和中国差不多，二三十年以后完全不一样。现在说法语的人有同样的权利，而且完全成为城市人。我们不一定要那么悲观。因为现在大部分的蒙特利尔人都会说英语和法语，和20年以前不一样，以前说英语的人觉得这些说法语的人很土，不想学习他们的语言。农村的文化后来慢慢影响城市的文化，结果皆大欢喜，说英语的人愿意学法语，也开始对法语的文化感兴趣。我非常希望中国的城市也是这样，如果北京、上海不排斥这些外地人，更愿意学他们的文化，可能对北京、上海的文化有一些好处。

我的这本书里也讨论过香港。香港的变化很快，而且香港也存在很多农村文化，包括新界，这也会影响城市的文化。怎么影响呢？这方面我们可以讨论一下儒家的价值观。香港没有经历"文革"，一些儒家的价值观仍在影响他们的生活方式。为什么即使有贫富差距，可是香港基本上是比较成功的？我觉得与农村或者与儒家的价值观有关系。香港是比较强调物质主义，但物质主义其实不完全是为了自己享受生活，香港人身上有一种没有享乐主义的物质主义。为什么他们想赚钱？基本上是为了家庭。按照儒家的价值观要推及家庭的爱，推及城市、国家、天下。我觉得现在香港这方面比较不错，虽然是偏重物质主义的城市，可是因为他们保留了一些农村或者儒家的价值观，所以有益于整座城市的文化，中国内地的城市在这方面也可以学习。

汪晖：我简单地补充一下。其实我在香港生活过一年，正好是1996到1997年之间，那时我在香港中文大学访学。大家都知道香港中文大学在新界，香港的农村就是新界，香港的保存与它的历史关系很深。

很有意思的是，大概在1996到1997年的时候，发生了一个故事。当时要选董建华做特首，他那个时候还没有正式上任，但已经开始到各个区域去做一些调查、视察。那个时候香港当局做了一个决定，要更改继承权法律——严格地说不是香港，是新界的继承法要改动。因为新界这个地方还沿用清朝的部分法律，但是香港岛完全实行英国殖民统治时代的法律，所以到今天也可以说香港有三种法律，一种是《基本法》，一种是殖民政府时代形成的法律，一种是大清帝国的法律。在新界，继承法是长子继承，女性没有继承权，香港当局觉得这太落后、太不平等了。所以他们就决定要废除这个法律。当时董建华到新界的时候，新界的妇女就请愿，就像过去的太守到了什么地方，或者是钦差到了什么地方，被喊冤的人在马路上拦住，说要请愿。新界妇女要求他不要废除继承法，因为她们一直就是这样过来的，她们也习惯了这样。

也就是说香港的文化里，由于殖民时代的历史，早期的乡土性能够一定程度地渗透到城市里面来。律师好像还需要学习不同的案例，这样的例子挺有意思的，当然今天已经发生了无数的变化。在法律上，20世纪90年代在中国内地也有过这种争论。比如涉及地方的法律，北京大学的苏力教授写过一本书叫《送法下乡：中国基层司法制度研究》，因为中国城乡之间的差别太大了，如果实行完全一样的法律的话，会给社会带来很大的问题。不过从潮流上来看，法尚且如此，别的方面呢？习俗和文化能不能够在城市化过程当中更多地得到保留，是今天的城市化过程当中非常重要的问题。

李杰：感谢汪晖教授的回应。我接下来想问贝淡宁老师，我刚才听您讲，您和以色列的艾维纳教授两个人写书，说正在拿着研究基金做研究呢！做什么研究？不是在逛街吗？这是很有趣的过程。我想到本雅明的一本书《发达资本主义时代的抒情诗人》（*Charles Buudelaire: Ein Lyrtker tm Zeitalter des Hochkapitalismus*），好像是从他那个时候开始，就开创了这种通过漫游和闲逛来观察城市方方面面的研究方式。您在写这本书的时候，是不是也有这样的过程，和艾维纳教授一边逛一边闲聊？您是不是认为自己也是一个发达资本主义时代的抒情诗人？

贝淡宁：我们是用不同的方法论来评价什么是城市精神的。有一些比较主观的方法，比如说你刚才说的散步闲逛。有人说你们怎么能用资金来做这样的研究？但我觉得还是有一些成果的，所以不能这样批评我们写那本书。这种方法有一些优点，尤其是你和关系很好的朋友散步，可以随便讨论一些没有目标的问题，慢慢地，你可以思考这和城市的精神有什么关系。而且散步也可以和一些陌生人，你以前不认识的人产生关联，你对他们做采访，问他们对这座城市有什么印象，由此接触不同性别的人，不同宗教的人，有钱人、穷人、白人、黑人，等等。你能够发现一些共同的问题，并由此思考这和城市的精神有没有关系。

我们觉得也应该用一些比较客观的方法来做研究，比如说那座城市的人的价值观是什么。可是到现在为止，大部分的人在研究国家的价值观是什么——美国的价值观、中国的价值观、法国的价值观等等，很少有人研究城市的价值观。在这本书里有一座城市是新加坡，但新加坡同时也是一个国家，所以关于新加坡人的价值观有很多调查。很多研究学者觉得香港是比较独特的地方，所以他们也研究香港的价值观是什么。在香港、新加坡可以用一些比较客观的方法，来研究它们自己的气质或者自己的精神是什么。可是到现在为止，很少有人研究别的城市的价值观是什么，所以我们不可避免要依赖这些比较主观的方法。不是因为我是诗人，而是因为没有别的办法。我希望将来可以用一些比较客观的社会科学方法来研究这些问题。

李杰：谢谢贝淡宁先生，我觉得像您这样的研究方法带给我们的感觉是，城市是一个有生命、有感觉和温度的地方，而不是类似于白皮书或者是蓝皮书等一大堆城市的经济发展数据，一大堆工业、农业的比例图——这样可能看得更清楚，但已经让人失去了兴趣。您笔下的几座城市我最感兴趣的，一个是新加坡，一个是香港。很大程度上可能因为新加坡和香港最主要的人群是华人，它们能够给中国内地的城市发展带来一些启发。例如，香港曾经对政府官员实行问责制，这已经被内地的很多城市，甚至包括中央政府采纳。

书里写到新加坡这座城市很有意思的一点是，它对民主并不非常看重，只要有很多人投票去选一个候选人，这个人的得票率非常高的话，可能他们的政府就会怀疑这个人是不是有什么企图。您也提到，在香港人们对贫富差距其实没有那么敏感，因为他们觉得富有的人是因为运气更好。但实际上我们知道，现在的香港随着贫富差别的变化，抗议的人越来越多，像您的书里提到的一样，香港回归以后比以前更加资本主义了。这两座城市对于中国内地现在城市的发展有哪些启发，您能给我们简单说一说吗？

贝淡宁：好，我先谈谈为什么我们选择这两座城市。这当然和我们的经验有关系。我选了六座城市，我在这些城市住了至少两三年，我的以色列朋友选了三座城市，按照自己的经验来解释那几座城市的精神。所以我们要承认，很多记者现在给我打电话问，您觉得西安的城市精神是什么？——不知道，我就去过两三天。如果你对某座城市有一些经验，当然你可以谈那座城市的精神。关于新加坡和香港，为什么我选这两座城市？最重要的原因是因为我在新加坡住了三年，在香港住了八年，所以我对它们比较熟悉。

它们对中国内地的城市有什么启发呢？从邓小平到习近平，都觉得新加坡的模式对中国有很好的影响。第一是新加坡在环保方面做得很好，好像现在的天津是按照新加坡的模式来设计城市规划的。第二是民主这方面。我现在在写的一本书，是关于贤能政治的。很多人觉得欧美国家才是我们的将来，可是我自己觉得，民主政治中不管是什么样的社会，都需要比较优秀的领导层，无论是道德方面还是能力方面，这一方面新加坡很不错，虽然表面上像是民主的国家，但他们更强调贤能政治，英文叫"meritocracy"。他们觉得自己是贤能政治的制度。

这 20 年来我觉得中国也有很大的变化，很多西方学者觉得中国没有什么政治的改革，他们觉得民主化不是很明显。可是这 20 年也有改革，按照贤能政治的标准，这方面有一些变革，我觉得这是按照新加坡的模式来进行的，这方面我觉得都应该研究。当然新加坡是很小的地方，现在仅有 500 万的人口，和中国完全不一样。可是他们怎么选择比较优秀的领导人，这方面很值得我们学习。

香港比较独特，它在资本主义的基础上保留了一些儒家的价值观。人们赚钱不完全是为了自己，是为了家庭，是为了城市，是为了国家。现在香港的慈善捐赠人均亚洲第一，这特别奇怪，一方面他们强调的是资本主义，可是另一方面热衷于慈善捐赠。我觉得资本主义也有不同。当然他们的贫富差距很大，这是不可避免的。但是因为香港的资本主义含一些儒家的特色，能产生比较好的结果。这方面我觉得很值得内地的城市学习。

斯特恩的故事：历史中的城市和个人命运

李杰：刚才汪晖教授说，现在意义上的都市其实应该是工业革命以后产生的大规模的城市，我想请两位教授分别回答一下，有

18世纪的巴黎，有19世纪的伦敦，有20世纪的纽约，还有像今天21世纪的北京和上海。如果让您选择，您更愿意生活在哪一个时间段里面的哪座城市？

贝淡宁：这个问题很难回答，这方面我还是觉得城市与国家不一样。如果选国家，我就只能选一个国家，我是加拿大人，我不可能是别的国家的人。可是城市我不一定能选得出来，我喜欢蒙特利尔，也喜欢北京，也喜欢纽约，而且我喜欢不同时代的纽约，所以我不一定要选。这个我还没有办法回答。

汪晖：我和你的回答差不多，我觉得很难绝对地说喜欢哪座城市。就我自己来说，我每次回老家的时候，还是感到特别喜欢这座城市，古人说"人生只合扬州死"，我要死的话得回到那儿去，但是活着的时候不一定在那儿。

我倒可以说说我对城市的感觉。刚才说到北京，北京在日常生活上实在是不舒服的城市——堵车、污染，人和城的关系疏离，至少我是这样感觉。比如说，步行在北京是很奢侈的事情，而在很多大城市，比如，在纽约是可以步行的，巴黎是可以步行的，伦敦一部分是可以步行的，上海也可以。我之所以喜欢像我的老家这样的地方，是因为相对而言那里还保留着人与城之间非常亲切的关系，这一点即便在城市化中，我觉得也很需要。我们现在过分商业化，巴黎的逛街本来是逛小商铺，很多可以走的小路，充满多样性，到欧洲、美国也有一些小的地方是这样的。

另外，我觉得你会选择什么样的城市，与个人的历史命运或者是相关的。我们今天处在一个相对和平的时代，如果让一个非洲人、中东人选择什么城市，这是与战争、种族冲突这些暴力问题密切联系在一起的。我们已经有几十年的和平了，所以对城市的要求和感受和他们差别很大。我老想这个问题，贝淡宁先生写作，而且是和一位以色列的作者来合写这本书，很有意思，这让我想起对于一座城的选择，是与当地文化、与人对自己命运的理解密切联系在一起的，很难离开这个去讨论哪里更好。

我这里占用一点点时间，说一个小故事。我认识一位犹太音乐家，叫赫尔穆特·斯特恩（Hellmut Stern），是德国柏林爱乐乐团首席小提琴家。他原来是爱乐乐团的工会主席，也是他们的领导者，长期与卡拉扬（Herbert von Karaja）合作。他会说中文，会说俄语。他写了一本书，我觉得这书非常有意思，书里涉及好几座重要的城市。他是1938年和他的父母从柏林迁居到上海犹太人聚集区里的，当时德国的排犹越来越严重，所以他们举家迁到上海。他在上海四岁时开始学习小提琴，在中国战乱的历史中成为一名小提琴家。

他父亲对上海的感受很有意思。全世界尤其是西方国家，都有犹太人聚集的地方，上海也有，现在去上海还能找到原来犹太人的聚集区。总的来说，犹太人到了中国以后，与他们在所有其他地方都不一样，为什么呢？他说，在中国的犹太人慢慢地没有那么强的认同感了。我们都知道在西方有一个说法，说犹太人总是抱团的。可是他解释说，社群的需求是和外部环境相关的，如果这个社会对他们没有特别的敌意，或者特别的异质化措施，他们自己慢慢地也觉得不需要这样特别的社群了。斯特恩在上海的时候已经有这个感受了。

后来日本人占领了上海，他们就举家逃亡到内蒙古扎兰屯——如果研究中国在战争时期的移民史，会发现很多外国人都在沿这条路线走。然后到了东北哈尔滨，哈尔滨是在俄国和日本殖民条件下的殖民主义色彩浓厚的大都会。我们现在研究的都会基本上是欧洲的都会。无论是香港还是新加坡，其实都是英国殖民化过程中产生出的都会，很少有人研究非西方的都会。北京是特殊的，北京我们另外说。

哈尔滨当年就有很多欧洲人、犹太人、白俄等各个地方移民。在日本殖民条件下，它变成文化极其混杂的一座城市，那时候哈尔滨的爱乐乐团，据斯特恩说已经达到世界水平。在那期间他发现文化有多样性，他同学有俄国人、日本人等等。等到战争结束的时候，因为他们是外国人，就被苏联红军逮捕，抓到西伯利亚去了，所以他后来也会说俄语。然后又回到东北沈阳，他们向共产党政府要求移民到以色列，他回到了以色列以后，就考取了以色列乐团，成为小提琴家，可是当时以色列乐团不允许演奏任何德国音乐，对于一位小提琴家，一名爱乐乐团的提琴手来说，不允许演奏莫扎特、贝多芬这些德国音乐，他觉得非常困惑，这时候他家中发生了非常严重的父子冲突。

斯特恩的父亲是一个狂热的复国主义者，而他自己对此不能接受。对于他来说，如果一个国家的乐团里不允许演奏德国音乐的话，他只能选择离开。他离开以色列以后到了芝加哥，在芝加哥考取了芝加哥爱乐乐团。但是他没有绿卡，变成了一个卖鞋子的推销员，生活非常困难。由此可见城市不仅具有开放性，还具有封闭性，当然这种封闭性是与国家联系在一起的，比如说绿卡制，没有绿卡就没有工作权，这是研究城市和认同问题遇到的另外一个困境。结果几年以后他没有办法，只好又重新回到战乱后的柏林，到了柏林以后，他马上就被一种惊异的疑问气氛所包围了：小时候的所有同伴以及可能听说过他的人，无论是德国人，还是那些留在德国幸存下来的犹太人，对他都感到特别好奇，说你是一名犹太人，为什么竟然还回到柏林？

我在柏林住过一年，我对斯特恩谈柏林的部分特别亲切。这里有意思的是，斯特恩强调说：我当然是一名犹太人，但柏林是我生长的地方，我是柏林人，我也是一个德国人，这是我的国家，也是我的城市，为什么我不能回来？他的经验当中就产生出了一种与城市和国家都有关的特殊紧张，这种紧张使得他产生出了强烈的世界主义（cosmopolitanism）的趋向，他坚决地对抗所有这些排斥性的认同。在很多年之后他努力要做的最重要的一件事情，就是劝说柏林爱乐乐团去以色列演出，劝说以色列当局能够同意柏林爱乐去以色列访问。最终经过他数十年的努力，直到20世纪90年代才实现这个愿望，柏林爱乐终于去了特拉维夫演奏。可还有一个小插曲。卡拉扬是当时的指挥，他拒绝去以色列，最后是由一位犹太裔的著名指挥家随柏林爱乐乐团到了特拉维夫和耶路撒冷去演奏。他自己和我说，当年到以色列重新演奏巴赫、莫扎特的时候，他的感觉真是焕然一新。我们在此可以发现文化有时确实具有超越任何疆界的精神力量。

20世纪70年代初期，斯特恩是第一个到中国访问的西方重要音乐家。当年李德伦是中央乐团的指挥，他们在北京做联合演出。我们都知道1972年中国和西方的关系改变，他一直要求到哈尔滨演奏，可那个时候连一台好一些的钢琴都找不到，情况很困难。哈尔滨是一个凝聚了19至20世纪历史的城市，在它里面产生出来的精神，是超出所有的单一认同的精神。通过斯特恩的眼睛，我们重新发现了我们自己的城市文化，而我们自己是很少意识到的。我们不知道这些文化会不会消失，这种文化是中国文化里比较可贵的、真正的包容性的文化。为什么犹太人在中国消失了，这个历史与中国社会自己的文化有特殊关联。今天我们处在一个大规模城市化的时期，如果去研究这些城市的历史，可以让我们了解不同的城市精神，使得我们重新看到新的文化的可能性，会在哪里产生出来，我觉得特别有意义，这也正是贝淡宁先生这本书的关键所在。因此，任何具体的个人真正喜欢哪座城市，实质就是任何具体个人的历史命运问题。

贝淡宁：我现在知道怎么回答那个问题了，如果天堂只有一种城市，一种时代，我觉得那不是天堂。天堂需要不同的城市，不同的时代，需要20世纪30年代的哈尔滨精神，需要70年代的柏林精神，80年代的耶路撒冷精神，这样才是天堂。

李杰：谢谢贝淡宁，我现在明白为什么"穿越"题材那么火了，因为似乎只有穿越才能享受到不同时代的精神。谢谢两位今天非常精彩地和大家分享他们对城市的分析以及对城市精神的理解。

05　绘制思想知识的新图景
——答邹赞问

2014 年，新疆大学人文学院副院长邹赞采访了汪晖教授。本文根据访谈实录整理而成，原刊于《社会科学家》2014 年第 3 期。

鲁迅研究与民族、区域问题

邹赞：您早期专攻鲁迅研究，后来研究重心转移到思想史、文化社会学、历史和区域问题，那么，前期的鲁迅研究对您现在从事的跨学科课题，如对区域、族群、历史问题的关注有没有直接的影响？

汪晖：很难说是直接的，间接的影响也许有吧，因为鲁迅也关心这些话题，他考虑的主要是中国、东方在民族主义浪潮里如何自处、如何自我看待的问题。在鲁迅的讨论中，民族和民族压迫问题显得十分重要。我在分析民族、民族区域这些问题时，应当说在精神上与鲁迅研究还是有联系的，但是具体的研究方面就并没有那么直接的关联了。我对区域问题的关注，很大程度上是我对现代中国思想兴起进行研究的延伸，在这个研究过程中，到底何为中国思想，怎么界定中国，如何定义现代，甚至于怎么界定思想等等，都成了问题。关于如何界定中国，我在《现代中国思想的兴起》中处理过"帝国"和"国家"的关系，其中涉及区域与多元性社会的问题。那时候之所以要讨论"帝国"问题，是因为考虑到中国历代王朝特别是唐以后的几个主要王朝——宋元明清，其中两个是蒙古和满洲王朝。现代中国是从清代脱胎而来的，基于清王朝在制度、幅员和人口方面的差异问题，清代社会就会涉及西藏、西域、西南等不同民族的区域，也同时涉及东南沿海如琉球、朝鲜、越南、日本等沿海问题，这也是促使我思考中国"内陆—沿海"历史变迁的动力。我们如果以这样的思路去理解今天的社会，就会明白，民族和区域问题从那时候开始就已经是一个尖锐的问题了，只是形式不同而已。所以，我在研究现代中国思想兴起的时候，基本上是以清代历史为切入点，依托历史叙述来处理这些问题的。

邹赞：您近几年还在不断发表鲁迅研究的相关文章，可否将您的鲁迅研究做"前期"和"近期"的划分？您后来转向的跨学科课题对于鲁迅研究的意义是什么？

汪晖：两个阶段的鲁迅研究，有联系也有区别。我现在做的鲁迅研究，写的这些东西，很大程度上与所讲授的课程有关。写完《反抗绝望——鲁迅及其文学世界》这本书之后，不断会有反思、不满足，一直觉得需要对有些方面加以解释，包括对鲁迅晚期的再解释问题，也包括我过去没有涉及的话题，如《故事新编》，还有其他的许多问题。所以，当我今天重新去阐释鲁迅的时候，事实上携带着20多年来其他思考的印记。由于经历、思考和视野的变化，我现在对鲁迅的理解有很大的不一样了，我现在做的鲁迅研究与今天的民族、区域问题多少有些关系，比如我写《声之善恶：什么是启蒙？——重读鲁迅的〈破恶声论〉》那篇文章，其中谈到鲁迅对民族主义、世界主义的批判问题，对语言问题的反思等等，多少都是与这些相关的。我认为"民族—区域"不仅仅是一个地理、人口的问题，其背后是一个文化的问题，我转向民族、区域问题的原因，确实和我做思想史有关，学术上的基本线索是从那儿来的，但同时也是现实问题的促发和一些机遇使然。

我写过西南问题，后来又写了东南的琉球问题。事实上我写琉球问题，是因为我很希望有机会讨论台湾问题，台湾问题比较复杂，政治性非常强，我收集了很多材料，但直到今天也没有写出来。一个原因当然与紧迫感和契机有关。2008年写西藏，2009年开始思考琉球问题，同时修改关于西藏问题的相关思考并出版。我开始比较自觉地想要对民族、区域问题做一个整体的了解。我对地理、历史问题有较长时间的关注，这些尝试性的写作确实是长期思考的结果，尽管很不充分。我希望以自己的方式把这些问题写出来，我基本上是从现实生活中的问题出发，从历史和现实的两个维度来具体展开论述，这和过去写思想史不一样，与单纯处理现实问题也不一样，一面要兼顾现实感，一面要强调历史、文化、学术的深度，比如写西藏问题，既要触及东、西之间的历史脉络，也要充分考量当下与历史的辩论和商榷。

前几年，我来新疆，一直存在这样一个思考的脉络。我在写到《现代中国思想的兴起》第二卷"帝国与国家"一节时，有相当一部分内容涉及新疆，涉及与西北地区相关的问题。我对清代以来西域边疆的开发问题、法律问题都做了较详细的阅读，有一些历史资料的准备，但来到新疆以后，发现这些准备太不够了，因为新疆地区民族众多，历史头绪太复杂，诸种问题都必须放置到一个历史的视野中加以考量。事实上，西藏和新疆问题的一个重要的杠杆是蒙古，怎么去解释这些，对我来说一部分是学术问题，一部分是思考层面的问题。除此以外，还有一个脉络。我大概是在1990年代开始，较早与沟口雄三在美国有一些对谈，那时候很关心亚洲问题，发表过《亚洲想象的政治》《没有中国的中国学》等文章。我试图从亚洲的角度，从周边边疆的角度，结合我过去从中国中心的精英论角度去综合理解"中国"。现在当然还会有一个脉络，就是从军事和大众运动的角度，这也是我最近想要开始的另一个问题。但这些问题都是综合的，民族问题、区域问题都囊括在其中。所以说，我自己的研究面向初看起来跨度很大，但是从思想史的脉络来说，其中倒是有一脉相承的东西，包括你刚才提到的鲁迅，常常会在思考问题的过程中浮现出来，成为一个资源。

"文化研究"与政治经济学

邹赞：您虽然没有明确提到自己在做"文化研究"，但我在论文写作过程中读到了您和李欧梵的一次对谈，题目是《文化研究与地区研究》，这应该算是在中国大陆最早讨论"文化研究"的文章了，文中介绍了英国文化研究的大致脉络。我认为这次对谈在当时有一个基本的诉求，那就是将西方文化研究理论译介过来，以阐释20世纪90年代中国大陆社会结构转型所伴生的诸多新生文化现象。

汪晖：情况是这样的：我到美国以后，发现美国有"文化研究"和"区域研究"两种说法，我那段时间比较系统、大规模地阅读"中国研究""亚洲研究"的东西。在美国的研究体系中，"区域研究"在1990年代正是"文化研究"反思的对象，因为"文化研究"的兴起背后有政治性，偏左翼一些。"区域研究"是冷战后形成的一套学术制度，但是有关中国的"区域研究"放在学术的背景上来说有两个特点，一个是美国的"区域研究"恰恰是一个跨学科的研究领域，比如说"中国研究"，我们过去在中国没有所谓"中国研究""中国学"的说法，但是西方有，西方有关"英国文学""法国文学"的研究都是放在文学研究的学科范域之内的，唯独"中国研究"里面的文学、史学、哲学，甚至社会科学，都放在"中国学"的框架下。所以一方面，"文化研究"的一脉就是来自对后殖民主义、东方主义的研究，与"他者"（other）有关；但另一方面，它也有它的一些特点，恰恰是相对跨学科的。这也是我当时觉得有意思的一个现象。"文化研究"在美国主流的学术制度中要攻击的正是美国的学科制度，因为"文化研究"要打破学科的边界，拆解学科（discipline）的特权，这是福柯（Michel Foucault）以来的整个思路。

对于美国文化研究来说，"区域研究"当然是一个"discipline"，也是一个攻击的对象。在我这样一个外来者眼中，"区域研究"具有跨学科性，某种程度上与"文化研究"的跨学科性有着一致性，都试图打破学科界限，但它们在政治上是完全不一样的，"文化研究"的诉求强调"transculture""cross-culture"，而且倡导走出"经典研究"和"精英研究"的藩篱，将大众文化引入讨论的视野，这种思路与我们在20世纪90年代初期形成的精英思维模式构成了某种对话和对立性。我们这一代人经历了20世纪60年代、70年代的"上山下乡"等大众运动，有过各种各样的生活体验，走向底层、把大众的生活重新呈现出来的基本想法，本来应该是我们这一代人最熟悉的，可是到了90年代，中国学术界恰逢重新走向精英的路线，思想史、学术史研究的脉络都是走精英路线的，而"文化研究"要把"文化工业""大众文化"这些东西纳入关注的视域。

　　　　　　　　　　　　　　　巨变中的世界

德国法兰克福学派和英国文化研究虽然对大众文化的态度不一样，但共同之处都是把这些东西提到问题的层面上来。很多中国的知识分子对于"文化研究"不以为然，因为他们正处于重新精英化的历史当中，渴望建立一个美国式的学科制度，所以"文化研究"虽然在美国风起云涌，但是在我们这儿显然不合时宜。但"文化研究"具有不寻常的潜能，它所涉及的理论如英国文化研究、法兰克福学派、法国后结构主义等等，将有关"他者"的问题，东、西问题，日常生活的文化政治问题等提出来了。

"文化研究"在当时比较时尚，出现了一批鼓噪理论但相对缺乏深度的个案分析，实地经验和历史维度相当欠缺，所以我当时思考的一个问题就是如何将"文化研究"的方法、内容与历史研究结合起来。此外还有一个背景，20世纪90年代正是中国媒体突飞猛进的时代，我在90年代有两篇关于文化研究的文章，一篇是与李欧梵的对话《什么是"文化研究"？》，一篇是《九十年代中国大陆的文化研究与文化批评》，后者讨论的是随着媒体和大众文化兴起，在中国大陆如何做"文化研究"的一些初步想法。我从美国回来后，做了两件事情：一是编辑论文集《文化与公共性》，其中很多内容都是和"文化研究"相关的，比如阿帕杜莱（Arjun Appadurai）的文章"全球文化经济中的断裂与差异"与"文化研究"有直接关联，收录的其他学者文章虽然与"文化研究"的关系不是那么直接，但也都是在回应"文化研究"提出的一些问题；另外一件事情是和生活·读书·新知三联书店的《读书》杂志合作（那时候我还没有去《读书》工作），开过一次有关媒体的研讨会，参与者来自电视品牌栏目、新杂志、报纸等媒体，也算是最早关于"大众传播"和"文化研究"的一个实践。

　　邹赞：您在《去政治化的政治：短20世纪的终结与90年代》

一书中，曾试图去调查处理工厂改制等重大现实问题，其中附录了非常具体的访谈、观察，甚至法律文书等第一手材料，做得非常细致，这种基于在场经验与民族志调查的文化分析，与您此前尝试把文化研究与历史研究以及中国社会变迁结合起来的想法，应该是有直接的关系吧？

汪晖：坦白地说，这个与"文化研究"的关系可能不太大，与历史研究有一定的关系，因为我处理了工厂的历史，更为重要的是，这是一场以工厂改制为导火线，以新自由主义为核心议题的重要政治论争。我大概是最早将新自由主义问题放置到中国范畴内加以讨论的学者，我刚开始谈这个问题的时候，很多人都不同意，认为中国不存在新自由主义。我后来写了 *China's New Order: Society, Politics, and Economy in Transition*，那本书以"1989"为中心，分析新自由主义在中国的起源。再后来我作为《读书》杂志的编辑，去做一些工厂调查，一方面是缘于我个人的成长经验，我早期在家乡做过纺纱厂的工人，另一方面可以追溯到当时全社会引发的一场关于改革，关于民营化的思想大讨论。我多次到工厂调研，也查阅了大量资料，至于书中引证的一些法律文书，那是因为我替工人们找了律师，由律师出面，起诉了扬州市政府，这是当时工厂改制中全国唯一一个立案的例子，《南风窗》和《中国新闻周刊》都做了专题报道。我想把打官司的过程呈现出来。现在回头看来，工厂虽然最终未能被挽救下来，但是这种结局与我们先前调查时所预见的结果几乎一模一样。

我们这一代人，做电影也好，研究思想史也好，背后的经验动力和现实政治语境都是相当接近的。我对"文化研究"的一些东西有亲近感，不是因为我学习了"文化研究"的理论，而是因为原先就在关注这些现实面向。确切地说，我不崇拜任何的"discipline"，我所从事的思想史研究和文学研究，通常是力图打破学科的旧框架，消解学科间的疆界。倘若这种学术路径和某种理论有关，应当说是马克思的政治经济学理论，而不是"文化研究"。过去我和一些做"文化研究"的朋友之间实际上也有些分歧，最明显的分歧在于，我是一个始终坚持总体性的人。无论是做中国研究、思想史，还是处理区域问题，我都试图构造出一个复杂的总体脉络。这种讨论问题的方法是从马克思的政治经济学那里来的，也许和"文化研究"有交叉，但"文化研究"更加强调差异性而不是总体性，美国文化研究的脉络尤其如此。近二三十年来，我阅读了不同的理论如福柯的"话语分析""系谱学"，所以可能在分析问题时会自觉不自觉地运用这些理论资源，但我总的描述的图景不完全是解构的图景，过去有人带攻击性地讽刺说我的文章中留存有黑格尔的影子，但与其说是黑格尔，不如说是马克思，一个无处不在的"马克思的幽灵"。

邹赞：这个"马克思的幽灵"实际上也触及了当下中国文化研究的主要困境，正如作家韩少功的描述，"文化研究"在中国看似热闹非凡、如火如荼，但大都流于纯粹的意识形态批评路径，缺少政治经济学的临门一脚。

汪晖：我的基本看法是，对于一个像美国那样学科分布泾渭分明的情况，你要让一名专攻文学研究的学者去阅读、讨论政治经济，这是相当困难的，他／她只能在一些再现的层面上加以表述。但对于熟读马克思和古典哲学的学者而言，政治经济学与我们一直保持着一种沟通的关系，政治经济学对我来说就是一个关于历史的学说，所以我在思考历史问题的时候，很自然地会把这些东西带进来。尽管"经济基础决定上层建筑"的提法显得机械，但政治经济学的总体性构筑起了政治、经济、文化之间相互联系的总体关系，这一点对于我们分析文化现象、意识形态现象都是必备的前提。即便是"文化研究"极其热衷的关键词"agency"，也是需要不断回到历史情境中去发掘其意义的。

《读书》杂志的思想文化实践

邹赞：您曾经担任《读书》杂志的主编，那段时期被学界誉为"《读书》的汪晖时代"，至今仍然是学界津津乐道的话题。您在担任主编期间，发起、参与和见证了思想界一些辩驳激烈、影响深远的论争。您现在的工作性质发生了改变，如果回顾，您觉得当年主编《读书》杂志对于塑造当代中国思想文化的知识图景方面有何意义？

汪晖：这个问题最好是由别人来评价，不过我可以谈一点自己的感受。很偶然地，我去《读书》杂志担任编辑，总共在那里工作了 11 年半时间，这也是《读书》历史上经历的最狂风暴雨的时期，有人事、文化领域各方面的因素，可是最基本的背景是中国社会和当代世界发生了剧烈变化。

首先，《读书》是一份有传统的刊物，我尝试去改变一些东西，当然也不能随便去改变，只能是一种渐进的运作。改变的因素很多，比如说突破文学分析的局限，更多引入政治、经济视角，但人文的东西继续保留。

另外，我们组织很多次讨论，议题涉及乡村问题、三农、生态、全球化、战争、性别、民族主义、亚洲区域、金融风暴、南斯拉夫事件等等，可以说能够触及的热点问题，我们都积极介入了。知识界现在兴起一股怀旧潮，怀念 20 世纪 80 年代，我们是从对 80 年代的反思开始的，这种反思不是否定，我们之所以反思 80 年代，是因为我们就是它的产物。但有一点很清楚，80 年代是一个大潮汹涌的时代，泥沙俱下，但是大潮的方向非常明显。很多作家、学者都是在这股历史潮流里浮出地表，成为英雄人物的，比方说第五代电影导演，他们在 80 年代风起云涌，但在 90 年代很快就陨落了，还有很多 80 年代有名的思想人物到了 90 年代遭遇"失语"，这说明在 90 年代的思想情境中独立分析、思考社会面临的剧变，较之 80 年代要困难得多。我不太同意很多人一味否定 90 年代的看法，因为 90 年代的批判和独立思考很有难度，这种难度除了政治之外，还有思想和知识的图景，80 年代已经定型的思想范式不再有能力分析我们所面临的现实，在这种条件下，必须重新改变、调整知识视野。

《读书》文选有一卷叫"亚洲的图景"，我们试图将亚洲、非洲和拉丁美洲带入思想视野，比如编撰、发表过介绍切·格瓦拉（Che Guevara）的文章，但其中困难重重，关键是找不到合适的作者。我记得亚洲金融风暴的时候，国内居然找不到一位可以对此做出全面解释的学者。深究原因，这是我们面临的整个知识图景出了问题，80 年代以来，我们思考的是传统 / 反传统、东方 / 西方、文化心理积淀等东西，这些思想储备无法应对 90 年代之后世界和中国的社会政治变迁问题。客观上讲，讨论这些问题非常有必要性和紧迫性，然而我们的知识状况很薄弱，不仅没有充分的准备，反而充满敌意和抵制。这种简单 / 化约式的论述很难介入有深度的阐释。

在这种情况下，《读书》起到了一定的作用。现在回头来看，《读书》遇到了这样一个特殊时期，引起了如此多的论争，其实也是《读书》的幸运，因为今天很难有一本杂志能受到如此持久广泛的关注。在这个意义上说，《读书》在当时起到了一种"思想空间"的作用。我们也尽了最大努力去扩大杂志的思想容量，在发现作者群方面也下了很多功夫。

邹赞：《读书》在那个时期所扮演的社会角色，可以说是创造了一定意义上的"公共空间"，和英国当初一些推动文化批评的杂志如《旁观者》（Spectator）、《闲谈者》（Tatler）有相似之处。我当时也是《读书》的忠实粉丝，关注到杂志开辟了很多专题，涉及全球化、印度问题、巴西农民运动等重要话题，有些专题还将视角投向"华夏边缘"，我觉得这一点非常好。您当时是否特别注意去发掘相关领域的作者，这些学者能够熟练运用一些新颖的理论资源，比较自觉地化用西方民族主义理论、意识形态批评、话语分析来考察中国的少数族群文学与文化。《读书》将国内少数族群的历史经验和文化实践纳入视野，一方面及时引介和传播了域外最新的文化批评和族裔研究话语，一方面尝试对国内少数族群文化研究展开在地实践。您能否谈谈《读书》开辟此类专题的努力对于国内少数族群文化研究有着什么样的推动作用？

汪晖：我一直希望能够让少数族群或地方性的知识在中国相对主流的空间里获得表达，不管我们认为《读书》多么边缘，但在这个意义上说也算是主流。这个想法实践起来相当困难。我们发现许多地方都有非常博学的学者，可是不太会写此类文章，他们更倾向于时政性文章的写作，要将之变成思想性的文章，的确不太容易。

其实我们最早尝试的是将乡村、边疆这些问题带入进来，不完全是单纯地讨论族群。《读书》开辟过一个栏目，叫"田野札记"，人类学、民族学、民间文学的一些东西都被放置进来，同时也会专门去讨论民族主义、性别等文化理论。这等于构成了一个既拥有最具体的田野札记式的论述，又涉及一些历史、当代族群以及性别政治的理论分析。当时中国所谓的主流知识界几乎不关注这些问题，《读书》试图展开一些别样面向的尝试，它所开辟出来的"新空间"之一就是地方性知识、少数族群的声音和文学的自我表达，我记得当时专门约请过乌热尔图、张承志等少数族群作家、人类学家和文化研究学者从边缘群体的角度去展开论述。我们也非常关注女性和性别议题，有一期就是戴锦华、刘健芝、陈顺馨、孙歌四位学者关于女性主义和民族主义的讨论，一些影响很大且颇具争议性的话题，比如千名妇女申报诺贝尔和平奖运动等等，都在《读书》专门讨论过。

邹赞：您对民族主义、性别和区域问题的关注，也体现在合作编译的几套丛书当中，我阅读过《拉丁美洲被切开的血管》（ *Las Venas Abiertas de América Latina* ），还有一本是反映印巴分治的《沉默的另一面》（ *The Other Side of Silence: Voices from the Partition of India* ），读完感触很大。

汪晖：你提到的两本书收集在人民文学出版社出版的"猫头鹰学术译丛"，还有更早的一套书，是我和刘健芝等人一起编的"另类视野：文化／社会研究译丛"，由中央编译出版社出版，这套丛书包括《解殖与民族主义》《妇女、民族与女性主义》《反市场的资本主义》《庶民研究》等很有影响的著作，这些倒是名副其实的"文化研究"读本。

反现代的现代性与发展主义批评

邹赞：在谈及中国的现代性问题时，学界往往将西方的现代性当作模板，容易陷入一种西方现代性的"放送影响"模式，从而造成文化艺术领域的诸多误读，以为现代性就是新潮、时尚、先锋的代名词。事实上，现代性从来都是不拘一格的，具有形态意义上的多元性。您提出过"反现代的现代性"概念，尝试用这一术语来图绘中国的别样现代性实践，主要是基于什么样的考虑？

汪晖：现代性的概念非常抽象，也比较复杂，但它已成为20世纪社会理论的中心问题，马克斯·韦伯（Max Weber）、法兰克福学派、解构主义等社会与文化理论都必须处理这个问题。我最早是在《当代中国思想状况与现代性问题》一文中提出这个概念的，它是一个批判性而非目的论的描述。从批判的意义上说，是为了回应20世纪90年代中国知识界的状况，中国知识界从20世纪80年代的启蒙，再到马克思主义人道主义等等的论述，都倾向于把中国社会主义革命和建设背后存在的问题归结为封建专制，强调所谓的"超稳定结构"，也就是说，他们不承认20世纪中国是一个现代性的变迁。为什么现代中国不是一个很重要的现代的变迁呢？主要因为现代中国是一个革命的、社会主义的、带有超越资本主义的变迁，所以我强调，如果简单使用反封建、反传统来回顾社会主义和中国革命的经验教训，显然大有问题，原因是中国革命和社会主义历史本身就是一个"反现代的现代性"。首先，"反现代"表明了针对资本主义的批判，但同时又分享了现代的基本理念，比如说"目的论""时间的进步观念"等等，因此如果要总结中国革命和社会主义的经验教训，就不能将其放置在"传统/现代"的二元对立之中，而需要讨论现代自身的自我展开过程中存在的问题。其次，我强调20世纪80年代以来各种各样针对批判的社会思想，也同时分享着现代性思想所招致的种种麻烦、矛盾和困境，因为它同样是站在目的论、进步论的立场上，为资本主义鸣锣开道而已。我提出"反现代的现代性"问题时，是带着这样一个历史观察和思想方法

巨变中的世界

的变法。这篇文章在当时引发了激烈论争，根本原因在于，它反驳了 80 年代以来的整个历史观，80 年代知识界把自己装扮成启蒙和人道主义的代言，当时知识界流行的一些语词，包括我刚才提到的金观涛的"超稳定结构"、李泽厚的"文化心理积淀"等，诸如此类的表述，说到底都是同一个脉络的产物，如果这场革命是自我在这种特定语境中的表达的话，那么这些解释就都失效了。由于分享着"现代 / 传统""西方 / 中国"的思维框架，知识界无力去解释现代历史中出现的问题以及取得的创新和成就，这是思想上的迷信和盲点，也是我为什么提出"反现代的现代性"一个直接的动因。

此外则与我自己的一些思考有关。1994 年，我写了《韦伯与中国的现代性问题》，批评韦伯的理论对于中国的解释，后来写《现代中国思想的兴起》时，尚有部分内容与此有关，但没有直接使用"反现代的现代性"一词，我在这本书中回应了有关宋代资本主义的论述。的确，中国历史当中某种程度的市场关系，某种程度的准民族主义的要素，一个近似于近代集权制国家的出现等等，从北宋开始逐渐得到发展。如何解释这些现象？它是现代性吗？是资本主义吗？借助于某种与"反现代的现代性"相类似的东西，我强调它在中国历史当中出现了一些非常重要的变化，这些变化并不等同于近代西方的现代性，但又无法类比于封建和中世纪，它已经萌生了一个新时代的要素，这些要素不一定是资本主义的，它的市场不等同于市场经济，新儒家在宋代崛起，也不是一般的民族主义，而是另外一套东西，包含了对于新的变化发展的反思和张力。我在描述这些问题时，隐隐约约回应了相关论述，这样就使得我的论述与原来只是讨论 20 世纪思想问题不太一样。其中发生了一些变化，我使用了"早期现代""早期近代"等表述，"早期现代"只是临时的概念，因为找不到别的语词来描述这样的变化。贵族制土崩瓦解、市场初步出现、一定程度的城市化、私有经济、文官系统等等，在韦伯主义者看来都是现代性出现的标志。可是它不同于西方殖民主义境遇下的"殖民现代性"，它是从自我社会变迁中衍生出来的社会条件，但是在中国历史中，它具有突破性的意义。怎么去描述这些？对我来说，用一个临时性"早期现代"的观念来打破单一的、目的论的现代观点，是很有必要的。"早期现代"的使用也试图与对印度等殖民地国家的描述区分开来，当然也和 20 世纪中国的社会革命有着密切关联。

邹赞：发展主义是现代性的一个直接后果，对于发展主义的批判也成为"文化研究"和社会理论的关注热点，比如香港岭南大学文化研究系的群芳文化发展研究中心长期与非政府组织合作，持续介入生态问题、城市规划、三农与贫困问题。不言而喻，发展主义也会破坏一些地方文化和特定的社群经验，这当中我尤其关心现代性及其孳生的发展主义对于少数族群文化传承的消极影响，边地少数族群地区近年来大兴旅游产业，4A、5A、非遗等十分热闹，但随之而来的就是大兴土木，严重损毁原有的自然生态和人文生态。您怎么看待现代性与边地少数族群文化多样性之间的关系？

汪晖：发展主义既是现代性的一个后果，又可以说是资本主义的一个后果。我和朋友编过一本《发展的幻象》，香港版本名为《发展的迷思》，这本书就是专门批评发展主义的。《读书》杂志也曾组稿批评发展主义，并引起争论。可以说，不仅仅是少数族群的文化多样性，几乎所有的地方性文化都受到发展主义影响，城市化、千城一面，就是发展主义的典型表现。

我们要区分"发展"与"发展主义"，"发展主义"是指那种以 GDP 为中心、视经济增长为唯一目标的发展模式，"发展"则包含了文化、社会各个方面的发展。批判发展主义并不意味着固守某一文化不能有任何改变，因为任何一种文化都会有改良的空间和发展的余地，但发展主义旨在以经济增长的方式来改变所有的社会构造，妄图以经济和资本的逻辑来取代其他一切社会文化发展的逻辑，一切的关系都被兑换成这种关系，这当然是破坏性的。

我们在批判发展主义的同时，有关性别、族群和地方问题的研究同时也为其提供了知识的背景，也只有具备这些知识图景的人，才会真正看到发展主义所带来的危害，这是我觉得比较核心的问题。

对话阿里吉、阿帕杜莱

邹赞：历经几次世界性金融危机之后，中国在全球体系中的主体位置日益凸显，中国的发展模式也越来越引起西方学者的关注，乔万尼·阿里吉的《亚当·斯密在北京：21世纪的谱系》（*Adam Smith in Beijing: Lineages of the Twenty-First Century*）就是其中很有影响力的范例。阿里吉认为中国的小农经济范式在面对全球资本主义时显示出了所具有的优势，您如何看待阿里吉的判断？

汪晖：阿里吉的观点争议很大，它首先是对西方历史观的一个洞察，就这方面而言，比较深刻也比较有意义。阿里吉的这本书是他关于全球结构体系变迁的思考的一部分，要真正读懂它，还需要了解这个"三部曲"的前两本著作——《漫长的20世纪：金钱、权力与我们时代的起源》（*The Long Twentieth Century: Money, Power and the Origins of Our Times*）、《现代世界体系的混沌与治理》（*Chaos and Governance in the Modern World System*）。《亚当·斯密在北京》是对于资本主义中心转移的一个描述，书中尝试解构"美国中心论"，预言中国可能要取代这种中心位置。我最先是在1999年的一次学术会议上听到阿里吉的相关见解的。

中国小农经济的韧性和弹性，迄今为止，都是有它的意义的，温铁军等学者强调中国之所以能够平稳度过几次全球性金融危机，最重要的原因都是由于小农经济的支撑作用。小农经济可以吸纳剩余劳动力，虽然会有失业率，但是不大会造成整体的结构性解体。这些都是它有意义的地方。同时，小农经济与大机械、与小规模市场形成之间的关系，都是极为重要的论题。小农经济具备丰富的市场关系，但又不同于资本主义的市场经济，用卡尔·波兰尼（Karl Polanyi）的话说，就是一种"嵌入型社会"，经济只是社会文化当中的一部分，并非支配性的一部分。但是今天看来，当下中国小农经济正面临着巨大的冲击，如何应对？到底会有怎样的发展走向？诸如此类问题依旧是思考的核心问题。最近出现了一些新的现象，比方说如何看待转基因、全球化的农业生产和大农场模式？如何评估国家在城镇化过程中发挥的作用？自由派和右翼推动土地私有化会造成什么样的后果？这些问题都有待观察。

阿里吉讨论的另外一个问题，其实是中国模式当中的"国家"角色问题。他引用过我在《去政治化的政治》中的一段论述，我强调中国的改革是在"文革"结束后，国家体制的官员比较了解基层情况，因此制定的相关政策也比较合理，在当时推进改革不是基于政党或某些特权的利益，而是基于中国的总体利益，这一点是取得了共识的。也就是说，"文革"后大家都普遍支持改革，是因为国家在一定程度上能够履行调节的职能，我当时用了加引号的"中性化政府"来表述。阿里吉认为恰恰是因为这个过程，使得中国政府和国家在改革初期反而更接近于亚当·斯密（Adam Smith）所谓的中性化政府模式。亚当·斯密不是一个放任自流者，他强调要有一个中性化国家，但是中性化国家在现代社会是很难得到的。

我们还可以从经济史角度对这本书展开深层次探讨，不管如何，我认为阿里吉不无先见之明地把握住了一点，即从20世纪90年代开始，中国经济会成为全球经济体系中最主要的动力之一，至少是能够与美国抗衡的实体。这些论断在当下看来似乎已成常识，但是如果回溯到90年代，却显然富有前瞻性。

邹赞：我在阅读捷克总统哈维尔（Václav Havel）的访谈时，了解到他特别反感别人把他归为"左派"或"右派"，他坚持声称自己既非"左派"也非"右派"，而是处于二者的前沿中心地带。我发现学界总喜欢贴标签似的将您和戴锦华、黄纪苏等老师归为中国"新左派"的代表，您是否在意这种命名？

汪晖：坦白地讲，我比较无所谓。我最开始拒绝这一命名，现在也从未宣称自己是"新左派"。"新左派"当初是作为一种攻击性用语而出现的，但在今天有很多人自称是"新左派"了。在我看来，"左""右"之间的分野总是存在的，也总是会有模糊地带，这在当下社会尤其如此。总的看来，站在大众一边的是左派，持少数精英立场的就是右派，在一般的社会分野中，用"左"和"右"来标示，一定程度上说是自然的，也是不可避免的。只不过现在一些标榜讨论"左"与"右"的文章不堪一读，它们大多是率先杜撰出一个"左"与"右"，然后夸夸其谈，并不具体去讨论现实问题，这其实毫无意义，也容易孳生出一批离开这些语词就不会写文章的人。

我自己不太用这些词，但也不完全否定这些命名的价值。当我们面临今天中国的现实问题时，单纯讲"左"和"右"确实解决不了什么问题，但用这种划分，对于思想图景的建构倒也不是完全没有道理。当时在论述"新左派"的时候，主要是与自由派的对立，我认为如果"新左派"真的存在对立面的话，那也不是一般意义上的自由主义，而是"新自由主义"浪潮，也就是今天这个时代的"新右翼"。我说的"新右翼"是以"新自由主义""新保守主义"为中心的右翼浪潮，这些思潮解构了整个社会主义的遗产，加剧了剥夺工人和大众经济利益的进程，在中国和全世界都出现了这一浪潮，尽管它在思想表述上打着自由主义的旗号，但事实上丝毫不是可以用古典自由主义概括的，所以他们更接近于"新自由主义"和所谓的"新保守主义"。

我的另外一个看法是，如果存在"新左翼"运动的话，那它也是一个广泛的、内容相当复杂的思想运动，当中会有很多边界。我不喜欢用"左"和"右"，尤其不主张用"新左派""新自由主义"的二元对立来描述中国的思想状况。这个在批判和反思"新自由主义"过程中形成的"统一战线"，其思想资源非常复杂，不纯粹是马克思主义，也包括古典自由主义、李斯特（Friedrich List）的国民经济学等理论话语。与其用"新左派"，不如用"批判的知识分子"，更加能够展现这一"统一战线"的基本立场及其内在的复杂性。

邹赞：我们在后冷战的格局当中讨论文化问题，必须要涉及"新自由主义"的政治经济结构。一些文化理论学者开始检视、重估当代资本主义体系的新变化，尝试探询全球化的别样实践，比如阿帕杜莱提出了"草根性全球化"（grassroots globalization）概念，您如何评价阿帕杜莱这种自下而上的全球化知识图景？

汪晖：阿帕杜莱当年参加了我们在芝加哥举办的学术会议，也是《文化与公共性》的作者之一。我觉得阿帕杜莱讨论全球化问题时的政治经济学视野还是不够。有关金融资本主义所带动的新型资本主义生产方式的变化到底具有什么样的逻辑，迄今为止，出现了一些论述，但总的来说还有很多问题没有解释清楚。阿帕杜莱的"草根性全球化"也好，麦克尔·哈特（Michael Hardt）的《帝国：全球化的政治秩序》（*Empire*）也好，都是从另类的视野出发去讨论全球化的进程，由于"草根性全球化"、"另类全球化"（alternative globlization）这些概念的主要动机来源于对全球化的反对，以及对这种反对有可能导致简单退回到民族主义范式的担忧，因此，一方面要拒绝资本主义的全球化，另一方面要强调还有别的形式的全球化，并不是要退回到"西方中心论"，退回到民族主义。从这方面来说，我的思考里面有一部分与这个是相关的。如果批判全球化而没有一个替代性方案的话，那将是空中楼阁，但替代性方案从哪儿开始呢？我认为马克思的方法就是通过对资本主义在19世纪已经发生的形态的严谨的政治经济学研究来发现其变迁的逻辑，这不是一种异想天开的假设，而是侧重于描述其内在的逻辑，并在此基础上展望其未来的可能性。不管马克思的预见在多大程度上是正确的，但是他切入思考问题的方法是学界所称道的。所以，提出这些问题的真正意义在于观察当代资本主义到底在哪些方面修正了过去资本主义的一些面貌。我们对"新自由主义"的后果已经讨论得很多了，但是它的生产和逻辑尚未获得令人信服的分析，这些恰恰是我们需要认真对待的问题。

第五部分　艺术作为反媒体的媒体

01 故里、变迁与贾樟柯的现实主义

——电影《三峡好人》座谈会

2006 年 12 月 22 日上午,《读书》杂志在汾阳中学组织举办了《三峡好人》座谈会。汪晖教授担任主持人并做发言,其他会议与谈人:李陀、崔卫平、贾樟柯、西川、欧阳江河。本文根据座谈会现场实录整理而成,首刊于《读书》杂志 2007 年第 2 期。

汪晖:感谢汾阳中学的帮助,我们《读书》杂志能够在这里召开座谈会。从看《小武》开始,就对汾阳留下了印象。我是第一次来汾阳,刚才穿过街道,走进这扇校门,看到这么大一所中学,建筑保得这么完整,难以想象这是 1902 年建设的学校。走进学校的时候,我们好像也在走进作为现代变革开端的历史。这次在汾阳看《三峡好人》,朋友们很兴奋。在各种各样的大片占据了几乎所有的电影空间的时候,贾樟柯的电影弥足珍贵。如果没有这样的电影,我们对当代中国电影的叙述大概会完全不同。下面我就把话筒让给与会的朋友们。

第五代之后新一代导演的崛起

李陀：这是我一直期待的一部片子，至少就我个人来说，期待了甚至有十来年了。我觉得《三峡好人》出现的意义，主要不在于它是部好影片，也不在于贾樟柯得了威尼斯电影节的金狮奖。这部影片的意义，必须放在中国当代电影的大形势里评价——这是在中国当代电影史上非常重要的一部影片，它或许是一个新的电影发展的开始。

我自己做电影评论有很多年历史了，从20世纪80年代就做影评，90年代以后做得少了，但是因为对电影有着特殊的感情，这些年一直在关注中国电影的发展。80年代中国电影是一个高潮，这是事实。可是我和一些做电影批评、做电影史研究的朋友，还在80年代就有一个疑问：80年代的"新电影运动"（当时很多理论文章都有这个提法，现在已经被人遗忘了）到底能不能持续？到底能走多远？很多年了，我想这个疑问在朋友当中一定像一根尖刺，越刺越深。

今天我要非常不客气地，也是第一次在这么一个公众场合表达我对整个第五代导演的彻底失望，尤其是对陈凯歌和张艺谋。为什么强调第五代？因为"第五代"是80年代"新电影"的中坚，曾经是中国电影的希望，被认为是中国电影的未来。这些年，眼看着这一代电影人的形象日益混浊，可总不忍心说，这出戏完了，该落幕了，总以为或许有转机。但是，我们能等到的，是一次又一次的失望。实际上，大家看到的，是以陈凯歌、张艺谋为象征的"第五代电影"无可挽回的没落过程——今天我用"没落"这个词是慎重考虑过的，对我自己来说，也是很沉重的。可是，没落就是没落，实实在在的一代人的没落。第五代电影，还有中国"新电影运动"的没落，是中国电影史的一件大事，对世界电影来说，也是一件大事。中国"新电影运动"在80年代兴起，是非常重要的电影事件，也得到了各国电影史家、影评家、观众异常的关注，有非常高的评价。这样一个电影潮流为什么这么快（算起来，它的兴盛不过几年工夫）就没落下去了？这里大概有很多原因可以思考。

　　为什么我今天这么强调第五代电影的没落？因为这是我们评价贾樟柯，评价《三峡好人》的一个必需的背景。批评或者分析一个艺术运动走向没落，虽然非常重要，可是批得再深，骂得再狠，都不能代替电影自身的发展。我们必须有新的作品、新的电影实践来证明我们的电影还有出路，还可以做新的探索。而《三峡好人》的出现，不但满足了我们的期待，甚至高于了我们的期待——第五代可以没落，中国电影可不能没落，我们在贾樟柯的出现和进步里，又看到了希望。

　　我想起第一次看《小武》的情景，有点神秘的色彩，几十个人在一个街头集合，然后曲曲折折到了一个很秘密的地方（欧阳江河插话：那是书法家曾来德的工作室——《小武》在北京的第一次放映，是我找人找地方组织起来的），简直像一次地下活动。我记得，这一小群观众里还有张艺谋，当时我很惊讶，心想他怎么也来了？不过，张艺谋看完以后一句话没说就走了。就我自己来说，看《小武》是我一次非同寻常的新经验，有一种预感，觉得这是个新东西，里面隐含一种新的电影发展的可能。但是，这种可能性究竟能长成什么东西？得需要时间，需要看，需要等。今天，我觉得自己终于等到了。有了《三峡好人》，贾樟柯在《小武》里的实验和探索终于有了一个完满的结果，有了一次成熟并且完整的实践。我们现在可以说，从《小武》到《三峡好人》，贾樟柯的电影写作已经获得了一种电影史的意义：在80年代兴起的"新电影"潮流没落之际，我们看到了新一代导演的崛起，看到了新的希望，看到了新的空间，这是我特别想说的一个意思。

贾樟柯电影出现的另一个背景，是近几年迅速兴旺起来的中国商业电影。既然中国今天已经融入全球化市场社会，拍商业片，拍大片，以电影来谋求高额利润，也是必然的市场行为。问题是一个国家的电影能不能完全被商业电影统治？除了商业片之外还有没有别的电影存活？能不能有一批导演，不谋求私利，更不谋求暴利，不进入商业片制作，为严肃的艺术电影挤出一块足够的空间？我想答案是肯定的——这当然很难，不但是我们中国，在法国、德国、意大利等很多国家，也都非常困难。1997年我在布拉格住过两个月，我们想看一点捷克电影，可是看不到，全是美国电影。后来好不容易找到一个很小的只有几十个座位的地下室影院，才有机会看了十几部捷克电影，印象深刻极了——在好莱坞之外，捷克的电影导演拍摄了那么多非常棒的电影，了不起！相比之下，中国在1980年代崛起的电影导演，除了个别人，集体向好莱坞投降，让人感慨。当然，这么说，不是说中国就没有人拍非商业电影了，当然有，特别是近两年，出现了一些年轻的导演，都在埋头悄悄干活儿。虽然还比较模糊，但这批青年导演都有着共同的追求，形成一种共同的倾向，那就是以影片关注现实，介入现实。在我看来，贾樟柯正是这一倾向的代表人物。《三峡好人》这部影片的成功，不可忽视的另一个意义，就是让这样一个电影潜流，这样一个青年电影人群体，一下子被放在聚光灯下，从此被社会所关注，也从此被社会检验。我以为人们会用比对待第五代导演更严峻的态度不断向他们发问：你们能走多远？你们能不能坚持？对现实的关注和介入到底是不是你们的追求？还是一种临时的策略？

回到《小武》的活力

崔卫平：即使在今天第五代导演如李陀先生所说的那样"没落"，也不要忘了，第五代至少有过一部非同寻常的好电影，那就是《黄土地》。

与《黄土地》相媲美的，是贾樟柯的《小武》，这两部电影是中国电影的不同阶段的代表作，提示着中国电影的成就、活力和新的可能。那天在北大看了《三峡好人》之后，感觉十分兴奋，首先是替贾樟柯高兴，因为明显感到在影像语言的活力方面，贾樟柯又回到了《小武》的状态，拍得很放松，很自由，没有任何负担。摄影师的表现突出，演员选得非常成功，男主角韩三明的外貌和气质，奠定了这部电影的基本质地。但是我昨天看到韩三明本人时，还是感到大吃一惊：这个贾樟柯怎么将这么一个矮小的、根本不起眼的人推上了男一号？昨天观看电影之前，贾导演一一介绍剧组成员，当韩三明、"发哥"等人站到导演身边，我的感觉好像贾导是带着一个马戏团在工作。说"马戏团"，一是强调草根性，二是强调他们之间的差异性，怎么会挖出这样一群五花八门、参差不齐的人们？当我看到他们时，对贾樟柯的工作有了进一步的了解。看到贾樟柯与他们说话，就像自己的兄弟姐妹，这个场景非常感人。

这部影片，我觉得最为突出的不是故事情节，而是它的背景，是正在拆迁中的城市，是那些裸露出来的钢筋水泥，是在废墟中不停地敲打。我甚至觉得"废墟"才是这部影片的主角。我说摄影师表现突出也是这个意思。在拍摄对象面前，他的目光是深切的、深情的、深入的、深深尊重的，不是草草了事的、心不在焉的。他处理得非常好。在这个意义上，这部影片同时具有一个纪录片的成就，记录了我们这个变迁时代的重要痕迹和人们所感到的那些揪心。这种记录，使得这部影片不同寻常，给人深刻印象。

但这个背景与其中发生的故事是有差距的，故事中的人是千里之外来的人，并不是被拆迁的人们他们自己的故事，也不是拆迁给人们带来的变化或者影响……

贾樟柯：我去的时候是想拍纪录片，但是最后改为故事片的时候我非常着急，给我磨剧本的时间并不长，当时我也很矛盾，是以一个在当地生活了很长时间的人感受这个故事，还是以外来人进入这个现实里面展开讲，我后来觉得应该以一个诚实的视角进入，所以就采用了两个外来人来到这个地方，可能有很深入的介入，可能有表层的略过。

崔卫平：也就是说，这个故事展开和形成的过程，与你影片拍摄的过程是同步的，这样一种工作方式，在中国电影中是不多见的，有很多值得总结的地方。

讲述故里生活的诗意

西川：昨天看了电影以后，我非常感动。在当代，无论在哪个行当，能够使我感动的东西已经很少了。我现在回味一下这种感动，隐约觉得这是一种 19 世纪的感动。《三峡好人》这部电影，它所叙述的故事、它的叙述方式，以及演员的表演，唤起了我对一些俄国 19 世纪文学作品的感觉。

这次来汾阳看到拉了好多的横幅，祝贺贾樟柯导演"荣归故里"。"荣归故里"这个词也让我想了好多的事情，包括我们今天来到这所汾阳中学，都有一种"故里"的感觉。我长期生活在北京，我从来没有觉得北京是我的故里。很多生活在大城市里的人慢慢地就没有故里了，在现在这样一种生活状况之下，我个人越来越没有了对故里的感觉。

但是贾樟柯的电影，无论他拍哪儿，都让人觉得有一种故里的感觉。这个故里当然包括远景的故里和近景的故里。我注意到《三峡好人》里拍到江水，拍到天上的云彩，这些东西都是非常安静的。历史上，中国文化当中不乏对于安静的大自然的描述。但是现在，一旦你走近你的故里或故乡，一旦它近在眼前，它的噪音就起来了。这种巨大的噪音，那些敲敲打打的声音，平时让我们觉得乱七八糟的声音，在贾樟柯的这部电影中却获得了一种诗意。这不是传统意义上的诗意，而是贾樟柯自己发现的诗意，另一种诗意。电影一开始，有一场挺滑稽的魔术表演：一个人变换手中的钱，把美元变成欧元，把欧元变成人民币。好玩。这对这个时代来讲太有意味了。钱这种东西，居然在贾导的电影里获得了诗意。比如农民工仔细看钱背后的风景画，夔门、壶口瀑布，这种诗意是穷人的诗意。对于有钱人来讲，钱本身是没有诗意的，它是资本、是数字、是符号，但对于手里没钱的人来讲，钱币本身就有了诗意。电影中所表达的生活的匮乏，还有对匮乏的发现，都让我们产生了对故里的感受。

这部电影表现了好多的不协调，比如说人人都有一个手机。我们可以讲这是中国的现实，但进一步说，这是中国当代的滑稽现实。滑稽现实是我们所处的日常生活。我们平时可能不觉得这环境有多滑稽，或者是我们麻木了。电影里有几处神来之笔，比如移民纪念碑变成火箭飞上天，比如最后有一个人在两座废楼之间走钢丝，都是神来之笔。中国巨大的现实有它的封闭性。奇怪的是，也许封闭的现实过度积聚，就会指向某种非现实或超现实。"超现实"原本是西方的概念，但我觉得在《三峡好人》这部电影里面，从滑稽现实到超现实有一种内在的递进关系。贾樟柯式的"土包子的超现实"，其实是我们巨大的现实；紧紧扣住这样一种现实，是强大的叙述者才能做到的事。

我觉得在东欧的文学、电影当中，有一个让我很受启发的地方。比如说波兰文学。波兰很少有人大声疾呼说我们要建立一种波兰文学或者波兰文化，但人家就弄出了自己的文学、自己的文化。不光是波兰人，其他东欧人，捷克人、保加利亚人、匈牙利人等，他们都做出了自己的文化。其秘密就在于他们紧紧扣住了他们的现实，就好像手指甲抓到肉里面的感觉，抓出血来的感觉。东欧作家和东欧艺术家与他们的现实之间的关系，产生了一种独特的东欧文化的形态。

我们中国近年来的电影，在很多人那儿，已经变成了讲述"中国梦"的便捷手段。我这里说的"中国梦"和所谓的"美国梦"不是一回事。我们的商业电影，似乎铆足了劲要塑造一个比中国还中国的中国。"中国梦"这种东西已经完全成了被消费的对象。在这样一个大家都纷纷要讲一个比中国还中国的中国的时候，贾樟柯来告诉我们一些有关故里的事情。这个故里的每一块砖瓦、每一个噪音都是故里，每一句骂人话都是故里。讲述这样一个故里生活，我觉得比讲述所谓"中国梦"的电影要有价值得多。这种电影是伟大的电影。

贾樟柯电影中的中国现实

欧阳江河：我是一个铁杆的贾樟柯影迷，他的每一部电影我都看过两到三遍。《小武》我最初是在当年北大的"批评家周末"上看到的，看后兴奋得不得了。《站台》我第一遍看的是还没有完成的工作版，是初剪。从《小武》《站台》《任逍遥》《世界》，到昨天看的《三峡好人》，这么一路看下来，贾樟柯的电影也成了我理解中国的一种特殊方式、特殊途径。换句话说，我对当今中国现实的理解、观察和讨论，里面包含了贾樟柯作为一个电影人的眼光。平时我和贾樟柯很少联系，但是一看到他的电影，就觉得彼此之间有一种心灵和生命体验意义上的深度交流。中国现在渐渐出现了一些相当不错的电影，像我不久前看到的《赖小子》，是一位叫韩杰的青年导演的作品，电影也是在山西拍的。我要向在座各位郑重推荐这部电影。

刚才西川说，他在贾樟柯的电影里面看到了许多诗意，这种诗意是贾樟柯自己的一种独特发现，这一点我非常赞成。尽管我是一个诗人，但我是捕捉不到他捕捉的这种诗意的。我也注意到那个故乡在人民币上的呈现，人民币在那个时候变成一个文本，而不仅仅是"多少钱"的一个标记，这个文本呈现的是一处风景或者几个人物，我第一次发现那风景是夔门，我原来真没注意。

《三峡好人》这部电影带给我一种深处的感动。我昨天一边看，一边在想，我是不是应该抵制这种感动。因为这种感动有时候是很微妙，甚至有些危险的，假如这种感动带入我的工作状态以后，有可能变成一种纯粹的怀旧，或者纯粹的自恋。我认为真正有价值的感动，一定包含了对感动本身的抵制和质疑，那是一种双重的、加倍的感动。现在已经很少有东西可以感动我们了，有些东西可以打击、可以震撼我们，但是可以带来真正感动的太少了。我觉得这是贾樟柯电影所呈现的诗意里面最为珍贵的一种品质，这种品质在中国电影导演里面我没有看到第二个。

我在想，《三峡好人》这部电影为什么让我一边感动，一边又抵制感动，然后将这种感动的双重性推进到思考和追问的层面呢？这部电影所呈现的影像世界后面有一层非常复杂的、捉摸不定的现实。这种现实，刚才崔卫平讲是拆迁中的现实，这样一种正在消失的现实，它深具中国特色。各种各样的拆迁，或许是发展的代价，带有现代化进程中特有的过渡性质，是各种因素的混合物，包括地方政绩、形象、经济和文化发展的定位等等。这里面有着许多从艺术家的角度来看是匪夷所思的东西。像我曾长期居住的成都，那里的拆迁有一种非常古怪的性质，就是把古老的真正的文物拆掉，然后建一些仿真的东西。当然也有的是把老的拆掉，盖新的、实用的东西。三峡拆迁全国瞩目，贾樟柯刚才说用外来的眼光看这个现实，但三峡在某种意义上是中国人共同的故里，三峡拆迁不仅仅是本地人的事情，它的影响所及是超出本地的。正是在这种情况下，以两个山西外来人寻找的目光来看待拆迁中、变化中的三峡，看待物的现实和人的处境，由此所产生的震撼和乡愁才能带来深深的感动。

《三峡好人》所面对的三峡拆迁的真实历史影像，带有记录性质，而不是人造的摄影棚背景，这与贾樟柯的上一部电影《世界》有很大的差别。《世界》的背景是公园里的人造物，是符号化的、假的东西，是供人游玩时的一个仿真的背景。比如真的世贸中心在"9·11"倒塌以后，公园里的还在，这真的很怪诞。而《三峡好

　　　　　　　　　　　　　巨变中的世界

人》拆迁的影像是真的，置身于这样一种现场真实。贾樟柯原本只是拍一部纪录片《东》，拍一位画家如何以三峡民工为对象进行绘画创作，贾樟柯又以画家的具体绘画过程作为其电影记录对象，而在这么一个双重记录过程中，贾樟柯又产生出一些特殊的想法和感受，觉得不拍一部剧情片就无以表达他对现实的感受。现实是一回事，艺术所传达的现实感是另外一回事。往往最能把握这个时代现实之深意的东西，不一定是那种对真实的所谓客观描述，而是向艺术的、文学的、带有创造性的诗意偏移的某种东西，它带给我们对现实的感受有可能比真实本身更真实。

　　贾樟柯面对如此真实的三峡影像，他在电影中放进了两个虚构的故事，但是这两个虚构的故事所唤起的又是生活中很真实的关于命运、记忆，以及沉默的东西。比如他通过噪音唤起的是远景的自然之沉默，是云的无声，这种沉默不语和我们的现代生活衔接得非常好。噪音唤起的是更大更广阔的沉默，远方的沉默又融入中国现实巨变中的混杂和喧嚣，其间的过渡和衔接非常有意思。我觉得这部电影里真正在移动的那些东西，恰好可能是固定在那儿不动的建筑，所以会突然出现那个移民纪念碑飞升起来的镜头，这可能是一种隐喻。三峡如此大规模的拆迁，已经建立了 2000 年的城市在两年之内就要消失，它被纳入了国家经济发展的整体构想之中。电影对这样一种现实没有做简单化的处理，而是将许多复杂的东西不做表层评述、不做来龙去脉的交代，就那么做出不动声色的直接呈现，在同一个时间里，同一个空间里，将人的命运放在里面，物的状况也放在里面，然后在种种影像起起落落之间呈现出现实的质感和纹理，我们从中能感到电影本身的能量和深邃。三峡的拆迁吸引过众多影像艺术家的关注，我知道有很多人拍过纪录片、拍过照片、画过画，但很多人是将三峡作为一个正在消失中的静止物像来处理的。

西川：为什么英文名叫"*Still Life*"（《静物》）？

贾樟柯：因为到三峡的时候会重新唤起对物质的一种关心，三峡普通的居民里面，很多家庭都是家徒四壁。

欧阳江河：像北京这种大城市，很多人现在面对的物质造成的巨大压力可能不是欠缺带来的，而是剩余。现在大都市人所面临的新问题，尤其是心灵上的问题，很多是剩余物的产物。但在三峡这样的地方，物质欠缺还在人们的生活、命运中起作用。

这部电影里，有几处对欠缺有非常直接的涉及，比如其中一个故事线索，是男主角在寻找多年前他用钱买来的媳妇，这里本来就有一个欠缺，女人的欠缺，中间又有分离16年的时间上的欠缺，为什么整整16年你不来寻找？贾樟柯没有回答我们的疑问。对物质的欠缺，人的欠缺，时间或命运本身的欠缺，其实我们有时真的没法回答。

这个电影的寻找主题也别有深意。女主角的寻找，她可能一开始就知道聚会最终会变成告别。但她一定要找到他。看电影时我担心，贾樟柯会不会讲一个司空见惯的故事，女的在家里独守空房等着在外挣钱的男人，而男的在外面找了另一个女的。这是中国讲了多少年的故事，现在还在讲，我担心他怎么讲这个故事。出乎我意料的是女主角在分手时告诉男的"我有了另一个他"，这样的处理避开了简单意义上的女性主义，也没有对所谓"当代陈世美"做漫画式的道德谴责。我觉得从这类细部处理，可以看到贾樟柯在电影里是真的成熟了，不光是导演意义上的成熟，也是人的意义上的成熟。这里面有从容和大气，包括对复杂性的理解和重现，导演想要的东西又被男主角很好地体现了出来。男主角韩三明的表演非常棒，他找到了一个人自身生命所具有的品质，与一部电影的品质和节奏的完全吻合。这非常了不起。

不饱和生活，可能是一种非常具有时代性的东西

西川：贾樟柯的电影给我们提供了一种复杂性，由于这种复杂性，《三峡好人》不同于其他的电影。它复杂在哪儿呢？电影中本来处理的是一个以拐卖妇女为背景的寻亲的故事，但是男女两人之间却存在一种说不清道不明的情感。我也不知道那算不算一种情感。拐卖妇女当然是一种犯罪，这种情况在今日中国也不罕见。电影中，那个买妻的农民（韩三明）和那个从山西跑回三峡的妇女，都是最普通、最老实、最懵懂的农民，但就是他们，演出了最复杂的情感模式。我脑子里找不到一个合适的词来形容他们的生活和情感。他们之间的关系称得上爱情吗？他们之间的买卖关系称得上"罪大恶极"吗？一开始我脑子里想到的是"不达标"的爱和犯罪，但是恐怕用"不饱和"来形容或定性他们之间的情感以及引发这种情感关系的犯罪看来还算合适。普通中国人的生活在一般状态下基本上是不饱和的。饱和爱情和饱和犯罪反倒不那么常见。所以，不饱和生活可能是一种非常具有时代性的东西。《三峡好人》所表现的"好人"，无不是不饱和生活中的好人，这一点很重要。另外，从叙事结构上说，不饱和生活的复杂性呼应了中国古代叙事文学中某一种缠绕的结构。你看《白娘子传奇》讲的就是一个在结构上极其缠绕的故事：老和尚把白娘子压在塔下，白娘子是犯了天条的，按理说应该被压在塔下；老和尚本来代表天条，但他越代表天条他越不得人心。人心全向着那犯了天条的白娘子。白娘子这个故事把生活、人间情感拧成了麻花，同样，讲述不饱和生活的《三峡

好人》也把生活拧成了麻花，但叙述本身又极其平实。而电影的思想性就在这平实的，同时又不乏滑稽的、超现实的叙述中展现了出来。

李陀：刚才的讨论里隐含了一个问题，也是过去我们经常遇到的老问题，就是一部好的艺术作品，不应该在其中对生活做清晰的解释。生活经常是暧昧的，艺术必须尊重这种暧昧，所以，好的作品总是把可能的解释更多地留给读者或者观众。近年中国电影的一个通病，就是导演把事情解释得太清楚（陈凯歌、张艺谋的电影在这方面是难得的典型），自己弱智，把观众也想象成弱智。中国的现实太复杂了，我们大概没有任何人能把它解释清楚，与其强做解释，不如把这种复杂性保留在故事里面，保留在人物形象和镜头语言里。《三峡好人》在这方面做得很好，一方面，这部影片的故事和任务都很单纯，另一方面，这单纯里有待观众解释的东西非常丰富。看这样的电影，过瘾。

从《小武》到《三峡好人》，我觉得贾樟柯已经形成了自己很完整的艺术风格，或者是一个艺术体系（说"体系"是否合适，可以讨论）。是不是可这么看，贾樟柯在重新诠释现实主义，当然也不是贾樟柯一个人在做这件事，这几年，还有一些比较年轻的导演，也都在重新理解，或者重新诠释现实主义，并且用这种新的理解进行现实主义的写作。我对西川刚才发言里说的"故里"这个概念非常感兴趣。如果说贾樟柯的现实主义形成了他自己的风格，形成了他自己的一个体系，我们是不是可以把它命名为故里现实主义，或者故乡现实主义？贾樟柯昨天在会上说还要回汾阳拍片子，而且不止拍一部，他如果能兑现，那很了不起，是电影史上很少见的做法。我们很少见到一个电影导演回到自己的故乡，以自己的故乡为背景、为对象，反复地观察思考，而且把这个观察思考化作电影实践。现在，贾樟柯已经开始这么做，并且在电影实践中已经形成了他自己的特殊语言和叙事风格，有他自己鲜明的美学追求。这不但和贾樟柯对现实主义新的诠释有内在的联系，也和他把"故里"与现实主义紧紧联系在一起有内在关系。

用纪实史诗的方式展现碎片化的时代

汪晖：一位好的电影导演能够用自己的镜头语言产生自己的一个世界。我这里说的不是那些外加上去的风格特征，而是以独特的语言、形式、人物等等表达出的对这个世界的独特理解和思考。有些导演的电影语言很特别，但历史观完全是俗套，看起来炫奇斗巧，但其实没有自己的世界。贾樟柯的电影有自己的世界，他以自己的方式在思考这个世界的变迁的意义，而不是重复那些自命深刻的套话。贾樟柯非常敏感，总能找到自己的方式重构历史记忆，从《小武》到《世界》已经显示了这个特点，但《三峡好人》与《小武》等等作品仍然有些不一样。《小武》以纪实的风格从一代人的感觉中揭示时代的氛围，我们多少感到有一种自叙传的味道；《世界》在更大规模上表达变迁，但对场景的运用上继续了传统电影的方式，纪实性是在虚构的世界中展开的。《三峡好人》这部片子也集中在一个地方，叙写两个寻找亲人的故事，但通过三峡、山西的勾连，不但展示出广阔的社会变迁图景，而且虚构性被置于纪实性的叙述之中。这部片子是和纪录片一起套拍的，它们涉及的不是贾樟柯个人熟悉的生活，在广度和深度上超出了他先前的影片。

很明显，贾樟柯在拍片的过程中花力气在研究中国社会。我先用几个例子做说明。最明显的例子就是三峡大坝的建设与移民问题，中国不但有三峡工程，而且在全国范围内，尤其是西南地区，水坝和水库的建设规模是世界罕见的。我这几年也卷入过类似的调查研究，不是用影像的方式，而是其他方式，因此对贾樟柯描述的准确性有点体会。过去几十年的移民安置，涉及数以千万计的人口，移民生活的问题不仅是经济水准的问题，还涉及社区的消失、人际关系的改变和生活方式的彻底转化，这些在这部片子中都有准确的表现。另一个明显的例子是山西矿难不止，但我们从新闻中看到的是死亡的数字，缺少从劳动者的角度对这个问题的表现。在这部影片之前，有李杨的《盲井》描写煤矿和打工仔的生活，票房不好，但已经是当代电影中少见的能够震撼人心的作品。《三峡好人》通过韩三明饰演的角色这条线索，把山西矿工生活与三峡移民工程联系起来，将它们同时置于我们正在经历的大变迁中。再一个例子是"小马哥"死亡与云阳机械厂的关系，我不知道贾樟柯是否调查过云阳的工厂改制过程中的案例，但看到这里的时候，立刻联想到了《南风窗》上有关那里一个曲轴厂的详细的报道。赵涛饰演的沈红在王宏伟饰演的王东明的带领下到刚刚建成的大桥边舞场找丈夫的时候，先是满场黑暗，而后是那个大款对着大桥叫道："一、二、三！"刹那间红色的大桥灯火通明，但桥的形状却让人想到那座倒塌的重庆綦江的彩虹桥。这和影片开头变魔术的场景倒有一种呼应关系。这些要素在作品中不仅是象征性的，而且更是写实性的，它们共同为影片提供了内涵丰富的背景。

下面我分几个方面来讨论这部影片，首先是开头与结尾。佩里·安德森（Perry Anderson）说贾樟柯是结尾的大师，那时候他还没有看到《三峡好人》。这部影片的结尾——云中漫步——是神来之笔：在废墟之上，一边是工人继续拆迁，一边是一个拿着横杆的人在两座废墟之间的高空中走钢索，而镜头是从韩三明到追随他

　　　　　　　　　　　　　　巨变中的世界

一起离开三峡前往山西煤矿找工作的打工仔们，前途渺茫。这个结尾和叙述完全是融合在一起的，韵味无穷。

原先我对贾樟柯电影的开头没有特别多的注意，现在回想第一次看《世界》的时候，仍然记得嘈杂的后台叫嚷着要创可贴的声音。《三峡好人》的开场是一大群人挤在一条船上，主角是韩三明扮演的去寻找 16 年前离开他的妻子的山西人，他在这个群体中若隐若现。接下来就是船舱中变戏法的场景，钱币——这个在电影中扮演了重要角色的东西——首先是在戏法表演之后要钱的场面中出现的。这个场景让我联想到 1933 年鲁迅发表在《申报·自由谈》上的一篇文章。这篇文章写的是鲁迅童年时代关于"变把戏"也叫"变戏法"的事情。他说："这变戏法的，大概只有两种——一种，是教一个猴子戴起假面，穿上衣服，要一通刀枪；骑了羊跑几圈。……末后是向大家要钱。一种，是将一块石头放在空盒子里，用手巾左盖右盖，变出一只白鸽来；还有将纸塞在嘴巴里，点上火，从嘴角鼻孔里冒出烟焰。其次是向大家要钱……'在家靠父母，出家靠朋友……Huazaa! Huazaa!'变戏法的装出撒钱的手势，严肃而悲哀的说。别的孩子，如果走近去想仔细的看，他是要骂的；再不听，他就会打。果然有许多人 Huazaa 了。待到数目和预料的差不多，他们就捡起钱来，收拾家伙，死孩子也自己爬起来，一同走掉了。看客们也就呆头呆脑的走散。"[1]鲁迅反复地描写了这个过程，最后说："到这里我才记得写错了题目，这真是成了'不死不活'的东西。"[2]这个题目是什么呢？让我们翻回到前面——《现代史》！我们突然明白了现代与"变把戏"之间的关系，钱币

1　鲁迅：《伪自由书·现代史》，见《鲁迅全集》第五卷，北京：人民文学出版社，2005 年，第 95—96 页。
2　同上书，第 96 页。

在里面作为中轴支配了每个人的活动。电影中韩三明没有钱，变戏法的人搜查他的包，没有翻出任何东西。但后来他坐摩托车去找老婆时，掏出了几块钱；后来去旅馆又掏出了几块钱；后来见到老婆哥哥时拿出了两瓶汾酒，在旅馆里，我们发现他还有一个手机。我一直在想他把东西藏哪儿了，那个搜查他的包的人竟然找不到这些东西。韩三明饰演的人物不但是一个老实巴交的人，而且也有适应这个急剧变化的生活的、变魔术的智慧。到了结尾，"云中漫步"也是变把戏的，但含义变了，影片的全部叙事、人物的命运和不确定的未来都凝聚在那个场面中了，我们身处其中，我们百感交集。

我想谈的另一个问题是变化与仪式。韩三明饰演的角色买了一个老婆，但因为是非法的买卖婚姻，老婆走了；16年后，他来找这个老婆，要看从未见过面的女儿；赵涛饰演的角色是来找自己到三峡来闯天下的丈夫。他们俩有文化，自由恋爱结婚。但两个"找"的故事正好颠倒过来了：能够保存感情的是一个非法的婚姻，而那个开始于自由恋爱的婚姻反而什么也留不下。贾樟柯电影的中心主题是变化，这不仅是《三峡好人》，而且也是从《小武》到《世界》的一贯主题，变化渗透在所有的生活领域和感情方式之中。各种各样的叙事要素围绕着变化而展开，故里正在消失，婚姻、邻里、亲朋的关系也在变异，伴随这个变化的主题或不确定性的主题的，就是对于不变或确定性的追寻。但到头来，找到的东西也在变质，"找到"本身就成了自我否定，或者说，"找"就是自我否定的方式。

变化是通过一系列的仪式表现的。赵涛饰演的角色好不容易见到了丈夫，在大桥下面的长堤上，背后是交谊舞的音乐；两人相见，丈夫问："你怎么来了？"对白之后，两人终于有了亲热的拥抱，但在交谊舞的音乐中，丈夫与妻子的拥抱却不由自主地变成了

　　　　　　　　　　　　巨变中的世界

跳交谊舞的动作。这个场景刚好与赵涛到那个虹桥边的露天舞场找丈夫的场景相互配合，我们从中知道丈夫的事业是如何在这样的交际场中度过的，现在他已经把交际场上的动作带到夫妻的关系中了。这个场景宣告了夫妻情谊的终结，一切都变了，因此也就成为对赵涛的"找"的贯穿动作的否定。因此，她对丈夫说，自己已经有人了。丈夫问她是否想清楚了，她说："我决定了。"这是通过否定来保存自己的感情的完整性、保存记忆中的故里的完整性。对感情的否定变成了对感情的保存，故里也是通过它的消失才能够在影片中存在。故里成了想象的世界，感情变成了信念，植根于我们的心里。

　　仪式的展开需要一定的物质表现，夫妻在分手前的仪式是交谊舞和舞乐，而"小马哥"的全部生活就像是在对周润发的英雄主义致敬，点烟的动作、穿着打扮、行为方式和《上海滩》的配乐就是这个仪式得以完成的物质程序。与这些细节相媲美的，是赵涛（沈红）在王宏伟（王东明）屋子中吹电风扇时的那几个近于舞蹈的动作设计。这些细节的设计使得影片饱满、丰沛、好看。在《三峡好人》中，勾连起山西与三峡的意象是人民币上的壶口瀑布和夔门，钱币似乎也在支配着这两个世界的命运，这个"物中之物"却出人意外地带有诗意。我也因此想到电影中的分段采用了"烟""酒""茶""糖"等四个意象，它们是一种仪式的道具，将人们的关系以"物"的方式表达出来，但在这种关系中，"物"超越了物自身。买卖婚姻是以钱为中介的，但韩三明最后也做出了决定，是要回山西煤矿挣钱，赎回 16 年前的老婆。挣钱又成为保存这份感情的努力。这些地方，把我们时代的魔幻性表达得很深。

　　与这个变化的主题相关的，是如何用一种史诗式的方式展现碎片化的时代。《三峡好人》的叙事和结构有一种史诗的味道。西川说他从影片中体会到一种 19 世纪俄罗斯文学的气息，我想把这个问题再引申开来。19 世纪的欧洲和俄罗斯是产生史诗的时代，雨果（Victor Hugo）、巴尔扎克（Honoré de Balzac）、狄更斯（Charles Dickens）、托尔斯泰（Lev N. Tolstoy）以长篇小说的形式开创了这个史诗的时代。但是，中国现代的文学和影片在叙事上更接近于抒情的传统或者说现代主义的传统，史诗性的叙事往往是在通俗文学的形式中展开的，革命历史小说也可以放在这个传统中观察，谢晋电影的史诗性也是这个传统的延伸——我说通俗文学的意思不只是说叙事形式，而是构筑历史叙事的观念是和主流的意识形态或通俗的价值观完全一致的。捷克学者普实克（Jaroslav Průšek）写过一本书，叫作《抒情与史诗：中国现代文学论集》（*The Lyrical and the Epic: Studies of Modern Chinese Literature*），曾经讨论过中国现代文学为什么难以贡献史诗性的长篇这个问题，就算是长篇，在叙事结构上也多半是拉长的短篇或中篇。20 世纪 80 年代兴起的第五代电影，通过精心设计的造型和极为简略的故事表达强烈的主观性，从叙事的角度说，更接近于抒情的和现代主义的传统。到 80 年代末的时候，我们都强烈地感到中国电影不大善于叙事，缺乏从日常生活的细节、各种人物的性格、故事、心理中展开叙事的能力，但又不愿意回到原有的那种现实主义叙事方式之中。就是在那个时候，我们看到了侯孝贤的《悲情城市》和他的一系列作品，第五代的终结就是从那个时代开始的。

两个传统：小津—侯孝贤电影与新纪实运动

汪晖：贾樟柯电影的叙事方式可以从两个传统中理解，一个是

巨变中的世界

小津安二郎（Ozu Yasujiro）和侯孝贤的传统，以日常生活的细节、小人物和历史汪洋中的孤岛般的片段故事，展示渗透在我们日常生活中的深刻变化，贾樟柯在《世界》中就有对小津安二郎的致敬。但是，贾樟柯电影又不同于小津和侯孝贤，他的视角不但朝向更低的底层，而且叙事的角度也更平行于这个世界的人物。这种叙事方式得益于过去十多年来逐渐发展起来的"新纪录运动"的潮流，得益于数码技术的普及，《铁西区》《渡口》《淹没》只是其中的几个出名的例子，我们可以在这个序列中发现数量巨大的、足以构成"运动"的作品。正是这些数量巨大的作品记录了当代中国巨大的、无比复杂和丰富的社会变迁。《三峡好人》的史诗性只有置于这两个脉络中才能理解，它是通过对细枝末节、普通人物、日常生活的纪实性的、多角度的描写而展开的。

传统的史诗集中描写英雄人物的历史，而19世纪的史诗式作品将许多的中、小型人物带到我们的面前。这些作品，以人物在历史中的命运带动叙事进程，深入地挖掘人物的内心世界。但这样的写作方式大概难以表现碎裂化的当代生活本身，如今没有一个人物和他的故事能够展现时代的全部复杂性，史诗式的叙述方式需要找到新的形式，"新纪录运动"就是一种方式，一种记录这个碎片式的时代变迁的最为恰当的、史诗式的、非集体主义的集体行动。经过上述两个艺术脉络的洗礼，贾樟柯的电影展示了一种群像式的集体命运。他集中地刻画人物，但这些人物并没有因此从群像中疏离出来。贾樟柯电影的主角是变化，大规模的、集体性的变迁。个人的命运浮沉在这里也显示为一种大规模的、集体性变迁的一部分。也正因为如此，他对人的变化的表现方式是跳跃的、缩略式的，比如他省略了韩三明扮演的角色在16年中的经历，也省略了沈红的丈夫到三峡来闯天下的过程。影片突出的是变化本身。

贾樟柯将场景设置在奉节、云阳等行将淹没的地区，这是大转变的场景。但变化这一主题在电影里也体现在日常生活之中。例如，从《小武》开始，贾樟柯就着意表现中国人的服装、流行音乐、身体语言的变化。在这部电影中，身体和身体语言的表现是突出的，从一开始在船上的变戏法场景，人群中许多男人裸露的上身，到后来的街角场景中歪靠着墙的闲人的身体，还有那个光着膀子的光头唱歌时的动作……中国人的形体，尤其是男性的形体，无论是站姿还是坐姿，其懈怠和松弛，是我们在日常生活中常见但很少关注的现象，但贾樟柯敏锐地捕捉到了这些微妙的、习焉不察的细节。这些懈怠的身体慢慢地开始穿上西服，套上风格不同的裤子，开始用手机，然后唱着、吼着不同时期的流行歌曲，做着、扭着不同时期的身体动作。这也许是贾樟柯对变化的最直观的把握了。《三峡好人》中另一个直接呈现变化主题的是声音。噪音从头到尾没有停止过，这种噪音如果仔细听也有不同的要素：一个是在拆迁过程中工具敲打石头的声音，一个是机械自身的声音，但中间也有江水奔流的声音——江水的声音被噪音所破坏；当然，还有人的声音，歌曲的声音，加上还有手机的声音——当韩三明循着“小马哥”的手机中的音乐声转向那堆砖头的时候，暴力被表现得如此含蓄而让人震撼。这些声音组织在一起，在某个特定的场景中表现变化，又在一个很长的声音背景中显示人的变迁。变化在这些声音中发生，一些东西消失了，或被破坏了，但声音似乎却在持续。

　　李陀：那个独唱是真实的表演吗？

　　贾樟柯：那是真实的表演。

　　汪晖：李陀刚才说要找一个命名，说明贾樟柯的风格。人类学家和历史学者都曾提出过深描或厚描的命题，也许我们可以把贾樟柯的现实主义叫作“深描写实主义”。当然，我这里只是借用这个概念来加以描述。这个概念表示对某一个历史事件、历史过程、历史细节以及人物与场景进行多角度的、反复的描写，一个时代的面貌逐渐地呈现出来，显现出从一个角度无法完成的图景，这个图景在现实的变动中，无法完全稳定下来，我们必须从变动内部寻找对这个图景的理解。这个方法也是超越主观与客观的二元对立的方法。比如，买卖婚姻是非法的，但韩三明扮演的角色却表达了一种感情态度——这个感情态度的基础是什么呢？我们仍然要通过许多细节去仔细地理解和把握。贾樟柯电影里面描写的痕迹是很重的，一个个的场景，故事是放在某一个场景里面的，他对构成这个场景的各个要素做了非常深的开掘，细节、声音、人物、物件和对话，都在描写的对象之列。但不轻易地表露自己的主观评价。贾樟柯的长镜头很有特点，但《三峡好人》的镜头运用与他早期的作品相比，摆脱了沉闷感。描写的重要性在哪儿？描写的重要性是与前面我说的对生活的速写有关的——速写是对变化中的、群体性的局部进行采集和记录的方式，它注重细部，但不把细部从群体变迁中疏离出来。"小马哥"、韩三明的大舅子、旅馆的老板，都是简洁的几笔，就勾勒出了性格和变化。当代中国的新纪实运动也可以视为影像实践中的速写运动。既然是速写，又怎么能够说是深描呢？我觉得他要深描的是这个运动和变迁本身，从各个角度去呈现、逼近它，但落在具体的人和事上又是速写式的。

19 世纪末现实主义向现代主义转变，人们认为对现实的描写不再能够把握现实，因此现实描写让位于对内在世界的刻画和追踪，从独白到意识流，各种现代主义的尝试奔涌而至。贾樟柯的作品里面有心理描写，有时候很细腻，但这个心理描写不是以独白的方式、也不是以意识流的方式，甚至也不是以对现实的变形的处理来展开的，而是在速写式的描述中表现的，有些心理活动只是通过个别的对话来加以暗示，比如那天早晨沈红和丈夫的朋友在移民纪念碑前说话，无心之中说了一句"云很美"，而后声音开始嘈杂起来了。这句话与后来她和丈夫相遇时做出分手的决定是相互呼应的，因为这些简洁的对话中表明这个角色身上具有的某些品质。当然，也有一些对白过于文人化，比如离别16年的妻子对韩三明说"比南方更南的南方"，分寸把握上不是很准确。在中文电影里面，也许只有侯孝贤电影具备这种深描现实主义的气质。在第五代导演的作品中，场景的意义是在另一个层面上展开的，与这种深描现实主义完全不一样。贾樟柯的叙事方法有当代其他电影所没有的东西，充满了细节和从这些细节中展开的张力，当然更重要的是通过这些描述把握这个无比广阔的变迁的野心。

李陀：我给汪晖的发言做个补充。我同意对贾樟柯电影里的写实主义的分析，还应该落实在具体的艺术分析上。《三峡好人》在镜头运用上，有一个突出的特点，就是中景、中近景这两个景别用得特别多，还有就是全景和大全景也相当多。特写很少，好像只有两次。另外，这部影片基本上没有镜头的推、拉和机位移动的拍摄，只有不多的几次摇镜头。这些语言和在这基础上形成的语法，不但让人想起贾樟柯的其他几部影片，也让人想起侯孝贤和小津安二郎的叙事语法和风格，也是中景、中近景最多，也是固定机位。贾樟柯为什么这么做？他这样的做法和侯孝贤、小津有什么异同？贾樟柯的独特贡献又是什么？这些恐怕都要做更仔细的讨论，不然贾樟柯和电影写实主义的关系就说不清楚。

也许贾樟柯的这种独特，的确应该从他和近十几年在中国一直兴盛不衰的新纪录片运动的关系里去寻找，至少这是一条重要线索。贾樟柯不但明显在自己的系列影片里都有意融进纪录片的元素（这和20世纪80年代中国电影中盛行一时的"纪实美学"，有某种历史关联），而且自己也拍纪录片。新纪录片运动不但是贾樟柯的艺术发展的一个重要环境，而且，在某种意义上，他还是这个运动的参与者，我认为从这个特殊"身份"去评价和认识贾樟柯非常重要。我常看到，有些电影评论总是把贾樟柯和所谓"第六代"电影（究竟有没有这个"第六代"，对我来说始终是个疑问）联系起来，这恐怕不恰当。在"第六代"名下的一些电影里，我们经常看到的，主要是某种 1980 年代具有中国特色的所谓"现代派"文学的影响，总是围绕个人的内心世界（孤独、恐惧、空虚之类）进行叙事，总是在个人和世界，内心和现实之间的冲突里寻找什么意义。贾樟柯的电影不是这样，可以说和这样的倾向一点不沾边——倒是有些国外影评想把贾樟柯放进这个筐子里，那是不懂贾樟柯。如果把贾樟柯和新纪录片运动联系起来，他的美学追求和艺术特色更容易得到解释，比如他对变革中现实的细致观察，比如他对百姓生活的深切了解，还有他对现实世界的全局性把握。

在贾樟柯的写实主义当中，绝不可忽视的一个叙述元素，就是声音。贾樟柯对银幕声音的理解的确非常独特。从表面看，好像贾樟柯对生活环境的自然声响特别感兴趣，从《小武》一直到《三峡好人》，我们在每部影片里，都可以听到和看到大量的来自普通日常生活的各种声响：汽车和摩托车的喧闹，各种机器的轰鸣，市场上的叫卖，收音机和电视机发出的骚乱，还有各类流行音乐的轮流轰炸——这样的声音处理在别的导演的影片中也不是没有，但是很少有人把这样"嘈杂"的声音独立起来，构成电影叙事里和影像始终平行进行的另一种叙事线索。这么做就不平常了，这需要勇气。还有，更重要的，他这么做并不是为了追求什么艺术效果，这里有更大的雄心。刚才汪晖说得非常好，贾樟柯有一种雄心，就是要在电影叙事中构筑自己的世界，但是，他构筑的这个世界，在影片里是分裂的：一个是画面的、镜头的、视觉的，那是他的故里，他的故乡；另一个，是导演苦心经营的那个嘈杂的声音世界，那是强加在他故乡上的另一个现实，意味着现代化，意味着故乡的消失，也意味着新的生活，不管那是好还是坏。也许贾樟柯的声音处理已经形成一种电影中的声音美学，他正是通过这种美学，有力地强调了他构筑的这个世界中所存在的张力，并且，这个张力贯穿在他影片中的每一场戏或者每一个细节中，形成贾樟柯的现实主义的一个显著特征。

最后，研究贾樟柯的现实主义，"故里"观念非常重要，也许这是最根本的。贾樟柯影片的一个母题，也是他的主题，就是故乡生活。这种生活是稳定的，某种意义上甚至是停滞的，又是正在现代化过程里被瓦解和破坏的，可是，就像西川所说，贾樟柯在这停滞和瓦解里发现了某种诗意。他的叙事似乎就是要用影像语言把这"停滞"中的故乡和瓦解中的故乡之间的张力，以及这张力中的诗意给出一个充分的表达——不是光用故事和人物，还要用影像，用银幕语言。或许可以说，贾樟柯电影里这种带有悲剧色彩的诗意，还有对这种诗意的独特的表达，是贾樟柯对中国当代艺术的一个最大的贡献。这在影片最后一场戏里表现得非常突出，那是一首诗，一首平静而凝重的诗，又让人回肠荡气！这首诗是以基本静止（最后有一点摇）的中景镜头组成的群像速写，画面朴素，对话简洁，节奏非常缓慢，表演非常质朴，可是非常有力度，感人至深。顺便说一下，这个群像不但充满诗意，而且从肖像角度来说，拍摄也是非常之好，我觉得摄影师余力为电影立了大功。

如何理解《三峡好人》提出的好人概念？

崔卫平：我是今天发言的唯一女性，对于影片中两段婚姻的处理，对于女性在这种婚姻中的角色，要表示一点疑虑。实际上这两段婚姻构成了影片的基本叙事。刚才大家说了很多，认为这两段婚姻都表达了一种很克制的直接描述的态度。我的看法不一样。所谓直接描述要看对待的具体对象是什么。在电影中表现"人"与表现"物质对象"是两件不同的工作。表现"物质对象"，我们需要的是直接描述，就像对象直接呈现给我们的那样；但是表现"人"，表现人物的命运，就需要进一步地、前前后后地加以理解之后，才能完成。因此重点在呈现一种"理解"上面，而不仅仅是截取一些片段。很有可能，在片段上是真实的，放在总体理解上，则是不真实、不准确的。毕竟作为一个虚构的故事，是对生活经过某种透视之后，表述对于它的某种认识。

我想运用"事实与关系"这样一对概念来加以说明。表现"物质对象"，比如刚才说的废墟景象，需要对于"事实"的基本态度；但是处理人物，处理的是人物关系，包括社会关系，所谓"关系"而不是片段的事实。当然，的确有拐卖婚姻愿意留下来不走这样的"事实"，但是从"关系"上来看，放到整个社会的大脉络中来看，作为一种理解来看，留恋拐卖婚姻就是不准确的。因为无论如何，从社会关系上说，拐卖婚姻是一个难以令人认同的东西，对于女性，也是一件难以认同的东西。这样去表现，忽视了女性在拐卖婚姻中的感受，也许拐卖婚姻中的男性更容易接受这样的婚姻。因此，对于影片中试图重新复合拐卖婚姻，对于将这种完全是非法的事情力图加以合法化，我是非常疑虑的。拐卖的婚姻能够维持，而自由恋爱却不能长久，这样处理也许有足够的戏剧性，但是再往里看，两种婚姻其实是在完全不同的层面上，婚姻中的当事人对于自身与幸福的认识，是不可相提并论的。

同样，关于赵涛饰演的另外一对婚姻中的女主角，其实她并没有找到另外一段情缘，但是在向丈夫表达离婚愿望时，却说自己"有人"了，而我们看到她在乘船离开时，她的身边却并没有人，也就是说，那是一个"借口"。这样说也许是为了方便离婚，也许是这个人不愿意面对失败这个事实，但无论如何那是一个谎言。我不理解的是，为什么一个女人在丈夫两年没有任何音讯的情况下，终于见面了，对于自己被冷落的处境却毫无怨言，而是用一个谎言将漫长的痛苦轻轻打发过去了？这样的处理，对于女性可以说是十分不公平。对于女性这种无限等待的、无性无爱婚姻中的痛苦，缺乏同情的理解，没有给出一个表现的空间。也许，让女性将离婚的责任揽过来，先说自己已经有人了，这样做对于离婚中的男性，比较容易解脱吧。这又是一个对于男性更为有利的视角。从这个意义上，影片中对于两段婚姻的处理，都比较忽视女性的真实感受，比较忽视女性在婚姻中体验到的——她们或者是漫长的寂寞与无望的等待，或者被当作"物"卖来卖去，却看不出任何痛苦，在男人面前始终表现得镇定自若，绝不制造任何麻烦，这里是有问题的。

欧阳江河：电影的名字《三峡好人》，这个"好人"的概念我一直在关注。什么是好的人、好的生活，我提这个问题不是从一个封建的角度，而是从当代的角度。现实这么快，什么都在变，中国现在的变化速度之快是人类历史上从未有过的，这个变化涉及每一个方面、每一个局部、每一种角度。刚才汪晖说贾樟柯所有电影有一个共同主题就是变化，从《小武》开始就有了，从变化产生出来的就是西川所说的不饱和，我觉得这是非常有意思的一个说法。我认为，在物质层面发生的种种变化，与人的生活、人的心理状态、人的命运的变化，两者之间产生了一种差异，一种对冲，有可能物质现实变化快于我们心理和命运的变化，快于我们对生活的基本感受，快于我们人生观的变化。这种快速变化，有时会带给我们"物是人非"的沧桑感。比如在《小武》里面，男主角是一个小偷，他在法制意义上的犯罪和他作为一个真实的人，一个活生生的人那种对亲情的理解、对爱情的理解，这两者之间产生出来的不仅仅是挫败感，还有一种深刻的差异。一个小偷也有他内心的生活，但小偷的不光彩在任何时代都不可能转换成正面的东西。而小偷的哥们儿，那个买空卖空的人，他干的事在某种历史条件下是非法和不光彩的，但随着时代的变化他有可能变成一个成功的企业家，时代的弄潮儿。《小武》所讲述的一个职业性小偷身上那种感情和心理的变化，与命运的不可能变化之间的差异，是非常有意思的。这种变与不变之间的种种差异和比例，在《三峡好人》里面得到了特别厚的描述。

男主角来三峡寻找女儿，但是在找到从前的老婆后，他发现这个女人的生活并不幸福，所以最后他做了一个决定，要回去挣三万块钱把她带走。这个决定是否基于爱情我们不得而知，但这个决定肯定包含了一种亲情，非常真实的亲情，尽管这里面也包含了崔卫平所说的买卖婚姻的犯罪，包含了不合法。我知道长期以来中国乡村有这种东西，有非法的拐卖妇女，也有"合法的"买卖婚姻，后者同样没有感情基础，同样是金钱关系，这种婚姻传统意义上是合法的，但从现代性来讲也是不合法的，因为没有感情基础。但是这种买卖交易关系在中国农村的婚姻里面是大量存在的。具体到由此产生的真实的感情和亲情，这个问题我想就不光是一个女性角度的问题，可能还是一个更复杂的现代社会的问题。这里涉及我想要表达的问题，就是"好人"这个概念的提出，现在全世界都在关注中国，中国在政治上、经济上都发出了自己的声音，但是如何发出文学艺术上、心灵上的声音？世界上有人对中国的变化感到恐惧，因为他们听不到这样的来自艺术和心灵的真实的中国声音。我们应该从这个角度去理解贾樟柯用他的电影影像向全世界发出的声音，以及蕴涵在他的声音和影像深处的"三峡好人"这个富有诗意和韵味的概念。"三峡好人"是从德国剧作家布莱希特（Bertolt Brecht）的"四川好人"借用的，也可以更广阔地将其理解为"中国好人"。由于中国现实变化太快，贾樟柯的电影影像，这种电影人眼光里的中国普通人形象，好的生活，好的人，好的内心，这种东西现在还不太确定，还存在大量的欠缺。《三峡好人》里面有一个地方直接涉及了"好人"，就是韩三明的那个手机铃声"好人一生平安"。我觉得贾樟柯对此是反复考虑过的，什么是真正意义上的"好人"？这是这部电影想要传达的很重要的一个声音。

崔卫平：对于"好人"，对于这部影片的英文名"*Still Life*"，我也是有疑虑的。当然不仅仅是抠字眼，这些表述与影片中传达的基本精神是一致的。什么是"好人"？这个说法太值得追问了，我们在生活中往往把那些善于给别人提供方便的人，称之为"好人"，"好人"的说法，是区别于那些"麻烦制造者"的，在这个意义上，影片中的两位女性都是"好人"，不会给男人带来麻烦的人，但恰恰是这样一种处理，我听到了男性对于女性的无形的指令，他们可以制造麻烦，但是女人最好将自己磨得平平的，没有任何自己的要求。如果有的话，这个要求也必然要对男性有利，不要为难男人。这就是"好女人"吧。

关于"*Still Life*"的表达，我想现在早已不是张艺谋电影《活着》的年代了，那个年代能够活下来就足够，现在我们则要问"活着"的质量如何？怎样活着？这是今天的人们所面临的问题。沈红的丈夫，那个当经理的，难道不需要对自己在婚姻中的所作所为负责任吗？他此后的生活，应当包含这种反省在内，是伴随着这种反省而"继续生活"。我们说了半天社会变迁，但是不能把一切都推到"社会"头上去，推到环境的变化中去。若是人自己的问题，就要由人负起责任来。

李陀：关于《三峡好人》里群像的塑造，我想再补充几句。我觉得"群像"构成贾樟柯的写实主义写作另一个非常重要的特征。贾樟柯的影片虽然也有主人公，主人公也是叙事的贯穿线索和动力，但是影片不是以一个人的成长，或者一个人的性格发展，来对生活做演绎、做解释的；贾樟柯是把主人公放在一个群体当中，作为群像的一个部分进入叙事。比如韩三明到船上"寻妻"的一场戏，就是这种以"群像"的方式进行叙事的一个典型的例子。在这场戏里，贾樟柯并没有特别突出韩三明和船老大的冲突（照通常的做法，"戏份儿"必然全落在他俩身上），而是把大量镜头相当平均地给了船上所有的船员，韩三明是在和一群船员几乎完全沉默的对峙里得到刻画的。这场戏真是太精彩了。当然，贾樟柯的"群像"技术很复杂，并不总是以一群人的群戏形式出现，形态很丰富。在叙事中横生枝蔓，用随笔式的散文技巧，寥寥几笔就刻画出一个人物，就是办法之一，像"小马哥"，像在江边想到城里去找工作的小女孩，都是成功的例子。再需说一下的是，在过去的传统社会主义文艺里，也讲究"群像"的塑造和刻画，但是贾樟柯的"群像"是平头百姓的群像，不是英雄群像。两种"群像"的区别，不但有着不同的历史内涵，在美学上也是殊途难以同归。要是对这两者之间的历史联系做深入讨论，那一定是个非常有趣的课题。

汪晖：贾樟柯对于现实变化的态度既不同于过去的批判现实主义的手法，也不同于20世纪的现代主义，这和我前面谈到的小津安二郎、侯孝贤的叙事传统和当代新纪实运动这两个脉络有关。相对于19世纪的批判现实主义，贾樟柯的叙事更为冷静，道德判断通过纪实性的风格展现出来；相对于现代虚无主义的基调，贾樟柯更专注于现实变化的细枝末节，在冷酷的现实中保持着一种温暖的基调。比如对16年前的买卖婚姻的重访凸显了一种真实的感情，又比如说对于一个婚姻的否定产生出来的是尊严感。这些真实的、真挚的东西无法落到实处，而只能寄托在人的主观的状态之中。这种主观状态的承载者不是英雄人物，也不是知识分子，而是普通人对生活的完整性的理解。贾樟柯的电影因此有一种对于肯定性、确定性的寻求的态势，这正好与他对生活的不确定性的挖掘相辅相成。

　　婚姻关系和两性关系敏感地反映了整个社会变迁的深度。在《三峡好人》中，买卖婚姻和自由恋爱竟然倒置了。这是对买卖婚姻的肯定吗？这是对背叛的宽宥吗？我认为不是，这是对社会变迁的追问。贾樟柯的叙述里面，有两点值得注意，一点就是他的出发点，就是对普通人而言，这个变迁就像已经动工的三峡大坝一样，成为一个给定的现实，无论你持肯定或者否定的态度，变迁是无法停止了，但生活还要继续。这个状态与知识界关于中国现实的争论不大一样，知识分子希望给这个变迁一个明确的方向，希望干预这个总体进程，而对于这些普通的人来说，他们必须在变迁之中确定自己的态度和位置，寻找属于自己的生活。他们明白变化是在每一个人的生活之中，他们只有在自己的生活中做出决定，才能在变化中寻得自己的未来。电影里面有怀旧的色彩，但怀旧不是真正的主题，电影场景的中心是废墟，变化的主题是从废墟开始往前伸展的，往前是给定的，但未来是不确定的。正是这种叙事角度构成了对人的最大压力——变迁不是一个自然的过程，但也不是一个通过个人的反抗就可以遏止的过程，变迁就这样渗透到了最普通的人的生活之中。在影片中，对于这一给定性的反抗是微弱的，但不是无迹可寻的，至少两位主人公都做出了各自的决定。这也让我想起围绕契诃夫（Anton Chekhov）的戏剧《三姐妹》（《Три сестры》）、《海鸥》（《Чайка》）、和《樱桃园》（《Вишневый сад》）等作品的争论，那个时候许多前进的批评家觉得契诃夫描写旧生活的沉闷与腐朽，却没有给出变革的方向，而新时代的号角似乎已经吹响了。但丹钦柯（Vladimir Nemirovich-Danchenko）和其他的一些评论者终于发现，在契诃夫塑造的那些心怀向往而没有能力改变自身生活的人身上，潜藏着对于新生活和美好感情的向往，这些向往表现在一些片段的语句和动作之中，却构成了作品的潜流——这是抒情的潜流，它使得悲剧性的故事有了一种喜剧性的色彩。我前面说到过贾樟柯叙事基调的某种肯定性，大概就是与这种潜流相关的，《三峡好人》对于悲剧性命运的叙事中因此有某种明亮的东西。

崔卫平：说到将一种现实的"给定性"作为前提，我的忧虑则更深。其危险在于很可能导致这样的面向：存在的就是合理的。当然中国现实不能停留在某个阶段，还要往前走，但是在往前走的同时，要加进去"批判"的维度，持续不停地批判已经成为"现实"的某种东西，批判这种"现实"形成的条件、前提。而不是在接受现实的同时，把造成这种现实的不合理的前因也接受下来。

欧阳江河：这就涉及这个电影的一个特点。最后就是这么一个三峡大坝建设起来了，真实存在了2000多年的县城消失了。在这样不可改变的给定的现实下面，人的生活怎么继续？这对那些置身此一现实的人们来说不仅是个疑虑，而且还有不同层次的失望，或者欠缺，或者破碎。

　　好的生活在哪里？这个问题是贾樟柯提出来的，他在电影里没有直接回答。或许男主角到另外一个地方以后，未必就有好的生活，这不是电影可以解答的问题，也不是法律或宗教可以解答的问题，不是我们这些人可以解答的问题，而是生活本身。我觉得贾樟柯提出了这个问题，这是他的电影特别让我感动的地方。我们的生活在经历剧烈而快速的变化，钱越来越多，开放性和发展方面越来越好，但是生活本身有没有变得越来越好呢？人有没有变得越来越好？这真的是一个很大的问题。

02 司马迁及其时代

——剧本《中书令司马迁》座谈会

2018 年 10 月 29 日，《中书令司马迁》剧本研讨会于清华大学凯风人文社科图书馆举行。汪晖教授受邀参会并做发言，其他与会者：李陀、西川、格非、杨立华、张晴滟、陶庆梅、尚晓岚。本文根据会议实录，于 2018 年 11 月 11 日进行了初稿整理，同年 11 月 27 日—12 月 4 日初编。

写作背景与剧中三组主要矛盾

尚晓岚：我先大概介绍一下《中书令司马迁》的写作经过。产生写这个剧本的念头大约是在 2015 年的秋冬时分，中间有过几稿，没写完就自己推翻了。基本架构第一次搭起来是在 2016 年 5 月，我记得是在首博看完海昏侯大展不久，不知怎么就写完了。巧的是，剧中写到的李夫人正是海昏侯刘贺的祖母。现有的角色在初稿里基本都登场了，不过台词等和现在的面貌差别很大。最初"倡优"这个角色设计为"检场"，起到类似的"跳进跳出"的功能，但没有"倡优"这个身份，很多台词都出不来。大概是改到第九稿的时候，"倡优"这个角色跳出来了，增加了新的场次，台词也有了很大变化，感觉这剧有点能立住了。

实际上倡优和君主、"优"和"史"在中国传统中有密切的关联。像晋之优施、楚之优孟、秦之优旃，都是汉代以前史册留名的人物，《史记》特意开辟了《滑稽列传》，和《刺客列传》《游侠列传》一样，都是开创性的。多说一句，春秋时代晋献公的红人优施直接参与了宫廷政治，就是所谓"骊姬之乱"，但是《滑稽列传》偏偏没有写他，司马迁选择的是"不流世俗，不争势利，上下无所凝滞，人莫之害"[1]的倡优，从中可见他的取舍。而且，司马迁还在《报任安书》中留下了那句著名的话："文史星历，近乎卜祝之间，固主上所戏弄，倡优畜之，流俗之所轻也。"[2]这是把自己的身份和倡优直接联系起来了，强调的是一种屈辱的感觉。如果从这句话反观《滑稽列传》，他为这三个人立传的意味就非常特别，"上下无所凝滞，人莫之害"带有司马迁深切的生命经验。不过，所有这些都是我事后想到的，倡优这个角色在剧本中出现，其实是他自动跳出来的。

我在剧本最开始引了两句话，一句来自《史记·太史公自序》："原始察终，见盛观衰"[3]；一句来自布莱希特："我们若是把本时代的戏当作历史戏来表演，那么观众所处的环境对他来说同样会显得不平常。而这就是批判的开端。"[4]这实际上也是剧本的两个基础，内容的来源和最终的期待，以及艺术形式方面的借鉴。这个剧本的

---

1 《史记》卷一百三十《太史公自序第七十》，北京：中华书局，1982年，第3318页。

2 《汉书》卷六十二《司马迁传第三十二》，北京：中华书局，1962年，第2732页。

3 《史记》卷一百三十《太史公自序第七十》，第3319页。

4 [德]贝托尔特·布莱希特：《戏剧小工具篇》，见《布莱希特论戏剧》，丁杨忠、张黎等译，北京：中国戏剧出版社，1990年，第20页。

写作，从剧作结构到阐释历史人物的方法，是学习布莱希特的《伽利略传》(*Leben des Galilei*) 的一个过程。

剧本说明中有一句话："这不是一部忍辱负重的伟大历史学家的传记。"我希望表现的司马迁，一方面远远高出一般人，他的高度是必然的；但同时他也是一个处在历史进程中、处在大变革时代里的人，并非样样清楚，事事笃定。这个剧本，希望能写出司马迁的困惑和选择，他的变化和领悟，能够在整体上表达面对大变革时代的一种态度。

汪晖：这个剧本首先是读起来很好看，我很喜欢它的文字，很典雅，但又不是故作典雅，对话写得非常生动。特别好的是倡优的唱词，有一点史诗的感觉，大家手笔。唱词的表达、倡优这个角色的灵活性、多重多面对话的模式，都做得很好。

另外，人物的设置，主要矛盾的设置，是合理的，也是比较好的。

剧本中有三组主要矛盾——司马迁和武帝、司马迁和杜周、司马迁和家人，倡优在这三个层面穿插，在一定程度上进行指点和判断，同时把这当中的无奈和变化呈现出来。倡优的出现，使得这个剧本有一种史诗的感觉，这个叙述非常有力量。

剧本中所有的矛盾，目前最显露、表达得最生动的，是司马迁和杜周之间的冲突对比，而真正灵魂的部分，是司马迁和武帝的冲突。说到底，司马迁这个角色能不能成立，最终也在于他和武帝的关系到底是一种什么样的关系。这是历史剧的核心。至于司马迁和家人的冲突，现在已经表现得足够了，写得很好，大家也比较容易理解。

下面我从历史的层面来谈一谈，有几个维度可以理解司马迁。戏剧冲突通常以人物性格来表达，但这个戏不是一般的表达性格的戏，司马迁也很难用性格来表达，他是整个历史体认的一种存在状态。他真正是在历史观、宇宙观发生重大变迁的时候出现的一个角色，他和武帝之间的复杂关系，就是从这个变迁来的。

刚才说到布莱希特的《伽利略传》，这里要说司马迁和伽利略（Galileo Galilei）的区别——伽利略和哥白尼（Mikolaj Kopernik）都代表了完全新的世界观，他们所掌握的科学，使得他们相对于教廷是有优越感的，他们成了"新王者"，是未来之王。而司马迁恰恰是意识到"新"的诞生过程中"旧"的意义，他对人的叙述带有强烈的命运感，所以他的悲剧感才会很强。司马迁不是一个先锋人物，他不是掌握了新的真理，要和旧的来决斗。他意识到了"新"的不可避免，站在历史变革这一边，但是他的很多同情和审美习惯却在另一边，在贵族的和普通人的那一边——贵族是代表道德和伦理的，三代礼乐以及整个伦理秩序是以分封制为中心建立的。司马迁真正的冲突是在他的历史观内部，而不是完全外在的，也不仅仅是情感上的。但是，戏剧如何表现内在的冲突？这是第一个难点。

第二点，司马迁又是位"王者"，他和武帝的冲突，是两个王者的冲突，但他这位王者不能表现为一种"自我意识"，即自以为就是王，而是从历史长河的角度看，他正承载着一种独特的王者角色。为什么这么说？可以把司马迁和董仲舒做个对比。他跟随董仲舒学习过，受他很大影响，但是董仲舒讲"罢黜百家，独尊儒术"，整个理论是以新王建立为中心的，经学的模式围绕王权而来。换句话说，董仲舒才是代表了一个完全新的制度设想的人物。司马迁很清楚变化的不可避免，但他从董仲舒的位置上转移出来，不再以经学为中心，而是以"史"为中心建立对世界的看法。这也是清代辩论的重大问题——"六经皆史"，经就是史，无非是历史变迁而已，这使得人们可以有一个空间从历史变迁的角度对经典和各种传统加以重新解释，同时也可以对变迁本身进行评判，道德的、伦理的、政治的评判都是存在的。董仲舒等人以经的方式为皇权做的所有论证，对司马迁来说都不过是历史变迁而已，而且历史也不只是一个王朝的史，他要"究天人之际，通古今之变"，从史家的位置来观察古今流动变迁并且做出评判。经学的评判都是以"释经"为中心的，但是如果经变成了历史关系当中的东西，那就完全不同了。所以在"史"的历史上，司马迁就是"王"的地位，他改变了——如果不是颠覆的话——官史的既定模式，奠定了新的叙述历史的规范。

　　"史"在古代就是个官职。历代史官以起居注为中心撰写王朝历史就是传统方式的延续。司马迁的角色是双重的。太史公、中书令都是官方位置，但他的写作使之区别于通常的史官。《史记》不是完全的私家著史，但司马迁从官史的正统性飘逸出来，以一个人的角色来"究天人之际，通古今之变"。二十四史中，只有欧阳修的《新五代史》是私家著史，但其地位其实不能与《史记》相提并论。大家都会说，私家著史的传统是从司马迁来的。这不是一般的转变。

　　中国历史上，经学、史学，到宋代以后有理学，三者每一种样态的变化，都代表了秩序观的变化。龚自珍说："周之世官大者史。史之外无有语言焉，史之外无有文字焉，史之外无人伦品目焉。史存而周存，史亡而周亡……夫六经者，周史之宗子也。……故曰五经者，周史之大宗也……诸子也者，周史之小宗也。"[1] 如果天地间无非史而已，那么，如果一个人能够操纵史，不但解释它的变迁而

1　龚自珍：《古史钩沉论二（尊史二）》，见龚自珍著、夏田蓝编：《龚定庵全集类编》，第99—100页。

且给出道德的、审美的评判，那这只有"王"才可以做到，古代史官是无法做到的。

因此，也可以说，通过"究天人之际，通古今之变"，司马迁以"史"为"王"。后代一些史家评判汉代史书，官家推崇《汉书》而非《史记》，文人们尤其是宋代以后的文人则推崇《史记》。其实司马迁也不是一般的"私家"，他是中书令，这个位置本身凝聚了整个的历史矛盾，也包括他自身的矛盾。因此，就武帝与司马迁的冲突的戏剧定位而言，可以定位为两个王者之间的冲突，但其表现形式却是君臣之间的矛盾，司马迁对于臣的角色是自觉的，他以对臣的身份的坚守体现王者的格局，后者是一种自然地呈现，不是一种被身份清晰规定的角色。司马迁的人格包含了这种二重性。

这个矛盾有几个层次。第一个层次是司马迁和武帝的关系，从戏剧表现上来说，如果是两个不同领域的王者之间的冲突，会更为激烈和有力。在司马迁看来，我可以一个人来"究天人之际，通古今之变，成一家之言"。"一家之言"看上去谦虚，实际上是极为自负的说法，他以此来和武帝对抗——你的评判不是我的评判，我是通过天人之间、历史变迁做出的评判。这在性质上就是王和王之间的冲突。从儒者的立场来说——司马迁是个真正的儒者——他等于把自己变成历史之王了。在这个意义上，可以理解司马迁和武爷的同构性和冲突性，甚至也包括他和董仲舒之间的同构性和冲突性。同构性表现在都在不同程度和角度上认同历史从分封制向郡县制、从封建国家向一个大帝国转变的必要性，甚至也包括了严刑峻法在治理这一帝国时的必要性。

武帝和董仲舒在一定意义上是同构的，他们都代表新秩序。司马迁清楚地看到了这个新秩序的必然性，认可变化的现实性，但他对此带着忧惧，带着悲剧感，所以他才会将那么多的褒贬寓于文字之间。他对武帝、对很多事情都是既批评又认可。董仲舒的天人相关、天人相类对于各种位置的确认包含了规范性，也因此可以迅速地转化为一种合法性理论，然而，史的视野不同。司马迁当然也处理天人关系，而王朝的命运也是这一关系的内容之一，不同之处在于他尤其关注人的命运。不仅是帝王或英雄人物的命运，而且也包含天下黎民百姓的命运、普通人的命运——其实在天地之间，又有谁不是普通人？

司马迁笔下的许多人物是重要的角色，但他同时也是将他们作为天地之间的普通人来写的，也因此才动人。《尚书·泰誓》说"天视自我民视，天听自我民听。百姓有过，在予一人，今朕必往"[1]。周武王表示尊崇民意而伐商，也在合法性的角度承认了人民的位置。我觉得这也应该是处理司马迁与武帝关系的点之一。司马迁对武帝的同情理解的基础应包含民命的视角，对他的批判也包含这个视角。一般人会从郡县—封建、皇权—贵族、大一统—分裂的角度观察帝王功业，司马迁当然也关注这些问题，但其视角不是形式上的，不只是从帝王功业的角度看的，而是在其中包含了普通人的命运，包含了伦理与正义的内涵。"民"不是在阶级论之后的框架下的概念，而是在天地之间、朝野之间、内外之间、君臣之间的流动关系中界定的。内外关系、货殖等等是政策问题，但也是万民的问题。例如，削封建有利于万民，但大一统的集权政治也伴随着许多人命运的转折。这是武帝与世家贵族矛盾的内涵之一，且是重要矛盾，但历史变迁所带动的命运感不会将情感判断单面地投向胜利者一方。

如果说有道统和政统的话，在他身上是以分疏的或矛盾的方式

---

1 《尚书注疏·泰誓中》卷10，第14a 页，文渊阁四库全书本。

呈现出来。朱子也是如此，他觉得两税法不好，但是又不能回到过去的井田制；科举制不好，但是也不可能再实行过去的察举制度。一定程度上，宋学如果不被后来的新儒学过度地解读为道统的话，也包含着这样的矛盾。司马迁是把二者集中在一起的人物，他看到历史的变迁不可避免，也看到变迁的代价和悲剧性，看到在这个过程中帝王和权臣的残酷，还有那些品格非常高尚但是在历史中被作为代价的人物的悲剧性和喜剧性。他把历史叙述和他的情感同时凝聚在一起，这是他的包容性。

因为有这个冲突，我们也可以反过来把武帝写成一个相对丰富的人物。武帝最清楚，只有司马迁懂得他的千秋大业。武帝作为一个建功立业的王者，必须一往无前地开辟道路，他不愿去谈那些历史代价，而司马迁却可以把这些东西带进来。武帝对司马迁，是既不喜欢他，讨厌他，又知道没有第二个人比司马迁更理解他，所以武帝既惩罚他又重用他。而司马迁对武帝几乎同样如此，他恨武帝，觉得他做了这么多残暴的事，但又认可了他的功业的历史必然性。所以他们的冲突里有同一性，既惺惺相惜，又尖锐冲突，是不同类型的王者之间的冲突。这里有悲剧性，也有某些喜剧性。这在戏剧上怎么处理，是比较复杂的。这是矛盾的第一个层次，司马迁和武帝的冲突是核心环节。

李陀：我老觉得司马迁和武帝之间的复杂冲突不够。如果对立的是两个王，一个素王一个皇帝，就比较容易丰富起来。首先是冲突的层次能够被提得很高，不是一般性格冲突，而是冲突的情感因素中含有深刻的历史内容，其次是冲突双方的身份也被复杂化，一方面，司马迁的面目被复杂化——身受奇耻大辱的"阉人"，位高权重的中书令，和皇帝关系密切到近于奴仆的近臣，这些身份集于一身，已经够复杂了。同时，他又是一个精神上不仅和汉武帝抗衡，且某种意义上高于汉武帝的素王，而另一方面，汉武帝面对的，是一个他可以放在身边随意压抑羞辱的"罪人"，然而其实又是一位让他时时在精神上感到某种威胁的素王，这就有意思了。不能太强调司马迁"士"的身份，他不是一般的士。

汪晖：顺着司马迁和武帝的冲突，就是第二组冲突——司马迁和杜周。现在剧本写得也很生动，但是如果按照司马迁和武帝的逻辑推演下来，必然使得他和杜周的关系复杂化。

杜周是个什么角色？司马迁说他曲承上意（"善候伺"），讨好武帝，这是后来对杜周所有看法的核心。但杜周是能吏，从底层一步步上来的。他从南阳小吏做起，义纵重用他，司马迁用的词叫"以为爪牙"。杜周是义无反顾地围绕着皇权来做事。汉代有一个最重要的特点，由于有了中央集权，出现了一个新的吏阶层，他们和门阀贵族之间有尖锐的冲突。司马迁也是贵族这一脉。《史记·酷吏列传》讲到杜周，记录了他的一句话："前主所是著为律，后主所是疏为令，当时为是，何古之法乎！"[1] 所谓祖宗成法不过是先王的看法，现在的令就是现在的统治者针对当前情况做出的判断。祖宗成法在汉代都是封建法。背后是大一统和分封制之间的冲突。谁会诉诸祖宗成法？诸侯王、世家大族。而杜周相反，完全是按照皇帝的意志，他很清楚地要把法和令定于一尊，以现在的当权者为中心。这从后代的历史来说，包括今天来看，都有很多问题。可是我们放到武帝的环境里，正好是文、景之后要定于一尊的时候，也就是董仲舒所说的"罢黜百家，独尊儒术"。对杜周的评价应该与这个大转变的环境结合起来。

魏晋之后讲流品，流品基本是贵族制的产物。魏晋恰恰是一个

---

1 《史记》卷一二二《酷吏列传》，第 3153 页。

世家大族重新起来，而皇室中心空虚的时代。由于门阀贵族对吏的贬低，使得杜周的形象历来是负面的。在伦理评价上，整个中国社会直到宋代都是以贵族、以封建为背景的，杜周这种能吏的角色，在这个叙述中始终是负面的。

可是仔细想，杜周和司马迁也不完全是冲突的，在理解变化这一点上，他们是一致的。司马迁当然知道要立新王，不能不变化，一定要走到这一步的。他和杜周的关系中同样有矛盾性。杜周的坏处是所谓"曲承上意"，这是从贵族制的角度做出的判断，门阀贵族和皇权是有冲突的。而司马迁通过史的眼光，把所有这些矛盾都收拾到了他的内部。

但同为酷吏，杜周和张汤又不同，他得了很多好处，家财万贯，不像张汤虽然是酷吏，但真的是一个清官。我们现在没有找到相关记载，杜周得到大量利益是因为贪赃枉法还是合法的，但他这样一个角色，从儒者的眼光来看，义利之辨，说到最后他都是不行的。所以杜周和司马迁之间的冲突，重心是看待皇权的逻辑，其次是道德评价问题。

杨立华：杜周是个有意思的人。他的形象，一定要和他的幼子杜延年结合起来看。这不是简单的家庭教育背景能出得来的。杜周这样一个出身寒微、出身吏的人物，最后到了那么高的位置。而且他的几个儿子也都是高官，其中最宽厚的是杜延年，位置也是最高的。看杜延年处理问题的方式，就能看出杜周这个人内在的复杂性。按照历史记载，杜周为人持重寡言（《汉书》曰"少言重迟"）——我不是说剧本都要符合历史记载，就是分析这个人——他话不太多。能不能把杜周厚重寡言的这一面讲出来？然后才能知道酷吏这个词就是一个框子。

汪晖：汉代吏的出现，代表着门阀贵族制的衰落。吏是围绕中央政府、地方政府的，不属于门阀贵族。因此从流品的角度，有好名声的不多，直到宋代都是如此。

李陀：门阀贵族永远看不起吏这个阶层。这两个阶层的斗争是中国历史的政治舞台上不断演出的大戏，一个大主题（今天其实仍有一些延续），在传统的小说和戏剧里有很好的演绎，例如在《桃花扇》里所展开的复杂冲突，就有这个线索。《中书令司马迁》这个戏，通过司马迁和杜周这两个人的冲突，接续了这个线索，很有创意地重新演绎这个主题，很重要。

杨立华：我们看陈寅恪谈历史，始终有一个世家、贵族的角度，但是帝国的每一次变革，都是要靠吏这个阶层来推动的，酷吏的反面都是能吏。官和吏的分别，就是汪老师说的流品问题，也就是清流和做事的人的不同，每个时代都一样。但是反过来也不能否认流品这个角度，吏的面目可憎，贪婪敛财，总是围绕着利益来做事，和权力中心没有距离，让贵族瞧不起，这也是事实。

汪晖：还可以谈一个剧本里没出现的角色人物，就是汲黯。其实杜周真正的对立面不是司马迁，而是汲黯。他是一个人格俊伟的清官，敢言直谏，但有点迂腐，这是历来士大夫的评价。如果看《史记·汲郑列传》，汲黯早期受黄老之学影响，遵循的恐怕类似《淮南子》那套路数，是去中心的，中央集权不要搞，下面不要管，骨子里带着世家大族的自豪感来和皇权对抗。武帝和卫青，汲黯都冒犯过，但他们都宽容他，卫青还明确表示欣赏他。汲黯有一句名言，意思是说皇帝选了这么多公卿诸侯，要是都说一样的话，那要你们干吗？（"天子置公卿辅弼之臣，宁令从谀承意，陷主于不义乎？"[1]）他是从开始就把自己看作一个诤臣。

---

1 《史记》卷一百二十《汲郑列传第六十》，第 3106 页。

但这一切背后的观念才是真正的问题。汲黯的世界观类似于《淮南子》的世界观；而杜周和司马迁的世界观，和董仲舒很接近，都是新的中央集权制、新帝国形成之下的世界观。司马迁是怎么看待汲黯的？怎么分析杜周的？如果剧本能把这个因素带进来，那么历史的线索会清晰一些。

　　《中书令司马迁》这个剧本的意义，在于它带有对历史的再阐释。司马迁不是一个一般的人格，而是代表着一种完全不同的视野，进入中国的历史场景中的一个角色。这是他的丰富性所在。戏剧怎么来表现这些？我觉得难度是非常大的。剧本需要鲜明的冲突，这些内部的曲折性怎么用冲突来表现？现在的剧本已经提供了很好的基础。目前司马迁本人的冲突还不够，剧本前面一部分表现司马迁受辱，其实只有把他内在的冲突性表达出来，司马迁甘愿受辱的支撑才是清楚的。他不是一般的英雄，他比英雄要高，他代表的是一个不一样的世界出现了。司马迁的位置是非常独特的，作为中书令他是一个官方的角色——不是官僚制的官方，而是代表新秩序的官方——他的认可和反对同时出现，才有丰富性和强大的张力。如果剧本能把这部分表现出来，对当下的意义也是很重要的，现在有很多的胡说八道，完全不能理解历史背后的东西。

　　司马迁所处的时代，从另外一面说，与孔子的时代也有相似之处。孔子"述而不作"，主张克己复礼，法先王，重名分。《论语·颜渊》："颜渊问仁。子曰：'克己复礼为仁。一日克己复礼，天下归仁焉。……'颜渊曰：'请问其目。'子曰：'非礼勿视，非礼勿听，非礼勿言，非礼勿动。'"[1]用"非……勿……"的句式表达的不是外在权威的训诫，而是敬畏之心使然，从而"复礼"与"归

1　朱熹撰：《四书章句集注·论语集注》卷六《颜渊第十二》，第131—132页。

仁"均以主体的内在品质、勇气和修养所决定。正由于此，分位观念并不足以概括孔子的伦理思想。在《论语》中，寄托了古代德行的"君子"和"士"是在大转变时代创造新的道德典范（以复古的形式）的真正承担者。《论语·子路》："子贡问曰：'何如斯可谓之士矣？'子曰：'行己有耻，使于四方，不辱君命，可谓士矣。'曰：'敢问其次。'曰：'宗族称孝焉，乡党称弟焉。'曰：'敢问其次。'曰：'言必信，行必果，硁硁然小人哉！'曰：'今之从政者何如？'子曰：'噫！斗筲之人，何足算也。'"[1]在位者不足为虑，因为位与德已经完全分化；士能够挺身而出，因为他拥有重构礼序与道德的内在联系所必须的内在勇气和德行（"行己有耻"）。如果将宗法分封制所规定的礼仪等级作为绝对的尺度，我们就无法理解这种对身份等级制度的蔑视。可以由此推断：孔子并非仅仅执着于礼的形式，毋宁是要通过士之"行与事"恢复礼之为礼的形态，进而达到礼的形式与内容的完全合一。《论语·里仁》："士志于道。而耻恶衣恶食者，未足与议也。"[2]《论语·泰伯》："曾子曰：'士不可以不弘毅，任重而道远。'"[3]孟子看到了这一点，他说孔子是"圣之时者也"，孔子知道变化在哪里，士可以也应该在特定的历史场景越出份位而承担天命。

一种新的历史剧写作方式

西川：我想先问问李陀，这个剧本是什么地方让你感到那么

1 朱熹撰：《四书章句集注·论语集注》卷七《子路第十三》，第 146 页。
2 朱熹撰：《四书章句集注·论语集注》卷二《里仁第四》，第 71 页。
3 朱熹撰：《四书章句集注·论语集注》卷四《泰伯第八》，第 104 页。

兴奋？

李陀：这个剧本的确让我特别地兴奋，我觉得《中书令司马迁》不但是历史剧写作的一个大突破，而且是话剧史上的一个大突破——从戏剧史的视野里看，我们的话剧很久没有这样的突破了。

我喜欢舞台剧，喜欢历史剧，在座的诸位里，各个时期北京人艺演出的历史剧，我应该是看得最全的一个，当年郭沫若、田汉的那些历史剧，我差不多都看过，是忠实的历史剧迷。不过，即使在 20 世纪 60 年代，我对《关汉卿》《文成公主》《蔡文姬》《武则天》这些戏，虽然很着迷，很爱看，几乎每场都看，但总是有一种隐约的不满足、不满意。就是总觉得舞台上那些光彩照人的形象，不像历史人物，不能让你想象或者联想在历史上实际存在过的那些活的、具体的人。当然，任何历史剧都是创作，似是而非，似非而是，但是舞台上的形象总要和具体历史情境里的历史人物发生某种关联（关联的方式又出自某种创意），他们不能只活在舞台上，在舞台上光芒四射却只具有舞台的意义。不过，这些看法都是一些当年看戏的感想，待到 80 年代，自己做起了文学批评，我才有意识地把这些剧目和郭沫若早期的《屈原》《孔雀胆》《虎符》等等剧作联系起来，有意识地在五四之后的历史脉络里对它们做重新检阅，这时候才清楚自己的疑惑是从哪里来——从 20 年代到六七十年代，半个多世纪，郭沫若的写作始终弥漫着一种充满激情和诗意的浪漫主义，诗意的浪漫，构成他剧本写作的一以贯之的基本风格和模式。问题是，郭沫若剧本创作的第二个高峰阶段，正值战火纷飞的抗日战争时代，这为郭沫若的充满浪漫诗意的历史剧创作，带来新的激情，也带来新的动力。这种激情和动力又转化为一种更激进的政治浪漫主义——《屈原》《虎符》中的历史人物，并不负载历史的质量，而是一些不古不今、亦古亦今的舞台形象（郭沫若称之为

"失事求似"），屈原也好，如姬也好，其形象刻画根本是为了"唤醒民众"，借他们之口发出为争取抗战胜利所必需的伦理声量。到了今天，我们该如何评价这一时期郭沫若的历史剧写作？如何估量这种政治浪漫主义写作对今天戏剧的影响？这当然都是些很复杂的问题，一方面，历史剧写作由此获得了很宝贵的一些新品质，开辟了古为今用、以古烁金的新途径，另一方面，郭沫若的影响实在太大了，以至于1949年以后的很多历史剧写作，仍然都笼罩在这种诗意的浪漫主义光影之下，以至于在六七十年代出现的历史剧《关汉卿》《文成公主》《蔡文姬》《武则天》，小异而大同，基本上都是《屈原》《虎符》的重复。这造成一个后果：从整体看，尽管这一时期历史剧写得不少，但是比照相关的历史年代，这些戏里的"历史"，都比较简单化，甚至标签化，其实都是些历史草图，这些草图不仅不能体现历史的具体性和复杂性，为读者和观众提供新的历史认识，而且还造成另一个后果，就是当代戏剧写作在整体上的停滞和落后，如果认真对照20世纪国外戏剧的写作和演出水准，很明显，差距已经越拉越大。因此，当我看到《中书令司马迁》的时候，很惊讶，因为无论剧本的形态，还是剧本的写作，都和我们熟悉的那些政治浪漫主义的写作完全不同，可以说，郭沫若、田汉以降，还没有过这样的戏剧写作，这毫无疑问是大突破，我们的戏剧史上出现了这么一部在各个方面都有创新的作品，我相当兴奋。

为什么《中书令司马迁》能有这样的突破？这可以从很多方面来讨论。但是，我以为和这个戏的写作有一种自觉性有很大关系，尤其是和对布莱希特的自觉学习有很大关系。几年来，布莱希特好像在国内相当红，不但备受推崇，而且有不少人都在具体的话剧写作和演出里学习布莱希特，有过不少尝试。不过，在我看到的范围内——我能看到的有限——能够说真的学到布莱希特戏剧的

第五部分 艺术作为反媒体的媒体 367

精神和方法的，其实很少。《中书令司马迁》这个剧本，不但和布莱希特之间的学习关系很明显，而且作家也不隐晦，她这个剧本直接借鉴和消化《伽利略传》，因此，稍微熟悉布莱希特的人，也都一下就能看出来其中的联系。这种学习的直接后果，就是《中书令司马迁》的写作完全脱离了以往诗意浪漫主义的框架，汉武帝、司马迁这些舞台形象，不再是脱离具体历史情境的某种道德理想人物，更不是那种服从剧作特定主题、对特定历史做特定诠释的"历史形象"；通过《中书令司马迁》，剧作家想在剧场里和舞台上实现的，是努力诱使或引导观众把历史当作某种审视的对象——说审视历史，是因为在舞台上"演出"的一切，无论汉武帝、司马迁这些人，还是和这些人相关的那一段"历史"，都被有意地对象化，也就是说，舞台上的人与史（在这个剧本中，主要是和西汉初年相关的一连串历史事件）和观众之间不是"欣赏"的关系，而是"沉思"的关系。进剧场，看这个戏，人们虽然会探究汉武帝、司马迁等历史人物的性格之谜，会在戏剧冲突里满足自己的历史癖，但《中书令司马迁》的剧作和演出，可以说恰恰是要有意破坏观众这种早已习惯的情趣，而是努力建立舞台和观众之间某种另类的非鉴赏关系；在这种关系里，"看戏"的结果，是把舞台上汉武帝和司马迁这两个历史人物，以及他们的种种作为，变成一连串的问题：司马迁为什么忍受那么大的屈辱，最终接受了宫刑，作为一个阉人服务于汉武帝？仅仅是为了完成写出第一部史书的雄心和宏愿吗？是不是有更大的企图和抱负？作为一名历史上最伟大的史学家，《史记》中的一部分，可以说写的是"当代史"，那么，他对汉武帝这人怎么看，对汉武帝的功业怎么看？对在汉武帝手中最终完成的大帝国又怎么看？对由这个帝国在"天下"所建立的政治制度和人间秩序，他又怎么看？还有，汉武帝，他怎么看司马迁？刚才汪晖分析说，司马迁实际上是个"素王"，那么汉武帝有没有可能把自己下令"去势"的一个阉人真地看作是素王，并且暗中与其不断"内斗"，以决精神的高下？果如此，在这两人之间思想上的种种微妙而复杂的冲突里，有什么可以细读的特别内容吗？此中是否有一些能帮助我们理解中国历史的密钥或者暗码？还有，汉武帝似乎很蔑视司马迁，不仅看不上的他的怯懦，还多少认为他也是个"腐儒"，可另一面，又引这个臣下为知己和心腹，封他为位高权重的中书令，那么这个坚毅刚愎又多谋善断的皇上在内心深处究竟想的是什么？他会感觉这个阉人兼有素王的品质吗？会从精神上觉得有某种压力，甚至会嫉妒他吗？等等等等，问题可以不断问下去。还有，认真去琢磨这些，我们能对中国古代的政治和制度产生新的理解吗？能对帝国的国家治理中的伦理内容增加新的知识吗？对皇帝和读书人之间相互依存又相互嫌隙的传统关系有新的看法吗？将来，一旦《中书令司马迁》在舞台上"立"了起来，当汉武帝和司马迁这两个人在舞台上活灵活现地真正"活"起来之后，我相信，这个戏很可能是一部"历史问题剧"，看这个戏，会让观众疑窦丛生，不但生出以上这些问题，还可能会生出其他更多的问题。这是因为，由于布莱希特的戏剧观念深深地影响了《中书令司马迁》的写作，剧作家在这个剧作的写作里，对舞台演出的设定、对舞台和观众关系的设定、对历史剧这一戏剧形式和戏剧理念的设定，不仅和在中国剧场里存活了近半个世纪的诗意浪漫主义历史剧分手告别，而且也在和有更长历史的话剧传统分手告别，这是一种新类型的戏剧写作。

说到布莱希特，我还要说一下的是，让人惊讶的是，虽然在剧本《中书令司马迁》中，总是隐约看到布莱希特的影子，但是整个剧本其实又不是对布莱希特的亦步亦趋的跟随和模仿，相反，剧本里处处都有剧作家自己的创造，例如《伽利略传》里也有诗和歌谣这类东西，但不知道是不是翻译的原因，中文本读起来感觉并不精彩，似乎和戏之间的关系也不是很好，但是《中书令司马迁》这个戏，其中所插入的诗句和歌谣，特别是那些通俗到近乎俚俗的民谣形式的唱词和说词，不但让舞台时不时被一种民间戏剧的因素和色彩照亮，而且间离效果特别好，观众和历史的距离，在一种调笑戏谑的氛围里被很自然地拉开了。剧中倡优这个角色，我也是特别喜欢，这个形象不但让人联想到《滑稽列传》，想到中国传统戏剧里的丑角，还觉得在他身上看到了莎士比亚。这个角色，不但写得诙谐幽默、活泼传神，很有个性，而且和汉武帝的关系也写得很细腻、很微妙，特别是其中那些对皇帝带有某种藐视意涵的大胆讽谏，尤其吸引人，不但觉得"戏"很好看，而且让我们很自然地不可能仰视剧中的汉武帝，无形中获得一种平视和批评的态度。这对表现汉武帝和司马迁之间的关系，特别是皇帝和素王的关系，有非常重要的作用，而且有微妙的讽喻作用：倡优是司马迁的一个分身吗？司马迁是倡优的另一个化身吗？或者，两个人一起戏谑皇帝是从两个方向表达汉武帝的不肖吗？总之，剧作在对布莱希特的学习借鉴上，并不是简单移植和模仿，其中的变奏和变化很多，我只是用倡优来举个例子。

最后，我想接着汪晖的意见再说几句。汪晖认为，《中书令司马迁》这个剧本，在客观上还对历史进行了一定的再解释，我很同意。由于汉武帝和司马迁这两个人不是一般历史人物，所以剧作意图的外延大大超出了本意，超出剧作原来的意图和设定，从而涉及历史研究的某些内容，也就不奇怪了（当然，在什么地方"超出"，这个界限是模糊的，不清晰的）。比如说，汉承秦制，以往我们对"承"讲得很多，但是，容易忽略当时"秦制"还是一个大致的轮

　　　　　　　　　　巨变中的世界

廓，甚至可以说是半拉子工程；是在汉代，秦统一的意义最终获得了稳定的物质形式，真正转型为大国和帝国，中央集权制和一套与之相匹配的意识形态也才真正清晰起来，于政治和思想两个层面上进行了一系列实实在在的实践，诸如董仲舒《春秋繁露》的理论建设、五经博士的设立、中央集权有了制度保证、郡县制的全面巩固，以及边境战争带来的国土开发等等，只有经过了这些，"秦制"的构想，无论在系统上，还是在细节上，可以说都大致得到了落实。何况，非常重要的是，还有作为"二十四史"开端的《史记》的诞生——"史"的地位，从此第一次能够和"经"并提，构成帝国文化和思想秩序的基础（在这样的视野里，汉武帝是一个大改革家，文帝和景帝和他不能相提并论，"文景之治"还是过渡性的）。剧本《中书令司马迁》当然没有直接描绘这样规模巨大的历史变动，但是这个新秩序的出现，是这个剧本的背景，某种意义上，也是此剧的内容。

汪晖：六国制度的力量在武帝之前，还是很大的。到武帝之后才变成新的制度。

杨立华：汉承秦制，制度方面，其实改得并不少，汉初又开始大行分封，郡县制远远不如秦彻底。其实"文景之治"的基础，还是秦帝国的物质建设。到文帝三十税一，甚至一段时间取消田租，根本原因是秦为汉准备了物质基础，以致当时根本不用兴修大规模的公共工程，可以清静无为。但到了武帝时就不行了。

李陀：武帝不但是一名大改革家，而且是中国历史的奠基者。这个剧本的一个效果，是让观众有机会来思考这样重要的历史现象，这已经不是简单"看戏"了。不过，这个剧并没有直接去表现这段历史过程，像今天很多历史题材的电视剧那样，它是戏，尚晓岚只是全力塑造司马迁、汉武帝这样的人物，作为"历史问题剧"

中的历史，都藏在了舞台形象的后面。看戏，我们还要努力看出人物身后的内容。总而言之，我觉得这个戏是中国历史剧的一个大突破。很多年了，我们没见过这样的戏。当然，也不是尽善尽美，具体到这个戏的主题、人物塑造、戏的结构等等，可以讨论、改进的余地都很大。

汪晖：关于杜周，我再补充一点。杜周早期在南阳做小吏的时候，以能吏闻名，最重要的是，他处理边境事务，杀了一批逃兵（"案边失亡，所论杀甚众"[1]），因此被安上酷吏的名声，也因此得到武帝的赏识。剧本可以考虑一下，不妨把杜周、司马迁与卫青、霍去病联系起来。杜周"酷吏"的名声是从处理边境事务来的，汉代又是第一次作为大帝国有了边境问题，武帝重用卫青、霍去病。司马迁写卫青、霍去病笔下则有很多保留，对霍去病的批评更多，这里面有贵族的视角。司马迁对杜周的态度，材料就这么一点点，而他对卫青、霍去病的看法，呈现得却很清楚。

杜周面对别人的批评，说法令都是以皇帝为中心的，过去的法就是当年皇帝的看法，现在的令就是现在皇帝的看法。很明显这样的问题就会延伸到对卫青、霍去病这样的人的使用上。武帝重用卫、霍，是汉代整个制度突破非常重要的一点，卫、霍都不是在原有制度的基础或程序上起来的。这些人都没有循旧法而升迁，贵族对他们都是很批评的。司马迁在这一点上看得非常清楚，对于汉代新制度的确立，卫、霍的功劳是不得了的；但另一方面司马迁对他们的贬抑之词也都在那儿。反而是李广，一位失败的英雄，司马迁对他的同情是那么深。如果从这个角度来理解人物关系，可能就会丰富一些。

---

1 《史记》卷一百二十二《酷吏列传第六十二》，第 3153 页。

我觉得剧本里可以考虑插入一段，类似汲黯这样的人，虽然评价很高，但是到了真正的现实里面，他没办法做事。如果有一段对话，司马迁谈到对汲黯的看法，以此暗讽杜周，那么杜周用什么话来回答，就是个有意思的问题。我觉得剧本在对杜周的批评上，没有必要退缩，但要客观呈现这个角色的多面性。这样的话，司马迁也会成为被审视的对象，不以他的褒贬为褒贬，由此来看在历史变动中这些人物的位置，当然重心还是司马迁。同样，卫青、霍去病也可以成为剧本的材料。这些人物之间的关系丰富了，司马迁和武帝既冲突又重叠的关系就会比较清楚。

杨立华：我收到剧本就看了，觉得很兴奋，看到了令人兴奋的努力方向。我是没有什么悲观情绪的，觉得不必厚古薄今，今天大家做的很多努力都有突破的征兆，向着不甘于平庸的方向在努力。

我不懂戏剧，剧本读得少，戏看得也少。能谈的完全是个人的观感和好恶。我有限的几次看戏，其实都不太满意。比如田沁鑫的《赵氏孤儿》，我觉得是故作复杂，以为把现实的复杂性引入，作品就丰满了，其实表面的丰富性反而带来了内在的单调性。我是越来越讨厌单调，讨厌经验世界的单调——全都是套路。

《中书令司马迁》这个剧本有我自己期待的真正的丰富性，而且并不因为丰富混淆了基本判断。我认为基本的是非判断是不能打破的，比如特别朴素的善良，如果这个东西都破掉了，那丰富带来的东西是很有害的。就像《赵氏孤儿》那出戏，假装同情所有的人物，假装设身处地去理解所有人的处境，以此为借口，所有的是非都取消了。这种相对主义的危害，比哲学上相对主义的危害还要大。

我很同意汪晖老师和陀爷刚才讲的，倡优的唱词很精彩。中国古代政治里，倡优的位置始终特别有意思，司马迁也讲过"倡优蓄之"，倡优这个角色，放到戏里这个位置也非常恰当。

另外我认为武帝这个形象的塑造，整体上是成功的。他老有一种面对你们很无奈的意思，就是我和你知识分子怎么讲得明白呢？你又不懂。我心里的事你不懂。就像刚才汪老师讲的，武帝没杀司马迁，而且给了他那么高的位置，就是他觉得，你可能在历史大势上来说是理解我的。武帝对董仲舒，反而就是让他辅佐外面的诸侯王，董仲舒是到不了司马迁的位置的。

我觉得剧本的处理，有一种一般性的帝王对待读书人的态度。中国古代大政治家对待读书人，态度一般都非常复杂。他要保留几种读书人，包括像汲黯这种人，你说他有用没用？他办不了什么事，但是你不保留这样的人，朝廷里都是功利之徒，那也不行。我们看宋仁宗对待范仲淹，态度就极复杂。他不喜欢范仲淹，因为仁宗不喜欢生事的人，没想变法，他知道用范仲淹，必要生事，他就想安静。但是范仲淹对他有多忠诚，他很清楚，范仲淹的自我期许，包括他的能力，仁宗都认可。所以他不得已用范仲淹，只用为副宰相，推行庆历新政，不到一年就把范仲淹外放，稍微有点反弹意见，马上就外放。仁宗就讨厌党争。我现在的体会，一个人能维持朝政二三十年，不出乱子，不被颠覆，不被谋杀，都是不得了的人物。

剧中司马迁和李夫人的那段戏，大概有点"子见南子"吧？不知道是不是受了影响。我觉得如果"子见南子"按这么写，那就可以接受。

这个戏一定要回避把司马迁变成一个知识分子式的对权力、对现实的批判，一定不能是那种简单的批判。至于司马迁的形象，我觉得作者的方向和汪晖老师、陀爷讲的方向不一致。你是想把司马迁往糊涂里写，你的意思是——他也没明白。不过从我来说，还是期待一个更"拔高"的司马迁。

从大的方向上看，这个戏避免了我所讨厌的貌似引入了现实、引入了丰富的挣扎之后所带来的毛病，但是司马迁这方面，还是有点太往下写了。我个人尤为不喜欢的，是春秋和杨恽，包括司马迁受腐刑之后涉及他夫人的戏，这些揭示有点太现代了，太偏于我们今天的趣味了。那个时代这些应该不在考虑范围之内，那时对个人的理解和感觉，都不是我们今天的理解和感觉。那个时代家世责任之传承，远远大于个人的这点东西，这点蝇营狗苟的破事，放到时间当中根本都不算什么。

　　司马迁的"成一家之言"，不是一个人之言，而是家法，是太史公的家法，其责任之大，远远超过他个人实现的东西，在某种意义上甚至也遥遥地指向"世家"——是《孔子世家》里面"家"的地位。以司马迁的背景看，随便是不能谈"家"的，我们说的"齐家"，是指什么？那是指世家，有世袭封地才叫世家。在《史记》里，除了陈胜后来称王，没有世袭封地而被列入"世家"的，只有孔子。

　　汪晖：司马迁封孔子为"世家"，康有为还不满：既然孔子立万世法，就应该列于本纪的范畴。其实司马迁在汉代让孔子和诸子完全区分开来，列为世家，已经是不得了了。所以在汉代，只有到了司马迁这儿，"史"发生了角色上的重大转变。尤其是考虑到当时经学的出现，司马迁的"史"就有了完全的新意。

　　杨立华：司马迁的"究天人之际"，我的体会，他的思想冲突里有一个复杂的渊源，涉及儒家和道家的区别。他如果是接续董仲舒，天人要一致，人为和天然之间更多强调的是某种一致性；他如果接续父亲的思想，那司马谈《论六家要旨》显然是黄老之术，暗含了天人冲突，人为和天然之间是矛盾的。司马迁的历史写作里，明显地存在"理"和具体的事之间的张力。司马光的《资治通鉴》

里，"理"和事之间的张力是很清楚的——司马光虽然不是道学家，没有那么清晰的天理观念，但是在宋代，"理"和事之间的张力是比较清楚的。司马迁是不是有这么清楚？我不知道。司马迁的"天人之际"，到底是偏于天，还是偏于人？是天人紧张还是天人一致？这个我没想清楚。

如果落到司马迁的写作，他写《刺客列传》《游侠列传》《酷吏列传》，个个写得生动。《史记》里写得最差的是思想家传记，没有一篇好的。《孔子世家》很糟糕，就结尾好，确实能感觉到他内心的激动和感慨。至于韩非的传记，根本就没法看。司马迁写韩非，有一个疑问，可能也反映到他自己身上，他是因为谏言而受到腐刑。韩非如此了解"说难"，说服君主之难，那为什么最后死在这个事上？（"余独悲韩子为《说难》而不能自脱耳" [1]）但是司马迁对韩非历史处境的理解深度都达不到清代的王先谦。

《韩非子》第一篇就是《初见秦》，韩非在里面提的所有建议，都是不成体统的建议，一看就知道没道理。比如要"存韩"，有什么道理要存韩啊？如果站在始皇帝的角度来讲，存韩，六国怎么灭？韩当然是第一个要灭掉的。到了明代，陈其猷讲得就特别清楚，他怀疑韩非入秦之时，已经是晚年。韩非和李斯是同学，所以我们容易以为他们年纪差不多，陈其猷认为韩非入秦之时大概是60多岁。他作为韩国宗室，入秦时怀着一个牺牲者的决心。我觉得这是高明的见识。韩非要存韩，哪怕多延长一会儿，这就和当时的郑国渠等策略全连在一块了，郑国渠事件之后有"逐客令"。包括李斯为什么要干掉韩非？李斯所有的政治主张都是韩非的政治主张，韩非入秦是李斯引荐的。很多人把他们的关系理解为李斯对韩

1 《史记》卷六十三《老子韩非列传第三》，第 2155 页。

　　　　　　　　　　　　　　　　巨变中的世界

非私人的恩怨嫉妒，但我的体会是因为李斯的政治蓝图受到了韩非的威胁，所以要干掉他。

我越来越不愿意阅读太过呈显现实的作品，不管是以什么样的角度。我们甚至有一种倾向，在人家本来没有焦虑的地方，给人家安置焦虑——这就是因为你格局小。汉武帝如果一点点事情都要放在心上，那他早死掉了，他也不可能杀个人之后内疚，他有什么可内疚的？

我觉得今天的文学在某种意义上应该承担"史"的功能。我们为什么不追求一些更加刚毅木讷的人物形象的塑造呢？如果说真的要批判现实，那也应该是通过一种有距离感的人格形态，构成现实的某种对照和批判。这样文学作品才能指向未来。

过去看《赵氏孤儿》的戏，不满意，就去看史书。《左传》的记载和司马迁是不一样的。司马迁肯定知道《左传》的版本，如果从真实性的角度来讲，那显然《左传》的版本更好。但司马迁居然选择了一个有点传奇性质的版本，一个不太符合历史真实的传说故事，这很有意思。

尚晓岚：按照《史记·赵世家》，搜孤救孤，程婴不是用自己的孩子做的替换，而是"谋取他人婴儿"，后世的戏剧（纪君祥《赵氏孤儿大报仇》）改成了程婴自己的孩子，进一步推高了戏剧冲突和伦理上的悲剧感。

作为宇宙帝国的汉朝

西川：首先《中书令司马迁》这个剧本读下来，我第一印象是写得很有才气，里面有些段落很有诗意——当然这个诗意不是那种简单的抒情的诗意。尤其是那些倡优穿插的段落，都写得很好。当下获得反响的戏剧也好，电视剧也好，要么是闹剧，要么是很主流的正剧，这样一个剧本——我也不知道该叫什么——有点像戏剧里的清流似的，就几乎没有这样的。

这个戏涉及汉朝。刚才大家都说得非常好。汉武帝的时代，前头是文、景，再前头是吕后，是打仗，好像到了汉武帝时代，汉朝才有真正开始的感觉，和早期比有几个变化。

贵族本身有变化。贵族一开始都是军功爵，打仗出身，后代变得越来越有文化，和一开始封爵的祖宗感觉很不一样。但是武帝时代等于又重新进入军功爵的状态了，卫青、霍去病立了那么大的功——当然他们和武帝还有个亲戚关系。文化了的老贵族和靠打仗起来的新贵族，一定有不愉快。

到了汉武帝的时候，人口已经 6000 万了，所以才能打匈奴。为什么说我们一般人恐怕也理解不了汉武帝，一个统治小国的君主，和一个统治 6000 万人的君主，感觉是完全不一样的。汉朝到了汉武帝的时候，已经变成一个"宇宙王朝"了。要说文化建设，秦也有《吕氏春秋》，那就是一个宇宙，政治统治和宇宙观念是一体的；汉武帝时代，董仲舒设计的基本也是一个宇宙……

汪晖：对，董仲舒基本也是从《吕氏春秋》和《月令》来的，有清楚的传承关系。顺便一说，司马迁最开始做太史令，就是天官，他写了《天官书》。他说"究天人之际"，这不是虚指，他是真的要看天的，所以他才会叙述天的问题。道在变化，完全不同的新秩序出来了。

一般我们从儒学的角度说，汉代就是宇宙论的时代，这确实是和大帝国的兴起密切相关。就像你说的，原来毕竟小，到了这会儿，什么都在里面，还都要把它们综合起来，"天地人"是特别完整的结构。再一个，就是流变的观念，宇宙是流动的，才有"通古今之变"这第二句。这真的是一个新气象。

西川：在这么一个大背景里，忽然司马迁受了腐刑。其中的戏剧性太强了。又是天，又是地，忽然一个人的身体残废了。我们都不知道司马迁是怎么想的，当然他表述出来是要写他的历史。司马迁写历史，写天地，背后天地也看着司马迁呢。他要写的那个天，好像比他意识到的天，还要大。当一个人要进入历史当中的时候，实际上还有一个更大的东西，也可能是他说不清楚的东西。

一个人知道得越多，比如从三皇五帝直到今天都了解，那他一定有一个关于历史变迁、关于天道的幻觉。这个幻觉是不是那个真正的天道，就不知道了。所以我觉得，作为一个戏剧，如果司马迁在第一层面已经覆盖了全部的历史文化，此外还有一层他覆盖不了的东西，那他就挣扎了。要是有这么几层，那司马迁可能更丰富。

另外，我最喜欢汉武帝写的那首《秋风辞》（"秋风起兮白云飞，草木黄落兮雁南归。兰有秀兮菊有芳，怀佳人兮不能忘。泛楼船兮济汾河，横中流兮扬素波。箫鼓鸣兮发棹歌，欢乐极兮哀情多，少壮几时兮奈老何！"[1]）我始终不明白，一个皇帝，得有多大的文学才华，才能写这么一首诗，最后是关于生死，关于悲哀的。汉代一方面变成宇宙帝国了，另一方面所有做事的人都有少年的气质，老了也是个少年。汉武帝不论多大岁数都是那个少年，所以他才容易产生对于死的悲哀。汉朝人也没有现代人这么复杂的哲学思想，他唯一关心的就是怎么活下去。贾谊的《鵩鸟赋》也是这样。生命要走了，多么留恋，"欢乐极兮哀情多"。汉武帝杀人是不在乎

1　汉武帝：《秋风辞》，见郭茂倩编：《乐府诗集》卷第八十四《杂歌谣辞二》，北京：中华书局，1979 年，第 1180 页。

的，把司马迁割了也没那么多负疚，都是一个逻辑下来的，可是他内心里还有"少壮几时兮奈老何"，又显得他是一个少年。

汉朝不知道为什么就走到那个程度了，有那么多的改革，那么多好的头脑，但我相信在认知上有一个空间，他们还想往前走，但又认识不到的一个空间。所以青春啊、短命啊、死亡啊、伤感啊，我估计在汉朝整个都是这样。我有一面汉镜，后面的铭文说"长乐未央，长勿相忘"，每次我看心里都难受。感觉汉朝一方面是文明、帝国，一方面"长勿相忘"，就弄得我特脆弱。汉朝本身也是特别有诗意。

汉朝已经是 6000 万人口了，他动用的军队是很庞大的，而戏剧本身只是几个小场景。一定有一个办法，让戏剧和汉朝那种宇宙、那种大规模作战联系起来。我觉得这个问题剧本解决不了，我不知道演的时候可以怎么演？比如舞台上两个人说着话，后面能不能出现千军万马，但是两个人说的其实是一件小事……

李陀：给你举个例子。我们看英国那个话剧《乌托邦彼岸》（*The Coast of Utopia*），大幕拉开，一开始就是巴枯宁家的庄园，一家人在花园里闲坐聊天，巴枯宁（Mikhail Bakunin）和几个女儿正围绕着一些政治和哲学话题热烈争论，可舞台深处，是一群群农奴的身影，密密麻麻的群众演员。

西川：可以稍微想象一下，《中书令司马迁》这个戏，如果演的时候，舞台上很乱，中间有一块干干净净的地方，两个人在说着和那个乱没什么关系的话……看看怎么处理舞台的小场景和大的历史变迁之间的关系。

说到这儿我正好要请教一下。我对于《公羊传》和《穀梁传》不那么熟悉，但感觉上《穀梁传》好像更偏向道德评判，《公羊传》更多偏向王、历史。我说的不一定对。所以司马迁内心有矛盾。比如当他看汉武帝的功业，他知道他在干大事，这时候有点潜在的《公羊传》的态度；当他对汉武帝有怨恨的时候，又是潜在的《穀梁传》的态度。《穀梁传》与《公羊传》两者的区别，能简单介绍一下吗？

汪晖：《左传》《公羊传》和《穀梁传》合称春秋三传，都是解释《春秋》的。《左传》重在记事，《公羊传》阐述微言大义，《穀梁传》解释文辞及其含义。杨伯峻先生说："《春秋》三传，《左氏传》以叙事为主，甚至有《春秋经》所没有的，即所谓无《经》之《传》。解释'书法'的话不多。《公羊传》《穀梁传》却不如此，以解释《春秋经》文为主，叙史事绝少，不是史书，而是所谓讲'微言大义'的'经'书，而所讲的'微言大义'，大半各逞胸臆，不合本旨。"[1] 是否《公羊传》讲权变，《穀梁传》偏道德，恐怕也要从具体条文解释来看。杨先生以为《穀梁传》后于《公羊传》，有些解释是接受了《公羊传》的意见的。

司马迁受《公羊传》和《吕氏春秋》影响是很明显的，他当然有这一面。他受《左传》的影响也很大。但司马迁在情感这一面，道德判断这一面，似乎不是公羊学这一脉的。

西川：汉朝是跟着秦朝来的。不管历史记载是否真实，焚书坑儒的真相是怎样的，到汉朝有一个特点，文人开始有一个天生的责任，这个责任就是记忆、记录过去。李斯和法家那一套，基本是克服记忆的，那么到了汉朝，对历史、对文化、对文明又重新回到一个记忆的状态。所以司马迁代表的是一个过去的记忆延伸到了汉武帝时代。说得形象一点，在汉朝，一个没有历史记忆的人，是做不

1　杨伯峻：《谈谈〈公羊传〉和〈穀梁传〉》，见《杨伯峻治学论稿》，长沙：岳麓书社，1992年，第68页。

了书生的，那么作为一个书生，带着满脑子记忆，来到一个人口达到6000万的状态，而他带着的都是人口只有几十万、几百万的那个记忆，那一定思想是有冲突的。

我觉得一般来说，写东西包括学术研究可能都有个问题，就是大家不甘心让一件事无解，包括个人在历史中的处境，总要最后得出一个结论，其实很多情况下是无解的。一旦我们意识到这个问题，其实挺丧气的，文学以前是不处理这种丧气的，要么黑要么白，反正得有个结论性的东西，其实有可能是没有结论的。比如在今天，我们也有各种各样的不满意，但我们也是摸爬滚打、跌跌撞撞往前走。就像司马迁那样，实际上接受也得接受，不接受也得接受。

还有一个想法，我去拍《跟着唐诗去旅行》的纪录片，意识到一个原来没想过的问题，就是唐代的诗人圈子非常小，比如李贺的父亲李晋肃是杜甫的朋友，杜甫和韦应物的叔叔韦偓也是朋友，杜甫和颜真卿同朝。总之圈子特别小。全唐诗2300来个诗人，如果每20年做一个时段，那时候活着的诗人没多少，大家基本全都认识。汉代我相信也是这样，官僚圈子比唐代还小。剧本里写到的司马迁的女婿杨敞，他的祖先杨喜封侯，就是因为抢了项羽的一部分尸体。司马迁和历史的关系，一边是一个大历史，一边又像他们家和周围邻居的历史，那他的历史感就和我们今天的人大不一样。这时候反倒成了没人理解汉武帝了，他变成一个孤零零的人，又走上了秦始皇那条道儿，对神秘的东西有兴趣，封禅什么的，他成了很孤独的人。我不知道司马迁是不是孤独。这么两个人撞到一块，他们的关系一定太微妙了。

汪晖：刚才西川说到宇宙帝国，我试着表述得更清楚一些。

司马迁和董仲舒等人的最大区别在于，那些人都是造一个天的结构、宇宙结构，只有司马迁是描写流行和变动的——历史、时间、命运起伏、褒贬都是在流动当中，不是"天地不仁，以万物为刍狗"[1]，而是这个变动本身带来了一种命运的感觉，他的感喟和褒贬都在这个变动中。他知人论世，立足于世间的具体关系和变迁。在这个意义上，司马迁的确是重新发明了"史"，史的观念，史的意识，史家到他这儿第一次变了。一定程度上司马迁是用时间对抗宇宙的，他知道武帝的世界是怎样的，司马迁证明它同时又反对它。他在里面来看待这些事儿。所以人的生活在宇宙里面，在司马迁这儿，的确有了尊严。在这个意义上，李陵也是最特别的，他的确是一个叛徒，可他有尊严；李广是个失败者，但有尊严。项羽更其如此，失败至此，却成为顶天立地的悲剧英雄。

司马迁对人物的褒贬，我倒不觉得要后退，不要走相对主义的论述，但因为他是在历史变动中所做的判断，他的确估计到了好几面。在我们今天要求褒贬变得非常清晰的时候，司马迁就显得模糊了，但这并不是说他本人不明白，这不是一般我们所说的模糊，而是他在时间之流里面怎么去理解这一切。他是这么同情李陵，但他从来没有说李陵是对的，其实他很清楚李陵在大节上是有问题的，他没有翻过来。但是所有的同情都在命运的拷问里，因为是流动的，所以他处理的人物都是相互关联的，在关系当中来呈现，每一方都不是绝对的善恶，但是又不等同于取消了善恶，他的判断都在里面。

西川：但是咱们这么看司马迁，我自己心里面也直打鼓。就怕跌入一个坑——咱们当下人太自以为是，我太自以为是。这得很小心。

---

1 王弼：《老子道德经注·上篇·五章》，见《王弼集校释》，楼宇烈校释，北京：中华书局，1980年，第13页。

历史记忆与历史叙事的裂隙

格非：通常来说，对历史人物和事件的叙事，有两种完全不同的处理方法，或者说写作的策略。其一是通过重读史料，再现处于特定历史情境中的人物和事件，从而呈现一段历史生活风貌，表达作者对历史的看法。不用说，这是很多历史剧，尤其是北京人艺历史剧惯常的写法。其二是从作者写作的现实境遇出发，通过对历史人物和事件的重新阐释，来寄托作者的现实关怀，同时，借助于历史记述的裂隙，呈现人物和事件与当代问题之间的种种联系（当今演艺界比较时髦的"戏说历史"的消费主义流行文化不在我们讨论的范围中）。从晓岚的《中书令司马迁》这个剧本的意图来看，她的创作明显地偏重于后者。作者在剧本的"说明部分"，特别强调了舞台设置的"双重陌生化效果"——既因对中国舞台上传统历史剧"仿古"风格的背离而显得"陌生"，也因用历史的方式来表达现实而实现"陌生"。"用历史的方式来表达现实"，应该是作者创作这个剧本时的基本初衷。

看得出，作者在对史料的掌握方面极为认真，叙事姿态和修辞技法的运用也相对严谨、审慎，但《中书令司马迁》仍不能被视为一般意义上的"历史剧"。从某种意义上说，实际上存在着三个司马迁：观念中所谓客观真实的司马迁（这个司马迁不能说绝对不存在，但一旦进入史料和记述，严格地说，其实也是一种想象的产物）、历史文化所建构起来的圣贤形象、作者所理解的司马迁。所以，要很好地理解这部作品，我们首先得来面对这样一个问题：作者是如何理解司马迁这个历史人物的？她为什么会有这样的理解？

巨变中的世界

应当说，无论是从作品的构架和质料来说，还是从文辞中隐含的褒贬来看，作者对司马迁这位历史人物的尊重大体上是没有疑问的。晓岚并没有彻底瓦解司马迁这位历史人物的明确意图。但是，她拒绝从简单的"圣贤"形象来理解司马迁。在作品的第三幕第一场，作者通过倡优之口这样说道："然而，我不是你的信徒 / 我悄然进场 / 做一个明智的看客 / 你一言一行 / 逃不过严厉的目光。"我认为，这段话虽然通过倡优说出，也反映出作者对司马迁既尊重又存有疑问的基本态度。换句话说，作者本人从文化史的角度对司马迁的敬仰和尊重，在这里并不重要。重要的是，当作者将自己外化为冷静的他者（倡优）时，目光多出了一份"严厉"，疑问也随之产生。我认为，任何真正的写作都是从"疑问"肇始的，晓岚当然也不例外。顺便说一句，如果我们对古希腊的合唱队在戏剧中所承担的使命有所了解的话，我们就能够体会到"倡优"这个无情、冷静的"旁观者视角"的重要性。按照我的理解，至少在这个剧本的处理中，倡优的视角代表了历史叙事中某种"疏离"和"反省"的力量。那么我们接下来要问的是，作者对司马迁的疑问到底是什么？它从何而来？

司马迁因李陵一案而遭受宫刑，忍辱含垢、发奋著书这件事，历史上早有定论。司马迁本人在《报任安书》中也颇多自解之辞。从汉代至今的文化史都对此表示理解、敬仰和赞赏。从史家的历史责任的层面来说，从中国传统社会重视道统的历史氛围中，司马迁的选择是无可指责的，这种理解当然也没什么问题。可是一旦将这个事件放置在现代社会和现实环境之下进行审视（传统和现代社会对于"士"或"知识分子"的道德要求并不完全一致），就不免会引发我们更多的思考。首先，作为一名伟大的儒者，司马迁在经历这个事件时真正的内心世界到底是怎样的？另外，司马迁对于汉代的社会政治的真实看法（我们在《史记》中看得很清楚）与他作为一个朝廷官员的身份之间的冲突又是怎样的？我们注意到，这个剧本的标题，不是通常意义上的《太史令司马迁》，而是《中书令司马迁》，作者所要强调的完全不是他作为历史学家的贡献，而恰恰是司马迁当时的政治身份与历史进程所形成的复杂关系。简单来说，作者在遭受不公正的刑罚时、在他所反感的现实社会政治进程中保持沉默——其目的是通过完成一部伟大的历史著作而恪守史家职责——是否是无可指责的？

如果仔细分析，在《中书令司马迁》这部剧作中，司马迁的形象确实出现了很多的"裂隙"。司马迁在代写草菅人命的"沈命法"诏书时所表现出来的沉默和顺从，就是一个重要的例子；在第四幕的第三场中，作者一连用四个"一言不发"，来表达司马迁在面对不义而保持沉默时的内心沉痛，则是另一个例子。那么，司马迁通过沉默顺从所换来的写作的权力，是否足以补偿他所遭受的屈辱呢？作者提供的答案是否定的。因为在作者看来，真正的历史，并不是被记录下来的部分，而恰恰是被遗忘的部分。当然，我并不认为作者创作这样一个剧本的目的，是为了颠覆传统的司马迁形象，或者说，是为了批评司马迁从而去还原所谓的历史真实。作者的真正意图，是借助于司马迁这个人物在具体历史进程中的行为选择，来冷静地打量、反省现代社会的"知识者"的政治和道德处境。不用说，作者的眼光是峻激的、严厉的。

毫无疑问，这部作品的创作态度是诚恳的，其主题是严肃而富有深意的，对历史和现实的沉思是有自己独到的见解的。另外，作品在艺术表现力方面也令人信服。结构完整而匀称，人物对话自然而有韵味，尤其是倡优角色的设置，极有想象力。而在所谓的借古喻今方面，作者的修辞较为克制，没有任何哗众取宠或矫揉造作的地方。总而言之，这是近年来十分优秀的剧作，我期待它早日在舞台上公演。

如果说这个剧本还有些值得商榷的地方，我认为主要有两个方面。一是司马迁与女儿春秋的这条线索，稍显简单化。我倒不是说女儿春秋不能对父亲的选择进行批评或质疑，而是说，与其直接呈现这种批评，还不如表现得委婉曲折一些，更符合人物的身份关系，同时也更有力量。再一个，现有的人物对话虽然也很好，但完全没有汉代人的声口和氛围。其实，司马迁本人的相关作品中，保留了很多汉代人说话的特殊口吻和语言方式，这本来是一个很好的资源，可以适当地采用，来丰富这个作品的人物形象和语言色彩。

尚晓岚：关于人物氛围，您是觉得需要增加新的角色吗？

格非：你可以增加角色，加大容量。一个剧作首先要让那个氛围能够出来，让我们在观剧的时候一下子能感觉到——这就是汉代。也可以利用现有人物，适当地虚构，做一些设置和区分。戏剧一定要区分人物，这样在舞台表演时呈现出来才会很直观。小说则不一样，小说的很多微妙之处是文字传达的，戏剧一定要有直观性。做一些区分，有一个整体汉代人物的情感和氛围。现在氛围感还是差了一点。

西川：格非谈到汉朝的氛围，我觉得这个剧本整体上写得稍微"洋气"了一点，这可能跟咱太喜欢读外国文学有关系。台词里面的称呼，比如说"父亲""母亲"，我相信当时一定是"爹"啊、"娘"啊这种感觉。你刚才提到布莱希特，有些地方我甚至想到福楼拜（Gustave Flaubert）写《圣安东尼的诱惑》（*La Tentation de Saint-Antoine*），又有一点像《乌托邦彼岸》那个转景，整部戏挺洋气的，可以让它"土"一点。

汪晖：刚才说到司马迁和武帝的冲突，是两个"王者"之间的冲突。我再做一点补充。

马歇尔·萨林斯（Marshall Sahlins）是列维-斯特劳斯（Claude Levi-Strauss）的学生，他有一篇重要论文，其中提出了一个叫作"stranger-king"（陌生人—王）的概念，意思是说，任何为王的人，对于自己的臣民和社会来说，永远是可以和陌生人发生关联的。刚才西川说了，唐代诗人是一个熟人社会，但是要称王的人，必须是有陌生面的，王者有一部分东西，是人们不知道的，他要保持对你的神秘性。萨林斯所说的"stranger-king"这个概念来源于对《李尔王》（*King Lear*）的解释，因为李尔王有一大段对着风雨雷电的独白，一般人是不能跟风雨雷电对话的，只有王者才能。

而司马迁是做天官的，要"究天人之际"。这在中国传统当中也是有根据的，"文王幽而演《周易》"，《周易》是用数来表达天。它既走向很具体的实证，也走向神秘。所谓巫王的观念，就在这儿。司马迁和武帝都通了另外一个世界，杜周和汲黯绝对没有的那个世界。

西川：我觉得这个戏，从力度上讲，好像就缺了一点让人受不了的东西——也可以是安安静静的受不了。

汪晖：我们设想，在司马迁和武帝之间，多少可以有一点哲学对话，或者是用倡优来间隔他们。让他们各自诉说对宇宙的看法，在这之间构成一种冲突。就是说，你在布莱希特之外，加一点莎士比亚。那场冲突可以不是诉诸人的，而是诉诸天的。哪怕是虚拟的场景，也可以打破因为司马迁的个人命运而呈现的沉闷氛围。

李陀：这两个人要有一场长篇的独白，或者用倡优勾连起来。这段对话一定是有关神秘主义的。

汪晖：也可以说，他们在宇宙观上有对立的部分。董仲舒是用"天"来做合法性论证，很像亚里士多德主义，宇宙是作为合法性根源的；司马迁也有一个宇宙，但不是作为合法性根源，恰恰相反，那个宇宙退到一个角度，来观察世界万物流行背后的东西。

设想有两段独白：武帝用"宇宙"为自己所有的政治来做合法论述，而司马迁则用"宇宙"和"天"来做它的反证，但又不是完全的相反，而是构成张力。这时王者之间的对峙才能构成。

杨立华：其实你可以把汉武帝的思想变成无形之"天"。真正的"无"的天；而司马迁的"天"，是有迹可循的、计算的、数的"天"，天文性的"天"。

汪晖：同时是变动性的"天"。

杨立华：变动，同时有迹可循。但是汉武帝面对的"天"，是一个无的"天"。他为什么要封禅，为什么要求仙山？他封禅面对的是一个至高神。那个神不是人格性的，而是真正意义上的无限。而司马迁的"天"，是数的"天"，我们可以看《史记·天官书》。

汪晖：《天官书》很复杂，确实不好懂，但戏剧表现上，这就是"stranger-king"的根据。因为谁都读不懂，合法性的来源在于神秘，可他又要表示他能测算，"文王演《周易》"最典型。汉武帝越是为自己做论证，越要保持神秘主义。这是他的另一面，他晚年因为对长生的追求，而造出那么多案子，都与这有关。

《史记》里把荀子、邹衍放在一个列传里（《孟子荀卿列传》），我当年看觉得有些奇怪。荀子是如此的理性，而邹衍是一个又科学又神秘的人，求仙方技、大小九州，都是邹衍之学。对于汉代的人，邹衍就是科学。司马迁怎么放置这些人，恐怕也有讲究。

李陀：汉代人认为人和鬼相通、人和神相通，那时候无论朝上朝下、权贵百姓，都是认真这么看的。整个汉代的政治生活里，其实也充满鬼神的因素，汉武帝本人就是最迷信鬼神的，无论是那些把他坑苦了的骗子方士，还是形成政治大动荡的巫蛊之变，汉代政治生活里从来都充满迷信和诡异，《中书令司马迁》如果能注意这种色彩和氛围，无论对汉武帝的刻画，还是对当时宫廷政治的把握，都会有很大好处。

汪晖：司马迁把邹衍放到《孟子荀卿列传》里，这值得推敲。我认为这也证明，宋代以后的新儒学，受子思的路线的影响，与司马迁对孟子的理解恐怕是不大一样的。司马迁把孟子、荀卿和邹衍放一块儿，是有特别用意，还是就是一般性的排列组合？

杨立华：邹衍与孟子的关系很有限。孟子那里显然没有"数"的概念。

汪晖：我一直觉得"stranger-king"是一个挺有意思的东西。历代帝王，比如清代皇帝学语言，满蒙藏回汉，他一会儿是大汗、一会儿是法王，当然主体就是中国皇帝，他告诉每一个被统治的臣民，我还是另一世界的王，不光是对你。但圣人不会这么说，圣人只是面对自己的社会。

杨立华：西川刚才谈到汉代人的少年气，说得特别好。我第一次体会到，西汉的自信底下，有特别脆弱的东西。西汉人的自信，源于几乎掌握了当时能掌握的宇宙全部秘密，汉代一直在拼接一个"大一统"的知识形态，而这个拼接的方式就是"数"。拼接的结果，其实除了最顶尖的人物，知道其不可见和神秘之处，底下的普通人都无比自信，觉得这个世界一切都有答案。

西川：海因里希·伯尔（Heinrich Böll）有个说法很有意思，他说所有的科学计算都是要包含一个误差的，造一座桥你都能算出来，但是有一个0.5毫米的误差，科学是必须允许的。他说误差就是上帝，误差就是虚无，就是形而上。

03　消失的是人

——话剧《世界工厂》座谈

2014年11月23日，在深圳OCAT当代艺术中心A展厅召开了题为"探索成为社会研究和实践的剧场——以《世界工厂》为例"的国际研讨会，本文是汪晖教授在这次研讨会上的发言。

谢谢赵川先生和他的团队邀请我到这儿来参加这场讨论。来的时候我还不知道要用什么样的方式来讨论，并没有一个事先的准备。我想就昨天看的《世界工厂》演出和它引发的一些问题，说几点观感和想法。

业余的自由精神

昨天《世界工厂》的演出，我自己觉得是很喜欢的。喜欢的一个原因，是因为一定程度上它保持了现在这样的一个实验剧场的业余精神。它是很认真做的，但又是业余的。今天小剧场中的实验很快、很容易地被什么力量收编进去——要不就是大资本，要不就是国家项目。

我想到类似的一件事情，就是北京人艺曾经做过一个和建筑有一点关系的戏，叫《万家灯火》，是关于解决住房问题的，当时在北京很轰动。我们可以从这里很清楚地看到一个戏的转化过程：也就是把关于工人的劳动转化成幸福工程的这个过程。在业余转向专业的这个过程中，很显然有些东西会丢失，某个粗糙的感觉会被丢失、会被筛选掉。所以草台班能够持续这个状态，我觉得是非常重要的。

　　昨天一开头我看演员上台的时候，从形体到发声，如果带着进剧场的感觉，第一印象就是这好像太业余了，可是演着演着就看进去了。尤其舞台的一些处理，我个人觉得挺好。我昨天和赵川导演也说了，比如说无论是正步走的这个过程，还是跳绳的过程，把身体耗尽了的那个感觉是真的。如果一名专业的演员，平时有体能训练以及掌握表演技巧，他也能做得惟妙惟肖，不过你还是能看出其中的差异。这一回演员在台上真的被掏空了，到了某个瞬间他再也走不动了，你可以感觉到那个耗尽的过程：那是生命和劳动在这个条件下转化出来的一个关系，它把我们讲的那些质感整个地给推出来了。到了那个时候，你不会再去思考这是业余的还是专业的，因为所有的震撼力都在那个地方表现出来了。

　　另外，昨天晚上演出后大家吃饭的时候唱歌，我坐在那儿，发现只有一部分歌曲是可以在这种状态下被大家欢乐地唱出来的。大量的流行歌曲、大量的完全个人抒情模式的歌曲进不去这种状态，慢节奏也是很难进去的。它标志着这样一个演出已经延续到了演出后大家休息的时候。这里有一种新的集体意识在萌生，它找到自己的文化形态。这个文化形态是需要再创造的。我们找到了过去的，还要再找新的，这个创造过程给我们提供了一个方向。

　　那么为什么要从业余问题说起？我觉得业余态度很重要，因为它不太容易被现有的体制收编；也因为这个原因，它坚持下来非常困难。昨天有几位演员在演后都说到自己有别的工作，完全是在业余状态下介入的。

还有，业余状态下介入的困难，实际上和专业的演员遇到的问题是一样的。什么样的困难呢？如果你不是工人，你怎么去表现工人？你怎么再现他们？你有什么样的权力来表达？这是经常会提到的问题。

这个问题有一定的真实性，我举两个我在其他领域看到的问题为例。一个是纪录片，一个是戏剧。我们知道，20世纪六七十年代拉丁美洲有纪录片运动，其间大量拍摄有关贫困的纪录片，这是当时左翼运动的一个部分。但是后来，左翼运动创造的社会动态慢慢衰落了，而纪录片却越来越成功，这些导演在国际上都得了很多奖。因此，人们会提出一个问题，我们拍摄贫穷的伦理到底是什么？我们站在哪儿去拍摄贫穷？难道拍摄贫穷就是为了去得奖吗？就是为了在你所在的领域去得到提升吗？这是一个伦理性的质问。

另一个例子。前两年在苏格兰我看过一部戏，戏的名字是《27》[1]。大致剧情是一个研究阿尔兹海默症病人的大学学者，她的课题是研究修道院里的修女得阿尔兹海默病的比例是否比其他地方高。最后她就住在修道院，做了很多的研究。那些修女把她视作朋友，她也有研究成果发表。在最后的那个瞬间，她忽然回过头来问："究竟是什么在驱动我做这项研究？"这也是一个伦理性的追问。

所以我说，业余的意义是一个伦理性的问题，涉及伦理性的政治，因为这关系到你怎么去表达才能使得这个行动不会被收编到体制内，成为在国家层面、资本层面和你的专业领域层面的不断提升

---

1 《27》，艾比·摩根（Abi Morgan）原著。

的过程，而是通过戏剧表演，创造出新的文化过程。业余的意思不是说仅仅保持业余的演出水准，恰恰相反，它是指如何保持自己的某一种自由状态。

社会运动的意义：在介入过程中生成"我们"

戏剧介入的这个过程不仅是要去介入，而且是用业余的方式去介入。套用中国过去的话说，叫"从群众中来，到群众中去"。或者说你先到群众中去，然后你再从群众中来。在这个过程中，生成完全新的东西，也就是说超出我们通常在学院里面讨论的所谓底层能不能说话的问题。在西方，特别是在美国，有庶民研究／底层研究（subaltern studies）和后殖民研究所提出的所谓底层能不能说话（can the subaltern speak?）这样的问题。

早期的底层研究的对象是农民运动和民族解放运动，后来就逐渐地变成对后殖民性的讨论。这部分的思考是必要的，原因是运动本身政治性、政治化的过程终结了。思考这些过程的人都逐渐疏离于运动本身，所以他们不得不对自己的身份进行再追问。但是有时候这个追问导致了一个更大的问题，就是对于那个运动过程本身的创造力的完全忽视。"我们"这里是精英（elite），"他们"那里是庶民／贱民（subaltern），你我之间没有能够产生互动。而他们也没有看到我们过去的历史经验里面，比如20世纪的政治经验里面，在农民的运动、工人的运动、社会的运动中，都有过很多"业余的"参与者。我把这统称为业余的，是知识分子、律师和其他不同身份的人。在介入这个运动的过程中，由于要和对立面进行斗争，于是这些业余者渐渐地成了运动本身的一部分——成了"我们"。

这个时候的"我们",不是"你"和"我"。"我们"是新的东西,不是旧的东西。你不介入的时候,不存在这个"我们",只有在介入过程中、在运动过程中,才能产生出完全新的"我们"。这一点是我们忘记了的。所以,当我们用一个距离、一个结构来限定这个过程,反而使得行动变得不可能。其实这些问题关乎思考和行动的关系,而只有在行动中才能生成我们。昨天演后谈提问中反复提到"我们"的问题。这是需要超越的,至少在我自己所处的学院氛围里,需要超越这种"底层能不能说话"的问题。我们当然要让底层来说话,但是我们问这类问题的时候更要超越这个"底层能不能说话"的框架,去探讨新的"我们"有没有可能产生。这是一个关于行动的问题。否则这个问题永远成为在学院内部循环的问题,看起来也是反思性的,却没有生产性的追问,因为你永远把自己限定在劳动分工所给定的位置上。

我刚才说的业余性,就是这个给定位置的漂移,它让你换一个地方,让你变成另外一个人。你不是一名专家,也不是一位教授,不是一个学生,不是一名研究者,在那个时候你变成了另外一个"你",你变成"我们"中的一个要素。在这个过程中,同样有新的文化产生,所表现的对象也作为"我们"而展示出来。这不再是一个简单的他们能不能说话、我们能不能再现的问题,而是关于这样一个政治过程有没有可能发生的问题。

当代世界是一个劳动没有边界的帝国

还有就是关于劳动的问题。听到导演和同学之间的对话,客观上说我觉得你们说的都有一定的道理。昨天对于这部戏的质感,工人其实是很认同的。而学生在实验室里，讲述了在另外一个氛围内他们的处境问题。所以学生要问你，这个工人和我们的关系是什么？他质疑"我"和"你们"的话语。导演的回应是不赞成把这个差别抹掉。我个人也不赞成把这个差别抹掉，但是我觉得这个问题是可以继续思考下去的，怎么去思考呢？

我们要考虑究竟是什么力量使得这个差别在某一个层面上被模糊。如果倒退100年，在第一次世界大战的时候，蔡元培虽然提出"劳工神圣"，但是那时劳动的概念是与产业工人的概念密切相关的。但在今天，劳动被普遍化到没有边界的地步。今天的世界是资本没有边界的帝国，也是劳动没有边界的帝国。

我们看一看国家对于产业工人的界定：三大产业包括农业、工业、服务业。服务业包括金融业、IT产业。你可以想象这个世界里资本组织劳动的模式发生了什么变化，可以去设想我们和曼彻斯特之间的差别到底在哪里。在这个意义上，我们是可以找到处在不同劳动状态的人之间的差别和关系的。寻找这个差别的目的，不是简单地界别身份性的差别，而是通过重建这个联系来揭示今天资本将世界重新编码的特殊状态。也在这个意义上，来揭露它的另外一个阴谋。

有一次电视台找我去谈富士康的工人问题。本来是谈自杀问题，还没有说到别的问题，但讨论的时候，这个问题提出来以后，资方的态度很清楚，资方说我们要用100万个机器人来替换工人。结果从媒体到地方政府，最担忧的不是自杀，不是工人劳动，而是怕有一天如果真的上百万的机器人进去了，我们这儿又面临大规模失业怎么办的问题。所以说它不断地替换工人，实际上是在试图取消劳动的价值。如果生产不需要劳动者的劳动，那我们过去建立在劳动价值范畴内的劳动尊严观念就被取消了。我们只能依赖再分配，我们现在讲了很多国家再分配，而不是劳动者的主体能力。我们面对的就是作为世界主人的这个最基本的历史定位由此要被取消掉的一个处境。

一方面我们可以说，今天新型的世界工厂是工业化的，但是另一方面它的确也被组织在新的劳动关系里。这个跨国性的、流动性的、大规模的生产模式正在发生着变化。从艺术的角度说，寻找这个差别和它的共同性本身，是揭示今天所谓资本主义世界秘密的一个很重要的方面。因此我们怎么能够沿着昨天的对话路径，继续去讲述这个故事？我觉得是挺重要的一个问题。

两种可能性

最后我再说两点。就草台班之前组织的讨论中提到的关于雷蒙·威廉斯的那一段话：戏剧寻找可能性——在既定的已经做过的那些无数可能性中，再去寻找这个可能性——的问题，我举两个例子。这都是实践过的，但是我认为我们还可以沿着那个传统进行再创造。

第一个例子是中国现代的戏剧传统。从 20 世纪 20 年代晚期到 40 年代，无论是在城市还是乡村的戏剧实验里，无论是剧场还是戏剧文学，或者表现工人运动的这一部分，或者是抗日战争时期的那些街头剧和说唱剧，我把它们称为戏剧的"游击战"：到不同的地方继续演出，像打游击一样的。它们高度灵活的参与性是一种新能量的体现和实验，这种新能量是在运动内部不断产生出来的。当然现在的外部条件完全不一样。经过了一个长时段的、我认为是去政治化的过程，到今天我们重新看到了许多新的政治萌动在生成之中。我觉得可以去探讨这样的可能性，更有机地介入这种可能性。

第二种可能性，是从集体性中挖掘集体生活的面貌。戏剧不是讲述个人，而是展现劳动者的内在性、内部的问题。我想到两个戏剧，一个是我在英国看到的用苏格兰方言上演的《失踪者》[1]，它是讲工业化、城市化中那些消失的故事。消失的不仅是物品，更重要的是人。草台班的《世界工厂》这部戏的一个场景里，有一个消失的东西，就是手指头没有了。在工厂里，有一些特殊的身体部件离开了我们。生命消失了，爱情消失了，家庭消失了，家乡消失了，父母乡亲消失了，邻里关系消失了——所有这些消失的过程怎么变成一个内在的个人命运？这个意义上，个人不是今天发达资本主义世界里，用现代主义、后现代主义表达的个人，个人背后仍然标示着一种集体命运。当年夏衍的《上海屋檐下》这一类的戏剧，都曾经给过我们这样的启示。他用各种场景去透视一个个人的命运，但是又是集体性的，是群像一样地出现。

在今天的条件下，我们到底怎样来叙述这样一个巨大的转变？我觉得有许多值得探讨和思考的地方。特别感谢草台班的《世界工厂》，给了我这样一个机会听这些讨论，来触动我的一些思考。

---

1 《失踪者》(*The Missing*)，安德鲁·欧海根（Andrew O'Hagan）原著。

04 关于纪录片《15 小时》
——对话王兵

2017 年 5 月 13 日 14：00，北京当代艺术基金会（BCAF）在北京西海西沿 10 号院举办了"思想空间"第一期活动，邀请纪录片导演王兵与汪晖教授进行对谈，《南方周末》高级编辑李宏宇担任主持人。

影片背后的劳动信用体系

李宏宇：请王兵导演为大家介绍一下《15 小时》这部片子的起源，为什么到浙江湖州织里去，当时是怎么决定拍《15 小时》的？

王兵：我一直喜欢拍纪录片，纪录片是比较枯燥的影片，也是没有任何商业可能性的工作。然而，对电影而言，纪录片有特别重要的价值，它的故事是未知的，提供最新鲜、最生动的人物和生活。纪录片可以在真实的生活里把电影放进去，让电影的故事向前自由延伸。过去的电影大部分是靠剧本逻辑建立起来的，通过剧本、演员、导演以及各个工种之间的拷贝重新塑造故事。我不喜欢这样的故事，我喜欢更加自由真实的故事。

《15 小时》这部电影就是和真实的生活同步。最初电影诞生时就是单纯的，电影本身与所有生活平行一致。我希望纪录片有电影的单纯性，所以没有考虑用特别复杂的形式来完成某一个故事。

我在织里镇拍纪录片有两年的时间，有 2000 多小时的素材没有剪辑，正好卡塞尔文献展邀请我参展，我没有制作费用，就想拍一部适合博物馆放映、成本又比较低的影片，所以选择了《15 小时》。这些工人每天工作的时间从早上 8 点一直到晚上 11 点，是 15 小时，中间有两个小时的吃饭时间，真正的工作时长是 13 小时，大家靠计件来积累工资。通过《15 小时》把这些人完整的一天呈现在博物馆，让观众愿意怎么看就怎么看，可以看一整天。

李宏宇：汪晖教授昨天花了一天时间，看了王兵导演今年参加卡塞尔文献展的两部影像作品。对《15 小时》，您直观的感受和想法是什么？

汪晖：我昨天在电脑上看了片子。《15 小时》是真长，不可能每一节都看，但大概的印象还是有的。这部片子拍的是浙江湖州织里童装厂的情况。片头介绍，这里有 1.8 万家童装厂，占全国童装生产 80% 的份额。突出的经营特点是靠赊账和信用，这是一种民间信用的模式。现在西方人常说晚期资本主义，或者后现代，但这里基本上是缝纫机用着不停，与 19 世纪的生产状态没有多少差别，甚至更接近于作坊。我记得很多年前，王兵导演刚刚拍完《铁西区》，在清华放映了一次。我那时担任《读书》的编辑，专门发了评论文章。从《铁西区》到《15 小时》，主题从工业城市的改制转到了江南小镇的作坊。王兵导演用的拍摄方法有几个特点，一个是镜头总是对着普通人的日常生活，接近底层，另一个是制作成本低，基本设想是一个镜头拍完全片。听说中间因为断电停过两三次，但构想是一个镜头的。不剪辑，不用蒙太奇，至少从影像上

巨变中的世界

看，结构不是导演造出来的，而是生活中劳动本身的节奏。看这样的镜头会发现普通人的劳动最多的就是重复，不停地重复。但因为这是作坊，尽管已经是缝纫机阶段的机械复制，但复制水平尚无法与精密仪器复制或数码复制相比，所以也不完全是重复，有工序也有不同的阶段，不断地绵延，重复和绵延之间没有中断。现在大家讲全球化和非物质生产，但这是典型的物质生产——不仅仅是19世纪式的，也许是更早期的形态，组织模式和劳动方式非常接近原始手工业时期的生产方式。

王兵导演直观地把15个小时拍下来，我首先想到的是时间问题。作为影片，实在是太长，且单调，但学过政治经济学的人都知道时间是特别重要的概念，产品价值靠时间结算。手工业时代用平均劳动时间来结算，一个东西的价值是劳动时间决定的，而价格是靠市场浮动决定的。整个组织模式接近19世纪大工业之前的组织模式，每一个作坊20个人左右，带有家庭手工业的色彩。

王兵导演呈现了劳动过程，但我还希望知道劳动背后的动力和社会关系，片子开头的说明是靠赊账和信用，工人靠计件工资，年终发放，这些在《15小时》里不能直接地呈现。我期待王兵导演能够把这些东西呈现出来，使得劳动的环节在生活世界里变得更有意义。比如，如果劳工年终才能结算工资，每一个劳动者在一年中没有结算时靠什么生活，赊账是如何进行的？年终劳动结算靠计件工资，每一个计件工资要计算到年终的时候才结算，那么，工人预期年终时与他的结算不能相差得太大，不然劳资之间的信用关系会消失。如果跨度不是15小时，而是15年，这种信用关系是如何经历变化的？如果老板把计件价格压得太低，工人会走；但如果工人说不行，必须高到某个程度，老板可能就不干。所谓口头契约或赊账关系，就是不进入法律关系，依赖的是民间形成的非文本式的契约形式。这种形式只要被打破，就不能存在。信用关系是既牢固又脆弱的关系，如果民间形成传统就很牢固。如果是在深圳，劳动契约关系问题很大，工会和工人一定会要求严格的契约关系。如果政府用最低工资的模式，用劳动契约的形式介入这样的关系，恐怕织里小镇的信用关系就不能成立。这是非常复杂的条件。劳资关系在不同条件下会发生重大的变化，有时为工人所做的斗争会导致原有契约关系瓦解。有时因为政府过高的征税或者其他关系，都有可能出现危机。背后总有社会历史的原因，我希望王兵导演以后再做《15小时》的话，能把这部分的内容呈现出来。

我对赊账信用关系很感兴趣。信用是经济学里最复杂的概念之一，但又没有最终绝对的界定。一般教科书都会给概念，但总可以找到相反的地方。信用关系是人类最古老的关系之一，夫妻关系、父子关系、亲属关系、朋友关系、邻里关系，其中都包含着信用关系。作者和读者的关系、编辑和作者的关系也都包含信用关系。信用关系的早期相当于礼物交换，两个人是朋友，过年过节我会送礼给你，你会还我，这是逐渐形成的信用关系。信用关系最重要的特点是延时交付，信用关系永远都是先给你，你不会马上给我，如果你马上给我，这不是信用关系，而是一锤子买卖。如果给你一份礼物，预期明年你会还给我礼物，这就是信用关系，信用关系永远是在延时中形成的。实物有直接价值，如果用货币特别是纸币作为交换的筹码，纸币就是一种信用关系，因为我买了东西，把纸币给了你，如果它不能再兑换别的，大家一定不会再使用纸币，它会彻底没有效率，货币贬值很危险。现代经济就是信用经济，货币就是信用，如果没有某种信任的话，信用关系就不能成立。只要有一方违背契约，就会有连串的垮台。我刚才问王兵导演一个问题，1万多家的手工作坊有80%的市场占有率，有什么条件会使得这种模式垮掉？有几个可能：劳资关系发生变化，国家强制实行某种劳动关系，工会组织成立，传统信用关系金融化，等等。我的意思是：在当代环境中，《15 小时》中的劳动关系很独特，一旦条件变化，这些信用关系就会瓦解。

李宏宇：汪晖教授问了一个问题，工人到一年以后才能拿到自己的报酬，他如何支撑生活呢？

王兵：织里有 30 万工人，都依靠信用关系和赊账模式工作，工人要用钱可以和老板说，比如今天下午先支 500 块钱或 1000 块钱，老板会给的，他会记账然后到年底再扣除，当然也不能每天都去预支一大笔钱。

这个世界尽管有法律和行政体制演变的过程，但人与人的关系不可改变，还应该延续信任关系，这是好的关系，如果没有这种关系会很可怕。在织里，因为工资谈不拢跳楼闹事的人很少。我经常直接就进到一个厂子里去拍他们谈判的过程，年底结账虽然有时很艰难，可以谈 7 天，有的人达到目的，有的人没有达到目的，也有糟糕的事情出现，但最终大家都可以把账结了。

有的人赚钱多，有的人赚钱少。有一个女孩半年只赚 1 万多块钱，最多的夫妻俩半年能赚 11 万。在这个地方做衣服的高手我几乎都认识，《15 小时》里所拍摄的还都是速度一般的工人，快的工人一天能做 600 条裤子，有的还更多，如果是比较复杂的工序，个人一天也能做 300 多条。

在拍摄时，我不偏袒劳资关系中的任何一方。我看到一对普通的农民夫妇，从旁边村子里包了几间厂房创业做童装赚钱，到年底除了要付给工人 100 多万块钱的工资以外，还要付布行的钱和房租等等，有的房租 20 万块钱，贵的 60 万块钱。有的老板两间厂房的净利润能达到 20 万块钱，但也要担风险，因为所有的流程都是在信用体系里赊账，货发出去不立即收回钱，也要到年底统一结账，如果发给了一个不靠谱的买家，收了货以后跑路，那就没有收益了，但工人的工钱仍然要付，布料钱也要付。不过这些情况都是少数，织里的产业基本上一直可以维持下去。

《15 小时》是一个人类学样本

李宏宇：为什么一些制度、法律没有介入？也许因为介入是有成本的，而这个行业领域未必愿意负担这个成本。王兵导演和我说起过童装是一个特殊的产品类型，我们请他再为大家介绍一下童装的特殊性，以及织里的童装加工业为什么能够以这样的方式存在。

王兵：童装款式变化很快，不适合大企业生产。因为大企业生产一种款式的数量会特别大，一旦这种款式在市场上失败的话，后面再去生产别的都会赔。但这些小的厂子比较灵活，两三天就可以换一种款式，每天生产量是有限的。如果在市场上这种款式销售不太好的话，第二天马上就会换。这种灵活是大生产厂家无法代替的。

汪晖：在影片中，人的劳动速度很快，都是急着重复动作。其中的一个动力就是计件工资，每多做一个可以多得到一份报酬。工时长，除了吃饭之外有 13 个小时。19 世纪工人运动很重要的目标是工作时间问题，8 小时工作制是长期斗争的产物，但现在的工人其实仍然在超时工作，不但织里的手工作坊，而且深圳的大企业如富士康，工作时间都在 10 小时以上。但存在一个差别，手工作坊没有脱离人情信用，而且一定程度上处于法外状态，没有正式契约、不在法律控制的范围内。我们知道金融是高风险但也高利润的领域，而织里的童装厂是相对低额的利润领域，投机性很低。这种经济模式镶嵌在社会习俗和文化内部才能运行，没有社会习俗和一定当地的文化和形成的关系是不能运行的。

前几年去富士康做调查，工人说他们工作时每一个动作都很快，速度最大化。它的管理模式是雇佣智能工程师，就是按码表的。他在车间到处走，如果一分钟的动作少于多少次就不行。所以标准的劳动力要求计算到每分、每秒可以重复多少次。比如一分钟一个动作可以重复 50 次还是 60 次，他们算出高于平均数值作为合格工人的主要标准，让工人在工作时维持生产率。怎么计算劳动？富士康的苹果手机是完全高技术的工业，看起来是按工时计算工资，但实际上通过控制单位时间的劳动量，仍然可以看到计件的影子。富士康面临很多压力，它主要集中在广东，在被现代管理模式控制的地区。厂方受到劳动保护的压力，要用百万机器人来替换劳动，在目前情况下，这是说给政府听的，要他们不要将最低工资提得更高。也是说给工人听的，希望工人不要为了提高工资而罢工闹事。若是机器人真的比人工更便宜，资方一定马上换，现在没有换，说明人工依然是最低成本的劳动能力，也是可以获取更多利润的劳动力。

原始生产对人的影响很大。一天工作 13 小时，人就不太可能有其他的生活。这是低额利润的领域，没有脱离传统习俗的信用关系。现代的信用是银行和金融的关系，而织里的信用是靠人之间的直接关系才能建立起来的模式。这种模式投机的幅度较低。如果投机的程度非常高，工人劳动获得的收入与老板得到的利润相差倍数太高，这种信用关系也没有办法维持，这是相对低额利润、低端的劳动与传统信用关系的组合。童装市场需求持久，即便在金融危机的条件下还在继续扩张。温州前几年出现工厂大规模破产倒闭的现象。温州早期的关系中很多与此接近，不少都是给予邻里、亲属关系的赊账信用关系。过去很少发生不能还债的状况。经济危机以后，一条资金链断掉，后面都跟着断。为什么这个地方没有发生，而温州发生了这样的问题？因素可能很多，例如童装市场需求在扩张，没有受其他危机的影响；规模生产技术提高速度很慢，还是用大规模的低成本劳动力加缝纫机的模式才能做到，低端生产力能够幸存。作坊模式不是金融化，不是靠大规模贷款来做的信用关系，没有通过金融推进大规模生产扩张。事实上，如果靠大规模贷款，一旦市场萎缩，金融危机就会出现。

十多年前在《读书》组织讨论劳资关系时，我去过一次温州。那时温州市的领导正在讨论要不要进入金融市场。温州经济主要靠的是温州人——当地的、外地的和在国外的温州人——的投资。但那时他们觉得不进入金融市场，扩张的速度太慢了。最后在政府引导下，建立金融市场，鼓励大家通过金融市场进行生产扩张。2008年以后，温州经济出现危机，很大程度上，就是十多年前大规模金融化造成的后果。金融化造就生产扩张，生产扩张靠信贷，一旦一个环节断了，其他环节都会出问题。所以高风险社会就是金融资本主义的特征。在高风险社会，人和人之间的低端信用关系越来越罕见。当然，织里的人际关系已经不再是一般的原始人情关系，利润领域也要扩大，但没有扩到那么大，这才维持到今天。这就是我们所看到的生活和生产以及组织的模式。

王兵讲他拍摄这部影片就是想把真实的过程留下来，这部片子留下某一种人类学的素材，将来研究这个时期多种经济的类型时，这部片子可以作为参考，但除了生产环节，最好还应该将镜头对准信用关系、市场交易过程，以及童装在中国宏观经济环境中的特殊性。在金融化的条件下，这种经济到底会维持多久，这是完全不清楚的。如果资本增值，老板会不会开始进入金融领域，如果技术革新，这样的生产方式恐怕也难以维系。金融化过程对这样的生产形态会产生多大的影响，将来这种转变如果发生，我希望王兵导演可以再花 15 小时或更长时间拍出来。

过去 20 年，《劳动法》《劳动合同法》和各种各样的运动，包括非政府组织运动在内所有诉求的主要目标，都是把一切不在法内的关系纳入法内。这种运动的主要方面是保护劳动，次要方面是使得曾经存在的法外关系不再存在。如果手工作坊中有工会，按照劳动合同进行法律监督，辅之以非政府组织的社会支持，我认为劳资关系完全不会是这样。今天解决中国工人和底层人生活的问题，除了一般大家讲的权力之外，原始手工业的关系到底是怎样的性质，我们怎么思考这个问题？我去过两次凉山，听当地彝族朋友谈劳资关系的问题。许多工人靠包工头带他们去广东打工，劳资关系采用领工制的模式。领工制意味着他们宁愿承受双重剥削，也不愿意签署劳动合同，因为劳动合同意味着要把工人非常明确地在五年的时间内限制在一种生活模式中，使他彻底地失去五年的自由。若在合同时间内离开，工人要付出赔偿。19 世纪欧洲工人运动曾经深入地分析和批判领工制，但这个临时性制度又同时包含了较为原始的亲族、乡里关系，也就是一种较为原始的信用关系。中国的高技术发展很快，但另一方面是赊账信用关系依然大规模存在，这一格局也是理解当代中国的视角之一。

请教王兵导演，工人一年四季没有假期吗？

王兵：上半年从农历正月十五开始工作到 5 月中旬，回去休息到 7 月中旬，下半年 7 月 15 日左右陆续开工，一直工作到元旦以后，就是春节前。中间有 6 月份一个月的休息时间。

汪晖：干多少年？

王兵：不好说，他们通常维持一个时间单元，春天来了就干到 6 月，6 月结账后，下半年来不来同一家厂工作是不确定的。我在这两年的时间认识了特别多的工人，他们已经习惯在这个地方工作，不来这家就去那家，但他没有去做别的工作，每年都是按照这个时间到织里工作，就在镇上的区域内流动。

李宏宇：如果把产业当成大的雇主，这个雇佣关系的时间是很长的。

王兵：现在大部分的工人都是十七八岁到这里工作到四五十岁，父母在这儿工作，他的孩子到十五六岁的时候，如果不能上高中或者初中没有上完时就带过来，一般学习半年以后就可以独立工作了。

汪晖：如果是半年的学习，劳动者对雇主有一定的选择权。半年后认为雇主不好可以换，信用关系就是这样构成的。这种类型的契约关系包含评价体系，这是隐藏在信用关系里的。一旦评价变得不好，那雇主雇工会出现问题。这个定义上的权利，不是法定意义上的，劳动者有可以炒老板的鱿鱼的权利，也就是这个老板不行，可以换一个老板。这种东西在文化里一旦成型，雇主知道怎样维持这种关系。但这种权利不会改变基本的劳资关系。

这种关系具有人类学的意义，因为它提供了思考当代中国劳动关系的角度之一，一般媒体讨论是不存在的。这是一种非正规的契约关系，现在讲现代化，其中一条就是法制化，法制化在契约关系上提出的问题就是取消非正规契约，实际上是取消法外领域。现在人的生活世界里是否存在法外，是不是把法外所有世界都按照法内的模式来加以组织？这是个复杂的问题。我刚才问王兵导演，谁在管理织里，他说没有人管理，好像形成了某种自发秩序。解释这种秩序，也提出了一些很有意思的概念。

王兵：不管现在生活在山区或其他地方，经济肯定会把人控制住。织里镇上的这些人没有管理，可以不来也可以不做，认为自己干得很辛苦也可以回家以后不来了。但现实情况不是这样，大家到了时间还得来，因为必须得挣钱，如果不挣钱就没有办法生活，很多人一直都有埋怨，特别不开心，但没有办法离开。我和有的40多岁的人关系很好，这些人大半辈子一直在这个地方工作，也接受了这个现实，没有老婆，没有家庭，一年四季就在这个地方。

有时想，我们的管理者是谁？我不知道，因为管理者就像无形的制度，会迫使我们所有人按照它的方向无声无息地往前走。我们又不能违抗这个东西，因为违抗会带来新的麻烦。我们拍山区里非常偏僻的村庄，他们照样需要去工作。所有天天在工作的人是最没钱的人，拼命地挣钱，但没有钱，挣不到钱。谁也不知道钱跑到哪里去了，这是个问题。

革命和现代化

李宏宇：《15小时》的好处就是想看的时候看两眼，没有固定的剧情要跟，思维是发散的。我在看《15小时》时想到两个词："革命"和"现代化"，因为我觉得这些工人的处境，他们的权利和地位，好像和革命以前、现代化以前相比也看不到多么显著的改变。当然现代化也许在中国还没完成。革命和现代化到底能给他们带来什么呢？

汪晖：革命没有完成，现代化已经完成。现代化就是资本控制整个世界，就是法的关系彻底攻占生活领域。刚才王兵导演讲，织里的生活模式背后真正的控制者是资本模式。说革命没有完成，首先是说革命的本义就是要征服资本模式，但这个目标显然没有完成。至于是否还要完成，大家可以讨论。我自己做过工人，那是20世纪70年代了。那个时代，任何一个工厂，任何一个单位，任何一所学校，每个星期至少有半天的时间是政治学习的时间，读报和读书。这在19世纪的资本主义世界里是不存在的。学习的模式比较低端，有的时候教条，领导布置下来学习文件，对此80年代有很多批判，有些批判也是合理的。但是，每一个劳动者都需要一定的时间不在工作的流程中而在工作流程之外，否则人就是生产的动物了。每周半天的学习时间，或者每隔一个时期的休整或集体活动，只有在那个时代才存在。当然，那个时期每周工作6天，现在法定是5天，但实际上许多工厂工人的劳动时间是超时的，不但每天超时，而且周末也加班。

所以回到时间问题是很重要的。劳动者的生活需要业余时间，需要工休时间。这些时间有什么意义？过去这几十年，似乎很难思考这个问题，因为效率优先。我是在富士康的工人和这些靠计件工资每天工作13小时的工人中重新体会到我当工人时的那些安排的意义的。新世纪初期，我回老家调查纺织工厂改制和罢工问题时注意到一个现象：领导罢工的人都是有很多学习经历的，他们可以说出一大套的道理来，才会对过程本身有不一样的看法。我过去参加政治学习很烦，但后来才明白那一种制度安排尽管不成熟，但对劳动者而言不是没有意义的。这是在尝试着要突破某一种形式的过程中做出的安排，但这个安排最后是失败的。读书讨论的效果是使得劳动者之间形成劳动之外的横向关系，手工工厂和现代工业之间差别很大。在作坊中，由于流水作业的空间多少保留了一些公共性，人和人之间还有交往的可能性存在。现代化的流水线会压缩人和人的关系，一个人是这个工序，另一个人是下一个工序，他们之间没有任何的交流，工程师拿着码表也没有时间交流。过去单位制里充满了政治和矛盾斗争，但政治和矛盾斗争就是因为人和人之间出现了横向关系。

刚才说在这13个小时里没有家庭，单位里有家庭，有托儿所。这是工业化，但又是手工作坊，虽然由于劳动时间过长，使得人们没有其他的时间横向交流，但在工作场所里由于人和人之间直接发生关系，所以可以发生交往的关系，而在大的现代化企业流水线中就不存在或难以存在这种关系了。

王兵导演用的时间长度是15个小时，让我们看生产过程，不做剪辑，目的是告诉大家工人的一天就是这样的。我可以完全想象到在座各位都不能忍受每天重复15小时的工作时间。而且15小时的紧张劳动之后真的是疲惫不堪，做任何别的事情都很困难，这就是19世纪工人运动里首先提出来，包括技术创新、制度改革以及劳动时间的问题。我自己做过计件工资的工人，几乎就是这样的劳动过程。但由于不是那么现代化，所以工人之间可以产生横向友谊。刚才说的信用关系就是这种空间里才能真正保留和存在的，它的好处和坏处是在同一个空间里产生的。我说现代化是完成的，就是因为即便最现代化的大工厂，也没有解决工人的生活世界的问题。革命没有完成，是因为即便有一些进步，也没有让人获得自由。我们没有找到真正新的生产方式。20世纪70年代临时工成为一种劳动形式，也就伴随着这种劳动关系，只不过那时的工厂是集体工厂或国有企业，但劳动关系却是旧的。我们发现，技术的变迁提高了效率，但在很多时候并没有给人带来自由，同时还带来了新的困惑。技术发展对人的排挤成为新的社会问题，王兵刚才讲的问题背后有更深的意义。

到底谁在控制和管理？没有一个管理者，但没有人违背逻辑，一旦违背逻辑，就会受到惩罚。大规模违背逻辑，深层的基础就不复存在。在这种条件下，无形的控制模式才是我们所说的革命需要解决的问题、自由到底是什么的问题。我说的革命并不是过去所说的暴力革命，而是生产关系的真正变革。过去契约关系曾经发生过一些转变，它的失败在哪里？失败的意义是什么？我看这部片子的时候，也想这些问题——或许已经是与片子本身关系不大的问题了。

你刚才说工人赊欠预支工资，老板怎么举债呢？

王兵：按照工期，每半年要结清一次账目，但会出现其他的问题，比如工厂经营不善，到年底时老板突然跑了，通常是再有十天就要停工，晚上大家在楼上睡觉，第二天吃饭时发现老板不见了，凌晨跑掉了。工人就跑进车间把缝纫机等一些器材你一个我一个地拿走，然后报案。偶尔有一两个老板会被追回来，但大部分的情况下是没有办法的。第一年我去织里时有400家左右的工厂老板跑路，第二年比较多一点，也是几百家的范围内。有一次我去云南村子里，突然碰到了一个织里工厂的老板，我知道他前几天刚刚跑掉，也和没事一样在村子里玩。可能过了几年他又会回去，告诉工人可以把欠他们的钱还给他们。对那些忙活了半年拿不到工资的工人而言，这确实是很讨厌的事情。

一些工厂老板也会欠布行的钱，也会欠工人的工资，还有印花的钱。牛仔系有砂洗，数量有限。

李宏宇：这是可以接受的负面程度，不管是对雇工还是其他的上下游企业。

王兵：对，比如发货商说要几千件衣服，现在就打包，给工厂老板划40%的钱，剩下的钱卖完了再给。问发货商是哪里的，只说电话号码是多少、我家住哪里，然后扭头就走了。之后就是负责运输的人开车来把货拉到物流站，如果这一单货是要发往郑州的，看哪个长途司机跑郑州就发给他，效率很快，但每一个环节都没有任何手续。

李宏宇：没有资金流动发生？

王兵：没有。我自己挺喜欢织里这个地方，好处就是给愿意通过自己努力，对还能够自己经营事情的底层人一扇门，在中国其他地方拿三四十万块钱是不可能进入一个产业里进行经营的，普通农民没有这样的机会，但在这个地方就可以，没有文化甚至没有任何基础都可以，租两间厂房、门面、宿舍，马上就可以生产，挂一个牌子说我们招工人。有的时候走在织里的街上，我心里会想也算不错，这里给愿意承担风险的人以经营和生存的空间。

汪晖：纪录片、文学或其他的艺术形式都在一定程度上，利用不同的方式使得生活的某一些方面重新呈现。有的人用真实记录的方式，有的人用别的方式，这本身就是对现实进行理论化处理的方式。《15小时》利用时间的直观表达，是记录的过程，也是直接截取生活和生产的片段。一个技术手段创造出的新形式，就有可能表达新的政治。回到历史里，艺术和影像、音乐、文学有更多的可能性，利用不同的方式追求生活的机理。刚才王兵导演讲了不知道谁管理的问题，如果这样的问题可以利用另外的方式表达，让人们追问这个问题，这就可能是新政治的开端。因为人们会知道什么是影响生活最核心的部分，人们一旦开始真正地思考这个问题时，情况会发生很大的改变。习以为常的东西，突然在某一个瞬间失去了习以为常的特性，人们被迫重新面对它，像面对死亡一样地面对它，想用与平常不一样的方式面对它，就会有更多的可能性。

过去的革命形态有很多不同形式。这些形态在今天都不太可能也未必有必要重复，但有一些有意思的问题。工人的问题和工厂的问题，几乎是 19 世纪、20 世纪核心的问题。但在发达国家去工业化的过程里，这些问题逐渐退出中心位置，只是作为空缺出现。美国说再工业化，西方说再工业化，要搞实体经济，但本身有巨大的空缺，这就是人们思考这个问题的契机。中国的情况完全不一样，中国有多重的劳动关系，有复杂的实体经济，也有庞大的金融系统，地方化和全球化，相互交织，艺术家和理论家怎么思考这个差别，怎么思考这个关系？我说的是重新思考。这样的生活方式到底在什么条件下形成对我们生活世界的无形控制？什么方式可能让它发生变化？马克思的女婿拉法格（Paul Lafargue）写过一本书叫作《懒惰的权利》（*Le droit à la paresse*），如果人们可以从这个节奏中脱离出来，现代生活世界要重新洗牌。不见得人们不会生活下去，人们不一定非得这样才能生活下去，换一种方式是可能的。但如果是集体性地更换就意味着生活的逻辑会发生重大的变化，所有的关系都有可能发生变化。日常生活世界里支配人们的逻辑到底是什么，思考这个问题，就是自由的萌芽，也可以说政治的开端。

很难想象人类生活永远是每天工作 15 小时。为什么说现代化已一定程度结束？我所看到的世界 500 强里的生活与织里的生活并没有质的差别，某些方面可能还不如织里。人是社会关系，如果人只存在于生产过程中，那就是社会关系的封闭和扭曲。我年轻时在工厂里工作，有一部分与现在的逻辑一样。一个镜头拍 15 个小时，结果电池没电了，生活是不是有可能这样？我之前在纺织厂工作，24 小时三班倒，最高兴的是夜班时突然断电。这个世界有的时候非常奇特，这会让人想应该怎么活的问题。刚才王兵导演提到 5 月中旬到 7 月中旬的休假期，这是他们的生活节奏，其实也可以拍 15 小时的假期。让我们看到这些人的生活，包括信用关系构成的逻辑，让我们知道整个的生活世界是怎样的。

江南村庄里的一次临终状态

李宏宇：另一部影片《方秀英》会参加卡塞尔文献展德国展区的展览，也请导演为大家介绍一下。

王兵：方秀英是我朋友的母亲。我本来想闲暇的时间到浙江水乡村庄里拍农村的故事，去年突然接到了这位朋友的电话，说患阿尔茨海默病的妈妈没有办法再治疗，已经接回家了。当时特别矛盾拍还是不拍，我想如果拍，谁会看这样的故事？老太太病得躺在床上不会说话，我拍什么？晚上到他家我发现有一点特别吸引我：他妈妈的眼睛特别亮。我说这个人物可以拍，拍了七天，到第七天晚上他的母亲去世。卡塞尔文献展很合适展示这样的影片，没有那种商业的期许。

这是我剪辑最困难的片子，虽然只有 85 分钟，但花了一个多月。因为这部影片在制作的时候没有钱，我申请了法国 ARTE 电视台的资金支持，他们答应了之后我觉得更加困难，因为这就意味着影片必须在电视上播放。这样的一个关于死亡的题材故事，主人公一句话都没有说，怎么给人看？我一直在想着到底怎么表达故事，整理好素材以后发现人在死亡时的真实心理活动是最适合表达的。生命真的是太公平了，生与死之间永远是隔离的状态，不可逾越。

在患阿尔茨海默病的方秀英死亡的那天，虽然大脑已经死了，但我拍到了一个她在哭的镜头，不是痛哭，好像就是生命逐渐地在结束，像蜡烛燃尽时的状态。我剪到 85 分钟时就发现，这可能是我电影生涯中非常精彩的影片，没有太多的故事，就是靠她的眼睛和周围的人来表现，她的邻居和与她年龄相仿的人每天陪伴她，在她临终时用一种习惯性的方式来安慰她，直至她死亡。

这部片子完成以后我特别满意，也每天都会考虑关于死亡的问题，考虑我作为个体和世界的关系。我现在不再追求电影里的刺激以及大家愿意围观的东西，更关注电影是什么，电影为什么存在，电影可以做什么。我不在乎电影是什么形式，或者说别人怎么看待我的电影。电影就是未知的故事，我希望自己的电影在生活里不是靠文本构思出来的，而是靠生活中和人物自然接触逐渐显现出来的，这是我想寻找的电影方式。

我有自己作为个体的困惑，也有面对群体的困惑。我看一个群体时可以看到他们背后将面临的问题，他们也许知道，也许不知道。

我们看似生活在自由的时代，但也是在更大的困惑中无法面对甚至无法做出一个很好的选择。从 20 多岁努力到今年快 50 岁，我的黄金时间已经全部结束，我的电影毫无变化。20 多岁时我知道自己是非常优秀的摄影师，我知道自己可以创造什么样的影片，可以创造什么样的影像，我知道自己可以做到什么程度。但我没有拍出一部作品，我没有为电影行业做出自己任何的贡献。最终我放弃全部，回到最原始、最简单、最粗糙的电影创作路上。

我一直用纪录片构造一种可能性，想用纪录片的方式进入更加松散真实的世界里。我不知道把自己的时间和生命消耗在这里面是否有意义，但我希望消耗在这里，让自己感知的电影得到呈现。

我相信电影其实是主观的，但还是愿意在电影里不断地寻找真实性的问题。什么是电影里最真实的东西？故事的真实，逻辑的真实，还是生命与生命之间互相传递信息的真实？我一直在围绕这些疑问完成纪录片。

李宏宇：拍摄一个人的死亡，还是一个触碰禁忌的事情，拍摄的过程中有什么需要解决的问题？

王兵：我在面对她的时候没有考虑那么多，还是带着一种基本的好奇。从早到晚地拍，也拍了她所生存的村庄，把村庄描述出来。可能像一个短篇小说，把几个场景和人物构造起来，但不是那种故事性集中的小说，而是场景式的。

汪晖：《铁西区》拍的是国有企业的"临终"状态，你也可以设想那个状态就相当于《方秀英》中母亲逝世前的眼睛光亮一样，把国企生活世界重新照亮，让人们在今天的环境中再认识它。我也怀疑织里这样的生活总有一天要临终，或许王兵导演有一天也拍一个这种生产方式的临终状态。或许它的临终状态的表述就是现代化的彻底完成？

大学也好，政治机构也好，不会是统一的看法。我刚才提及对于我们这样的观众而言，影片有人类学的意义，这不是要将工人的日常生活人类学化，而是提醒我们自己正生活在另一种日常生活世界里，而不是他们的日常生活世界里。或许在更深处，两者其实是相通的，但现实中却相互隔绝。即便你们关心他们，他们也是在另外的世界里，你们与他们之间存在着看与被看的关系。我和建筑工人有过讨论，我也做过老家纺织工厂的调查，但我不可能回去，并不真正在他们的世界里。但过往留下的一些经验和情感的线索，让我觉得有义务去思考和想象。大部分的人认为解决问题的唯一方法就是让他们现代化，就是把他们从织里搬到富士康的车间里去。如果大家认为劳动方式的解决就是那样的模式，这就是创造新的奴隶状态。这是什么现代化？

我们要建立法治国家，但如果不理解法外世界对我们的意义，那样的现代化也很可怕，这等同于全盘的控制。媒体的世界、精英知识分子的世界和织里的世界其实相隔很遥远，世界之间由于缺乏真正在同一个世界内的感受，多半都是从自己的角度出发想问题。

正是在这个意义上，我们要感谢王兵这样的导演，将织里的世界带到我们的世界里来。需要相互激发的再思考，让这些工人和富士康的工人坐在一块儿谈劳工的问题，看各自的要求和想象是什么，这是很有意思的。隔绝是现代世界很大的问题，不仅仅是阶层的问题。那种类型的工人状态和这里的工人状态差异非常大，任何一个时代，某一种真正值得关注的政治发生都是一种让人想象不到的契机的出现。

王兵导演做的是真正的即时性，这些镜头看起来不起眼，但背后是他的追求。同样是讨论资本和劳动，克鲁格（Alexander Kluge）的《来自古典意识形态的消息：马克思-爱森斯坦-资本论》（*Nachrichten aus der ideologischen Antike. Marx-Eisenstein-Das Kapital*）继承爱森斯坦（Sergei M. Eisenstein）的蒙太奇技巧，综合了马克思的思想和乔伊斯（James Joyce）的方式。蒙太奇对王兵导演而言是要回避的东西，他是反蒙太奇的，但克鲁格作品最大的特点就是蒙太奇，蒙太奇的意思不是让编导者的主观直接支配，而是让毫无关系的东西并置在一起，产生意义，这就是瞬间偶然和历史之间的关系。如果蒙太奇可以将两个不相关的东西结合在一起，那么，在今天的隔绝时代，有什么东西可以把这些不相关的世界放在一起呢？有什么技巧可以将生产的过程、生活的过程，以及支配生产和生活过程的那些力量，纵横交错地组合在一起，让我们对于每一个习以为常的现象产生完全不同的观感呢？纪录片是一种方式。影片可以记录遭遇，可以将不同的时空组合在一起，用不用蒙太奇的技术是另一回事，但我们希望看到更加宽广的生活世界，理解背后的涌动的力量。艺术和思想最有意义的地方，就在于让世界里不相关的东西突然在相互之间发生想象不到的关联，传统的生活逻辑会被动摇，新的意义有可能诞生。艺术和政治在这些地方就合为一体了。

05 反媒体撕开了媒体那厚重的窗帘

——对话亚历山大·克鲁格

　　2012 年 3 月，北京德国文化中心·歌德学院（中国）发起"重读《资本论》——以电影、艺术和戏剧解读马克思"系列活动，在中国首度放映德国电影大师亚历山大·克鲁格长达 570 分钟的电影《来自古典意识形态的消息：马克思—爱森斯坦—资本论》。3月 3 日首映结束，克鲁格先生与汪晖教授视频连线对话。本文原刊于《社会科学报》，2012 年 3 月 27 日，原标题为"错误为我们指明可能的方向"。克鲁格先生是"新德国电影"运动的旗手，德国20 世纪晚期最重要的小说家之一，1966 年，他的处女作长片《昨日女孩》（*Abschied von gestern*）获得威尼斯电影节银狮奖，之后又凭《马戏院帐篷顶上的艺人》（*Die Artisten in der Zirkuskuppel: Ratlos*）赢得金狮奖。2008 年，由于他对德国电影的突出贡献，获得德国电影奖"荣誉奖"。

时势：作为自然史的人类行动史

　　克鲁格：在电影史上，20 世纪的电影都是一个完整的系列，它们像一面历史的哈哈镜，伴随着我们的革命，也反映着革命的状况。一部电影如果要更全面反映真实的社会关系，要能达到向爱森斯坦和乔伊斯致敬的效果，就必须更为包罗万象。历史以及我们看到的现实没有终结，因此，电影并没有终结，它们仍然十分丰富多彩。我们的祖先和那些组成我们身体的细胞有 50 亿年历史，这是真实的计时。历史就是一座丰富的大山，其中积聚了无数的经验。其实，不是我在记述历史，而是历史在讲述自己的故事。我只是一个收集者，就像格林兄弟收集童话一样收集历史的片段，并将它们编在一起。当前摆在我们面前的不仅是债务危机和金融危机，历史已经告诉了我们路在何方。

汪晖： 刚才克鲁格先生说到怎么记录历史自身的发展和变化，用他在电影里面引用马克思的叙述来说，最深刻的历史观不是唯物的或者唯心的，而是自然主义和人道主义的历史，也就是自然的历史，我们人的行动在这个意义上，也是自然历史的一部分。在中国古代有一个概念叫"时势"，我喜欢用这个概念，因为"时势"与时间有区别，不是一个目的论的、直线向前的、被组织在既定轨道里面的时间，"时势"是永远在每一个人的介入和无数的行动交接当中产生出来的一个自然的过程。围绕马克思有很多争论，因为很多人认为马克思是目的论者，可是从马克思的理论和他对历史的观察来判断，"我描述的是资本主义，但是召唤出来的却是无数的历史行动"，这本身也是自然史的一个部分。

克鲁格： 我非常赞同汪晖教授的意见，我说的"收集"绝不是麻木的过程，比如说，商店里摆着的没有卖出去的物品，其实已经附着了人的劳动，我深信不疑。我甚至愿意找人为它们写一曲安魂曲。还有其他一些场合，我们也会将自己的感情，如悲伤，转移到一件物品上。我们的宗旨，借用我一位同事的话说，就是"将事实和新闻从人类的冷淡中剥离"。

我想给您讲一个故事。1912 年是泰坦尼克号沉没的年份，当时为了争夺"蓝丝带"，各地掀起了一股造船热，这却最终导致泰坦尼克号撞上了冰山，许多人无辜丧生。现在，我们在 2012 年突然又遇到了同样的事情。在意大利沿海，一艘船由于船长的疏忽沉没，只不过这次它撞上的不是冰山，而是暗礁。救生船、船长所受的培训和营救工作与 1912 年的泰坦尼克号沉没事件相比都没有任何进步，那我们又怎么能指望，1914 年的悲剧就一定不会在 21 世纪重演呢？

变异：谁是历史的主体？

汪晖：我也说一个小故事。我刚刚从印度回来，一个故事是：印度西孟加拉邦大概在十年前，开始复制中国的经济特区模式，但是印度基本的土地制度和政治制度与中国非常不同，所以它的经济特区计划遭遇了极为强烈的冲突，大量的农民与政府——而且是共产党领导的左派政府——爆发了巨大的冲突。在经济最落后的地区，出现了毛派的运动。但是这些反抗运动与实际的毛泽东的主张到底有什么关系？这完全是变形的，是无法直接叙述的，正如中国革命当中提出来很多的问题，它们是从马克思那儿来的，但又存在着巨大的变异。我们看资本主义的变异，你可以发现它的对立面，也就是它内部的反抗出现了持续变异的运动，这种变异运动很有意义，也值得我们观察。

我在看这个电影的时候，有几个时空对我来说特别重要，因为其中有大量对话。这部电影不仅访问这些哲学家、思想家和艺术家，让他们自己在叙述，而且似乎也在与马克思对话，与爱森斯坦对话。我们可以说它是古代，也可以说它是现代，其中还有克鲁格先生那一代人在 20 世纪 60 年代的革命，还有冷战结束之后的后革命，这样几个时空之间发生的变化。在这一过程当中用什么样的形式来介入资本主义的变迁，我觉得这是我们今天要思考的问题。我们正处于金融危机中，看媒体和报纸上不断有人提出如何解救金融危机，但是文化、电影、艺术和我们的思考怎样介入危机，实际上正是与这个对话密切相关的一些问题。从这个意义上看，我觉得电影作为一个考古学，在今天具有政治和文化的意义。

马克思的整体思想，我个人认为，他不是一个简单、抽象地呼唤共产主义的人，而是一个通过对资本主义的分析，从对它的自然史内部的分析来寻找政治的人。在这部电影里也提到了一段话，马克思非常重视与立场有关的，也就是与内部斗争有关的，参与到自然历史进程中的历史。当然，今天我们遇到的问题是一名古典马克思主义者所提出的这些命题所发生的危机，这个危机可以这样解说：我们可以将古典的政治，比如说 19 世纪和 20 世纪在欧洲与中国发生的政治做一个简单的对比。欧洲的历史，马克思的时代，发生了在工人阶级运动基础上展开的共产主义运动。但是 20 世纪真正的革命发生在严格地说没有大规模资产阶级，也没有大规模无产阶级的社会里，无论是在俄罗斯还是在中国，存在着资本家，存在着富人，存在着资本主义的某种关系，发生了民主主义的革命，发生了资产阶级的革命，却没有完整的资产阶级，也没有一个大规模的无产阶级，所以这个时候中国革命中产生了完全不同的主体，即以农民为中心的革命主体，这是一个独特的政治。

但今天发生了什么呢？今天发生的是：在欧洲，工人阶级在消失，在大规模弱化，争取民主和社会公平的斗争与运动的主体出现

　　　　　　　　　　　　巨变中的世界

了很大危机，这是新资本主义全球化条件下最大的危机。那在中国发生了什么呢？现在的中国是无产阶级的黎明，工人阶级以前所未有的规模出现在历史舞台上，但是构成无产阶级的这些政治要素似乎不存在了，动力突然消失了，这种状况使得我们重新思考历史。

克鲁格：我还想继续引申一下：谁是今天的历史主体？我还要问：这个主体可以是历史自身么？其实历史已经包括所有的人，它还包括自然进化史上的所有群体，如细菌、动物和其他一切有生命的群体。他们其实比我们的意识更年长。如果仔细研究会发现，历史本身也可以成为历史的主体，而并不是仅仅在某些欢庆的时刻，这令我很感兴趣。但说这话我们还要小心，因为光有理智和意识是不够的。那些逝去的工作，也就是前人的努力，也对我们造成了影响，我们必须将这些影响也计算在内。我们不能像罗伯斯庇尔那样仅仅去问谁有非常重要的思想，没有重要的思想或者没有正确思想的人就被归于历史之外，这是不对的。还有什么比错误更有价值呢？权力会导致错误，而错误其实就为我们指明了方向。还有什么是比错误更好的老师呢？达达有一句很有意思的话：带着大伦敦区的地图去游哈茨山。谁是主体？什么是合作？我们可以做什么？我们在这里不应乱用概念。在我们身上有一些保护我们、帮助我们的东西存在，这也是很有可能的。

我给大家讲一个故事，有一架美国轰炸机在伊拉克执行任务。美国人想要炸毁一座大楼，他们怀疑有敌人藏身在那儿。可实际上，大楼里正在举行一场婚礼。就在飞行员马上要按射击按钮的时候，他的肚子痛了起来，拉了一裤子。于是他猛地一拉操纵杆，炮弹打向了一片沼泽地，那一家人也因此得救了。在这件事情上，他的肚子显示了比他的大脑更高的智慧，这其实也是人的道德本能。阿多诺曾说过，人要变笨有两种方法，要么是慑于他人的压力，要么是由于自己的软弱。因此，我们要收集各种要素，在这个例子里，幸运的要素就在那名飞行员的肚子里面。

肚子里的思想更真实

汪晖：为什么肚子里的思想更真实？一定程度上，这个问题与马克思理论有关系。《德意志意识形态》(*Die Deutsche Ideologie*)中曾经有过一个早期的概念，认为意识形态是一个虚假的意识。马克思观察实际与意识形态之间的关系，并由此寻找它与一个人的行动的关系，而不是一般地看。比如说，你是社会主义者，但是你在做什么，不是看你是不是讨论社会主义的语词，而是看你在做什么，这是一个方法问题，在这个小例子里可以感觉到原有的真实。

今天讨论资本主义运动，讨论新的政治，在一定程度上，在世界范围，中国变成整个资本市场内部的一部分，严格来说，离开这个场景几乎不能够理解整个资本主义世界是怎么回事，这是一个非常特殊的新的时势，这个时势的重要性变成我们重新认识和理解《资本论》的前提。我在看这部电影的时候，无论讲马克思，讲《尤利西斯》(*Ulysses*)，或者是讲其他一系列问题的时候，在我脑际里面出现的不是遥远的欧洲，而是我身边的故事，换句话说，在这个时候出现了一种新的政治可能性。所以意大利政治理论家安东尼奥·奈格里（Antonio Negri）用所谓的诸众（multitude）讲运动的各种各样的混杂，各种各样新政治的混杂性，我想这个不仅是在旧阶级概念基础上提出的，也包括了场景本身的混杂性，这是产生出新的政治可能性的一个方面。

克鲁格：在雅典，你如果从事政治活动，就可以获得相应的资金，但为获取知识、满足好奇心所付出的努力却得不到任何金钱回报。尽管如此，那却是我们得以时时刻刻重新整合世界的基础。在危机发生的时候，我们就会发现，人们的这种力量是多么有用。比如德国在1945年战败后一直缺少食物，国家不复存在，银行业不复存在，技术层面的经济学也不复存在，在德国的土地上到处是占领军的身影。可是，德国妇女做了什么，来养活家庭和孩子？当时，德国人自发地团结在了一起。现在，人们只是靠团结来弥补过失，或者打着团结的旗号来谋取私利，但团结其实应该是自发的。尼采曾经说过，天才就是那些不断努力的人。我们都不是天才，但我相信我们每一个人都能不断努力。就在我们在这儿抱怨和讨论存在多少阻力的时候——当然我很清楚这种阻力的确存在——一些新的思潮已经开始萌动，而这些潮流也可能是积极的。这种潮流可能不是存在于某一个人的头脑中，因为主体是分开的，它以分散的形式存在，它可能不会阻止我们对社会不公的愤怒，它可能不能说服我们，但它的确存在。

反媒体的公共性

汪晖：我简单做一个回应，刚才讲到了阻力，我觉得阻力是很大的。一个阻力，我确实也认为与今天的公共空间和媒体有很大关系。今天当媒体越来越被商业和资本的逻辑、被利益集团渗透的时候，媒体的扩张并不代表公共领域的扩张，在这个意义上并不代表交流的扩张，因此一定程度上需要一种反媒体。我个人觉得在这个意义上，这样一部电影和这场讨论可以视为反媒体的模式，在这个反媒体当中创造出公共性，因为公共性不是天然的，不是有媒体就在那儿。今天已陷入这样一个格局中，即媒体被资本控制，而媒体又进而控制整个政治领域，导致政治主体越来越受控于这种潜伏的逻辑。因此，现在最需要有一个反媒体的逻辑来发掘出一种别样的公共可能性。这一点，我觉得摆在整个世界面前，是当代世界最大困境的真正根源，同时也赋予我们一个重新发掘政治性和公共性的最迫切的历史任务。

另一方面，在早期，如18世纪法国大革命的时候，媒体和共同空间都扮演了非常重要的角色，这些空间在今天也同样发生着变异。我们现在需要研究的是到底会出现哪些新的空间和新的可能性，但是这些新的空间和新的可能性，当然不是摆在那儿的现成之物，而是需要历史主体不断创造出来。在这个意义上，通过反媒体来创造新空间，也是创造政治可能性，是非常必要的。在我看来，这个反媒体恰好使得我们可以面对面地讨论，把我们的差异、我们的争议和共同点，同时在这个空间中呈现出来。这部电影也在德国电视频道里播出，我觉得这是很有意思的。它进入了媒体中，运用了各种各样的媒体技术，但它却绝不妥协地与今天主宰这个媒体世界的文化逻辑相抗衡，同时在其中创造出可能性的一个空间。不仅仅是这样一部电影和世界，这也是我们今天需要为此付出很多的新政治问题。

物的去物化

汪晖：我在这儿有一个问题问克鲁格先生，因为这涉及您的电影里对于马克思商品物的解释。其中提及物是着魔的人，即"物的人化"这样一个过程，也就是说物是人的异化，而人是物化的。可是在中国思想里面，物还可以有另外一个区分，一方面物是被一种人的逻辑主宰的，可是这个人的逻辑不是今天一般人的逻辑，物的逻辑是商品逻辑，是交换的逻辑，是使用价值和交换价值的逻辑。在今天交换价值大大高于使用价值的背景下，物本身发生了重大的变异，每个物都着魔了。但是物的世界自身有没有能动性？我们只是讨论人的能动性，我们缺乏物也具有能动性这样一个视野，而且一定程度上，我们如果不能把物的世界能动化，我们也不能够理解人的世界还存在不存在能动的可能性，因为人完全是物化的，物的政治是去物化，物本身也要去物化，这个逻辑是不是也存在？

克鲁格：尽管我们并不熟识，但您竟然说出了我的心声。没错，这也是这部电影里最重要的部分：一切物都是着了魔的人。这是真的，是马克思的原话。他通过观察每一个人的生活，观察他们的工作和努力，得出了这一结论。马克思说：我用一把小折刀砍一台机器，血流了出来。这其实是一种隐喻，事实上，物都是剪影，它们是我们人类的真实写照。如果人类不够自律，不能有序生存，那物也会非奸即诈，具有破坏力。它们可能会成为统治我们的暴君，它们不仅是物，还可能是约束我们的条条框框，可以管辖我们的各大机构。从这个意义上来说，一切死去的劳动都是人类的产物，而如果人类没有对物尽心，那它们也可能对我们产生反作用力。

您刚刚提到的反媒体的概念也很有道理。这种反媒体的力量其实就在我们的手中，在媒体的包围中，反媒体往往能够创造奇迹。比如，在英国就有一档很糟糕的选秀节目。这档节目商业化到了极点，几乎完全就是骗人的把戏，评委也是一些戴着有色眼镜的人。有一个小书记员也参加了这档节目，他是一个很单纯的人，一口牙也长得不好，他唱了《图兰朵》（*Turandot*）里的一段男高音选段，这与电视节目的风格一点都不般配。可观众却认同他那普契尼般的音质，他们强迫评审团将他留了下来。可惜好景不长，反媒体的力量就闪光了那么一瞬，不久之后，那个人就去补了牙，也唱起了那些糟糕的流行歌曲，开始适应起了这档节目的风格。尽管如此，还是有那么一瞬间，反媒体撕开了媒体那厚重的窗帘。

06 经验中国与书写中国

——对话徐冰、戴锦华

2015 年 12 月 17 日，"活字文化"邀请汪晖教授和当代艺术家徐冰，在北京大学光华管理学院做了题为"经验中国与书写中国"的对谈，对谈由北京大学教授戴锦华主持。本文是三位对话人谈话的全文，最早发布在微信公众号"保马"上。

重新体认社会主义中国的经验

戴锦华：感谢"活字"给了我们一个机缘，能够让徐冰和汪晖坐在一个讲台上。其实他俩之间的连接和对话不是在今天才发生的，某种程度上，他们有非常密切和频繁的对话，但是他们今天在这儿对话是作为一种公共言说。

很有趣的是，我接受这个邀请时，完全不知道这个论坛的名称，我在想我希望他俩谈什么。在我脑子里出现的一个表述叫作"言说中国与中国言说"，因为他们都是在如火如荼的 20 世纪 80 年代的终结处出现在公众视野中，他们经历了这个转折，也记录了这个转折，或者说他们也参与创造了这个转折。而在这以后他们的言说不仅是站立在中国的言说，也是朝向世界的中国言说。

汪晖：大概六年前，在纽约古根海姆博物馆的一次会上，徐冰作为一位被邀请的艺术家，和我们一起来讨论。他做了一个发言，我当时印象特别深。今天可以毫不夸张地说，无论在中国，还是在世界范围内，徐冰都是最重要的、最活跃的艺术家之一。每个人都会追溯自己艺术的根源，我们的根到底在哪儿，我们向谁说，我们怎么说，这是无论从事学术、文学，或者是艺术，实际上都需要追问的问题。

徐冰这一代人被看成"85新潮"以来的一代，也有更早的根源，但如何理解当代艺术，怎么去看待自己艺术的根，当时我觉得是特别有意思的一件事。我后来也在一篇文章里提到过他的这段话，他说，他原来在"85新潮"里面，特别崇敬现代艺术大师的作品。到美国以后，他找来博伊斯（Joseph Beuys）的演讲，拿着当年简陋的录音机反复地去听，等到他真正理解和明白了以后，他在重建自己的艺术根源的时候，忽然谈到年轻时的经验——就是现代艺术在艺术和政治之间超越边界，不断相互激发的努力，与他年轻时在中国的经验，在20世纪六七十年代许多的社会经验之间，实际上是有互动关系的。他的原话是：相比于毛泽东，博伊斯只是小巫。

在80年代，我们不大相信这一点，我们自己觉得这是两个完全不同的东西。等到他出去以后，重新理解的时候，当然是在另外一个地域上。所以，我读到徐冰书中一篇文章讲从愚昧当中汲取养料，谈的是自己年轻时候的经验，那个经验与他创作之间的关系，我觉得这是他怎样从言说中国自己的经验，到中国言说的一个路径和过程。这是我从旁的一个观察。在一定程度上，这种经验对我们这一代人来说好像有一定的普遍性。

徐冰：刚才汪晖把比较关键的地方都点到了，确实比我说的要清楚。我和汪晖确实接触比较多，和有一些学者也接触比较多，我实际上总是在与他们的接触中获得新的思想的动力和能量。他刚才谈到我们这一代人，包括我自己，我们的艺术创作真正的能量的来源，对此我确实有一些体会。比如说 20 世纪 80 年代，那时整个中国的倾向就是全盘西化。我老爱把事情说得绝对一点，也就清楚一点，其实我们每一个中国人都非常"崇洋媚外"，但是我们不断地在反省。回到 80 年代，我那时候确实非常希望自己的作品是国际化的，是全球视野的，是和西方接轨的。包括我到了西方以后，1990 年我去美国很重要的一个动力和目的，是了解中国当代艺术到底是怎么回事，为什么作为这个中心之外的背景，艺术家这么难进入——目的是进入西方。那时很希望自己的作品融入西方。

我现在反省那个阶段的认识其实是有一个错误，错误就在于融入其中就说明把自己给融没有了，或者说融成了和西方一样的东西——实际上，在当代领域不需要有更多的和西方一样的东西。这个目标的努力是无效的，但是我努力希望自己进入这个体系，最后我的努力工作确实是由于参与和体会了这个系统，确实做了一些事情，而且受到一定的认可，但那时我就开始反省什么东西在帮助我，什么东西让我有特殊的力量，促使我有效地工作。

我刚去美国的时候带了很多在中央美术学院的创作，基本上是社会主义创作线索，延安文艺座谈会这条线索中的。带去以后开始都没敢拿出来，我觉得这些作品有点土，我希望别人觉得我天生就是个当代艺术家，希望别人觉得这个人的作品有意思，来自这么一个保守国家，结果他的作品还是很有创造力的或者很前卫，最后研究这个人为什么会有这样的思想。他们很看重我的特殊的背景，这些背景毫无疑问一个是大的传统，传统的文化，其实都是变了形的传统文化在我们这一代人身上，我们是通过社会主义的一些方法体会到了传统文化在这样的一个方法中是如何起作用的。这是我获取传统文化的不完全绝对的一个渠道，但是是很大一部分的渠道。再有一个是我们社会主义时期的传统。

我自己的创作体会，这么多艺术家从世界各地或美国各地去纽约，实际上每个人身上都带着他特殊的文化背景，但是就看怎样把自己的艺术和身上所携带的特殊的文化基因的信息提交给艺术界或者文化界，而最主要的是你所携带的基因必须是有益的基因。所谓有益的基因，是当代人类文明推进到现在的时刻，它中间所缺失的东西，或者说对这个文明发展阶段的盲点的部分具有调节作用的东西，这才能有效。

戴锦华：我不知道汪晖刚才有意引导或者有意"挑拨"，是不是想诱使徐冰先生把他在媒体当中说过的一段话给直接说出来，但是刚才徐冰老师很委婉、从容地为我们讲了他的这样一种自我认知和历史经验、文化身份，和传统中国、现代中国连接的表述。那句话我做功课的时候从媒体上抄了，不知道可信不可信。外国记者提问，关于一个来自中国的艺术家为什么这样前卫和先锋？你回答说：你们是博伊斯教的，我是毛泽东教的。你说做雕塑做了那么久，看了那么多世界雕塑艺术，最后发现毛泽东作为一个大的"社会雕塑家"对于你的影响和立意，这段话是标题党还是确实是你的表述？

徐冰：这不是标题党，是我当时的体会，但是现在有的时候会被标题党利用。我后来就不太直接使用这些词汇，比如"毛泽东""社会主义"，因为我觉得现在普遍思维的方式有点符号化和简单化。我老说中国人喜欢符号化，把东西都四字成语化，以此归类，实际上没有那么简单。

当时我谈这个是我在纽约从事创作的过程中的一个体会。比如说博伊斯，他是西方现代艺术很重要的一个代表，他的代表性就是把社会因素引入了艺术创作中，对欧洲的当代艺术特别有影响。他的主要理念就是社会雕塑。我当时确实不能够否认毛泽东对我们这一代人的影响，不管他的决策有多少错误，但是我们没法不受他的影响，我们说话的节奏和语气都是背他的语录的方式，还有《人民日报》社论的语气，这不能否认。但是问题是即使这样，我们现实历史的背景，我们重要的功课是怎样去面对。看看其中到底有什么东西，或者说必须要穿透一个自己很讨厌的东西来一探究竟，到底有什么剩下的，哪怕有一点点是我们可以用的。

戴锦华：刚才的讨论非常有意思，从海外的经验重新体认到社会主义中国的经验。徐冰老师刚才讲到他从社会主义经验中体认到了我们的传统文化，而之后对中国、对艺术有了不一样的认识。我想起了戈达尔的一个说法，重要的不是去艺术地表现政治，重要的是政治地去拍电影，这恐怕是先锋艺术的关键。并不遥远，好像汪晖在他自己的学术道路中经历了一个非常不同的，但是又有非常多的内在互动的历程，能不能讲讲你的经验与你的思考和你的学术。

汪晖：忽然觉得要讲自己的过去很奇怪，我一直觉得自己还很年轻呢。前一段时间与戴锦华在一块儿谈过一次话，我们谈到中间有哪些经历、有哪些标志性的经验对了思考产生了影响。其实我平时做自己的工作和研究，那些经验是很自然地渗透在思考方式里的，没必要专门去想经验问题。

徐冰比我稍微年长一点，但是有一个相关的基本氛围，我觉得对于我们这一代人来说，一个是世界，一个是经验。就大的氛围来说，塑造了我们的经验的，年轻的时候是"文化大革命"，以后是1989年政治风波。

我觉得这两个大的事件对于我们这一代人和对于这个时代有不同的影响，它们是在两个不同的时段里突然发生的。如果看现代中国历史的话，这些事件都是历史的演进走到一个阶段突然出现中断，原有的经验在那个氛围里无法再继续，需要寻找新的经验。

　　这是一件很重要的事情，多少让我意识到生活中有这样一些事情，使得我们生活的道路和我们思想的道路发生一定的转折，并不是说与过去没有关系了，但是有这样的事件和没有这些事件其实是非常不一样的。原因是你的思考是在不断地回应这些事件所提出的问题。

　　我们这一辈人很重要的是"文化大革命"时的经验，那时学校的教育制度发生重大的变革。我从小学到中学都在"文革"时期，那时不像现在，我从中学到工厂，直到高考，才第一次有关于竞争的经验。今天我们都知道，在一个市场的社会中，每个人都在参与竞争。

　　孩子从小学、中学到高考，一届一届都是在竞争中出现的，这成了最日常的经验，这个日常的经验塑造了我们的价值观，在一定程度上也塑造了我们的人品。但是我第一次明确有竞争的意识就是高考。在那之前，在中学的时候，学习是开放的，学的文化课很少。按照今天来说文化素质是比较低的，同时又要求开卷，不是闭卷考试。每年需要到农村去、到工厂去，即便不做工或务农，中学毕业的时候，各种各样的农活和主要的工业技术，都已经会了，我中学毕业的时候，车工、钳工、刨工这些工作都做过，农村里面主要的活，也都做过。这一部分的经验我觉得很特别，一定程度上是被那个时代塑造的经验，竞争除了指市场之外，还有你所处的生活环境。

　　现在无论在工厂、公司或者是别的机构，都越来越像是一个生产性的单位，即便在大学也是如此。大学每年要统计各种各样的成果，然后来计算每个人应该得到什么样的东西。那时也有生产，但是我们都知道那个时期很重要的一个经验是单位。

　　20世纪80年代以后，在改革的过程中，对单位的制度有很多反思，因为它日益成为某一种痛苦的基石，里面也带着很大的不平等，但是我做过一点点工厂的调查，发现当年的工厂作为单位和一般意义的工厂是截然不同的。今天的工厂是一个公司化的工厂，它就是一个生产单位，人际关系基本上被降到最低的限度。如果你们去南方的工厂看那些打工者，他们离开工厂、离开工作之后还可能有一点相互间的关系，而在工厂内部很难有关系，因为所有的时间都是被生产过程控制的。如果去富士康调查，会知道工人一天工作十几个小时，相互之间没有交流，没有横向的关系。可是单位当中过去有政治斗争，有各种权力斗争，有矛盾。单位之所以有这些关系，是因为它虽然有纵向的关系，但是同时包含了更多横向的关系——人和人之间，张家长李家短。

　　说一点点我自己在工厂的经验，我先前做过临时工，做罐头和做纺织，厂里面我是打包工，正式分配的时候在一个无线电厂。我所在的车间很有意思，是一个解散的越剧团，到"文革"后期越剧团不唱了，把整个越剧团团员解散到我所在的那个车间。我的车间主任原来的行当是越剧里的老生。越剧里没有男演员，全部是女演员，所以我们的师傅全都是女演员。她们坐在一块儿谈的都是张家长李家短，相互之间也会有一点小摩擦，但是我今天观察到的工厂和社会中，这种横向的关系在逐渐地消失，被降低成某种扁平化的东西。所以高度地依赖家庭，如果再没有家庭的话，一个人的社会性就会被压缩到非常低的程度。

　　过去单位里有很多问题，不过它的社会化程度是相对高的，人际关系也是够的。过去人际关系不好，有政治斗争、权力斗争，甚至有暴力性，但是我们今天经历的似乎是生产和商品关系渗透到整个人际关系中。更多的是商品关系，不是人际关系。

人的平等一定要以社会化为前提，如果没有这个前提，一切都谈不上。在大学情况会很不同，同学关系当中比较多地保持横向关系的引领。这也是我思考的一个很重要的经验，我在工厂里和师傅的关系，和到农村去帮农民劳动的时候与农民的关系，或者说同学之间的关系、同事之间的关系的模式，在今天生产性的岗位中，发生了翻天覆地的变化。因此我们当代很多思想的讨论、文化的讨论，在我看来需要从这些最细致的社会结构性的变化，从每一个人的日常行为规范和生活环境空间的改变出发，才能理解这个变化的深度。有一些东西突然消失了，我最近常常想到"消失"这个词，是被艺术所触发的。

讲两个与"消失"有关的故事。我们今天的变化，今天的城市，这么美丽、这么漂亮的建筑造起来了，但是我们很难想象在这个空间里消失的是什么，如果我们把"消失"的主题放在世界变迁里，我们对待世界的态度会多少有点变化。有些东西没有了，"消失"有些是有形的，有些是无形的。

好些年前我在英国，在苏格兰格拉斯哥看苏格兰国家话剧院的一场话剧演出，关于1929年格拉斯哥工业革命中普通人命运的故事，戏剧的题目就叫作《消失》，也译作《失踪者》。讲的是在工业化、城市化过程中一些人和人的情感和关系突然消失的故事，我当时看了以后很震撼，因为它讲的全是最普通的人的故事。

我们一方面享受变迁给我们带来的好处，但是另一方面我们感受到一个我们平时意识不到也不会想到去弥补的空间，这个空间是透视现在的一个非常重要的契机。简单地说好和坏没有意义，关键在于你有没有这个意识。这是我说的第一个经验。

第二个经验我概括为存在和消失的关系。前段时间伊斯坦布尔双年展让我去做个演讲。双年展里有一件很小的作品，很触动我。这个作品就一个小方格——今天的艺术由于质料丰富，有各种各样的能力把它做得非常炫，但这个作品非常小。四方格中间有一个隔断，隔断看上去是一块玻璃，但实际上是一个镜面。

为什么看上去是一块玻璃，因为观众从一个方向可以把一只手伸过去，从这边看对称的是自己的另外一只手，实际上它是一个镜面，观看者看到的是自己的这只左手，另一侧还是自己的左手，但误以为看到了自己的右手。底层有两个手印，暗示观看者要把手放在这两个手印上。

这件作品当时给了我很深的印象，之后我就问起创作者是谁，没想到当天晚上和创作者一块儿吃饭。他是一位意大利的神经科学家，和艺术一点关系都没有，他只是很偶然地在米兰的一个艺术节里与一群艺术家认识，于是就参加艺术的讨论。差不多有十年的时间，终于与艺术家一起合作做了这个作品。他做的这个装置实际上是用来恢复失去了一只手的那些人对手的感觉。他说根据新的神经科学的发现，一个人的手如果因为各种原因失去了，但人对手的知觉还存在于身体里，需要唤起和激发。所以这个盒子提供的经验是，如果是一个没有一只手的人，另外 只手放进去，通过右手的动作来激发左臂的经验，唤起沉淀在身体里的一种记忆。

所以我把它概括为消失和存在的关系，那只手已经不存在了，但是通过这个装置能激发起人们身体里面对于已经消失了的肢体的经验。这只手动的时候，自己感觉到那只手也在动，而且慢慢地这只手不用动了，也能体会到那只手在抓东西、在握拳、在伸展、在触碰。我想到这样一种消失的经验，觉得感动。只有对人具有极高的关心的时候才会用这样的方式去表达一个消失的肢体，我在背后读到的不仅是一名科学家的工作，用一个旧的词来说，而且是一位真正的"人道主义者"对人的关心。因此，在这个消失的空间里，如果我们能够在我们的历史思考里找到这样的消失的空间的话，看到的世界一定不一样。今天我们的教育和思考里常常缺乏这个部分，由于这些空洞没有被发现，那些过于饱满的叙述占据了太高的舞台。我有的时候忍不住会想把这个过于完满的自我表述稍微打开一点点，但没有徐冰这样的能力，因为徐冰是有字的、无字的都能运用自如，他经常创造这样的作品。他的作品里无字的表述本身是最有力量的，因为它忽然让我们知道叙述的根。

艺术创作的思想空间

戴锦华：忍不住要接一句话，汪晖刚才用了两个关键词，一个是"断裂"，一个是"消失"。我们是同代人，我可能比徐冰小一点，比汪晖大一点。他刚才讲了两个关键的年代，"文化大革命"是我7岁到17岁的岁月，然后是1989年，我们每一个人的生命都在那个时刻有转折，你们两个人好像是更具体的转折，对我来说也是非常深刻的转折。讲到断裂和消失感觉的时候其实非常有意思，这两个断裂和消失是可以被承认的。

前两天出席不同的会议，年轻的所谓"80后"在讲被删除的历史，当他们讨论被删除的历史这件事的时候，我突然感到，当我们能够辨认出来有一些历史被删除了的时候，其实我们没有意识到在这些被辨识到的被删除的历史里有更大的删除。

徐冰在美国对现代艺术的那种先融入最后拒绝的经验中，非常重要的是他在工厂的经验，他从小学、中学受教育的经验，它们在什么时候被唤起了，在什么时候被赋予意义了，而不是说我们都没受教育。我们经常说我们没受教育，我们是某种意义上的文盲。我与他们特别大的不同是，我是一个大学本科毕业生，到现在我基本没有感受到我有基本教育上的匮乏。

我觉得非常有意思的是那个契机，我是今天才认识徐冰，但是我一直在追随他的作品，1989 年在中国美术馆看到《天书》——一开始的名字叫《析世鉴》，然后是《文化谈判》。以后我在纽约的街上曾经看到你作品海报。再上一次在纽约圣保罗教堂看到了《凤凰》，很震撼，和大家在国内看到《凤凰》的感觉不太一样。我在基督教空间里看到《凤凰》的时候，那个关于中国的表述是非常强烈的。我其实想请你谈谈在这中间有没有一个过程，当《文化谈判》和《文化动物》这种作品出现的时候，是不是某一种转折，某一种中国自觉的出现。这是我完全作为一个观众的印象，但是我想请你谈谈，这样一种言说中国、中国言说在你自己的创作中是不是有一些关键节点。

徐冰：戴老师居然看过 20 世纪 80 年代在美术馆展出的《天书》，我很高兴。作为个人确实是有一些思维的转折点，我现在开始认识了，我觉得这个转折点确实很重要，它是由于一个人的改变或者转折而聚集出新的思想理念。我前一段时间在美院做副院长的工作，辞职以后，我就深刻体会到人的生活的转折对思维聚集能量的作用。然后我就反省，我回中国的时候，回美院的时候，很多人觉得我可以带来一些前卫的东西或者新的思想，但实际上对我来说，我回来首先要做的事情就是调整和改变很多自己缺失的东西，怎样能够进入这样一个新的国家的状况。这时就需要调动出来很多藏在身体里的、没有机会被激活出来的能量。

这让我想到，实际上回到中国就和我刚去纽约的时候是一样的，得调整自己的很多东西，包括生理上发音的方式都得调整，才能够在这儿生活和在这儿做一些事情。但是我觉得这种调整是很重要的，重要性在于它把你所有的东西都调动出来了，而你必须面对一个新的语境。刚才戴老师谈到《凤凰》，在这里我有一个变形金刚的概念。我总觉得那两只大的凤凰，其实就像变形金刚似的，很有力量。它来自危机的现场，而且要面对未知的危机的现场，所以它带着一种自身准备好的能量。我为什么说变形金刚？就是随着一个新的危机的局面它可以重新调整自己，经过重新组装以后，产生新的面对困境需要的能量。其实我们每一个人都是这样的。

　　像刚才戴老师谈到的《文化动物》这个作品，其实它的学名叫作"一个转换案例的研究"，特别学术化。那时候我特喜欢想这些所谓深刻的问题，是业余的思维爱好者。我并没有多喜欢那个作品，创作期间是1993年刚去美国没多久，那时我总感觉好像需要比较重的文化准备和负担才能够进入我的作品。比如说像《天书》这种作品，我觉得好像背后需要准备的东西太多了，美国人确实弄不明白，而且那个时候他们对中国和中国文化的关注度其实很低，现在他们当然很喜欢这件作品。

　　我很希望我在语言上和表述方式上是特别国际化的，所以就想尝试用一种直接的、视觉的，带有一定挑战性的语言来创作，能够和国际的艺术语境对接，所以才有那样的作品。虽然我自己并不那么喜欢，但这件作品让我学到了很多东西，实际上它面世以后很快就成为全球很有影响的作品，甚至后来很多西方的艺术家都和我说，看了这些作品后对他们有启发。我再说一个小插曲，咱们很多批评家在一些书上批评说中国艺术家的作品完全受西方艺术家的影响，我们每个人都很崇洋媚外，习惯上就是我们一定是受他们影响的。其实我从这件事认识到了当代艺术系统中的弊病和它生效的方式，和我们的传统文化，我们对艺术的体会、理念、系统的认识的一种出入。实际上我做作品，几乎每一个系列的作品其实都是给自己找一个想事情的特殊的空间和场域。我一边在做这件作品，一边在挖掘我们文化中到底有什么东西是我们还没认识到的，有的时候做作品的过程就是给自己提供一个有关这个课题的小小的实验室。

刚才戴老师提到的作品《凤凰》，确实在教堂展出真的很有力量，而且特别有感觉。它曾在中国今日美术馆室外展出过一次，它的创作背景是中国那个时期的社会现场。由于和中国社会现场的关系太密切了，使这件作品最后无法放到本身计划要放的空间里展出，才有了后来它的一系列的命运。汪晖也谈过这件作品——正好他在威尼斯，也看了这件作品。我觉得它身上带着非常强的中国现场的气息，让它有一种标准的当代艺术或者我们习惯的流行的当代艺术中不太常见的东西。当时在教堂展出，大主教特别地兴奋、特别地高兴。我说希望《凤凰》应该对着祭坛并对着门口，我希望它往门外飞，它不是歌功颂德或者单一化的信仰这么一个解释。他就鼓励我说没关系，宗教2000多年有2000多种解释。宗教都是对最底层的关怀和对底层现实生活中所得不到的东西的一种慰藉和未来的情绪。其实他提到了一点很重要，他说《凤凰》这件作品和我们的意图是一样的，都是来自底层，是对底层问题的关注。

那座教堂金碧辉煌，我曾担心《凤凰》摆进去以后会显得小，镇不住场，但是《凤凰》进去之后特别合适，因为它本身有一种特别漂亮的自尊和尊严，它伤痕累累，但是一种很正面的东西，感觉和教堂真的构成了一种奇特的、很美的一个张力的空间。

戴锦华：对我来说感受最强烈的是《凤凰》和《东方》，或者说凤凰涅槃浴火重生，很有意思的是它是由垃圾造的——我可能不礼貌。我想追问一个问题，我必须告诉你，在《文化动物》的现场出来后我呕吐了。我装作很有教养的样子，看完了出去找一个地方吐。说老实话，你的绝大部分作品都唤起了我的身体反应。第一次看《天书》的时候我有一种非常强烈的身体的窒息感。看到《凤凰》的时候那种震撼，首先是生理性的，然后才是精神性的。除了身体的反应之外，我其实还有一些不舒服的是，你做的新英文书法——它是用英文字母做成的方块字，非常的聪明，非常的机智。当时我记得我非常留意这些英文是表意的，尽管写的是中国方块字，但是它仍然是词。那两只猪，首先我注意到公猪身上写的是英文，母猪身上写的是"天书"，同时英文我不知道是表意的还是不表意的，我觉得这就是所谓的性别和有意义、无意义的、主动和相对被动之间的关系。这是不是你当时的思考？

徐冰：对，其实是当时一个情绪的表达。因为当时在那样一个阶段和那样一个语境中，确实你会随时感觉到对西方文化强势的、带有强权性的不满。很多人提这个问题，为什么公猪身上是英文，说读不懂英文，母猪身上是"天书"，这确实是当时的情绪。很多博物馆希望展出，没有办法用活的动物，所以我转换成影像。第二次为了影像做的时候，我们就训练那头猪，最后我就把原来的设定给反过来了。因为我觉得让观众过于容易地进入这样一件作品，它就简单化了。这件作品等于是我制造了一个现场，让我们人看着它们的工作和交配，实际上反省的都是人的事情。这件作品讲的是文化被文身的概念。它和《天书》不同，但实际上内在讲的事都是一样的，表现的都是带有一定的文化伪装性的东西。

戴老师说的对，我的作品总有一种不舒服的感觉。说明戴老师是一个很敏感的人，再一个说明您是水平很高的高知识阶层。

戴锦华：他是有意识地要冒犯高知识阶层，而我就被冒犯到了。

徐冰：因为我对高知识阶层特别敬畏。

戴锦华：你一直是一分子。

徐冰：我感觉我是进也进不去，出也出不来，所以我的作品多少都有一点这样的表达。比如说我们在做前期实验的时候，去种猪厂。我就觉得我们去研究种猪、配种厂，女孩子不太方便，我是一个知识分子，我会考虑这些事。可是进去以后，发现那些采精的工人都是女工，对她们来说这就是一个日常。而《天书》也是，如果是一个文盲参观，除了看起来很壮观、很美，没有实质的效用。而很多教授和编辑，在《天书》面前都有一种强迫症，刚开始觉得这些文字太好了，都是中国的文化，但是再看会发觉这儿也不认识，那儿也不认识，和他一辈子的经验是倒错的。他可能一辈子都在校对错字，结果看这件作品竟然全是错字，会有一种强迫症。

历史转折与劳动者问题

戴锦华：我觉得当时的窒息感来自那个形象本身作为巨大的印象现场。当时非常喜欢那件作品，因为它呼应了 20 世纪 80 年代那些共同的主题，渴望获得文化，最后变成拒绝文化的这种表达，而这种表达本身又经历了不断的误解。我觉得当时这是一种认同或呼应，展出现场本身扑面而来的东西给人一种巨大的冲击。刚才说到《凤凰》，您说是来自底层，从底层起飞。近年来在汪晖的工作中这个主题也开始越来越突出，不仅仅是关注底层的问题，而是思考一个阶级对历史的反思。您能不能在整个思考过程当中，包括中国古代思想到中国现当代历史，谈一谈生命经验和劳动者的关联，和此后如何再次建立这种关联。

汪晖：这个题目很关键，不过我倒是想从戴老师的经验开始谈。我和戴锦华认识的时候，我们一块儿玩电影，我是业余的玩，后来我就离开了，而戴锦华变成电影专业的戴老师了。

我讲一个小例子，关于20世纪80年代的经验到90年代的经验。人对历史和现实的感觉有不同的途径，不是只有一种方法去接近历史和现实。对于学者来说，经常是通过对历史的再阅读带来经验，还有一种是感受，某一些事件直接地触发你。我先从阅读的经验说一点我们的故事。80年代看电影，我们在一起专门讨论第五代电影，也就是张艺谋、陈凯歌他们刚刚出现的这个时代，为他们摇旗呐喊，因为在电影圈还没有他们正当性的位置。今天回过头来想，那个时候最经典的影像就是《黄土地》。80年代这一代的经验里凝聚了一些很特殊的东西，尤其是《黄土地》对黄土的凝重的呈现，一方面呈现与它密不可分的关系，另一方面又要塑造出对它的拒绝，这是一种复杂的情感。

我们编《读书》杂志的时候曾经专门请中央美院的一位年轻老师写过关于"马锡五的婚姻调解法"的文章。[1]马锡五是边区法院法庭的院长，当时在中国的乡村，黄土地所塑造的乡村，还是买卖婚姻、包办婚姻，1990年我在陕西的时候，买卖婚姻都还存在。

这样的一个世界，对我们来说是强烈的震撼。可是古元这样一位艺术家创作的"马锡五同志调解诉讼"发表在延安的《解放日报》，当时反映出一个什么事件？延安，原来的陕北就是《黄土地》想要描述的那样的乡村，可是另一方面延安是革命的圣地，革命的根据地，最接近现代的《婚姻法》，在那个地区已经施行。

在一个乡村社会，在一个传统的关系里，突然有了这样激进的

---

1 吴雪杉：《塑造婚姻》，载《读书》2005年第8期，第3—11页。

《婚姻法》以后，带来了问题，旧的社会关系被它撼动，再加上政治的变迁，所以就出现了相应的家庭和婚姻的问题，所以需要去调解婚姻。现在的婚姻调解都是去法院，因为涉及财产。可是当时婚姻调解和判离婚是不同的，大量的过程是需要调解，需要把最激进的政治与一定的保守性的社会关系加以协调，实际上是当时革命政治必须处理的一个重要问题。古元的作品就表现了这样一种特殊的关系，这个关系其实是有普遍性的。在现代世界遭遇巨大变迁的社会都面临同样的问题。一个新的关系进来，旧的关系就面临巨大的挑战。五四时期，鲁迅、胡适都面临这样的问题，但是延安是非常特殊的时期。

我是带着20世纪80年代的经验进入1989以后的这个历史里面来的。在90年代初，我们创办了一份《学人》杂志，和我一起编刊物的学者都是北大的，一位是中文系的陈平原教授，一位是哲学系的王守常教授，再加上一些日本学者的帮助。这份《学人》杂志实际上标志着1989年以后的转折，和80年代的氛围不一样，我们需要重新寻找自己的历史、自己的根源。一定程度上我们也认为80年代后期，包括1989年政治风波是和我们自己与历史的关系不清晰有关系的。我们要重新探寻这个历史。

一个方法是上溯到晚清传统中国，在90年代后怎么表述中国的问题，在这个脉络下逐渐浮出了。第二是怎么处理20世纪的历史遗产这个问题。30年代末期到40年代有过一个关于民族形式的讨论，在关于民族形式的讨论里，特别谈到了当时因为战争的原因，所以不仅是延安，而且在中国的很多地区，国统区和共产党统治的根据地都有拉丁化运动，孙科、吴玉章等国共两方面的人物都是推动拉丁化运动的，而且学习拉丁拼写法的规模超过了清代传教士所做的罗马字运动——用罗马字来拼写《圣经》。

刚才徐冰特别说到，如果是一个不识字的人来看《天书》没有震惊感，有意思的是普通的农民读汉字确实很困难，但是在抗战的情况下，为了让他们能够快速地阅读，教他们拉丁文拼写他们的方言。当时许多地方都有出版拉丁语拼写的印刷物，在我的想象当中，延安或者陕北的农民，他们拿着用拉丁字母拼写的那些印刷物在阅读，不是一个人，而是一个群体。在那样的一种背景下展现出来极大的能量，1939年到1940年代这个时期是中华民族现代形成的一个重要的时期，那些农民身上不是在山沟沟里面的偏僻、保守和狭隘性，恰恰相反，这幅画面带给你的是真正的普遍性力量，在那个状态下真正的爆发。我不是艺术家，但是我能想象那个画面是怎样的。那些字其实我们也读不懂，你要不懂陕北方言，再加上不熟悉拉丁字母，我们也不知道他们在念什么，可是其中产生出了一种全新的东西。这种东西在20世纪80年代的电影里我从来没有看见过，当年的记忆可没有这个东西，这实际是遇到了一个方法论的问题。

经过了刚才徐冰讲的一个阶段——用他的话说是"崇洋媚外"，或者以西方为方法的时代，我们所看到的一切都是在这个透视之下来看待的。第二个过程，到今天我觉得还很流行，就是与第一个阶段构成对抗性关系的方法，事事归结到自己的传统，强调我们与西方不同，强调差异，强调自身的特殊性。刚才我说到的在那个时期所展现出来的内涵，那种能量其实是与当时世界到处出现的、反法西斯斗争中产生的一个新的能量相互沟通的。所以它既是非常独特的，又是非常普遍的，它不是特殊，恰恰相反，它是用自身的独特性来展示这个普遍性。在这个意义上它解释自己也解释世界，这是一种新的方法的诞生。

我经常这么表述，但是经常被误解为特殊主义。我不是一个特殊主义者，我不是只是说我和你很不同，我们每个人的经验和我们自己思考的方式，和我们关注的整个的经验都在一个历史中，可是它的确不只是要解释自身，而是要解释这个世界。在某一个场合、某一个时刻，我们对自身的历史解释也包含着这样的普遍性。

回到徐冰的《凤凰》，我至少在四个不同的场景看过它。去他的车间，他还在制造过程中我就看过。后来在上海世博会，然后是在纽约的教堂，最后是在威尼斯的军械库。我还给他写过一篇批评，但我后来发现事实上随着场景的变迁，"凤凰"的含义在发生变化。这是很有意思的一个现象。最早在通州工厂里看到它，想要装到财富中心而不得。我当时对徐冰说被拒绝有的时候是挺好的。艺术家对于一个空间的介入是挺有意思的，这件作品是一个过程，徐冰试图把他的《凤凰》直接地插入财富中心的空间里，因与财富中心之间的空间发生冲突被逐出财富中心，《凤凰》被逐出财富中心就像当年里维拉的壁画被驱逐出洛克菲勒中心又获得它新的意义一样。后来徐冰又把它放到世博会中的一个车间里，因为只有那个车间能够承载这只凤凰，那是社会主义工业化的一个遗产。再就是戴锦华说的教堂里，被教堂的光线所透视出来的凤凰，居然有几分柔美。最后威尼斯的军械库里，那只凤凰比较凶狠，停在船坞中，像一架战斗机一样脱颖而出，有一定的暴力性感觉。

今年春天威尼斯双年展的主题聚焦于资本，叫作"全世界的未来"。这让我想到《凤凰》在四个空间游动中对世界做出解释，也是用艺术的语言和方式对世界进行的一种解释。过去我们讲劳动，讲底层，徐冰《凤凰》的质料是垃圾，是劳动的剩余，这是很重要的一件事。劳动者的尊严在传统意义上是建立在劳动价值的基础上，劳动同时还表现为剩余。在经济危机的时代产能过剩，所以这个时代里劳动者的位置和他们的价值，以至于他们的尊严，到底基础是什么，需要有一个新的维度来思考。这是我第一次看徐冰的《凤凰》的时候就和他谈过的想法。

戴锦华：我读到访谈中徐冰的一句话，说对于《凤凰》真正感兴趣的部分是劳动和财富积累，是工人和资本家之间的关系，说希望这件作品能成为一种唤起的提示，让我们重新思考劳动是什么和我们对底层的关注。我最近也经常在课堂上与同学讨论的一个问题，就是我们读近年来当红的、流行的所谓西方左翼思想家的论述，他们都在讲非物质生产，好像物质生产、社会财富直接的生产已经不再是问题。今天所有的再现都是关于非物质生产劳动者的再现，而物质生产的劳动者几乎无法再现。请您再对关于工人与资本家、关于劳动、关于劳动者这个问题和《凤凰》之间的联系，就您当时的思考再谈一谈。

徐冰：我最早想到做这件作品其实是我踏入建筑工地时，建筑工地的震撼让我想到用这些建筑垃圾做一个东西，挂在金碧辉煌的大楼中间。我觉得这个想法很好，那时就担心资本家不让我做这件作品，因为它多少有点实验性，后来他们还是同意了。这个想法为什么很好，因为甲方很希望炫耀金碧辉煌和财富的积累，《凤凰》这种粗糙和现实感，就像建这栋大楼背后的故事一样，把资本和劳动的关系拉得很深，一个是帮助甲方让这栋大楼显得更加金碧辉煌——因为它的粗糙，而大楼的金碧辉煌又衬托了《凤凰》本身的现实感和沉重感，这是这件作品本身的语言。艺术语言包括了这样一种关系，包括它的尺寸，很大，因为空间就适合这么大的东西在里头。当时我并没有想到要做凤凰的形象，我只是看到一个空间，如果不考虑玻璃，就像笼子一样。我当时想到在一个有限的笼子之中，应该有两个东西向前奋飞，这个东西现实中并不存在。到这时艺术的感觉已经出来了，实际上是两个东西在一个无形笼子里的张力。比如说大，要说那栋楼本身就大，实际中国所有的东西都大。它背后不是纯形式的东西，只是被一个艺术家用有形的尺寸给体现出来了。至于它和劳动的关系，艺术家思维是从一些具体的材料中得到的灵感，比如我觉得现场那些材料很美或者很有感染力，因为每一块材料都是劳动者之手触碰过的。它聚集在一起，最后我发现《凤凰》带有神性，就是因为材料的特殊性。这是它和一般底层的关系。作品出来以后，出租车司机、民工特别喜欢，其实国外也是，在国外因为吊装太麻烦，负责吊装这些的工人们都是专业吊装艺术作品的。他们说很多艺术作品与我们毫无关系，我们把活弄好挂在那儿就好了，但这个东西对我们来说是最亲切的，因为上面所有的东西都是我们最熟悉的，感觉是他们自己的一个作品。

07　互为前史的世纪与当代艺术史的分期问题
——漫谈"1972—1982"

2017 年 1 月，北京中间美术馆推出展览"沙龙沙龙：1972—1982 年以北京为视角的现代美术实践侧影"，呈现文革后期至改革开放之初十年间北京当代艺术的生态谱系与发展状况。

同年 3 月 18 日下午，中间美术馆举办"沙龙沙龙"展新春座谈会，刘鼎、卢迎华担任主持。汪晖教授受邀参会并做发言，本文节录自会议记录。其他与会者：艺术史家高名潞、邵亦杨、殷双喜，策展人吕澎、苏伟，历史学者徐坚，艺术家黄锐、闫振铎、袁加。完整会议记录可参见展览同名图书（香港中文大出版社，2019 年）。

第一部分发言

汪晖：我是外行，因缘际会，常与艺术界的朋友有些联系。就本次的展览，我从另外的领域思考，发现与从事艺术的朋友们有些交叉重叠的地方，也有些略微不同的观察。我说几点感想：

首先，展览 1972 至 1982 年这个区间，大家都是比较多的从艺术史的角度去看，而把社会政治史作为一个背景。但我觉得很重要的一个问题是这是一个过渡期，它打破了一般而言的两个"三十年"的学术分期，因为单把1972至1982年拿出来就不再是1949至1979年这个"三十年"的叙述。1976年再往后又是一个时段，前几年大家讨论两个"三十年"的问题，是对立的、断裂的，还是联系的、互不否定的？实际上，两个"三十年"之间的关系是错综复杂的，既存在着断裂，又存在着连续，这在这个展览里面凸显出来了。刚才看到江丰1979年在《读书》杂志上为新春画会写的短短的序言，我倒注意了政治方面的叙述，因为当中有一句话，这句话与这个年代有关系。他说结社自由是我们的基本权利，我们可以组织画派。后面讲画派，前面讲的是结社自由。江丰的叙述，当他在"文革"之后要重新开始他的工作，他的主要思想资源到底是在什么意义上与过去的历史关联的呢？结社自由是《宪法》权利。在"文革"时期，又添加了"四大自由"即所谓"大鸣、大放、大字报、大辩论"。

这些话又让我想起另外一件事情，就是1983年关于"异化"的讨论。周扬在解释他有关人道主义和异化问题的报告时说，"异化"概念不是他的发明，是黑格尔的发明，青年黑格尔的论题，后来马克思也使用了这个概念。他辩解说，1964年，他曾经向毛主席汇报过这件事情，得到了毛主席的支持。邓小平看了周扬的检查后，有一个评论，收在《邓小平文选》里面，其中提及："马克思在发现剩余价值规律以后，曾经继续用这个说法来描写资本主义社会中工人的雇佣劳动，意思是说工人的这种劳动是异己的，反对工人自己的，结果只是使资本家发财，使自己受穷。现在有些同志却超出资本主义的范围，甚至也不只是针对资本主义劳动异化的残余及其后果，而是说社会主义存在异化，经济领域、政治领域、思想领域都存在异化，认为社会主义在自己的发展中，由于社会主体自身的活动，不断产生异己的力量……这实际上只会引导人们去批评、怀疑和否定社会主义，使人们对社会主义、共产主义的前途失去信心，认为社会主义和资本主义一样地没有希望。"[1]

提及 1972 至 1982 年，我就想到这个历史的纠葛问题。就是"文革"的理论与反"文革"的理论之间的纠缠关系，对立和联系，重叠与歧义。我不想把它说成是一个轮回，更愿意观察这一重复现象中的断裂、差异和变化。

刚才有人提到食指的诗《相信未来》，其实《相信未来》也可以从好几个方面去阐释，比如，关于未来的解释是在整个 20 世纪革命运动和现代追求的理念下产生的。对于黑暗与光明的描述也在那个历史中获得最经典的表述。诗歌的意象既可以放到对后来的朦胧诗的理解一起看，又可以放在 20 世纪那个状态里面重新加以叙述。这个关系既是连续又是断裂的，如果没有断裂就没有新的政治，但是新的政治的发生是有历史前提的，存在着从另外的脉络加以叙述的可能性。

刚才看展览也联想到一个时间性的问题。1972 年之前最重要的政治事件是 1971 年林彪"9·13 事件"。但在林彪事件之前，中美关系已经在孕育重要变化，基辛格（Henry Alfred Kissinger）的首次访华是在 1971 年 7 月间。并不是因为"林彪事件"才导致中美关系的缓和，而是"林彪事件"之前已经存在着一个重要的契机，这就是 1969 年中苏边界战争。从 20 世纪 60 年代初期的两党辩论，发展到 1969 年两国之间的兵戎相见，不足十年的时间。两个大国的战争导致许多变化，"文革"趋向结束有许多原因，但边

---

1 邓小平：《党在组织战线和思想战线上的迫切任务》（一九八三年十月十二日），见《邓小平文选》第三卷，北京：人民出版社，1993 年，第 41—42 页。

　　　　　　　　　　　　巨变中的世界

界战争和中苏间爆发更大规模军事冲突的可能性，肯定是其最为重要的外部条件之一。在国防逐渐成为主导性的问题之后，文化领域的革命、内部的革命变得比较困难。总之，我们可以将中苏分歧、中苏论战、"文化大革命"、边界战争、中美关系变化、"林彪事件"等视为一个历史变迁的序列——不是简单的因果链，而是一个序列。在"林彪事件"之后，国内政治局势发生了重大变化，国际关系尤其是中国与美国的关系开始加速。在国内方面，1974年初开始了"批林批孔"，接着是1975年的"评法批儒"。1975年由于国务院政策研究室的成立，围绕着社会主义商品经济和资产阶级法权，发生激烈的论战。1979年以后被认为是改革开放的基础理论的价值规律，其实在1975年都已经提出来了。现在把孙冶方、顾准等看成改革开放最主要的理论奠基者，但实际上，不但这些基本理论在1975年前后的理论论争中已经发生，而且实际形成的历史更早，可以追溯至中共对于苏共二十大的回应。1956至1957年，也正是针对苏联内部有关斯大林问题的反思和新的政治动向，毛泽东发表和撰写了《关于正确处理人民内部矛盾的讲话》《论十大关系》，1956年、1957年孙冶方和顾准分别发表了《把计划和统计放在价值规律的基础上》和《试论社会主义制度下的商品生产和价值规律》的论文，1958年这些理论讨论都和中苏论战有关，也与对苏联社会主义和中国社会主义的估价有关。这些历史脉络和若隐若现的关联，促使我们重新理解变化的动力来自哪儿，1972至1982年间的各种文化运动的政治性的动力又来自哪儿。

刚才的座谈中提及全国美展的出现、纪念延安讲话发表30周年、1971年国务院成立全国美展办公室、开始组织等等，这个过程恰好是在中美关系产生变动时发生的。为什么艺术界的事件里混杂着各种角色，从国家的领导人、艺术界的领导人，到青年艺术家，共同构成了这些事件的动力和发生的条件。这个混杂性是在什么政治肌理下构成的？这一点对于理解 20 世纪艺术史非常重要。中国革命战争中有"从群众来，到群众中去"的群众路线，对于文学和艺术的影响很大，但在"文革"之前官僚制和学院体制逐渐巩固的时期，恐怕这样的混杂性越来越少。老中青或干部，知识分子，工人、农民、群众的三结合，一定程度上恰好是在 20 世纪六七十年代的政治运动中形成的，又是在"文革"进程中重新分化组合的。"文革"结束后，伴随着一些老一代政治领导人、老一代艺术领域的领导者、老一代或中生代艺术家重回舞台，他们恰好与这一时代由于"文革"的独特情境而从普通劳动者和群众中产生的青年艺术家之间，产生了有力的互动。在官僚制、学院制越来越巩固的时代，这样的现象就难以发生。我们能够设想中国美术馆或美术学院能够像那个时代一样，向无名画会、星星画展的那些没有学院和体制背景的艺术群体大规模开放吗？

多年来我们沿用了西方的"主流—非主流"的论述理解这个关系，但是这几乎很难说明 20 世纪政治的发端，包括庙堂和民间的关系问题。李可染的年画，算庙堂还是算民间呢？袁运甫的画展，用色、透视、笔墨，更不用说素材，都包含了文人画、装饰性作品和民间年画中的多种因素。因此，民间和精英艺术之间的边界也是游动的，这对理解这个时代最基础性的特征是重要的。实际上，当代政治领域、思想领域也都在重新思考这个时期，不过看这个展览和大家的讨论，艺术界的讨论在有些方面好像走在前面，能够比较丰富地把这个问题呈现出来。

我好些年前看过袁加做的两个展：一次是在酒厂，基本上是毛泽东时代的艺术，包括绘画和雕塑，另一次是他和靳军一起在国家大剧院策划的展览，以 1949 年至 1980 年代的油画为主。两个展览有一定的关系，都涉及 1949 年至 1980 年代的中国艺术。那两个展览重新叙述历史的方式很有意思，因为观看者会发现无法对立地去描述主流和民间、精英和大众的关系。并不是说其中没有张力，但是显然只是按照今天通行的框架去描述的。为什么这些概念用来描述那个时代不那么恰当？这是要追问的一个问题。这恐怕并不能在中国与西方的二元关系中叙述——不能说这些通行的方式是西方的，所以不能描述中国，而是因为今天的中国与当年的中国在主流与民间、精英与大众的关系上也发生了重要的变化。

20 世纪中国的文化和政治不仅仅是在 1949 年奠基的。我认为应该从整个 20 世纪去看。在世界范围，大概很少有国家像中国这样，在 20 世纪发生过如此广阔的社会动员，从上层的精英到最底下的村庄都被组织在一个洪流中。中国社会由于战争、革命、土地改革和前所未有的文化运动，不同的人广泛地参与政治进程。这个进程改变了国家的含义、政党的含义、社会运动的含义、工农运动的含义，以及我们在这里讨论的艺术运动和艺术实践的含义。看新春画会、星星画展，业余和专业之间的关系问题逐渐地被明确起来，也不是一个简单的关系。齐白石到底算民间还是专业的？或者说到底怎么去叙述这样的关系问题？理解 20 世纪政治史、思想史和艺术史，恐怕都会面临这样的问题。

刚才的座谈中，吕澎先生也说到 20 世纪，高名潞先生提到当代性和现代性的问题。最近我在为我的关于 20 世纪的论著写导言，不可避免地提出如何估价和理解 20 世纪的问题。为 20 世纪写史非常难。当代性这个概念是非常特别的，现代性有时间顺序上的特点，一切历史都是当代史，这是耳熟能详的话。我以为 20 世纪一个最重要的特点是"同时代性"。严格地说，从概念上看，20 世纪是中国历史上的第一个世纪，因为此前不存在"世纪"这个范畴。

从 20 世纪开始，"世纪"这一概念也不再仅仅是基督教纪年的产物，毋宁说这一概念是伴随着近代地理学意义上的普遍世界历史的产物。20 世纪的中国是这一世界历史的内在部分，反过来说，没有中国历史，所谓世界历史是不成立的。中国的 18 世纪、19 世纪或更早的世纪等范畴，全部是 20 世纪的产物，是 20 世纪诞生之后，为自己创造的前史。创造前史是一件有意思的事情，刚才讲到艺术领域，其实思想史领域几乎一模一样：20 世纪的叙述最初是在晚清的时候创造出来的，最早把"20 世纪"这个范畴作为中国历史叙述的基本范畴大约就在 1901 年前后，而不是在 1840 年前后。一旦开始用"20 世纪"描述中国历史和现实处境，这一历史的边界就不再限于中国了。不但中国在里面，美国、法国、俄国、土耳其等等，也在里面。总之，所有国家都在 20 世纪历史的普遍叙述里。这就是同时代性的构造。

如果看晚清的思想，康有为、梁启超、章太炎这些人除了讨论中国的改革和革命、民族主义与国家主义等之外，他们讨论的是欧洲、法国、俄国、美国、土耳其革命的问题，所有这些区域的历史都变成建构 20 世纪中国历史的前史。政治、思想、意识都要建立在对这些前史的认知、理解和解释之上。刚才有朋友提到波兰的或者是其他国家的人跑来看这个展览，可能会感觉到很熟悉。这没有什么奇怪的，也没有必要因此觉得中国艺术特别牛或者特别没有创造力。事实上，20 世纪存在一个广泛的"互为前史"的现象，中国的"文化大革命"是 1968 年法国革命的前史，如果没有中国的革命，没有"文化大革命"，就不会有欧洲的 1968 年的叙述，没有 1968 年的叙述，我们对于现代艺术的定义就没办法被植入当代艺术史中。这就是互为前史的时代，这是把世界历史其他人的故事变成自己的故事的时代，因此，20 世纪的历史不存在严格意义上的历史周期率——我们都知道黄炎培讲一个朝代的兴亡历史是有历史周期率的，但 20 世纪的浪潮再也不可能重复过去的周期的模式。从政治论述的角度，从汉代的贾谊、晁错，一直到明清易代之际的黄宗羲、顾炎武，他们的政治论述的方法都是先讲三代，再用前朝或先祖的经验来为当代的政治立论，也就是说，他们在王朝周期率的框架下叙述当代政治。可是 20 世纪的政治论述是法国大革命、巴黎公社、俄国革命、美国革命，所有的这些都成为我们自己的历史。在艺术领域，是古希腊、古罗马、中世纪、文艺复兴、浪漫主义、古典主义、现代主义、后现代主义等浪潮一波波来袭。20 世纪的历史是把其他人的历史纳入自己历史内部的一个历史，同时也是把自己的历史创造成为全球的同时代史的过程，在这个意义上，正因为是同时代史，尽管这一时代盛行现代性的进步史观，但这一时代的主要的特点恰恰是打破现代性的时间框架，是把不平衡性、错置的关系作为前提，不再遵循将别人作为现代和我们作为前现代，或者倒置过来的逻辑。20 世纪处于错置关系当中。马克思当年用先进的亚洲和落后的欧洲描述 19 世纪后半叶的世界局势，先进和落后的关系已经开始倒置，但只有在 20 世纪这个倒置式的叙述才变成错置的叙述。先进与落后的关系、精英与大众的关系、庙堂与民间的关系、专业与非专业的关系，都是这个错置关系的一部分，很难在一个线性时间的关系中去讨论。不同的派别、主义，是在一定的政治关系当中争夺自己的霸权地位。在争夺这个霸权地位的时候，采用不同的策略，动员不同的周边关系，既可以寻找外部的资源，又有内部的自我生产。在艺术领域，在国外得到什么样的展出的机会，或者从美协或者学院获得怎样的支持，还有如何打开国际的、国内的市场，政治与商业的错置，已经难以从单一的角度去判断了。我们也只有在这些相互纠缠的关系中，理解艺术的政治性。其实，政治性本身被单一化，也是受欧洲近代历史叙事的单一化的影响。在媒体世界，如何定义艺术与政治的关系，涉及对媒体世界的政治性的再解释。拒绝从单一的角度去解释艺术与政治的关系，在去政治化的时代，是尤其必要的，因为许多看似政治的议题本身就是去政治化的产物。

刚才听闫振铎先生提到他年轻时在北京市美术公司工作，可以去看图书馆，去查同时代其他人在怎么画。换句话说，那是你的前史，你的前史没办法简单地用你的前辈的历史来叙述，你的前史同时植根在另外的范畴内。这样一种关系的错综复杂性是 20 世纪非常重要的特征，必须重新洗牌来理解这个时代，问一问 20 世纪历史叙述的可能性问题。洗牌的过程就是寻找自己的过程，怎么洗？就是叙述逻辑。在这个意义上，艺术和政治的纠葛也是非常多重的。刚才在展览中看到"张志新"这个题材，我马上想到刘胡兰，也想到了江姐，张志新就是在这个叙述序列中略加上一点知识分子的意象，比如她拉小提琴的图像。"张志新"的意象是对"文革"的控诉，但把它的构图放在 20 世纪艺术的序列里，就会发现不一样的意义。从 1930 年代左派杂志的封面，1950 年代的雕塑和绘画作品，到这个时候塑造"张志新"形象，到同时期其他的历史叙述，似乎贯穿着一个类型性的特征。

"文化大革命"的时候样板戏是中心。宣传画、样板戏具有强烈的综合性，文人的艺术、民间的艺术、英雄的叙事、人民的叙事，构成了综合的母题，戏剧、文学、音乐、舞蹈等也都被综合其中。西洋的歌剧、俄国和欧洲的近代话剧、中国的大戏和地方戏，也都汇集为有机的叙述形态，我觉得多少有史诗剧的特点，也有宗教剧的特征。我们不能把艺术和政治、革命与宗教当作简单的对立面来看，而应该同时观察它们之间的相互渗透关系。这一世纪不同艺术探索凝聚起来的能量是罕见的。记得有一次参加袁加组织的画展讨论，钟涵先生解说两幅作品，一幅是董希文的《开国大典》，一幅是他画的《延河边上的背影》，虽然只是短短的评论，但都给我留下很深的印象。那次展览把草图都拿来了，他解说《开国大典》，分析毛主席和他周边的这些人透视关系到底得放多少？毛泽东是领袖，但同时也是领袖集体中的一员，因此，既需要突出其位置，又不能将这个突出越过了应有的分寸。毛泽东在画面中大概比其他领导人突出半步或一步，在错落关系中并不多，但透视上要显得很突出，即既突出又不突出。突出的距离不能太远，个人太突出，有违集体领导的逻辑，但领袖又的确是存在的，必须在透视关系中找到能够凸显其位置的视点。此外，其中工农兵的形象也要在图画的某个角落里边出现，这是典型宗教绘画里要做母题时候的构成方式。

钟涵先生当时说要画革命绘画的时候，最重要的就是处理三组关系：领袖、党和人民。他画了背影来呈现这三组关系。欧洲文艺复兴时期的绘画，不同画家常常画同一主题，但处理的方式不同，例如耶稣与他们的门徒的关系就是一个，达·芬奇（Leonardo da Vinci）的《最后的晚餐》（L'ultima cena）找到了独特的呈现方式。这个逻辑似乎也是一致的。

刚才闫振铎先生、黄锐先生提到他们的经验、情怀。在艺术，甚至政治中，情感的张力对于书写政治的作用常常超过了宏观叙述。刚才说主流、边缘这些叙述可能要打破，但是话又说回来，这些叙述之所以在相当长的时期内被人们接受，有情感真实在其中。比如，我刚才提及食指的《相信未来》与20世纪革命时代的时间观有一致性，但在黄锐先生的印象中，两者的政治取向很可能是相互对立的。这个情感真实在历史叙述中该怎么处理？情感真实实际上是艺术的政治性的内核，显示其价值方向，尽管从另一个角度说，这种强烈地强调自身与对象之间的紧张关系未必就是真实的历史关系，但是情感关系在艺术史、思想史和文化史中很重要。说1964年的"异化论"是"文革"的理论，不能否定周扬在1980年代再提"异化论"恰恰是以反"文革"为基本动机和情感指向的。当代史的写作，比如高名潞先生做的1985年、1987年的叙述，其意义在于他是作为一名在场者对问题进行叙述，与后来者再去书写这段历史，其间的含义已经发生变化。这是历史叙述中的一些基本的问题。

前几天，因为古根海姆要办一个1989至2008年的展览，找我去谈一谈这个话题。亚历山大·孟璐（Alexandra Monroe）女士说，他们借鉴了我在 *China's New Order: Society, Politics, and Economy in Transition* 和 *The End of the Revolution: China and the Limits of Modernity* 这两本书中的叙述去做历史的分期。我的叙述与艺术史没有直接关系，古根海姆把中国的1989至2008年看作一段艺术史叙述，也在艺术与政治之间找到了理论的桥梁。从艺术史的角度，我们可以去质疑这个分期，因为没有任何分期是绝对的，所有这些关系都在发生变化。但我从中强烈地感到当代艺术展览开始变成重新解释当代史的前卫。比如袁加早期做的两个展览，那时在思想领域，大家还比较难以那种方式去谈论这个问题。1950年至1960年的绘画中，有不少"右派"画家的作品，我当时印象特别深。这些被发配到边疆，如新疆、内蒙古的画家，竟然画出了色彩如此鲜艳、如此生机勃勃的画面。我有一次也问过王蒙，他被打成"右派"后，在新疆生活十几年，但他笔下的新疆为什么却比他此后描写的北京明亮很多。怎么去描述这个历史的情境？怎么去看待"右派"作家或画家的这些经验，以及他们的作品与今天我们理解的那场运动非常不同的气氛？这些都是一些深入历史内部缝隙的契机。我自己没有更好的解释，但是如果没有这些作品和经验在这儿，好像很难找到一个契机去解释内部的肌理和复杂性。

从这个角度说，那个时代作为 20 世纪的一部分是不应该被简单否定的。20 世纪是一个历史变迁的中轴，尽管代价是巨大的，但是发生的事件和各种事件发生的密度是人类史上没有过的。在中国历史上也几乎没有过这么密集变化的时期——至少是很少出现。因此，一方面我们当然要对 20 世纪做非常深的反思，因为很多悲剧发生在 20 世纪，包括两次世界大战，等等。另一方面，怎么去把握这个世纪的原创性，需要找到新的叙述方法。

苏伟：您提到互为前史的问题，让我想到斯洛文尼亚的现代美术馆的策展人仁卡·帕朵维尼克（Zdenka Badovinac）的一篇文章，其中她也提到一个东欧的国家在后社会主义的环境里怎么去建立一座美术馆，怎么去建立自己的历史叙事。她首先承认自己本地的艺术相比西方是落后的，正如您提到错位和差异，在那个时候，很多艺术实践、艺术创作确实大幅度落后于西方的艺术创作，她承认这个现实。但她又认为建立主体的线索是可能的，她用"全球的南方"的概念——20 年前这是一个比较先进的概念——提到怎么在非冷战结局或者是冷战过后对立的局势下重新建立一个阵营的问题。我想请您稍微详细地从您的思想体系里解释一下现在怎么去理解这个问题？尽管现在我们不提东西阵营了，但实际上壁垒、边界还都在，并没有因为全球化到来就断裂了。您怎么看待意识形态斗争之后阵营的问题，有没有从文化主体上建立一个阵营的可能性？您对现代性和当代性的思考体系里还存不存在这个问题？中国是否能生产出这样的阵营？

汪晖：就当代而言，已经出现的一个基本现象是，同时代性变得更加鲜明，这是从 20 世纪来的，到当代更加如此。这个可能会对艺术史或者对艺术实践有一些影响。

20 世纪，特别是后半期，存在着两个阵营。20 世纪自我更新的主要动力来自"对立"，来自"阵营"，来自"体系间的竞争"，社会主义与资本主义所谓的竞争是每一个制度内部发生变化的主要的动力。我前些时候在哈佛，与几位学者讨论自由民主和民粹主义等等，提及自由民主的高峰期是冷战时期，虽然有人怀旧地提到 19 世纪，可是 19 世纪政治的主要形态是帝制，维也纳体系就是帝制体系，一直维系到第一次世界大战结束才发生重大的变化。自由民主的高峰期是战后，而且是在冷战时期，也就是说是存在着体制间竞争的时期。社会主义相对年轻，中国的历史还比较特殊，因为在革命时期，具有一定活力的政治已经发生出来。刚才提到的精英和大众的关系，或者说不同于官僚制的干群关系，都是在人民战争当中生长出来的、所谓"打成一片"的关系。

第一，今天的主要政治危机就是不再存在体系性竞争。我的主要观点是民主危机有多重条件，一个外部条件是它不再具有体系间的竞争，没有自我更新的动力了。尽管很多人批判历史终结论，但"历史终结了"这样一种潜意识正是体系间竞争消失的产物。与冷战时代相比，政治形态上的差异的重要性已经大幅度改变了。如果问题的重心仍然是政治形态或政治形式的不同，我们还可以沿用旧的论述批评当代政治，但是不同政治形态之间实质性的差异越来越少。在 1989 年以前，社会主义体制和自由民主体制之间的差异非常重要，这几乎是解释所有问题的出发点，今天很多人还沿用这个来解释。可是我们观察今天各个社会发生的主要问题，这个形式差异对于其主要问题的构成来说，影响并不大。从某一个层面来说，不是一点都没有变化，但是基本问题，比如贫富差别、移民、文化冲突、族群和宗教问题，任何一种社会政治形态都面临这些同样的问题。在这个意义上，原有阵营的概念发生了重大的变化。

第二，"全球南方"包括亚洲、非洲、拉丁美洲，"全球南方"的观念在一定程度上也是对"三个世界"概念的延续，但是"全球南方"不再建立在三个世界范畴之内，而是在南北关系的框架下，这也表示即便在第三世界内部，也已经产生对原有的历史论述的疏离。这是一个很明显的特征。"全球南方"的概念难以构成真正的阵营。中国全球化的逻辑是彻底打破阵营间的区别，但保留发展中国家与发达国家的论述。艺术领域和思想文化领域到底怎么重构政治？这是一个提出新问题的时代，旧的论述遇到了重大的困难。

第三，与20世纪造成的局势密切相关。我刚才提到同时代性和不平衡性，有了同时代性才有不平衡性，如果不是同时代性就是差异或本质性的不同；如果我们都在一个时代中，差异和不同就可以被描述为不平衡性，即尽管不同，但这个不同是关系性的，我们承认存在着同一个关系系统。20世纪在艺术书写方面也有类似的现象，大家常常感到的一个困惑，就是不同历史之间的关系问题出现了错位。比如政治领域里讲无产阶级革命，但在20世纪前半期，中国工人阶级的规模极小，真正参与整个革命进程的工人是微乎其微的，大部分是农民。不仅仅是阶级问题，几乎所有领域都出现了类似的问题。我们常常用错位来描述这些现象，错位或许就是20世纪这第一个普遍历史的基本特征。如果没有同时代性就不会出现这样的现象和移植范畴的必要。但是，20世纪的政治几乎都是在同时代性的基础上发生的，具体历史条件的差异与全球状况的结合，构成了这一时代的政治特征。

最后，我觉得应该去除一些迷障。人们多半会轻易地追随差异的逻辑来建立新的论述，而不是在差异与普遍性的关系中理解一个时代的意义构成。"我"与"你"不同，所以我一定是在这个意义上去谈论差异和自我的问题。只有在非常自觉的条件下，这个差异的论述才是有意义的。20世纪最重要的政治、最有原创性的政治都是将普遍政治与具体条件相结合的产物，都是在寻找普遍历史关系的突破环节的过程中发生的。政治如此，艺术也是如此。每一次对普遍语汇的解释都与具体的条件结合，导致普遍政治的内部肌理发生了变化。变化就是创造力的呈现。如果想回到最特殊的命题，反而无法构筑真正的政治。这就好像中国的"文化大革命"与欧洲的1968年，情况差别非常大，但是被组织在同一个关系中论述，被看成普遍政治的关系里的不同但相互激发的运动。在这个关系里，不同的人物通过创造各自的、相应于不平衡性而产生的政治来表达其诉求。他们都不是回到特殊性来叙述自身。20世纪有力的政治叙述都是如此发生的，即便寻找差异的努力，也并不是在一般意义的"特殊"上去论述的。比如名潞做的"意派"，[1] 日本的"物派"，[2] 这些叙述是在一个总的关系里，各自寻找自己的独特性，但每个对独特性的叙述是针对一个新的普遍性构造起来的，否则我们就不解其意。

20世纪创造了一个新的全球政治的时代，但是这个"全球政治"不是以西方为中心的普遍主义政治，而是充满了所谓同时

---

1 高名潞于2007年策展"意派：中国'抽象'三十年"时，首次提出"意派"概念。2009年，高名潞出版专著《意派论：一个颠覆再现的理论》，系统阐释"意派"理论。意派论尝试超越西方"现代派"和日本"物派"论，将中国古代美学理论重新激活、转化为当代理论资源，以建立新的艺术叙事方式。——编者注，本文下同

2 "物派"是20世纪60年代末至70年代初活跃于日本东京的松散艺术流派，有"日本当代艺术的航标"之称。相关艺术家关注"以物质为基础的反存在主义"，在反思、批评现代主义的基础上，尝试建立新的艺术表现形式。代表人物有关根伸夫、菅木志雄、李禹焕等。

代性的不平衡感和内部张力的政治。我不知道以后还会不会出现阵营，是用"camp"还是用"faction"去翻译"阵营"？如果是"faction"，基本上与吕澎先生提到的解构本质主义有点儿关系。最后再说一句，"解构本质主义"的问题在 20 世纪初期就已经提出来了，在中国最典型的、最深刻的解构本质主义的思想就是章太炎利用唯识学解构各种普遍性，宣称解构黑格尔的目的论，解构所有名相的本质性，而且还解构了通过认知和语言创造出来的自我。自我本身的虚幻性都被他揭示了。这是在 1905 至 1911 年间他做的工作。如果把当代艺术放在 20 世纪的背景下观察，我觉得与 20 世纪差别最大的部分，就是超验的或者是乌托邦的维度的消失，即便讨论未来，也不再具有当年的未来维度了。

我曾经概括过 20 世纪思想领域的几个主要的维度。一个维度是对时间性叙述的质疑，如对社会形态发展阶段论的质疑。第二个是空间的维度，即到底怎么建构自己的政治体，想象自己的世界，自己的世界边界在哪里。第三个维度是语言和文化形式的创造。在文学领域用古文、用白话或是在艺术领域用其他语言，事实上都是创造自我表达的形式，即通过语言形式或符号建立自己与自己的关系，或者说，形成自我表达。最后一个维度就是不断地去讨论超越的维度，其中包括了宗教的维度，也包括了世俗时间意义上的未来的维度，即另外一个世界的维度。比如康有为的"大同"，章太炎的"齐物平等"，共产主义或是其他社会理想，等等。最后这个部分，当代思想和艺术实践当中的表现是比较弱的。这个部分的消失也使得当代思想遇到了巨大危机。记得十来年前，詹姆逊（Fredric Jameson）在杜克大学组织了一个会叫"Future of Utopia"。我们发现今天越来越没有办法去创造乌托邦。这不仅仅是一个未来乌托邦的意思，连创造另外一种假设的可能性也变得越来越困难了。从

20 世纪 70 年代发端的当代艺术运动发展到今天，面临的一个最大的挑战可能就在这儿。

第二部分发言

汪晖：为什么提出 20 世纪的问题？首先是在历史的意义上，中国的 20 世纪有两重意义。

第一，对于中国而言，以世纪为时间框架的历史叙述只有在 20 世纪才被普遍使用。从实际发展的进程来说，中国并不存在欧洲和俄罗斯意义上的 19 世纪。在清代历史上，乾嘉时代是王朝盛期，文化达到了很高的水平。相对于欧洲和俄罗斯历史上的 19 世纪及其文化成就，中国的同一时期只不过是 18 世纪高峰衰落的过程。一直要到 20 世纪，尤其是新文化运动之后，才出现了另一个新局面。局面好坏另讲，它是完全不一样的开端。在文学、艺术和其他领域，西方是以 19 世纪为中轴的，以"双元革命"即法国大革命和英国工业革命为开端的巨变。俄国的文学和艺术也是以 19 世纪为中轴的。因此，欧洲历史叙述以 19 世纪作为轴心，即便现在许多人讨论早期现代，也仍然是以 19 世纪为尺度或中心的。但中国没有这个意义上的 19 世纪。从文学上说，我们的前一个高峰是《红楼梦》，再往下要到 20 世纪的鲁迅，才能称之为另一个高峰。也许可以这么说，中间不存在 19 世纪这个类似于欧洲历史的节点。

第二，世界历史的基本叙述，是以欧洲的 19 世纪为中轴的，19 世纪对于欧洲史叙述来说居于核心的位置，所有往前的追溯、往后的追溯，有关现代主义、后现代主义的浪潮都是以 19 世纪为基本的轴心。欧洲普遍主义的发生也主要是 19 世纪的产物。在 20 世纪，由于各种各样的浪潮，首先是民族解放的浪潮，波及了所有地区，寻找各自主体性的行动遍及整个世界。要打破 19 世纪欧洲中心主义的基本历史叙述，必须确立新的轴心，只有在 20 世纪这个时代，一个普遍世界历史的叙述才具有实质的意义。在 19 世纪的视野中，非西方地区如果不是殖民史的一部分，也从属于东方主义的想象领域。20 世纪可以说是人类史上空前灾难的时期，但是这一世纪是第一次俄国革命、中国革命和非西方世界探寻自己的主体性的时代。"世纪"这个概念开始普遍地出现。1901 年，日本的社会主义者幸德秋水发表了第一部论述帝国主义的著作《二十世纪之怪物帝国主义》(『廿世纪之怪物帝国主義』)，一名留学日本的年轻人冯斯栾在创办于横滨的刊物上发表有关 20 世纪与帝国主义的论述，梁启超、杨度等一拨又一拨人开始了对 20 世纪的理论论述和历史分析。在这个时代，这些人把整个以欧洲为中心的历史形态叙述转化到中国历史叙述中，也因此产生了对于欧洲普遍主义叙述的强烈质疑。关于中国历史独特性的追究是以普遍史的诞生为前提的。章太炎批评西方的普遍主义历史叙述，围绕历史叙述、宗法社会、军国民社会等问题展开对中国历史独特性的探讨。章太炎和严复之间的争论，梁启超在那个时期发生的与他的老师康有为的争论都围绕着这个轴心。伴随"世纪"概念的诞生，康有为的"三世说"没有办法维系下去了。

为什么要提出 20 世纪作为一个同时代性的时代的问题？在 19 世纪的概念之下，同时代性只能以欧洲为中心加以论述。只有在 20 世纪，普遍历史伴随帝国主义时代的到来降临于世界各地，从而反抗帝国主义、争夺自己的自主地位的革命，成为这个时代的标志。这不是一个简单的概念问题，而是一个政治过程。西方的艺术史也好，西方的历史领域也好，其主流是以欧洲 19 世纪为轴心的，我们需要寻找适合于中国也适合于新的全球关系的历史叙述。

20 世纪，不同的人、不同的方向都毫不犹豫地提出对未来的设想。这个过程到了 1970 年代开始式微，开始了疏离的过程。在未来的维度坍塌的废墟之上，除了我们说的虚无感之外，还有极端宗教的崛起。一直要等到这些问题出现，我们才稍稍理解了这个空洞和虚无正在被什么样的东西填补，也才会出现对这个问题的追问。为了替补由于我刚才提到的超越维度的缺失而产生的虚空，我们到处可以看到各种填充物。事实上，这些填充物并不虚无，不过是些新的拜物教而已。新的拜物教的出现是以虚无化为前提的，就这一点而言，需要去理解 20 世纪为什么那么毫不犹豫地提出关于未来的设想。

再提一点与苏联有关的问题。我对现代主义的再理解发生于 1992 年，那时让我震动很大的一件事是在古根海姆看"伟大的乌托邦"这个展览。在我的经验中，这个展览是给我留下极深印象的少数几个展览之一。这是关于俄苏现代主义的大规模的展览，展品布满古根海姆的八层展厅。以往我们接触的现代主义都是在 1980 年代西方的现代主义脉络下展开的，偶尔提及的少数几位俄罗斯人也都是在他们的视野下出现的。"伟大的乌托邦"展览显示出现代主义与激进政治如此强烈的组合，让我觉得艺术史应该重写一遍。从马列维奇（Kazimir Malevich）的时代，一直到 1930 年代的苏联，抽象和政治的关系，两者之间的对话带来的冲击力之大，至今仍能体会到当时的震撼。那天我看完了"伟大的乌托邦"，又跑到大都会去看现代绘画，觉得后者如此苍白和无力。

总之，艺术的历史需要重写。编《读书》的时候，我们编选了美院几名研究生的文章，其中有一篇文章叫作《"马蒂斯之争"

与延安木刻的现代性》，还有一篇是讲古元的"马锡五同志调解诉讼"。激进的《婚姻法》在宁静、保守的农村引发出一些后果，在革命政治运动中，人民法院院长马锡五不得不去寻找调解，古元用版画做了这幅作品。当时边区为了提倡推广马锡五婚姻调解法，在《解放日报》发表了一篇社评，并刊印了古元的版画。最革命的、激进的《婚姻法》和最传统的农村社会相遇产生出了一种对于独特的艺术也是独特的政治的召唤。在艺术史写作中，在现代艺术里，怎么去把它给重新讲述出来，我觉得是一个重要问题。经过20世纪80年代，艺术中抽象的形式带给我们的那种冲击逐渐衰落了，到了新世纪之后，政治也发生了变异，我们进入了一个去政治化的时代。我们需要重构20世纪，观察在那个时代政治的诞生过程，寻找那个时代文化与政治互动的秘密。这样才能找到分析当代问题的切入点。

08　当代中国媒体状况分析与公共空间的缺失
——《中国企业家》访谈

2011 年 11 月，汪晖教授接受《中国企业家》杂志编辑、媒体人萧三匝的专访。本文根据访谈实录整理而成。

被操控的媒体自由不能等同于公民的言论自由

《中国企业家》：为什么现在左右两派总是相互谩骂甚至进行人身攻击，而不能平心静气地讨论问题？

汪晖：这有两个方面的原因：第一，我觉得应该辨别到底是怎样的谩骂，为什么会谩骂，这很关键，因为这是对公共讨论最大的破坏。我从 1996 年开始做《读书》的编辑，我们从一开始就在组织讨论，那时候也有好多种不同的观点在《读书》里面讨论。不能说我们一点倾向都没有，但基本上是很开放的讨论。那时无论有怎样的分歧，《读书》杂志里有过谩骂吗？一次也没有。

第二，我觉得媒体的发展是一个严重的事件。过去思想争论的主要平台还是在知识界，在《读书》这样的杂志里面，这些平台提供了有一定深度的空间。发生在这个空间的辩论会逐渐地影响、播散到媒体。我们在 20 世纪 90 年代的一些讨论，到 90 年代后期逐渐地在许多媒体上出现了，这是一个互动的方式。但是，媒体有自己的逻辑，它们财力比较雄厚，需要打出议题。这样，媒体就试图来操控讨论。我们不是说反对媒体介入讨论，媒体的讨论非常必要，因为如果公共问题不能进入媒体中讨论的话，那就永远没有办法把它变成一个更广泛的社会话题。但问题在于，媒体经常是为炒作而炒作的，它并不见得很清楚到底为什么要讨论这个问题，也不清楚问题是什么。

当然，知识界、学术界一向有这样的风气，你也不能想象有一个很纯的知识界、学术界。知识界、学术界总有一批人永远是不能够探讨具体问题的，他们永远只能靠评论这个派那个派而存活，这些文章基本上在事后什么意义也没有，但是它特别适用于媒体。

我简单举个例子，无数的文章写"新左派"，可是"新左派"里面差别太大了，就像自由派内部的差别很大一样。所以，你要只是在派别意义上去讨论的话，任何一个具体问题都是无法说清的。你要反对一个论者的论点，必须有能力对他的论点、论据进行分析，这才能叫讨论。自己造一个标签，把它贴在另外一些人头上，然后开始批评，这就是媒体造出来的讨论。媒体造出了大量公共知识分子，而所谓"公共知识分子"，就是对什么事情都谈谈，什么都没有研究的人。有人批评郎咸平，但郎咸平毕竟主要是在谈经济问题，他是基于自己的研究发表的言论。但如果一个知识分子只是在媒体上活跃，没有知性的东西，那你指望他谈什么呢？

当然也有意识形态的原因。我们都以为过去的那个时代是意识形态的时代，不了解今天的时代在一定程度上比那个时代更加意识形态化。所谓意识形态是在不知不觉当中控制你的思想，你没有反省的话，就会被意识形态控制。这是在任何一个大的潮流里面不可避免的现象。在任何一个时代，独立思考都是很难的，许多人事后聪明，假设"文革"的时候如何如何，我们就一定更好，其实历史从来没有提供过这样的假设。在今天媒体空前发达的状况下，意识形态的渗透是更深的，知识分子的一些思考的基本前提很难摆脱意识形态的影响。所以，在今天你要想独立思考，我觉得是非常艰巨的事情，不比任何一个时代更容易。

《中国企业家》：我归纳一下您的意见，就是说现在知识界的这种风气产生的主要原因是两个方面：一个是媒体的介入，一是广义的意识形态的影响。

汪晖：媒体不是一个抽象的东西，后面还有各种力量，比如媒体后面有投资方，有各种文化政治势力。媒体从来都不是独立、自由的力量，但它还可以打着言论自由的旗号要求权力，它们完全混淆了所谓的言论自由是公民言论的自由，还是媒体企业的自由，这是完全不同的。媒体已经成为一个社会性的产业，它的自由与公民的自由完全不是一回事。事实上，包括知识分子，不是所有的人都有能力、有权力进入媒体这个空间，在今天的中国媒体状况下更是如此。因为，中国媒体被两大力量垄断：一是政府，一是资本，这两个垄断使得独立的思考并不很容易获得。在今天，越是热火朝天的媒体，我感觉独立思考、独立表达的可能性就越小。

知识界最重大的问题是思想分析能力的问题

《中国企业家》：如果没有政治因素的介入，您刚才说的这种可能性是否会更大一些？

汪晖：没有政治制约是不可能的，在全世界都没有可能，应该分析媒体背后的权力关系，这很费思量。我们这边的政治是一只看得见的手，另外一些地方这只手不容易看见，但其实几乎都看得见，事实上也没有那么神秘。我刚从德国回来，德国媒体对于中国的报道，很难讲没有意识形态在中间起作用。中国社会有那么多方向完全不同的问题，存在各种各样的社会矛盾和冲突，为什么德国媒体的报道只集中在一两个明星人物身上，而不去关注那些底层人物？

我们在德国讨论过媒体问题。我过去在文章里讲到过政党的国家化。有一位资深的媒体人是一名研究中东问题的学者，他接着我的话说，另外一方面是媒体的政党化。那我接着又说，第三是政客的媒体化。这里的政客包括政府里面的政客，也包括知识精英里面的政客。他们都不是独立自主的思考者、行动者，而是按照另外一些人的逻辑来说话的。政客为了讨好媒体，会说媒体喜欢听的话；媒体不再是客观呈现社会问题的一个空间，媒体想要自己来设置议题，而这个议题过去通常是由政党来完成的。

《中国企业家》：媒体完全靠不住？

汪晖：当然靠不住，不但靠不住，而且是严重的挑战。今天的媒体对于社会权力的垄断和社会声音的垄断，已经达到非常严重的程度。如果说政党没有代表性，媒体同样没有代表性，这就是公共性遇到的危机。当然，它有问题不等同于说要抛弃它，而是说首先要在理论上认识它，才能改造它。这是最有意思的挑战，也是在知识上、思想上真正的挑战，它意味着你不能复制照搬其他的理论来进行实践，你必须去研究实际上正在发生的进程，思考原有的理论为什么在解释这些问题上失效，寻找推动新的社会实践的方向。你问我最新的思考，这都是我最近这些年做的主要工作，有些方向是理论的，有些方向是历史的，工作的方式是不断地在两者之间转换。

《中国企业家》：但媒体毕竟被称为是立法、行政、司法之外第四种独立的权力。

汪晖：这个"第四权力"的存在，同时意味着旧有的权力关系已经发生重大变化，这也是中国知识界争论中关于媒体部分的最大问题。当权力的中心发生偏移的时候，你应该怎么去认识当代世界？我们传统上认为，权力机构是我们批评的最大目标，但当你批评那个东西的时候，你自己其实已经成了一个新的权力中心。在当代世界发生的转变当中，这个状况是最特别的，表象与真实之间有时候是纠缠的。撇开知识界个人的，或者是伦理的问题之外，最重大的问题是思想分析能力的问题，也就是对当代世界的基本格局到底发生着什么变化的把握问题。我觉得，说到最后，在思想争论中，哪个思想更有力，首先在于你有没有能力分析当代世界的变化。

严肃讨论的消失是今天最严重的挑战

《中国企业家》：您对媒体的批评是不是过于严苛了？

汪晖：本来议会政治和政党政治的另外一方面是媒体的自由，但媒体现在的危机是极大的，我对中国媒体的看法非常负面，它非常糟糕，而且我看不到有真正好转的迹象。随着媒体大规模的集团化，资本的积累能力非常高，它与政治和经济的关联都非常深，它也形成自己独立的政治意向，所以媒体的公共性遇到了极大的挑战。

西方的媒体也出现了很严重的问题，全世界都是反感媒体操控的。德国的媒体在我看来可能算是最好的，德国报刊还是比较严肃的，有一些报刊遵循了旧式的、传统的政党政治，传统政党政治是在自由条件下，媒体代表政党之间相互竞争。德国的《时代周报》是社会民主党的媒体，它基本倾向是偏左的，就好像《纽约时报》是偏民主党的一样。但总体上媒体操控已经变成一个非常严重的问题，因为媒体与政治的关系，使得它已经不再是一个透明的公共意见的发布者。媒体最大地利用"新闻自由"这个口号，新闻自由的真正含义在于公民的言论自由，但是新闻自由经常变成了媒体集团的自由，公民的声音无法得到正当的表达。媒体自己把自己打扮成新闻自由的追求者，这样使得"新闻自由"这个口号，在很多人的眼中贬值了。我不是说不要新闻自由，新闻当然应该是自由的，但是当媒体变成垄断性集团的时候，它就等于代表了一个利益集团及其政治代表的角色。

现在大家知道的也只是默多克的花边新闻报道模式，但事实上默多克在英国、美国的丑行至少还有一半没有暴露出来，华尔街与默多克的联系没有全面暴露。事实上，绝不仅仅是花边新闻和窃听的问题，而在于媒体和政治之间这个特殊的关联。你可以看到卡梅伦（David Cameron）上台之后，一年之间见了26次世界新闻集团的总裁，更不要说见其他的媒体集团，他与他的内阁成员能见多少次？你要比一下未必更多。

另外一个更严重的例子当然是贝卢斯科尼，他在很长时间内结合了政治权力和媒体权力，对整个社会进行引导，像他那么恶行昭彰的一个罪犯，还能够持续地当选，这意味着媒体能够影响一代人，价值观被它都改变了。他是操控型的，是打着新闻自由的旗号反自由。

由于媒体越来越与操控有关，而且它的影响力越来越大，这也导致了政党竞争当中公共领域的日趋消失，公众对媒体越来越不信任，但是又没有另外的选择。

目前有什么方法改变这种局面？首先，需要重新制定对媒体的行为规范，我觉得默多克事件可能是一个转折点。其次，非常困难的但是比较重要的问题，就是媒体需要多层次性。

《**中国企业家**》：媒体本身也有不同形态，比如说互联网，每个人都成了舆论的发布者，这样的话传统媒体的垄断地位不就急剧地下降了吗？

汪晖：互联网的问题是很严重的，大家都知道关于所谓的"谣言共和国"这个问题。如果你去看中国绝大部分的报纸，特别是地方性报纸，它基本上依赖互联网，很少自己真正采写新闻稿。我这次回老家还顺便问了一些不算太小的媒体的很重要的记者，他们都是在网上抄抄写写，不会自己采写。对于谣言，媒体很少去确认。在今天这个条件下，所有人都在抢新闻，以赚钱为动力，或者是越来越政治化，但基本的新闻操守和规范荡然无存。

所以，我并不认为互联网与传统媒体自然有一个促进关系，恰恰是严肃讨论的消失是今天最严重的挑战。我自己编过十多年《读书》杂志，在那十多年当中，讨论的主要议题（关于全球化、三农问题、医疗保障体制、政治改革、媒体功能、大学教育、女性的社会地位等）是很严肃的。但这样的讨论在中国已经非常少，也就是中国比很多国家的媒体更加服从于商业的逻辑。大部分在媒体上写文章的知识分子，不是什么公共知识分子，而是媒体知识分子，他们不是真正的在他们研究的基础上来展开讨论的。因为大众文化与媒体文化相互渗透，媒体影响所有人的阅读趣味，时间长了，大众就对稍微认真深入的讨论变得越来越不耐烦。

在这种状况下，你可以讲轨道出事了，某一个事情出事了，信

　　　　　　　　　　　　　　巨变中的世界

息能通过互联网迅速发布出来，但对于长远的政治议题是很难讨论的，没有讨论空间。俄罗斯前些年出现过一个媒体的领导人被谋杀，当时大家很怀疑政府参与了这个过程，到底是怎么样的一个状况，我不太清楚，但如果没有一个相对健康的媒体公共环境，公共性的争论、辩论无法展开，信息不能够检验，推动政治议程是不可能的。因为议会民主最基本的条件是必须有言论的公共空间，我觉得在今天言论的公共空间是更为重要的。在今天的中国，媒体的集团化状况是比较危险的，因为这样等于没有一个真正的公共舆论，大家也不知道舆论的真假。一段时间谣言一起，大家被煽得群情振奋，过一段时间又证明那个是假的。

《中国企业家》：现在如何走出困境？

汪晖：我们必须一步一步来做。以新闻媒体来讲，我个人认为，第一，基于专门研究的知识分子讨论是非常必要的，因为它带有反思性，不能把它混同于大众文化，必须有这个反复纠偏的过程。知识分子与媒体之间应该形成一个有机互动。现在媒体都会找几个人，要不是专门的专栏作家，要不是所谓的评论员，就那几张脸孔，什么问题都谈。在这种状况下，你不可能把有质量的思考传播出去，而且你也没有办法检验这些人代表的是什么。

今天谁在设定议题？是媒体本身在设定议题。所以媒体角色的校正和媒体从业者基本的伦理是必须加以重新思考的问题，因为政党和媒体是今天这个政治体制里面最核心的部分。昨天中央电视台的人来问我对富士康推广机器人怎么看，我说，富士康的老板说一句话，马上全国的媒体都跟进，然后就开始焦虑地说中国马上要大规模失业了，那么多工人的声音我们为什么从来听不到呢？你算一下，中国有多少工人？光是农民工就有两亿四千万。按现在的统计数据，这些人所处的状态为什么总是不能得到正面的反映。当然，富士康老板提出的这个问题是一个严重的问题，需要认真讨论。

我觉得没有一个一劳永逸的解决方案，今天很多不同社会体制的危机证明，没有一种简单的体制可以解决这些问题，而是需要在这个社会里面思考、生活和工作的人的努力，比如说在媒体领域里面有一些人愿意率先出来做出表率，这样当然就有可能改变。

无论是一个知识分子，还是媒体工作者，或者是政党，并不是没有努力改善的空间，如果我们不能避免从一种制度拜物教转到另一种制度拜物教，就会出大问题。制度拜物教就是认为，所有的问题都是因为我们这个制度不好，另外一个制度好。当另外一个制度出现危机的时候，那我们怎么办呢？我们一定会想再发明一个制度。当然制度的改变是非常重要的，我不是说不重要，我说拜物教的意思就是说，如果太崇拜、太以为只是一个制度改变就可以改变所有这些问题，而忽略了在每一个具体的过程当中从业或者是参与到某一个进程的人的主观努力，就不可能进步。

反过来说，为什么一些思想讨论和职业伦理的重新修补是非常重要的？因为即便在今天的中国体制下，如果从业者的状态是不同的，质量也就是不同的。在同样的体制下，不同的单位和人取得的成绩是很不一样的。

刚才讲到西方政治体制的问题，并不是说我认为它们的一切方面都不行，而是反对制度拜物教。我对那些认为我们的体制全都不行的论调是反感的，但也认为存在需要改进和变革的地方。在今天这个条件下，如何讨论解决之道？第一要有方向感，第二就是要具体。如果媒体已经不把公共性当成追求的方向，只把赚钱当成方向，那你怎么改呢？方向感的丧失，我觉得是今天中国最大的社会危机问题。到底我们要一个什么样的社会，这个方向要有。就像我们要讲媒体到底应该怎么做，我们首先要有自己基本的取向和判断，如果这个也没有了，那也就不存在选择。

要设置出与一般媒体都不一样的问题

《中国企业家》：您刚才说国内缺乏这样的力量，《读书》杂志不是现在还在继续吗？

汪晖：但是现在很难像当年那样不断地、尖锐地提问题，这是主要的差别。我们之所以引起那么大的争论，就是因为不断地提出问题。很简单地说一句，他们当时说我们提的问题都太提前了，回过头来看，我们所提的问题，有哪一个问题不是准确地预言了我们社会的发展？在他们看来这都不重要，这是发达国家的问题，我们现在唯一的问题是反专制，好像别人都是专制主义者一样，只有典型的思想封闭症才会这样来提问题。他们参与了这种扼杀和迫害，还要把自己说成受害者。

《中国企业家》：社会需要严肃的评论类杂志，但关键问题是这个杂志怎么存活？盈利都很困难，谁来投广告？《读书》杂志那么成功也没广告。

汪晖：纸面媒体在全世界都遇到困难，连《纽约时报》现在经济上都觉得很难。但不是不可能的。我觉得一份知识分子的刊物也可以在商业上是成功的，但是它不能以追求商业的成功为目的。我觉得存活本来不难。《读书》杂志没有广告就能存活。

《中国企业家》：《读书》杂志办得早，现在情况不同了。

汪晖：当年创办的刊物非常多，为什么别的刊物不行？另外，不是所有的媒体都无法进行严肃的批评。印度知识分子对他们的媒体非常批评，但是我得客观地说，我在他们的报纸的评论中能够找到一些比较认真的学者写的文章。中国现在的媒体评论版不是说绝对没有较好的文章，但是总体来说很糟糕。中国的媒体过度依赖媒体知识分子是严重的失误，你看在德国，哈贝马斯（Jürgen Habermas）还替媒体写文章呢。

《中国企业家》：中国的知识分子也应该给媒体写文章。

汪晖：但是中国的媒体趣味是那么差。

《中国企业家》：也有一方面是因为很多知识分子不愿意和媒体打交道。

汪晖：有你说的这个情况。我虽然对大学专业化并不是没有批判的，但是你也要知道，媒体与读者的关系是互相取悦的。媒体的盲点太大了，因为媒体现在的权力太大，所以媒体人眼睛完全长在额头上，他不知道自己的局限。

《中国企业家》：媒体也很困惑，比如说您的文章很有见地，编辑也认为您的文章很好，但他也会考虑到，登了您的文章，读者会不会认为它们突然变左了。

汪晖：那它有什么公共性呢？它只有封建性，真正的封建就是这样的机构。你刚才讲反封建，我觉得当代的封建就是这样的，他们打着反封建的旗号，但他们是真正的封建主义。

《中国企业家》：对于评论类媒体，要做得好还得有交锋、有争论，这样才能引起社会关注。

汪晖：如果要让大家交锋，要设置的是问题，不要设置什么左派右派。对于怎样设置问题，一定要有充分的考虑，如果能做到与一般媒体不同，最关键的是提什么问题。要设置出和一般媒体都不一样的问题，同时要有能力对媒体的一般逻辑进行反思。比如我们讨论大众媒体的角色，可以让不同的人就这些具体的问题来分析讨论。取用标准不是派别，是文章质量。我在《读书》杂志说过很多次，我们不以派别划线，只以文章质量为选取标准。当然，围绕着一些基本的价值的辩论并不是不需要的。今天中国社会迫切需要这样的辩论。

索　引

巨变中的世界

巨变中的世界